पाकिस्तानी स्त्री : यातना और संघर्ष

पाकिस्तानी स्त्री
यातना और संघर्ष

ज़ाहिदा हिना

अनुवाद

शकील सिद्दीक़ी

वाणी प्रकाशन

वाणी प्रकाशन
4695, 21-ए, दरियागंज, नयी दिल्ली 110 002
शाखा
अशोक राजपथ, पटना 800 204
फ़ोन: +91 11 23273167 फ़ैक्स: +91 11 23275710
www.vaniprakashan.in
vaniprakashan@gmail.com

PAKISTANI STRI : YATANA AUR SANGHARSH
by Zahida Hina
Translated by Shakil Siddiqui

ISBN : 978-93-5229-213-4
Feminist Thought

प्रथम संस्करण 2010
आवृत्ति संस्करण 2014

मूल्य : ₹ 195

हर्ष ऑफ़सेट, दिल्ली-110 093 में मुद्रित

वाणी प्रकाशन का लोगो मक़बूल फ़िदा हुसेन की कूची से

वज़ीरुन्निसा निधन - 1897
शर्फुन्निसा ,, - 1958
शम्सुन्निसा ,, - 1994

मुश्किल में ज़िन्दगी करने के कुछ गुर सीखे जिनसे

ज़ीगर

मेरे हिस्से के दुख सहे जिसने
फीनाना सुहैना ज़रयून कामरान
मेरी आँखें जिनसे ठण्डी हैं

परमा

सिपुर्द उसके हैं ख़्वाब सारे
यह किताब उन दिल आराम रिश्तों के नाम

अनुवादक की ओर से

पिछले राष्ट्रीय पुस्तक मेले में जब ज़ाहिदा हिना ने अपनी ताज़ा प्रकाशित पुस्तक "औरत ज़िन्दगी का ज़िन्दां" दी तो मैं उसे पाकर प्रसन्न हुआ था। उनके प्रति मेरे मन में कृतज्ञता तिर आयी थी। मेरी उनकी मुलाक़ात 'वाणी प्रकाशन' के स्टॉल में हुई थी। वहाँ किसी पुस्तक का विमोचन होना था। डॉ. नामवर सिंह सहित वहाँ अनेक छोटे-बड़े लेखक मौजूद थे। उन सबके बीच अपनी पुस्तक मुझे देकर उन्होंने निश्चित ही मेरा सम्मान बढ़ाया था। अरुण माहेश्वरी उन्हें अपने प्रकाशन से उनकी प्रकाशित पुस्तकों के बारे में बता ही रहे थे कि ज़ाहिदा हिना ने इस पुस्तक के हिन्दी अनुवाद की इच्छा प्रकट की। मैंने तुरन्त हामी भर दी। मेरी तत्परता को थोड़ा हैरानी से लेते हुए उन्होंने कहा था लेकिन यह किताब इतनी आसान नहीं है। मुझ पर जैसे उनके शब्दों का कोई असर नहीं हुआ, कुछ भी हो इस किताब का तर्जुमा तो मैं करूँगा ही।

आपकी मर्ज़ी...कहते हुए वह मुस्कुराई थीं, मधुर आत्मीयता के साथ। पुस्तक मेले में मुझे बहुत सारा काम मिला था, लेकिन लखनऊ लौटने पर सबको दरकिनार करते हुए मैं इस पुस्तक के अनुवाद की भूमिका बनाने लगा। पुस्तक अलग-अलग अवसरों पर लिखे गये निबन्धों का संकलन थी। निबन्ध अलग-अलग अवसरों पर लिखे गये थे परन्तु सबका मूड एक-सा था और उनकी चिन्ताएँ व धार भी समान थी। सभी निबन्ध स्त्री विशेष रूप से पाकिस्तानी स्त्री की त्रासद और कठिन संघर्ष से सम्बन्धित थे। निबन्ध पढ़ लेने के बाद मुझे इनका अनुवाद कठिन और काफ़ी चुनौतीपूर्ण लगा। फिर भी मैंने शुभ प्रस्थान का बीड़ा उठाया क्योंकि यह काम एक लेखकीय उपलब्धि की अपेक्षा सामाजिक दायित्व अधिक था, इन्हें पढ़ते हुए मुझे बार-बार ज़ाहिदा हिना की निर्भीक साहसिकता का क़ायल होना पड़ता। पाठकों को झकझोर देने और हिला देने का सामर्थ्य रखने वाले इन निबन्धों के हिन्दी अनुवाद में विभूति

नारायण राय के इलाहाबादी, अब लखनवी मित्र मोहम्मद मसूद के बहुमूल्य सहयोग का मैं हृदय से आभारी हूँ।

एम.आई.जी. 317, फेज-2
टिकैतराय एल.डी.ए. कॉलोनी
मोहान रोड, लखनऊ-17

—शकील सिद्दीक़ी

अर्शेबरीं से फ़र्शे ज़मीं पर

दस-बारह बरस के दौरान मुख़्तलिफ़ महफ़िलों में पढ़े जाने वाले यह लेख किसी एक विचार क्रम के तहत नहीं लिखे गये। यह एहसास आसिफ़ फर्रूख़ी ने दिलाया कि एक-दूसरे से एकदम अलग होने के बावजूद ये एक ही सिलसिले की कड़ियाँ हैं। यह भी उन्हीं की तजवीज़ थी कि इन लेखों को किताबी सूरत में यकजा कर देना चाहिए। इसलिए इस किताब के तमाम अज़ाब और सवाब आसिफ़ फर्रूख़ी के सर हैं।

इन लेखों में उस औरत की समस्याएँ व मुद्दे विमर्श का विषय बने हैं, जो कभी आसमानी हवालों से बहलाई गयी, कभी ज़मीनी संहिताओं से दहलाई गयी। ज़माने की बदलती हुई हवाओं ने उस औरत के ज़ेहन पर जमीं हुई सदियों की गर्द को साफ करना शुरू कर दिया है : आज उसके ज़ेहन में एक सौ एक ख़्याल और एक हज़ार एक सवाल हैं। वह अपने आपको उच्च परम्पराओं की रौशनी में देखती है तो इस दूर तक फैली ज़मीन पर सारी रौनक़ उसी के दम से है वरना आदम का तो इरादा यह था कि .ख़ुदा बन्दे .ख़ुदा के हर हुक्म पर सर झुकाते हुए बाग़े अदन यानी जन्नत के बाग़ में ज़िन्दगी कभी न .ख़त्म होने वाले समय तक गुज़ार दी जाये। यह हव्वा थी, जिसके अन्दर जिज्ञासा थी, जिसने साँप के रूप में आने वाले इब्लीस (शैतान) से संवाद किया। अच्छे-बुरे की पहचान कराने वाले पेड़ का फल ख़ुद खाया और आदम को भी ख़िलाया : पाक किताब (क़ुर्आन) की रू से हव्वा ज़मीन पर पहली गुनाहगार रूह ठहरती है। वह अर्शेबरीं यानी आसमान से फ़र्शे ज़मीं पर आयी तो इसलिए कि वह सोचती थी, सवाल उठाती थी। यह वही है जिसने पहला क़दम उठाया, पहला फैसला किया और जन्नत के बाग़ की ठहरी हुई एक रस ज़िन्दगी को अपने प्रस्थान से ठोकर मार दी : यह उसी की पहल थी कि जिसने ख़ुदा बन्दे .ख़ुदा को यह कहने पर मजबूर किया कि–

"देखो आदमी नेकोबद की पहचान में हमारी मानिन्द हो गया और अब कहीं

ऐसा न हो कि वह अपना हाथ बढ़ाये और शज्रे हयात से भी लेकर कुछ खाये और हमेशा जीता रहे।"

ख़ुदा बन्दे ख़ुदा को उलझन में गिरफ़्तार करने वाली हव्वा का यह मुक़द्दर तो न था कि ज़िन्दगी के रंगमंच से उसे यों खदेड़ा जाये कि वह अपनी अहमियत और अपनी हैसियत को ख़ुद भी फ़रामोश कर बैठे।

हज़ारों वर्ष का ज्ञात इतिहास पढ़ जाइये, औरत उसके महज़ हाशियों पर नज़र आती है विस्मृति की धुन्ध में लिपटी हुई एक अर्द्धमानव प्राणी। हस्तशिल्प सतू, नफ़्रशतीती, क़्लोपेतरा, मलिका-ए-ज़ब्बा, ज़नूबिया, शिजरतुल दर ओलग़ा, इंज़ाबेला प्रथम, कैथरीन द ग्रेट, तुर्कानं ख़ातूनं नूर महल, चाँद बीवी, लक्ष्मी बाई और हज़रत महल के नाम हमें इतिहास के पृष्ठों पर मिलते हैं, लेकिन वे कुलीन महिलाएँ हैं और अपने लिंग की नुमाइन्दा नहीं कही जा सकतीं। इस्लाम के इतिहास हाथ पर नज़र डालिये तो वह आरम्भ ही ख़दीजा के नाम से होता है। आइशा, फ़ात्मा, ज़ैनब बिन्ते अली, असमा बिन्ते अबीबक्र और राबिआ बसरी पवित्रता के लबादे में लिपटी हुई हैं, उनके बारे में कोई गुफ़्तगू नहीं हो सकती।

ओलम्प डी गोज़, एफ़्रावाहन, मेरी वूल स्टोन क्राफ़्ट, फ़्लोरट्रीस्तान सोज़ोरनर ट्रुथ के नाम हमारे यहाँ भी कुछ दिनों से लिये जा रहे हैं। एक ख़ास क्षेत्र भर में। वर्जीनियावुल्फ़ की तरह अगर मैं भी सवाल उठाऊँ कि पिछले चार-पाँच हज़ार वर्षों में क्या सिर्फ़ इतनी ही महान औरतें गुज़री हैं, तो यह सवाल कुछ बेजा न होगा...उन करोड़ों औरतों की ज़िन्दगी का हिसाब कौन देगा, जो दिमाग़ रखती थीं, सोचती थीं, महसूस करती थीं। क्या वो सिर्फ़ इसलिए पैदा हुई थीं, कि विश्व के विभिन्न समाजों में खाद के तौर पर इस्तेमाल हो जाएँ। क्या उनमें से पाँच-दस हज़ार भी इस क़ाबिल न थीं कि इतिहास में अपने काम और अपने नाम से ज़िन्दा रह सकें?

मैं अपने बचपन से जिन स्त्री चरित्रों से प्रभावित हुई, वो हव्वा, हीरा और सीता थीं, अफ्रोदाइत, इश्तार और ऊषा, पौराणिक परम्पराओं की चादर जिनके कन्धों पर थीं। इनमें से ज़्यादातर का ज़िक्र मैंने 'नियाज़ फतहपुरी' के 'निगार' और कुछ का क़िस्सुस उंबिया'-(नबियों के किस्सों) के पन्नों पर पढ़ा है। जिनके नाम इतिहास के पृष्ठों पर शेष रह गये थे। उन्हें मैंने अब्दुल हलीम 'शरर' की 'मुख़िदरात', सैयद इब्ने हसन शरिक़ की 'गुलबदन बेगम' और 'मुख़्दाते तैमूरिया' के हवाले से पहचाना। इस्लाम आने के बाद की क्या कमाल औरतें थीं कि अपने हुस्नो जमाल और जाहो जलाल से चमत्कृत कर देती थीं।

इतिहास में जिन स्त्रियों का उल्लेख है, उनसे एकदम भिन्न मेरे इर्द-गिर्द की

बेज़बान औरतें थीं जिनके लिए ज़मीन सख़्त थी और आसमान दूर। कहाँ सुमैरा मैस और क्लोपेतरा के रौशन और सुगन्धित कारवाँ जो नील और दजला फरात नदियों की लहरों पर नृत्य करते थे और कहाँ मेरे चारों तरफ़ की औरतें जो सब्र के दरिया में कृतज्ञता की नाव खेती ज़िन्दगी गुज़ार रही थीं। किताबों में 'बिल्क़ीस मलिका-ए-सबा', मलिका-ए-जिनोबिया, मलिका नूरजहाँ और क़ैसरे हिन्द मलिका विक्टोरिया ज़मीन और समुद्र पर हुक्मरानी करती थीं। उनके नाम के सिक्के टकसालों में ढलते थे और घरों में दुखियारी और ज़माने से हारी हुई औरतें ज़िन्दगी करने की यातना से गुज़रती थीं। मैं इन रोती-झींकती औरतों से निगाहें चुराकर क़िस्से-कहानियों और दास्तानों की भूलभुलैयों में भटकती। दिन उनके साथ गुज़रता, रात होती तो मुझे इन्तिज़ार रहता कि कब रात का सन्नाटा बोले और कब मैं डूबती लैम्प की लौ ऊँची करूँ और किताब खोलकर तैमूरी महलों में क़दम रखूँ तिलिस्मे होशरुबा की शहज़ादियों और जादूगरनियों के दरबार में पहुँचूँ, जहाँ-झाड़ फूँक, फ़ानूस, कँवल, दग़दगूँ और पंजशाखूँ की रौशनी है। हर क्षण सत्ता की नौबत बजती है और हीरे-जवाहिरात से शहज़ादियों और जादूगरनियों को मैदानेजंग में उतरते देखती तो नज़र आता कि लाखों का लश्कर हमरकाब है और ये जिस घर से निकलती हैं अपनी तलवार से सूरमाओं को चौरंग काटती चली जाती हैं।

मैं इन तज़किरों और दास्तानों के तिलिस्म से निकल कर और निगाह उठाकर उस औरत को क्यों देखती जो अपने घर की बेगम होते हुए बाँदी भी थी और सुहागन होते हुए भी हर घड़ी सती होना जिसका मुक़द्दर। बराबर के घर से अगर किसी औरत के रोने की और जल्लाद जैसे पति की लात खाकर बिलबिलाने की आवाज़ आ रही थी तो मुझे क्या? मैं उस दुनिया में थी जहाँ शहजादियों के इशारे पर लोगों के सर क़लम होते थे, वो ताली बजातीं तो हब्शी गुलाम कोरनिश बजा लाते।

एक तरफ़ किताबों में उन बेगमात का तज़किरा था जो चन्दन और अर्क़ेगुलाब से स्नान करके निकलतीं तो उनकी ज़ुल्फ़ें मुश्क व अम्बर से बसाई जातीं, बाल-बाल मोती पिरोये जाते। बारह अबरन सोलह सिंगार के बाद महफ़िल में क़दम रखतीं तो चरागों में रौशनी न रहती। दूसरी तरफ कोठरियों और कोलकियों में रहने वाली औरतें थीं जिनकी ज़िन्दगियाँ शौहरों की पिंडलियाँ दबाते, झिड़कियाँ खाते, कोख, मज़दूरी करते, चूल्हा झोंकते और हर सितम के आगे सर झुकाते गुज़रती। बावर्चीख़ाने (रसाईघर) से निकलती हुई उस औरत के बालों की लटें उसके चेहरे पर झूल रही होतीं, सिल पर पीसे जाने वाले मसाले की गन्ध हाथों में होती और शिकन पड़े लिबास से पसीने की खट्टी बू उठ रही होती। बाली उम्र थी मैंने यही जाना कि असल औरतें तो वही हैं जो बादशाहज़ादी या मलिका हुईं, रानी महारानी बनीं, ज़ारीना

(मलिका) और क़ैसर (बादशाह) कहलाईं। हज़ारों साल से दबी-कुचली जुल्म सहती हुई औरत का मुझे कभी .ख्याल नहीं आया। आप ही सोचें रोती-झींकती, टी.बी. ज़दा औरत भला किसे अच्छी लग सकती है। उसकी तरफ कोई भी नज़र भर के क्यों देखे?

सो मैंने भी उन औरतों की तरफ़ निगाह न की। ज़न्नाट से ऐतिहासिक और नीम ऐतिहासिक नाविल और दास्तानें पढ़ती रही और एक नशे में डूबी रही, वाह क्या औरते हैं और क्या उनकी शान है! कभी ख़्याल भी न आया कि रज़िया सुल्तान के ख़िलाफ़ बग़ावत क्यों हुई? मेरी क्वीन ऑफ़ स्काट का सर तन से क्यों जुदा हुआ? हारून रशीद की बहन अब्बासा और औरंगज़ेब आलमगीर की बेटी ज़ैबुन्निसा तन्हाई के छपर खट में ज़िन्दगी जीने पर क्यों मजबूर हुई? मैं मसनवी मानवी को दुआ देती हूँ, जिसने पहली मर्तबा यह एहसास दिलाया कि क़िस्से-कहानियों या दास्तानों में नज़र आने वाली बादशाहज़ादियों, शहज़ादियों और बादशाह बेगमों का मुआवला भी वह नहीं है, जो हमें सुनाया जाता है। मसनवी के दफ़्तर चहारम (भाग-4) जब मलिकाएँ सबा बिल्क़ीस की कहानी पढ़ीं तो हैरान रह गयीं, उसका क़िस्सा कुर्आन के किस्से में भी पढ़ा था लेकिन उसमें हतक आमेज़ ज़बान इस्तेमाल नहीं की गयी थी। 'ख़ेज़ बल्क़ीसा' का सम्बोधन पढ़कर तबीयत बहुत झुँझलाई। भला यह भी कोई बात हुई! मलिका-ए-सबा से यों बात की जाये जैसे किसी बाँदी को हुक्म दिया जा रहा हो, उससे कहा जा रहा है कि वह ताज-ओ-तख़्त तरक कर दे, उसे दिलासा दिया जा रहा है कि अपनी दूसरी बहनों की तरह वह भी जन्नत में मज़े करेगी, उसे समझाया जा रहा है कि अगर तू मलिका न रहे और सुलेमान बादशाह ही हुक्मरानी तस्लीम कर ले तो–

हम तो शाह व हम तो लश्कर, हम तो तख़्त
हम तो नेको बख़्त बाशी, हम तो बख़्त

ये सब कुछ पढ़कर बिल्क़ीस की अक़्ल पर रोना आया, अरे बीवी अगर तुम्हारी सल्तन्त छीनने के लिए अगर तुम्हें सौ तरह से परचाया जा रहा है, तो तुम क्यों किसी नेक परवीन की तरह, बादशाह सुलेमान के हरम में दाख़िल होने के लिए बेक़रार हुई जाती हो?

उन्हीं दिनों अल्लामा राशिदुल ख़ैरी के उपन्यास हाथ लगे जिनमें उपमहाद्वीप में मध्यवर्गीय मुस्लिम घरानों की औरतें थीं। इन नाविलों ने तबीयत साफ़ कर दी, सुब्हे ज़िन्दगी शामे ज़िन्दगी, शबे ज़िन्दगी और फिर ज़िन्दगी का मातम। अल्लामा वाक़ई दुःख के चित्रेता थे, औरतों के दुःख-दर्द की क्या तस्वीर खींची है। अरे यह कौन-सी औरत है, जिसका हेलेन आफट्राय, मलिका थ्योडोरा या आईसाडोस डंकन से कोई

रिश्ता ही नहीं। मिर्ज़ा अज़ीम बेग चुग़ताईन पर कुफ़्र के फ़तवे लगे। मैं उन्हें अर्शे आशियानी, जन्नत मकानी कहती हूँ। हिन्दुस्तानी औरत की मज़लूमियत व महमकूमियत के जो नक्शे उन्होंने खींचे, रियासतों और रजवाड़ों में पर्दे के पीछे की औरतों के साथ ज़ालिमाना सुलूक की जो-जो झलकियाँ दिखाई हैं, वो उन्हीं पर ख़त्म हैं। एक लफ़्ज़ 'कव्वा हंकन' जो मैंने अपने घर की औरतों से सुना था और जो मेरे नज़दीक झुँझलाहट में कहा जाने वाला एक आम-सा लफ़्ज़ था, उसे अज़ीम बेग चुग़ताईन यों समझाया कि रोंगटे खड़े हो गये। इसके बाद मैंने देवियों, मलिकाओं और महारानियों के तज़किरों के सातवें आसमान से उतर कर ज़मीन पर फ़र्श की तरह बिछी हुई औरत को ढूँढ़ने और जानने की कोशिश की तो मालूम हुआ कि जोन पर आफ़आर्क, ताहिरा कुर्रतुल ऐन, स्लोया प्लाथ और फरोग़ फ़र्रूख़ ज़ाद ने अपनी सृजनात्मक अर्ज तथा समाज से अपने विद्रोह की क़ीमत अपने प्राणों से अदा की थी। पश्चिम में हज़ारों ज़हीन औरतें चुड़ैलें और जादूगरनियाँ घोषित करके ज़िन्दा जला दी गयीं, पूरब में बुद्धिमान स्त्रियों की हड्डियों पर सभ्यता के ताजमहल निर्मित हुए इस आलीशान इमारत के ज़िक्र पर याद आया कि अरजमन्द बानो जो मलिका मुमताज़ महल के नाम से मशहूर हुईं और जिसका मक़बरा ताजमहल दुनिया के आश्चर्यों में है, वह शाहजहाँ के सत्रहवें बच्चे की पैदाइश में ख़त्म हुई थी। Maternal Morality की एक नाक़ाबिले यक़ीन घटना है जिस समाज की मलिका सत्रह बच्चे पैदा करती हो, उसकी आम औरत का क्या हाल होगा। तफ़सील में जाने की ज़रूरत नहीं, आँखें ख़ैरा करते हुए देहली दरबार में सुल्तानी करती हुई रज़िया बिन्ते इल्तुतमिश की ज़िन्दगी हो या सीता की अग्नि परीक्षा, शहरज़ाद की सुनाई हुई दास्तानें हों या आज की औरत का ज़िन्दगीनामा, यह मज़हब, रिवायत, समाज, सियासत की ज़ंजीरों से बँधी हुई, ज़िन्दगी के ज़िन्दाँ में साँस लेती हुई औरत की दास्ताने रायगानी है। इन लेखों में शायद आपको इसी रायगानी की झलक नज़र आये।

(7 फ़रवरी, 2004) **—ज़ाहिदा हिना**

अनुक्रम

माँ से बाप की हुक्मरानी तक

इतिहास की वर्गीय व्याख्या से कोई सहमत हो या न हो लेकिन इस हकीक़त से इनकार मुमकिन नहीं कि हज़ारों साल से मानव समाज में वर्गीय विभाजन मौजूद है। यह वर्गीय समाज विगत कई हज़ार वर्षों के दौरान विकास के विभिन्न चरणों से गुजरा है और हर दौर में अधिकारों से वंचित और शोषण के मारे हुए इंसानों ने एक ऐसे समाज का सपना देखा है जिसमें तमाम मनुष्य बराबर हों और जिसमें किसी प्रकार का वर्गीय विभाजन मौजूद न हो। इतिहास के विभिन्न कालों में अनेक दार्शनिकों-चिन्तकों ने एक ग़ैरवर्गीय समाज और मिसाली दुनिया के प्रारूप अपने लेखन में उजागर किये लेकिन यूनानी मिसालियत पसन्द हों या सर थॉमस मूर और फ्रांस बैंकन उनमें से सब ही की सोची हुई मिसाली दुनिया अभी तक ख़्वाबोख़्याल रही है। कभी भी और कहीं भी हकीक़त का रंग इख़्तियार नहीं कर सकी।

हम जब वर्गीय और ग़ैरवर्गीय समाज की बात करते हैं तो उससे पहले हमें समाज के निश्चित आकार लेने और विभिन्न कालों में उसके विकास का जायजा लेना होगा। इस जायजे के लिए जब हम इतिहास के विविध अन्तरालों में झाँकते हैं, तो पेड़ों से ज़मीन पर उतरकर उचक-उचककर चलना सीखने वाला हमें अपनी मादा का सम्मान करता हुआ और उसे देवी का दर्जा देता हुआ नज़र आता है। इस सम्मान की कई-कई छवियाँ हमें भूली-बिसरी गुफाओं की दीवारों, खुदाई में प्राप्त होने वाली भद्दी मूर्तियों और कालाहारी के मरुस्थल 'बुशमैन' कबीले और घने जंगलों में आबाद ऐसे ही दूसरे मिटते हुए प्राचीन कबीलों की रस्मो-रिवाज़ों में नज़र आते हैं, जिनके मुताबिक औरत माँ देवी थी, बसन्त उसके दम-कदम से था। वह पेड़ों से फल इकट्ठे करती, अनाज उगाती, पानी लाती, बर्तन बनाती, कपड़े बुनती, मर्द शिकार करके लाये, तो उस शिकार का हिस्सा लगाती और आपस के झगड़े चुकाती थी, पति के चयन का उससे सम्बन्ध तोड़ने के फैसले में वह पूरी तरह आज़ाद थी और वंश उससे चलता था।

यह सामाजिक व्यवस्था मातृ सत्तात्मक व्यवस्था के नाम से याद की जाती है, कब तक कायम रही और कब से उसका प्रारम्भ हुआ था, इस बारे में ज़्यादा तथ्यात्मक और विस्तृत इतिहास इक्कीसवीं सदी के भूवैज्ञानिक और ऐन्थरोपालिजिस्ट लिखेंगे, लेकिन इस व्यवस्था के बारे में लिखने की शुरुआत उन्नीसवीं सदी के उत्तरार्द्ध में 'बाखोफन' ने अपनी पुस्तक 'मादरी हक' से किया। मार्गन की 'प्राचीन समाज' इसके बाद आयी। इसके फौरन बाद कार्ल मार्क्स के अभिन्न साथी ऐंगिलस था, जिसने परिवार, निजी मिल्कियत और राज्य में आरम्भ में मातृ सत्ता पर विस्तार से प्रकाश डाला। यह मातृ समाज दस से सात हज़ार ईसा पूर्व तक शिखर पर रहा। मातृ से पितृ सत्ता की ओर प्रस्थान के सम्बन्ध में सरकार ज़ैनी चार चवी ने विचार प्रकट किया है कि अब से नौ हज़ार वर्ष पूर्व तक खेती-बाड़ी के तमाम काम औरत अंजाम देती रही। मर्द शिकार करता, जानवर चराता। औरत बच्चों को जन्म देती, उनका पालन-पोषण करती, खाद्य का संग्रह करती, खालों से लिबास बनाती। लिहाज़ा सन्तान और माल दोनों उसकी सम्पत्ति स्वीकार किये जाते, ये उसके श्रम का फल थे, उसी काल में मर्द ने औरत के साथ खेती में हिस्सा लेना आरम्भ किया, जैसे-जैसे खेती में तब्दीली और तरक़्क़ी शुरू हुई और उससे अत्यधिक लाभ की स्थिति बनी, पुरुष ने इस पर अपनी पकड़ मजबूत करना शुरू कर दी और सात हज़ार ईसा पूर्व जब हल का आविष्कार हुआ तो मर्द खेती को पूरी तरह अपने अधिकार में ले चुका था। यानी कि यह उसकी मिल्कियत हो चुकी थी, इस प्रकार आर्थिक नेतृत्व जो एक लम्बे काल से स्त्री के हाथ में था, मर्द के अधिकार क्षेत्र में चला गया। मर्द अब हल और बैलों के ज़रिये खेती-बाड़ी करता वह औरत की भूमिका के प्रति उदासीन हो सभी वस्तुओं को अपने श्रम की प्राप्ति बता रहा था।

जैसा कि इस बारे में एक विद्वान वेल देवरा का मत है कि औरतों के सधाये हुए जानवर जब खेतों में काम करने लगे और वह औरतों का विकल्प साबित हुए तो मर्दों ने उन्हें भी अपने कब्जे में ले लिया और खेती के सभी क्षेत्रों पर क़ाबिज हो गये। कुदाल से हल की तरफ़ तरक़्क़ी से शारीरिक श्रम के प्रयोग में वृद्धि हुई और मर्द इस काबिल हो गया कि अपनी शक्ति का दावा कर सके। इसके बाद में मवेशियों और ज़मीनी पैदावार को उसने अपनी मिल्कियत ठहरा लिया।

अब चूँकि रोज़ी की प्राप्ति तथा उसके साधन, दोनों मर्द के अधिकार में थे, अतः औरत मर्द की मुहताज़ हो गयी। अब वह सिर्फ़ बच्चे पैदा करती और उनकी परवरिश करती। मर्द जब ज़मीन की पैदावार, खेती के औज़ार और मवेशियों का मालिक बन गया तो इन वस्तुओं के बदले में जो कुछ जिनमें गुलाम भी होते, उनका मालिक भी पुरुष होता और पैदावर से जो बच रहता उस पर भी उसका कब्जा होता।

औरत का इन वस्तुओं के इस्तेमाल में हिस्सा तो था परन्तु वह उनकी मालिक हर्गिज़ न थी। यूँ मर्द अपनी ताक़त, दौलत और अधिकार के सहारे आगे बढ़ आया और औरत को पीछे की तरफ़ धकेल दिया। रोज़ी कमाने की दृष्टि से मर्द के मुकाबले में औरत के घरेलू काम बच्चों का जन्म, उनका पालन-पोषण इत्यादि का कोई महत्त्व नहीं रहा, रोज़ी कमाना ही सब कुछ था। ऐंगल्स का कहना है कि—"सामाजिक उत्पादन की परिधि से बाहर कर दिये जाने के बाद बीवी घर की पहली नौकरानी बनी।" वह औरत जो कुछ अर्सा पहले तक अपने "मर्द के चयन में पूरी तरह स्वतन्त्र थी और नस्ल जिसकी शिनाख़्त से चलती थी, जिसे घर-परिवार और कबीले में प्रमुख की हैसियत प्राप्त थी, अब पुरुष की निज़ी मिल्कियत बन गयी। एक मर्द की पत्नी होते हुए किसी दूसरे पुरुष से सम्बन्ध बनाना सबसे बड़ा पाप बन गया, जिसके दण्ड बहुत यातनाप्रद थे। इन सजाओं के विस्तार में जाने के लिए विश्व के पहले लिखित कानून के संग्रह को पढ़ना आवश्यक है। ये कानून मूसवी (यहूदी) शरीअत से सैकड़ों वर्ष पहले तहरीर हुए, 1902 ई. में पहली बार विश्व इनसे परिचित हुआ। और अभी तक इससे प्राचीन कानूनों के किसी संग्रह की खोज नहीं की जा सकी है। सामीनस्ल के बाबली बादशाह ('हमूरबी' 1792 ई.पू.) के थे लिखित कानून मर्द से गद्दारी करने वाली औरत के लिए संगीन सजाएँ प्रस्तावित करते हैं। तथापि हमूरबी के इन ही कानूनों से यह भी अन्दाजा होता है कि विवाह संस्था कायम हो जाने के बावजूद स्त्री को कई अधिकार प्राप्त थे। विवाह के इन कानूनों में बेटी पिता की सम्पत्ति में हिस्सेदार थी और वह एक उचित राशि के बदले, उसकी इच्छा रखने वाले किसी पुरुष के हाथ उसे बेच सकता था। ये हमूरबी के कानून थे जिन्होंने विवाह को स्त्री और पुरुष के बीच एक वैधानिक समझौता करार दिया। एक मर्द एक ही शादी कर सकता था लेकिन औरत अगर बाँझ हो तो अपनी सेविका को अपने पति के इस्तेमाल में दे सकती थी, फिर भी वह सेविका पत्नी के अधिकार में ही रहती थी, इस सेविका से यदि उसके पति के बच्चे हो जाएँ तो वह इस सेविका पर मिल्कियत का अधिकार रखने के बावज़ूद उसे किसी और के हाथ नहीं बेच सकती थी, यदि पति अपनी पत्नी को तलाक देना चाहे तो उसे पत्नी को सारा दहेज वापस करना होता था, बच्चे पत्नी के पास रहते थे और बच्चों का ख़र्च बाप का दायित्व होता था।

मर्द के सामने औरत की पराजय के बावज़ूद हमूरबी के ज़माने तक उसकी एक हैसियत थी। यही वजह है कि हमें कानून के इन संकलनों में उन स्त्रियों का उल्लेख मिलता है जो मज़हबी अशराफ़िया (उच्च वर्ग) में पाँच श्रेणियाँ रखती थीं यानी धर्मक्षेत्र की विशिष्ट स्त्रियाँ, जिनमें सबसे बुलन्द दर्ज़ा पवित्र संन्यासिनों

(Holy Sisters) का था। यही कानून हमें यह भी बताते हैं कि अब से लगभग सैंतीस सौ वर्ष पूर्व स्त्रियाँ न्यायाधीश बुज़ुर्ग रहनुमा, दस्तावेज़ पर गवाह बनने वाली और मुंशी हो सकती थीं।

समाज में एक विवाह को लागू करके मर्द ने एक सगी और हकीक़ी माँ की तरह एक हकीक़ी बाप की हैसियत को भी मनवा लिया। यही वह समय है जब समाज में माँ के बाद पिता का अस्तित्व सामने आया। यही वह पिता है उन्नीसवीं सदी के अन्त तक प्रशान्त महासागर के एक द्वीप (Troliriand) के प्राचीन निवासी जिसके अस्तित्व को नहीं मानते थे। बर्ट्रेन्ड रसेल के अनुसार इन लोगों को मातृ सत्तात्मक व्यवस्था की आखिरी निशानी कहा जा सकता है।

इन लोगों का कहना था कि 'शिशु' केवल स्त्री की उत्पत्ति और पुरुष का उसमें कोई हिस्सा नहीं, वो इसे अराजकता फैलाने वाले मिशनरियों की शैतानी बुद्धि की पैदावार समझते थे और उनकी भाषा में पिता के लिए कोई शब्द नहीं पाया जाता था। एंगेल्स ने यह बात बहुत स्पष्टता से बयान की है कि खेती के औज़ारों में बेहतरी के नतीजे में एक ऐसा वर्गीय समाज अस्तित्व में आया, जिसमें स्त्री की आर्थिक हैसियत कम होती गयी, फलस्वरूप उसकी सत्ता और शक्ति का भी पतन हुआ और ताक़त पुरुष के हाथों में केन्द्रित होती गयी। फिर भी स्त्री का वास्तविक विस्थापन तब हुआ जब ग़ुलामी और खेत मज़दूरों के युग का आरम्भ हुआ ग़ुलामी की आमद के साथ ही कम्यून ढंग के जीवन का अवसान हुआ। वैयक्तिक परिवार अस्तित्व में आये, जिनका आधार निजी स्वामित्व पर था। इस निजी मिल्कियत की शुरुआत उन जानवरों से हुई जो मर्दों की मिल्कियत थे। यही वह प्रक्रिया थी जिसमें अन्ततः मातृ सत्तात्मक व्यवस्था को पूर्ण पराजय स्वीकार करने पर विवश कर दिया।

यह एक ऐतिहासिक सच्चाई है कि कृषि क्रान्ति के उपरान्त स्त्री अपने स्थान से गिर गयी, इस स्थिति के प्रभाव विश्व की प्राचीनतम सभ्यता अर्थात् मिस्र के समाज पर भी अंकित हुए, वहाँ औरत की उच्चता में कमी आयी तो सही लेकिन इसमें दूसरे स्थानों की अपेक्षा अधिक समय लगा। इसका एक कारण तो यह था कि पितृ सत्तात्मक व्यवस्था के प्रभुत्व प्राप्त करने के बावजूद मातृ सत्तावाली व्यवस्था के प्रभाव अस्त देवी के रूप में, जिसे ग्रीक आइसिस के नाम से याद करते थे, हज़ारों साल तक चलते रहे। देवी अस्त या आइसिस मिस्री लोगों की बहुत लोकप्रिय और श्रद्धेय देवी थी। इसके मानी तख़्त वाली है। इस बारे में इब्ने हनीफ ने तफ़सील से लिखा है। वह कहते हैं कि राज सिंहासन चूँकि मिस्र में स्त्रीलिंग था। फलस्वरूप इस तख़्त (सिंहासन) की मूर्तता स्त्री रूप में होती थी, यानी ऐसी स्त्री जो बादशाह की माँ होती थी। 'अस्त' के इसी अर्थ सख़्त वाली की अनुकूलता से यह अनुमान

लगाया जा सकता है कि शायद वह पहले-पहल 'तख़्ते शाही' की देवी रही हो।

इस देवी के बहुत सारे नाम, विशेषण और उपाधियाँ थीं। स्वयं मिस्र में इसके कोई एक हज़ार नाम थे। प्राचीन मिस्री इबारतों में अस्त को 'बसियारनामों' वाली हज़ार नामों वाली कहा गया है और यूनानियों ने इसे 'दस हज़ार नामों वाली' कहा और लिखा, वह फलों से भरी धरती की देवी थी। इस लिहाज से उसे 'उसरत' या फिर 'यूसरत' कहते थे जब वह नील नदी में महासैलाब लाती और मौसमे बहार के संवेगों को सक्रिय करती तो उसे 'सती' या 'साती' कहते थे। मिस्री उसे 'पेड़-पौधों को पैदा करने वाली' या 'हरी चीज़ों की रचना करने वाली' भी कहते थे। वह महादेवी या माता देवी कहलाती थी।

अस्त जल, वायु, आकाश, बसन्त उपजाऊ धरती सम्पन्नता समृद्धि भोजन और लहलहाती फसलों की देवी थी। वह हरी-भरी खेती थी। धरती की देवी की हैसियत से अस्त ने पृथ्वी पर मौज़ूद प्रत्येक प्राणी की रचना की। वह अपनी पैदा की हुई सारी सृष्टि को ख़ुराक पहुँचाती थी, उनकी रक्षा करती थी। अस्त भोर की ठण्डी हवा थी। जिससे सूर्य जन्म लेता था। उपज की देवी की हैसियत से वह दूर-दूर तक पूजी जाती थी। वह समुद्री सितारा थी, जलयानों को राह दिखाने और उनकी रक्षा करने वाली देवी थी मगर हो सकता है कि उसकी यह विशिष्टता मिस्र पर यूनानियों के आधिपत्य (330-34 ई.पू.) काल में उससे जोड़ दी गयी हो।

यह अस्त थी जो कृपालु व दयालु थी और मातृ प्रेम से सम्पूर्ण थी, वह पति से प्रेम करने वाली पत्नी और स्नेहिल माँ का प्रतिनिधित्व करती थी।

वह महान और बेमिसाल जादूगरनी थी। उसमे यह सामर्थ्य दूसरी तमाम देवी देवताओं से बढ़कर थी, तिलिस्म की देवी की हैसियत से वह बीमारों का इलाज करती थी, मौत का देवता भी उक्त के अधीन था।

अस्त सृष्टि पर असीमित प्रभुत्व रखती थी मिस्र के प्राचीन साहित्य में एक गद्य कविता मौजूद है जिसमें अस्त स्वयं अपने बारे में कहती है–

मैं पूरी प्रकृति की माँ हूँ
तमाम तत्त्वों की मलिका हूँ
भाषाओं का स्रोत और सिद्धान्त हूँ
आराध्य हूँ श्रेष्ठ
छायाओं की स्वामिनी
आकाश की प्रथम निवासी हूँ।
सारे देवताओं और देवियों में जिसका कोई सानी नहीं।
मैं आसमान के कंकरों

लाभकारी समुद्री हवाओं
घाटियों के वीरान मौन पर
अपनी मर्जी की हुकूमत करती हूँ।
मैं बेजोड़ शक्ति हूँ
समूचा विश्व
मेरे बहुत सारे विविध रूपों की
मेरे बहुत से नामों की
अलग-अलग तरह से पूजा करता है
अस्त (आइसिस) की शान में कही जाने वाली ग्रीक वन्दनाओं में
कहा गया है।
वह आसमान की मलिका है
उसने ज़मीन को आसमान से अलग किया
सितारों को उनकी राहें दिखाईं
सूरज और चाँद का रास्ता निश्चित किया
उसने बच्चों को माँ-बाप से प्रेम करना उनका भाग्य बनाया
उसने मनुष्य को देव प्रतिमाओं को सम्मान करना सिखाया।
उसने न्याय को सोने और चाँदी से ज़्यादा
ताकतवर बनाया।
उसने अन्याय करने वाले के लिए दण्ड निश्चित किये।
और सिखाया लोगों को दया चाहने वालों के साथ दया करना।
उसने लिखने की कला ईजाद की
शादी के सिद्धान्त निर्धारित किये
जलयानों की कला को जन्म दिया
वह रक्षा भी करती है
सागर के सब यात्रियों की।

इब्ने हनीफ के मुताबिक 'मिस्त्रियों के ख़्याल में अस्त (आइसिस) अपने मकतूल शौहर औजीरस के लिए जब रोती थी, तो उसके आँसुओं से दरियाए नील में सैलाब आ जाता था। यह सैलाब मिस्त्रियों की पूरी ज़िन्दगी के लिए बहुत ज़रूरी थी। क्योंकि अस्त ने शौहर की मौत का बेहद गम किया था, वह सालों विलाप करती रही थीं, इसलिए शोक प्रकट करने की सभी रस्मों से उसका सम्बन्ध सभी देवी-देवताओं की अपेक्षा अधिक गहरा था।

आइसिस अपने भाई औजीरस के विवाह में आकर जब मलिका बनी तो उसने

मिस्र के वहशी लोगों को सभ्य बनाने में अपने पति का हाथ बँटाया। उसने औरतों को अनाज़ पीसना, सन कातना और कपड़ा बुनना सिखाया। मर्दों को रोगों की पड़ताल और इलाज करना सिखाया और बताया कि शादी करके घरेलू ज़िन्दगी कैसे बसर की जाती है। और जब उसका पति औजीरस (देवता) मिस्र के लोगों को सुसभ्य व सुसंस्कृत बनाकर बाकी दुनिया को सभ्यता का ज्ञान देने निकला तो आइसिस मिस्र में ही उसकी उत्तराधिकारी बनकर शासन के काम बड़ी दक्षता व बुद्धिमानी से अंजाम देती रही।

न केवल मिस्रियों बल्कि यूनानियों और रोम के निवासियों के निकट भी वह निर्मल व पवित्र थी, चारित्रिक सौन्दर्य से परिपूर्ण, प्राण तक न्योछावर करने वाली बावफा बीवी व माँ थी। उसके धार्मिक क्रिया कर्म गम्भीरता, रख-रखाव, शान्तिपूर्ण व सौम्य तरीके से मनाये जाते थे। रक्तपात और अश्लीलता पर आधारित रस्मों से बेज़ार और उकताई हुई औरतों में आइसिस की आराधना से सम्बन्धित रस्मों में विशेष आकर्षण होता था।

आईसिस की इस शान दबदबे और उससे मिस्र के निवासियों की अतिप्रेम और विश्वास ने पितृसत्तात्मक व्यवस्था के प्रभुत्व प्राप्त कर लेने के बावजूद मिस्र में स्त्री की सामाजिक हैसियत को एक लम्बे काल तक पस्ती में नहीं उतरने दिया। आईसिस जिस तरह शासन और उसके काम-काज़ में अपने पति के बराबर की भागीदार थी और उसकी बहन थी, इस परम्परा के प्रभाव में फिराअना यानी फिर ओनौ (मिस्र के प्राचीनकालीन बादशाह) की पत्नियाँ अपने पतियों के समान शासन की हिस्सेदार और स्वामिनी समझी जाती थीं, उन्हें शासन के मामलों में हस्तक्षेप करने का पूरा अधिकार था। मिस्री कानून के अन्तर्गत किसी पुरुष की मृत्यु के उपरान्त उसकी सम्पूर्ण सम्पत्ति पत्नी के सम्बन्धियों में स्थानान्तरित हो जाती थी। हुकूमत व दौलत हासिल करने की ख़ातिर फिरऔन अपनी बहनों से शादी कर लेते थे। मलिका नीत ही टप और मलिका मरतनीत लाखों एकड़ खेतिहर भूमि दहेज में लायी थी। मलिका हेतशेपसत (Hatshepsut) तूथुमस प्रथम (Thutmose I) की बेटी थी और फिरऔन की हैसियत से शासन के दायित्व अदा करती थी। अपने सौतेले भाई तूथुमस द्वितीय से उसने विवाह किया और मिस्र पर हुकूमत करने लगी, तूथुमस द्वितीय का दौर संक्षिप्त रहा। उसके निधन के उपरान्त मलिका हेतशेपसत अपने एक कम उम्र सौतेले पुत्र को सत्ता का उत्तराधिकारी घोषित किया और तूथुमस तृतीय के प्रतिनिधि के रूप में लगभग 22 वर्ष तक शासन किया। उसने मिस्र में ललित कलाओं का विकास किया और सामाजिक शान्ति को मजबूत करने की कोशिशें की। उसके समय के जो अवशेष खुदाइयों में प्राप्त हुए हैं, उनमें वह मर्दाना लिबास में

नज़र आती है लेकिन इन उभरे हुए नक्शे निगार के नीचे मेखी लिखावट में जो तहरीरें हैं, उनमें मलिका के लिए स्त्रीलिंग सम्बोधन इस्तेमाल किया गया है। यह एक त्रासद ऐतिहासिक यथार्थ है कि मलिका हेतशेपसत के निधनोपरान्त उसके सौतेले बेटे तूथुमस तृतीय ने उसकी बनायी हुई इमारतों के सामने ऊँची दीवारें खड़ी करा दी या उन पर से उसका नाम मिटाने का प्रयास किया। मिस्र में मातृसत्तात्मक व्यवस्था की अन्तिम प्रतिनिधि क्लोपेतरा सप्तम थी, जिसका नाम हुस्न व इश्क की दास्तानों में एक रूपक की हैसियत रखता है, शेक्सपियर ने उस पर अपना कालजयी नाटक लिखा। अनेक उपन्यास उसके व्यक्तित्व और जीवन पर लिखे गये। उस पर बनी फ़िल्में बहुत लोकप्रिय हुईं। यह एक रोचक प्रसंग है कि क्लियोपेत्रा सप्तम, जिसने अपने भाई से विवाह किया मातृ सत्तात्मक व्यवस्था की अन्तिम प्रतिनिधि होने के बावज़ूद नस्लन (वंशानुगत) मिस्री नहीं थी, उसकी धमनियों में यूनानी मकदूनिया खून के साथ-साथ हैरानी खून भी शामिल था। उसने अपने से पहले हो चुकी, क्लियोपेत्राओं के समान ही मिस्र पर रोमन साम्राज्य के प्रतिनिधि के तौर पर शासन किया और रोमन साम्राज्य से तनातनी (द्वन्द्व) तथा राजनीतिक श्रेष्ठता के युद्ध में पितृसत्तात्मक व्यवस्था की शक्तिशाली सत्ता के हाथों समाप्त हुईं। रोमन साम्राज्य की अपमानपूर्ण कैद से बचने के उद्देश्य से उसने आत्महत्या के लिए साँप से डसवाने का चुनाव भी इसी कारण से किया ताकि वह अपनी प्रिय मिस्री जनता के दिलों में देवी की श्रद्धा प्राप्त कर सके, क्योंकि मिस्र के प्राचीन विश्वासों के अनुसार साँप सूर्य देवता का विश्वसनीय मन्त्री समझा जाता था।

मातृ सत्तात्मक व्यवस्था के पतन के साथ ही अधिकांश देशों में स्त्री गाय-बैल के समान पुरुष की निजी सम्पत्ति बनकर रह गयी। देह-व्यापार की तरक़्क़ी ने उसे बाज़ार की वस्तु बना दिया। कनीजों (सेविकाओं) को खुलेआम भेड़-बकरियों की तरह बोली लगाकर बेचा जाता था। सुलतानों के रनिवासों में सैकड़ों चुनी हुई कनीज़ें रखी जाती थीं, जिनकी निगरानी पर बेरहम हिजड़े तैनात थे। राजा और रईस अपने मित्रों को उपहार के रूप में कनीज़ें भेजा करते थे। ज़र और ज़मीन के साथ जन (स्त्री) को फ़साद या झगड़े का कारण कहा जाता था, जिससे मालूम होता है कि वह भी निजी सम्पत्ति में शामिल थी।

औरतों के शोषण में दजला व फ़रात घाटी के प्रारम्भिक धर्मों ने जो भूमिका अदा की, वह एक ऐतिहासिक यथार्थ है। यह वह ज़माना है जब प्राचीन कौमों में बच्चे को जन्म देने तथा फसल के उगने की प्रक्रिया को एक ही प्रकृति का समझा जाता था। इससे इस विचार ने रूप लिया कि यौनिक क्रिया से ज़मीन का उपजाऊपन बढ़ता है।

हल के आविष्कार, जानवरों को साधने और जंग में फतह पाकर अपने शत्रु को गुलाम (दास) बनाने की प्रक्रिया ने पुरुष को वह शक्ति दे दी, जिसके बल पर उसने स्त्री की सत्ता से जान छुड़ाने की तदवीरें शुरू कर दी। इस बारे में जैनी जारचवी ने विविध सन्दर्भ देते हुए विस्तार से लिखा है। स्त्री सत्ता के पतन के लिए पुरुष ने सबसे पहले लोगों के दिलों से देवियों का दबदबा कम करना आरम्भ कर दिया। इस उद्देश्य की पूर्ति हेतु वह देवियों के स्थान पर देवताओं को ले आया तथा देवियों के समस्त गुण देवताओं से जोड़ दिये। जब चन्द घरों पर आधारित छोटी-छोटी बस्तियाँ फैलकर नगर बन गयीं तो इन नगरों के नाम देवताओं के नाम पर रखे जाने लगे। देवता क्योंकि पुरुष थे, कारणवश उनके उत्थान के साथ-साथ पुरुष के मान व सत्ता का भी विकास हुआ। पहले देवी की पुरोहित, स्त्री होती थी लेकिन देवताओं के प्रभुत्व के बाद स्वाभाविक ही उनके पुरोहित पुरुष होने लगे और वह देवताओं के प्रतिनिधि एवं प्रवक्ता बन बैठे।

सामान्य जन में देवताओं का सम्मान स्थापित करने के लिए वो उनकी (देवतओं) ओर से दया, अनुकम्पा तथा उपकारों की बात करते और रुष्ट होने पर उनके दण्ड व हुंकार की विभीषिका से डराते। धीरे-धीरे ये पुरुष पुरोहित देवताओं का मन और मस्तिष्क बन गये।

पुरोहित के मुख से निकला हुआ शब्द देवताओं का आदेश होता, जिसकी उपेक्षा करना किसी के बस की बात नहीं थी। समाज में पुरुष के धार्मिक शासन का आरम्भ दरअसल पुरोहितों ने धर्म के माध्यम से किया। संसार के आगामी धर्मों-मजहबों पर पुजारियों, पण्डितों, महन्तों, रब्बियों, पादरियों, धार्मिक सिद्धान्तों के व्याख्याकारों मौलवी-मुल्लाओं के प्रभुत्व का प्रस्थान काल भी यही है। धार्मिक विश्वासों से परिवर्तन का प्रारम्भ तीन हज़ार वर्ष ईसा पूर्व माना गया है। इस दौर में जब स्त्री को पुरोहित की प्रतिष्ठा से हटा दिया गया और पुरुष की यौन स्वतन्त्रता की परिणति बलात्कार की निरन्तर बढ़ती हुईं घटनाओं के रूप में हुई, तो समाज में उसे अच्छी नज़र से नहीं देखा गया बल्कि उसके विरुद्ध तीखी प्रतिक्रिया होने लगी। उस समय यही पुरोहित था जिसने इस हरामकारी या घृणित कृत्य को देवताओं के आदेश की पवित्र सम्मति प्रदान कर दी।

इस पवित्र अनैतिकता या पाप ने आरम्भिक रूप में समीर और बाबुल की इबादतगाहों-पूजा गृहों में तरक़्क़ी पायी और मानव-इतिहास में वेश्या को जन्म दिया। पुरोहितों ने यह काम सच पूछिये तो देवियों और देवताओं को प्रसन्न करने के नाम पर बाल-कन्याएँ भेंट करने की प्रक्रिया से आरम्भ किया। यही वजह है कि समेरी और बावली इस स्थिति को पवित्र, तर्कसंगत तथा धर्मानुरूप समझते हैं? इब्ने हनीफ़

लिखते हैं कि प्रेम और उत्पत्ति की देवी (अन्ना), के मन्दिर में जो आराधना होती थी नग्नता उसका अनिवार्य हिस्सा थी। समेरी मन्दिरों में न केवल देव-दासियाँ बल्कि वेश्याएँ भी बड़ी संख्या में रहती थीं। ये पवित्र रण्डियाँ थीं, जो मन्दिर से सम्बद्ध देव-दासियों का ही एक वर्ग थी।–यह यौन-व्यापार उन प्राचीन इराकियों के निकट पवित्र कृत्य का गौरव रखता था और मन्दिर से जुड़ी वेश्या होना समेरियों के लिए कोई अपमान या आपत्तिजनक बात नहीं थी। यह वही युग है जिसके बारे में प्रसिद्ध फ्रेंच लेखक परलोई ने एक उपन्यास अफ्रोदाइयत लिखा, जो उस युग का प्रतिबिम्ब माना जा सकता। पुरोहितों ने धर्म के नाम पर देह-व्यापार को जिस प्रकार प्रचलित किया, उसके सम्बन्ध में प्राचीनतम सन्दर्भ 'हीरोडोट्स' का है, जो कहता है कि पुरोहितों ने यौन-अराजकता को इस सीमा तक पवित्र बना दिया था कि प्रत्येक स्त्री अपने जीवन में कम से कम एक बार स्वयं को किसी पर-पुरुष के सिपुर्द करना अपना धार्मिक दायित्व समझती थी। इसी ओर संकेत करते हुए अली अब्बास जलालपुरी लिखते हैं कि–

"उस युग की कौमों में उन स्त्रियों को जो देवियों के मन्दिरों में देह-व्यापार करती थीं, निहायत सम्माननीय बल्कि पवित्र माना जाता था। इस आधार पर वर्तमान काल के शोधकर्ताओं ने स्थापना दी कि "देह-व्यापार का प्रचलन प्राचीन धर्मों के दामन से हुआ।"

बीसवीं सदी के सुविख्यात दार्शनिक और लेखक बर्ट्रेन्ड रसेल ने लिखा है कि "इस पेशे का आरम्भ आराधनागृहों से हुआ था। अकसर प्राचीन धर्मों में इसे एक पवित्र व्यवसाय समझा जाता था। इस प्रकार की स्त्रियों को जो पुजारियों और यात्रियों के मनोरंजन की व्यवस्था करती थीं, बड़े आदर की दृष्टि से देखा जाता था। हिन्दुस्तान में निकट अतीत तक उन्हें 'देवदासियों' के पुनीत सम्बोधन से याद करते रहे हैं। आज भी दक्षिण भारत में श्रीरंगम तथा तिरुपति के मन्दिरों में देवदासियाँ मौज़ूद हैं।

'विलदेवरा' का कहना है कि पूजा-गृहों में चलने वाले देह-व्यापार ने धर्म के पालने में ही परवरिश पायी। 'परिवार निजी सम्पत्ति और राज्य' में एंगेल्स लिखता है कि "धन लेकर अपने आपको मर्दों को समर्पित कर देना, आरम्भ में एक धार्मिक कार्य था, जिसको प्रेम की देवी के मन्दिर में सम्पन्न किया जाता था और वह धन मन्दिर के कोष में जमा कर दिया जाता था। आर्मीनिया में अनाईतस कोरथ में अफ्रोडायट (अफ्रोदायती) तथा हिन्दुस्तान के मन्दिरों की देवदासियाँ इतिहास की प्रथम वेश्याएँ थीं।"

इस युग के इराक और सुमेर में धरती देवियों के पूजा-गृहों में सैकड़ों

देवदासियाँ रखी जाने लगीं। जिनसे यात्री निःसंकोच आनन्द प्राप्त करते थे, देवदासियाँ देवी के नाम पर इनसे जो सिक्के प्राप्त करती थीं वो पुरोहितों की जेब में जाते थे और पुरोहित स्वयं भी इन देवदासियों का निर्द्वन्द्व उपभोग करते थे। यह कहना अनुचित न होगा कि पुरोहितों ने स्त्री को पस्ती के ऐसे अन्धे कुएँ में धकेल दिया, जिससे बाहर निकलने के लिए आज तक वह हाथ-पाँव मार रही है।

इस युग के भारतीय समाज पर दृष्टि डालें तो अन्दाजा होता है कि द्राविड़ों में मातृ सत्तात्मक व्यवस्था प्रचलित थी। आर्यों के आगमनोपरान्त जिस काल में वेद लिखे जा रहे थे, उस काल में भी स्त्रियों को उच्चता प्राप्त थी। ऋग्वेद के कुछ अतिश्रेष्ठ श्लोक स्त्रियों द्वारा ही रचे गये हैं। उस समय विवाह अत्यन्त पवित्र कृत्य समझा जाता था। पति-पत्नी दोनों घर के मालिक समझे जाते थे और दोनों साथ पूजा करते थे। उस काल में विधवा के सती होने की प्रथा नहीं थी। इसकी बुनियादी वजह यह थी कि आर्य जो यूरोप से चले थे और हज़ारों साल का सफर करते हुए हिन्दुस्तान पहुँचे थे, वो मातृ सत्तात्मक व्यवस्था में रह चुके थे और उसके अनुभव व परम्पराएँ अपने साथ लाये थे। वोल्गा नदी के किनारे आबाद आर्य कबीलों में मातृ सत्तात्मक व्यवस्था जिस रूप में प्रचलित थी, उनके रंग हिन्दुस्तान के प्रसिद्ध इतिहासकार लेखक राहुल सांकृत्यायन के उपन्यास वोल्गा से गंगा तक में नज़र आते हैं।

निशा परिवार आजकल कई दूसरे परिवारों के साथ वोल्गा के तट पर पड़ाव डाले हुए था। निशा परिवार में भी दूसरे परिवारों के समान माँओं की हुकूमत थी। निशा के आठ लड़कियाँ और छह लड़के पैदा हुए। जिनमें से चार लड़कियाँ और तीन लड़के अब भी मौजूद हैं। निशा अब पचपन साल की हो चुकी है। इन बच्चों की माँ होने के लिए उसे किसी सुबूत की ज़रूरत नहीं। उसने इन बच्चों को नौ महीने अपनी कोख में रखा है बिना किसी सहभागिता के। उनकी माँ होने के लिए इससे बड़ा और क्या सुबूत हो सकता है।

लेकिन इन बच्चों का बाप कौन है, यह बताना आसान नहीं। निशा से पहले जब उसकी माँ यानी बूढ़ी दादी का राज था, तब बूढ़ी दादी के कई बेटे, पति और भाई थे, जिन्होंने हज़ारों बार निशा के साथ नाचकर-गाकर उसका प्रेम प्राप्त करने का प्रयास किया है। फिर स्वयं उसके परिवार का मुखिया बन जाने पर उसके बदलते हुए प्रेम को उसके भाई या बड़े बेटे ठुकराने का साहस नहीं रखते थे। इसलिए निशा की सातों सन्तानों में किसका पिता कौन है, बता पाना मुमकिन न था। निशा के परिवार में आज वही सबसे बड़ी-बूढ़ी और प्रभावशाली स्त्री है। हालाँकि यह प्रभाव देर तक रहने वाला नहीं। साल-दो साल में वह स्वयं बूढ़ी दादी बनने वाली है और तब उसकी सबसे तेज लड़की लेखा का राज होगा। उस वक़्त लेखा की बहनों का

उससे झगड़ा अवश्य होगा। जहाँ प्रत्येक वर्ष परिवार के कुछ लोगों को भेड़िये या चीते के जबड़ों, भालों, पंजों, बैल की सींगों और वोल्गा की लहरों की भेंट चढ़ना पड़ता है, वहाँ 'ख़ानदान' को बर्बाद होने से बचाना हर मलिका माँ का कर्त्तव्य है।

(तीन सौ इकसठ नस्ल की कहानी) वोल्गा के किनारों से खेमे समेट कर हज़ारों मील लम्बे सफर पर निकलने वालों की कहानी आगे बढ़ती है–

यह झोंपड़ा इतना बड़ा क्यों है? इतना बड़ा झोंपड़ा! हाँ, इसी में पूरा निशा परिवार (निशा नाम की किसी प्राचीन स्त्री की सन्तान) रहता है। एक साथ शिकार करता है, एक साथ फल और शहद जमा करता है। सारे कबीले की एक मलिका है और कबीले की सारी व्यवस्था एक संचालन समिति करती है। इस समिति से कबीले के लोगों के जीवन का कोई हिस्सा छूटा हुआ नहीं है। शिकार, नाच, प्रेम, घर बनाना, चमड़े का लिबास तैयार करना, सभी काम यह संचालन समिति करती है, जिसमें कबीले की माँ के ख़ास काम हैं। निशा कबीले के इस झोंपड़े में 15 मर्द और औरतें रहती हैं। तो क्या ये सब एक ही ख़ानदान हैं? नहीं इनको बहुत से खानदान भी कह सकते हैं। क्योंकि माँ की जिन्दगी ही में सन्तानें छोटे-छोटे परिवारों या खानदानों में विभाजित हो जाती हैं। ज्यादातर इस अर्थ में कि उसके सब फर्द उस माँ के नाम से पुकारे जाते हैं। मिसाल के तौर पर देवा की माँ न रहे और वह कई बच्चों की माँ हो जाये तो उन्हें देवा के लड़के और देवा की लड़की के नाम से पुकारा जायेगा, लेकिन इसके बावज़ूद देवा की औलाद जो शिकार करेगी उसका मांस, दरख़्तों से जो फल और मेवा हासिल करेगी, वो सब उनकी मिल्कियत होगा।

सारे कबीले की औरतें और मर्द सामूहिक रूप से दौलत जमा करते हैं और उसे एक साथ ही ख़र्च करते हैं। शिकार न मिले या फल इकट्ठे न किये जा सकें तो कोई एक शख़्स नहीं पूरा कबीला फाका करता है और जब खाने को कुछ मिलता है तो सबको बराबर मिलता है। कोई भी व्यक्ति कबीले से अलग अपनी कोई सम्पत्ति नहीं रखता। कबीले का हुक्म या रिवाज मानना उसके लिए इतना ही आसान, जितना अपनी इच्छा के अनुसार चलना।

(सवा दो सौ नस्ल के आर्य कबीले की कहानी)

...उस ज़िन्दा दिल ज़माने में औरत ने अभी मर्द की मुकम्मल ग़ुलामी स्वीकार नहीं की थी इसलिए उसे अनगिनत चाहने वालों से मिलने का हक हासिल था। मेहमानों और दोस्तों के पास आदर-सत्कार के रूप में अपनी पत्नी को भेजना उस दौर में सबसे बड़ी इज़्ज़त ख़्याल किया जाता था।"

(दो सौ नस्ल पहले के एक आर्य कबीले की कहानी)

वोल्गा नदी के किनारे स्त्री की हैसियत वंश की प्रमुख और देवी की थी, वोल्गा के किनारों को छोड़कर नयी चरागाहों और नये जंगलों की तलाश में निकलने का फ़ैसला उसका था। लेकिन सैकड़ों वर्षों की इस यात्रा के दौरान वह धीरे-धीरे अपनी उच्चता से वंचित होती गयी, आर्य कबीले लगभग दो हज़ार वर्ष पूर्व ईसा पूर्व हिन्दुस्तान में दाख़िल होना शुरू हुए और यह क्रम पाँच-छः सौ वर्षों तक जारी रहा। सिन्धुघाटी में भी मातृ सत्तात्मक व्यवस्था प्रचलित थी। यहाँ के निवासियों के पास वह बेहतर और बदतर हथियार और औजार नहीं थे, जो सदियों पर फैली हुई यात्रा के दौरान आर्यों ने ईज़ाद कर लिये थे, सिन्धु घाटी के लोगों के पास आर्यों जैसे तेज़ रफ़्तार घोड़े भी नहीं थे। होते भी कैसे? आर्य सैकड़ों सालों से सफर में थे। धरती के विभिन्न खण्डों से गुज़रने की कठिनाइयों ने उन्हें ज़्यादा कठोर और ज़्यादा शक्तिशाली बना दिया था। इस यात्रा के दौरान आर्यों ने केवल नये हथियार ही नहीं बनाये थे और जानवर ही नहीं सधाये थे, उन्होंने स्त्री को कबीले की सरदारी से भी वंचित कर दिया था। सिन्धु घाटी में प्रविष्ट होते समय कबीले का सरदार पुरुष था माँ व पत्नी का सम्मान कायम था लेकिन वह नेपथ्य में चली गयी थी। एक स्त्री से एक पुरुष की सन्तान का सिद्धान्त लागू हो गया था। जबकि सिन्धु घाटी में अभी तक मातृ सत्तात्मक व्यवस्था चल रही थी। मोहन जोदड़ों व हड़प्पा को तहस-नहस करते हुए आर्य आगे बढ़े और इसके साथ ही भारत में मातृ सत्तात्मक व्यवस्था का ह्रास हुआ। अपनी श्रेष्ठता बनाये रखने तथा अपनी नस्ली विशिष्टताओं की रक्षा के लिए आवश्यक था कि वो स्थानीय द्राविड़ों से अलग रहें, उनसे शादी ब्याह न करे। चुनांचे वेदों के काल में ही जाति-व्यवस्था मजबूत हो चुकी थी। बाशम के कथनानुसार इस चतुर्भागीय विभाजन को धर्म की सम्मति भी प्राप्त हो गयी।

अपनी नस्ली विशिष्टताओं को कायम रखने के कारण प्रचलित हुई जटिल जाति व्यवस्था का प्रभाव आर्य स्त्री पर भी पड़ा। अपनी स्त्रियों को द्राविड़ों से दूर रखना उन्हें सबसे ज़्यादा ज़रूरी लगा। कारणवश सामाजिक आचार संहिता के निर्माताओं ने व्यवस्था दी कि स्त्री पैदा हो तो बाप के अधीन रहे, शादी हो तो पति तथा विधवा होने पर पुत्रों के अधीन रहे अर्थात् स्वतन्त्र होकर कभी न रहे। स्त्री अवयस्क हो, युवा हो या वृद्ध घर में कोई काम अपनी इच्छा से यानी स्वतन्त्रतापूर्वक न करे।

अज्ञात कालों में विश्व के विभिन्न क्षेत्रों की स्त्री अपने समाज में क्या स्थान रखती थी, इसका एक विस्तृत अध्ययन अब से तकरीबन पचासी साल पहले अल्लामा नियाज़ फतेहपुरी ने अपनी पुस्तक 'गहवारा-ए-तमद्दुन' में प्रस्तुत किया था, उनके अनुसार–

"चीन में प्राचीनकाल की स्त्री को जो सम्मान प्राप्त था, उसका अनुमान इससे

लग सकता है कि चीनी भाषा के एक विश्व कोष में 1627 अध्यायों में से 1376 अध्यायों में केवल यह बताया गया है कि प्राचीनकाल की चीनी औरत कितनी विशेषताओं से सम्पन्न थी और कितनी चीज़ों की आविष्कारक थी तथा उसका साहित्यिक ज्ञान कितना विपुल था।

बर्मा में उस काल की स्त्री की हैसियत का अनुमान इससे मिल सकता है कि तब समूचा व्यापार स्त्री के हाथों में था। पुरुष का उससे कोई सम्बन्ध नहीं था। दक्षिण भारत में आज भी बहुत-सी आबादियाँ ऐसी हैं जहाँ प्राचीनकाल की सामाजिक व्यवस्था अब भी शेष है। यह एक रोचक तथ्य है कि हिन्दू ज्यों-ज्यों अधिक सभ्य होते गये, उनमें स्त्री की सत्ता कमज़ोर होती गयी, लेकिन असभ्य मानी जाने वाली जनजातियों—मानव-समूहों, जिनमें प्राचीन कालीन प्रथाएँ-परम्पराएँ अब भी प्रचलित हैं, उनमें स्त्री की हैसियत अधिक ऊँची है। वहाँ स्त्री ही तमाम धार्मिक रीतियों को पूरा करती है। वही बच्चों को धार्मिक विश्वासों और परम्पराओं को सिखाती है, वही इनके सक्रिय जीवन के प्रशिक्षण की जिम्मेदार है। इन मामलों में मर्द को हस्तक्षेप करने का कोई अधिकार नहीं है। आस्टीरिया-हंगरी में बोहीमिया की प्रचीन परम्पराओं से ज्ञात होता है कि वहाँ बौद्धिक रूप से स्त्री का स्थान कितना ऊँचा था। उनकी एक रिवायत है कि बाबुल मीनार के निर्माण में जब ईश्वर ने मनुष्य को पराजय की तो कुछ लोग ओगरा व मूलदान नदी के बीच स्थित ज़मीनी इलाके में आबाद हो गये, क्योंकि इन लोगों के सरदार का नाम बोहिमस था इसलिए देश के इस भाग का नाम बोहिमिया हो गया। पहले प्रत्येक व्यक्ति स्वतन्त्र रूप से जीवन बसर करता था फिर उनमें एक मुखिया चुनने का विचार विकसित हुआ। अतः क्रोसियो (Croceo) का चयन किया गया। उसके तीन पुत्रियाँ थीं। सबसे बड़ी ओषधि शास्त्र में विशेषज्ञता रखती थी, दूसरी धार्मिक अध्ययन में अपनी उच्चता के कारण आदरणीय थी, तीसरी लबूसा को अपनी तेजी तथा बुद्धिमत्ता के कारण महत्त्व प्राप्त था। क्रोरोसियो के निधनोपरान्त तीसरी बेटी लियोबूसा को पिता के स्थान पर मुखिया चुना गया। उसके ज्ञान और बुद्धिमत्ता की अनेक कथाएँ इस कौम की प्राचीन परम्पराओं में प्रचलित है।

अलास्का का प्राचीनकाल भी स्त्री प्रभुत्व के कारण उल्लेखनीय रहा है। युद्ध के मामलों में स्त्री का निर्णय अन्तिम होता था। कोई भी संचालन या सलाहकार समिति उस समय तक पूर्ण नहीं होती थी जब तक पुरुषों की अपेक्षा चार गुना अधिक महिलाएँ उसमें न हों। इसी प्रकार मिसीसिपी के पूर्व में वंशावली याद रखना कबीले की सामुदायिकता बनाये रखना केवल स्त्री पर निर्भर था। वही पृथ्वी व आकाश की स्वामिनी समझी जाती थी और वही तमाम फैसलों के केन्द्र में थी।

गुलाम उसके अधीन होते थे तथा वही ख़ानदान (परिवार) में विवाह की व्यवस्था करती थी। बच्चों के पालन-पोषण और उनके भविष्य के मामले उसके हाथ में थे। ये कौमें अब लगभग समाप्त हो गयी हैं लेकिन अब भी उनके शेष रह गये लोगों के तौर-तरीकों– प्रथाओं परम्पराओं को देखकर स्त्री की अतीत हो चुकी उच्चता का अन्दाजा होता है।

'परिवार निजी मिल्कियत और राज्य' में इतिहास के इस विकास क्रम का विश्लेषण करते हुए एंगेल्स ने लिखा है–

कृषि के जरिये जैसे-जैसे पूँजी बढ़ती गयी वैसे-वैसे एक ओर यदि इस कारण परिवार के अन्दर पुरुष की शक्ति (स्त्री की अपेक्षा) में वृद्धि हुई और उसका महत्त्व रुतबा ऊँचा होता गया, दूसरी ओर इस शक्ति से अभिभूत पुरुष के अन्दर 'विरासत' की पुरानी पद्धति को उलट देने की इच्छा बलवती होती गयी ताकि उसकी अपनी सन्तानें उसकी सम्पत्ति की उत्तराधिकारी हो सकें। लेकिन जब तक नस्ल माँ से चलती थी तब तक यह सम्भव नहीं था। इस कारण आवश्यक था कि मातृ अधिकार को समाप्त कर दिया जाये। और यही किया गया–इस प्रकार स्त्री से नस्ल का सिलसिला तथा माँ से विरासत पाने का अधिकार समाप्त हो गया।–इस अधिकार की समाप्ति स्त्री की विश्वव्यापी ऐतिहासिक पराजय थी। पुरुष ने घर के अन्दर भी अपनी सत्ता मजबूत कर ली। स्त्री अपने रुतबे से गिर गयी। उसके हाथ-पैर बाँध दिये गये। उसे पुरुष की यौन-इच्छाओं का गुलाम बना लिया गया और महज बच्चे पैदा करने का साधन समझ लिया गया।

प्रसिद्ध इतिहासकार 'विल देवरा' पुरुष के इस कृत्य को स्त्री की यौन-अधीनता का दूसरा दौर कहता है, क्योंकि पुरुष स्त्री पर पूर्ण प्रभुत्व प्राप्त कर लेने के बाद उसे उस निष्ठा से बाँधना चाहता था, जिसके जरिये वह अपनी जायदाद अपने बच्चों की ओर स्थानान्तरित करने का तर्क प्रस्तुत कर सके, अतः वह लिखता है–

धीरे-धीरे पुरुष ने अपना अधिकार मनवा लिया और जायदाद मर्द के जरिये स्थानान्तरित होने लगी। माँ का हक बाप के हक के सामने परास्त हो गया और पितृ सत्तात्मक व्यवस्था, जिसमें पुरुष मुखिया होता था, समाज के आर्थिक नियम राजनीतिक व नैतिक युनिट बन गयी। माता व्यवस्था से पिता व्यवस्था की ओर प्रस्थान स्त्री की हैसियत के लिए हानिकारक थी। पहले देवियाँ होती थीं, अब देवता होने लगे। तमाम महत्त्वपूर्ण पक्षों की दृष्टि से स्त्री और उसकी सन्तानें पहले तो उसके पिता और सबसे बड़े भाई और बाद में उसके पति की सम्पत्ति बन गयी। उसे विवाह के लिए उसी तरह खरीदा जाने लगा जिस तरह किसी गुलाम को मण्डी से खरीदा जाता था। जब पति की मृत्यु होती तो उसकी विधवा जायदाद की तरह

उसके वारिसों के कब्जा में आ जाती।

विल देवरा कहता है कि मर्द औरतों पर पूँजी लगाकर (निवेश) ब्याज के तौर पर उसके बच्चे अपनी मिल्कियत बना लेता था, वह स्वतन्त्र और अर्द्ध स्वतन्त्र यौन-सम्बन्धों को मर्द की तरफ से वैयक्तिक विवाह यानी एक पत्नी परम्परा में बदलने को स्वयं पाबन्दियों से आज़ाद होने और मिल्कियत में बढ़ोतरी की वजह बताता है।

यह तरीका मर्द ने इसलिए इख़्तियार किया ताकि वह सस्ते गुलाम हासिल कर सके और अपनी मिल्कियत को दूसरों के पास जाने से बचा सके, और अपने बच्चों की तरफ स्थानान्तरित करवा सके। बच्चे आर्थिक सम्पत्ति थे। पितृ सत्ता में बच्चे और औरत मर्द के गुलाम होते थे। यह संख्या जितनी अधिक होती, वह उतना ही अमीर होता। यही बच्चे उसके मानव-शक्ति समझे जाते थे। पुरुष विवाह को यौन-सम्बन्धों का इजाज़तनामा नहीं बल्कि आर्थिक सहयोग के रूप में देखता था। वह औरत से नेकी और हुस्न की इच्छा नहीं बल्कि लाभ के लिए कठिन परिश्रम की अपेक्षा रखता था।

अन्दाज़न बारहवीं सदी ईसा पूर्व मूसवी शरीअत-धार्मिक कानून की आमद स्त्री पर पुरुष का वह समग्र आधिपत्य था, जिसका ऐलान मर्द ने नहीं 'आसमान' की बुलन्दियों से रब्बुलअल अरबाब यानी ईश्वरों के ईश्वर ने स्वयं किया था। इस ऐलान के बाद मस्ती में ढकेल दी गयी औरत की भला क्या मजाल थी कि वह आसमानी अहकामात (आदेशों) के प्रति बाल बराबर भी असहमति दिखा सके।

मूसूवी (यहूदी) शरीअत के यशूबिन सीराख का कहना था—तमाम बुराइयाँ औरत की बुराई से छोटी हैं। खताकारों का कुरअ(पाशक) ही उस पर पड़े।

- औरत ही से गुनाह शुरू हुआ और उसी के सबब हम सब मरते हैं।
- पानी को निकलने का रास्ता और चंचल स्त्री को बेहूदगी की इज़ाज्त न दें।
- अगर वह तेरे हाथ के इशारों पर न चले तो तुझको तेरे दुश्मनों के सामने रुस्वा करेगी।
- बस तू उसको अपने जिस्म से काट डाल ताकि वह तुझे हमेशा यातना न देती रहे।

प्राचीन यूनान को पश्चिम की आधुनिक पश्चिमी सभ्यता का प्रथम लक्षण कहा जाता है, अफलातून व दूसरे यूनानी दार्शनिकों की पुस्तकों के अनुवादों ने अब्बासिया सल्तनत के माध्यम से इस्लामी जगत पर भी अपने प्रभाव छोड़े। यूनानी सभ्यता की शानदार परम्पराओं को जेहन में रखते हुए हमें इस बात का यकीन होता है कि यूनानी दार्शनिकों, कानून बनाने वालों, साहित्यकारों तथा सियासतदानों ने

अपने यहाँ की स्त्री के साथ इंसाफ किया होगा। इस विचार के साथ जब हम यूनानी इतिहास के पृष्ठ पलटते हैं तो यह देखकर हैरान रह जाते हैं कि वो बुतपरस्त (मूर्ति पूजक) समाज जो अपनी देवियों को सर आँखों पर बिठाता था, वहाँ स्त्री अर्द्धदासता की ज़िन्दगी गुजारती थी और बकौल सीमूनदबुआ के उसे शिकायत करने की आज़ादी भी नहीं थी। महान शास्त्रीय दौर में औरत को सख़्ती से हरम में कैद कर दिया गया। पेरीक्लीज ने कहा है कि, "श्रेष्ठ स्त्री वह है जिसका जिक्र पुरुषों में कम से कम हो" अफलातून ने राज्य व्यवस्था में स्त्री की भागीदारी का समर्थन करते हुए 'एरेस्टोफेज' से छेड़छाड़ की तथा लड़कियों को आज़ाद शिक्षा देने का प्रस्ताव दिया। लेकिन एक्सनोफोन (Xenophone) के अनुसार पति और पत्नी अजनबी थे। सामान्य तौर पर पत्नी से घर की होशियार, कम खर्च, पति के कहने पर चलने वाली मालकिन, शहद की मक्खी जैसी परिश्रमी तथा कुशल कुक (बावर्चिन) बनने की आशा की जाती थी, औरत के इस मामूली रुतब के बावजूद यूनानी पुरुष स्त्री के प्रति गहरा विरक्ति भाव रखते थे।

पत्नी जब बीमार, नाराज, या शिशु जन्म के बाद स्वस्थ हो रही होती तो प्रेमिका या रखैल उसके पति के साथ सोती। एथेंज में पत्नी को उसके कमरे में बन्द कर दिया जाता, उस पर कानून की सख्त पाबन्दी लगायी जाती और स्पेशल मैजिस्ट्रेट उसकी निगरानी करते। वह ज़िन्दगी भर कमतर समझी जाती और निगरानी में रहती। वह निगरानी करने वाला बाप होता–पति या पति का वारिस, या इन सबके न होने पर राज्य, जनता का ही कोई व्यक्ति जिसका प्रतिनिधि होता, ये सब उसके स्वामी थे। और वह बाज़ार की किसी वस्तु की तरह उनके रहमो करम पर थी, संरक्षक के अधिकार उसकी देह और जायदाद दोनों तक फैले हुए थे। संरक्षक अपनी मर्जी से अधिकार स्थानान्तरित कर सकता था, पिता अपनी पुत्री को विवाह या एडाप्शन में देता, पति उसे किसी नये पति के हवाले कर सकता था। फिर भी यूनानी कानून ने पत्नी को दहेज पाने का अधिकार दिया, जो विवाह समाप्त होने पर पूरा वापस मिल जाता और वह उसे अपनी मर्जी से इस्तेमाल करती। अपरिहार्य स्थिति में कानून ने पत्नी को तलाक माँगने का हक भी दिया लेकिन यह उसे समाज की ओर से दी जाने वाली बहुत मामूली सुरक्षा थी।

उच्च व मध्य वर्ग की यूनानी स्त्री जनानख़ाने और कड़े पर्दे में ज़िन्दगी गुजारती थी। इसके बरख़िलाफ़ वो आज़ाद औरतें थीं जो यूनान की साहित्यिक व सांस्कृतिक जिन्दगी में बहुत अहमियत रखती थीं। हम तक उन आज़ाद स्त्रियों की विद्वत्ता तथा बौद्धिकता की कथायें पहुँची हैं। उनमें हमें एसपासिया (Aspasia) नज़र आती है जो एथेंज के विख्यात वैभवशाली शासक प्रेक्लीज की प्रेमिका उसकी सभा

संगिनी तथा 'सुकरात' को गणित सिखाने वाली थी। इसी तरह हमें फ्राइन (Phryne) और लाईस (Lais) के नाम मिलते हैं। अधिकार सम्पन्न तथा शासक के पुरुषों की ये प्रेमिकाएँ उनके दिलों पर हुकूमत करतीं और शासन वर्ग के कामों में हस्तक्षेप करतीं। एक शरीफ लेकिन नीम गुलाम यूनानी स्त्री के जनानख़ाने और उन आज़ाद औरतों के परकोठों के दरम्यान वही दूरी थी जो जमीन और तारामण्डल के दूसरे नक्षत्रों के बीच पाया जाता है। पितृ सत्ता अपने तमाम वैभव व शक्ति के साथ घरों के अन्दर शासन चलाती थी और बाहर की दुनिया में इन आज़ाद औरतों से अपनी शारीरिक, बौद्धिक और सामाजिक आवश्यकताएँ पूरी करती थी। बहुत मुमकिन है कि घरों के अन्दर कैद शरीफ यूनानी औरत इन आज़ाद औरतों को देखकर उनसे ईर्ष्या करती हो, लेकिन इन स्वतन्त्र स्त्रियों ने अपनी आज़ादी की भारी कीमत अदा की थी। सम्भ्रान्त यूनानी परिवार की माँए, बहनें, बीवियाँ और बेटियाँ इन आज़ाद औरतों से उसी तरह पर्दा करती थीं, जिस तरह अठारहवीं-उन्नीसवीं सदी के हिन्दुस्तान की घरेलू औरतें उमराव जान अदा जैसी औरतों से करती नज़र आती हैं।

एथेंज के पितृ सत्तात्मक समाज में औरत के मकाम का निर्धारण करते हुए विख्यात यूनानी लेखकों, चिन्तकों और बौद्धिकों की कृतियों को नज़रअन्दाज नहीं किया जा सकता। छठी सदी ईसा पूर्व के बाद पाँचवीं और चौथी सदी ईसा पूर्व में यूनानियों के उन तौर-तरीकों में बड़ा अन्तर आया जो वे अपनी औरतों के साथ करते थे। जैसा कि पहले बयान किया जा चुका है कि एथेंज के शहरी स्त्री को नीम गुलाम (अर्द्धदासी) की हैसियत देते थे। वो उन्हें घर की चहारदीवारी में कैद रखते, उनकी तरफ से लापरवाही बरतते और उनके अस्तित्व की उपेक्षा करना लाजिमी समझते थे। फिर धीरे-धीरे उन्होंने अपनी लड़कियों और औरतों को खुला आसमान देखने की, मुहल्ले के कुएँ तक जाने तथा शादियों में जाने की इजाजत देना शुरू की। स्त्री के बारे में एथेंज के पितृ सत्तात्मक समाज की इन बदलती हुई वृत्तियों का संकेत हमें खुदाई के दौरान निकलने वाले असंख्य गुलदानों से मिलता है वो लोग अपनी निजी और शहरी ज़िन्दगी के नक्श इन सजावटी गुलदानों पर उजागर करते थे। विभिन्न सदियों के दौरान बनाये जाने वाले ये गुलदान कलात्मक नक्काशी के बेहतरीन नमूने हैं और हमें औरत के मरतबे और हैसियत में आने वाली तबदीली की झलकियाँ दिखाते हैं।

यह पाँचवीं और चौथी सदी ईसा पूर्व के विख्यात साहित्यकार, नाटककार और व्यंग्य लेखक एस्खोलस, सोफोक्लीज एवरीपिडस और एरेस्टोफोन्स थे जिनके लेखन ने ऐथेंज की स्त्री पर से पितृ सत्तात्मकता की जकड़बन्दी को कम करने में किसी हद तक मदद की।

इसके प्रभाव रोम की स्त्रियों पर भी पड़े और पहले से कुछ-कुछ आज़ादी का सुख भोग रही ये महिलायें एथेंस की स्त्री की अपेक्षा अधिक स्वतन्त्र हो गयीं। यह दीगर बात है कि रोम के कानून वहाँ की महिलाओं की स्वतन्त्रता को सुरक्षा प्रदान नहीं करते थे। रोम के व्यंग्यकारों को इन महिलाओं में यह बुनियादी खामी नज़र आती थी कि वे पुरुषों के लिए विशेष क्षेत्रों में उतरना और उनके मशगूलों को इख्तियार करना चाहती थीं। रोम के पुरुषों को भी यह स्थिति स्वीकार नहीं थी। क्योंकि औरतों की यह पेशकदमी उनकी सम्प्रभुता को चोट पहुँचाती थी। अतः कानून के जरिये उनके पर कतरने की कोशिशें की गयीं। लेकिन रूमी स्त्री की उड़ान पर असल पाबन्दी ईसाइयत ने लगायी, जिसे रोम के समाज ने आरम्भिक प्रतिरोध के बाद धार्मिक आदेश मानकर स्वीकार कर लिया। औरतों के लिए ईसाइयत कितना अवमाननापूर्ण रवैया रखती थी, इसका अन्दाजा फादर तरतूलियान के इस वाक्य से लगाया जा सकता है कि, "ऐ औरत! तू शैतान की परकाला है। तू उसे भी तबाह कर देती है जिस पर शैतान भी सीधे हमला करने की हिम्मत नहीं करता। तेरी ही गलती से ख़ुदा का बेटा हलाक हुआ, तुझे हमेशा दुखी व बदहाल रहना चाहिए। ईसवी (ईसाई) शरीअत फैलाने वाले पोलुस रसूल ने 'अहदनामा-ए-जदीद' में तेमूताअस के नाम अपने पहले खत में लिखा–

– चाहिए कि औरत मुकम्मल फरमाबरदारी से तालीम पाये।
– और मैं इजाजत नहीं देता कि स्त्री शिक्षा दे या मर्द पर हुक्म चलाये बल्कि खामोशी के साथ रहे।
– क्योंकि आदम पहले बनाया गया, उसके बाद हव्वा।
– और आदम ने फरेब नहीं खाया मगर औरत फरेब खाकर गुनाह में फँस गयी।

मूसूवी और ईसवी शरीअत के तमाम नियमों और उनकी ताबेदारी के बावजूद मातृ सत्तात्मक वाले कुछ द्वीप मौजूद रहे जिनका मुकम्मल खात्मा सातवीं सदी ईसवी में इस्लाम ने किया। मुहम्मद साहेब के रसूल बनने के काल में अरब जगत की स्त्री की सामाजिक अवस्था का अध्ययन फात्मा मरनीसी ने अपनी पुस्तक 'हिजाब से आगे' में विस्तार से किया है। उनके अनुसार–

इस्लाम पूर्व के समाज में स्त्री अधिकार का विविधतापूर्ण परिदृश्य बताता है कि बच्चे माँ के कबीले में शुमार होते थे। औरतों को आज़ादी हासिल थी, वो अपनी मर्जी से एक या ज़्यादा मर्दों से एक ही समय में या एक के बाद दूसरे से यौन सम्बन्ध कायम करे और खत्म कर दे।

फात्मा मरनीसी ने ऐतिहासिक साक्ष्यों के अध्ययन से जो निष्कर्ष निकाले हैं, उनके अनुसार–

"इस्लाम ने उन तमाम कार्य पद्धतियों पर पाबन्दी लगा दी, जिनमें औरत की आत्म-निर्णय के अधिकार की सशक्त अभिव्यक्ति होती थी।" 'हिजाब से आगे' में फात्मा मरनीसी डब्लू राबर्ट्स स्मिथ के शोध के हवाले से लिखती है–

"इस्लाम आने के समय में एक राज्हान मातृवंशीय (Martrilineal) था जिसे 'सादिकाशादी' का नाम दिया जाता था। दूसरा रुज्हान पितृवंशीय (Patrineal) था जिसे डामिनेशनमैरेज कहा जाता था। मुहम्मद साहेब के काल तक ये दोनों व्यवस्थाएँ पहलू-ब-पहलू रायज थीं और आपस में टकराती भी थीं। विवाह के इन दोनों रूपों पर न केवल रिश्तेदारी के अलग-अलग कानून लागू होते थे बल्कि औरत के स्थान और हैसियत से भी उनमें बुनियादी फर्क था, जो सामाजिक सम्बन्धों के ढाँचे को भी प्रभावित करता था। शादी का 'सादिका' रूप दोस्त अर्थ वाले सिद्दीक शब्द पर आधारित है, सिद्दीका यानी 'औरत दोस्त', एक ऐसा मिलाप है, जिससे जन्म लेने वाली औलाद औरत की मिल्कियत थी। इस शादी में स्त्री के घर पर औरत और मर्द के बीच एक समझौता होता था, जिसके अन्तर्गत औरत यह अधिकार प्राप्त करती थी कि वह जब चाहे तब अपने शौहर से विवाह खारिज कर सकती है। जबकि शादी के दूसरे रूप में औलाद शौहर की मिल्कियत होती थी, उसे अपनी सन्तानों के साथ अपनी पत्नी का मालिक होने का भी अधिकार प्राप्त था। इस शादी में पत्नी अपने पति का पालन करती और उसके बच्चों को जन्म देती, बच्चे जैविक व सामाजिक हर रूप से पिता के होते, इस शादी में पत्नी अपने अधिकार खो बैठती और अपने स्व के अस्तित्व से अलग हो जाती, तलाक का हक सिर्फ शौहर के पास होता। राबर्ट्स स्मिथ यह निष्कर्ष निकालता है कि इस्लाम ने मातृ सत्ता से पितृ सत्ता की ओर सफर तेज कर दिया। इस्लाम ने यह मकसद हासिल करने के लिए विवाह की ऐसी संस्था कायम की, जो पितृ वंशीय विवाह के समान थी। साथ ही इस्लाम ने मातृवंशीय विवाह को 'हराम' घोषित कर उसकी निन्दा की।

इस्लाम पूर्व जाहिलियत के दौर में अरबी स्त्री को जो स्वतन्त्रता प्राप्त थी, वह इस्लाम आने के आद मुकम्मल तौर पर छीन ली गयी। यह बात मदीना की बहुत-सी औरतों को नागवार गुजरी और उन्होंने इस पर दबी जबान में प्रतिरोध भी किया लेकिन ये मजहब का उन्माद व आवेग इतना तेज था कि वह दबी हुई आवाज एकदम खामोश कर दी गयी।

मुस्लिम समाज की औरत के बारे में पूर्व व पश्चिम, उत्तर व दक्षिण के इमाम, उलेमा और धर्मगुरुओं का जो दृष्टिकोण रहा और आज है, उसकी अक्कासी इमाम ग़ज़ाली के इन शब्दों से होती है–

"औरत के लिए शादी एक ग़ुलामी है क्योंकि शादी उसे एक ऐसा मकाम

दिलाती है जहाँ बिना किसी शर्त के उसे अपने शौहर का हुक्म मानना है, सिवाय उन मुआमलात के जहाँ वह उसे अल्लाह के आदेशों की .खुली और साफ ख़िलाफ़ वर्जी का हुक्म दे।"

मुसलमान आलिम (विद्वान) इमाम ग़ज़ाली की इस बात को अठारहवीं सदी में ईसाई कथाकार बालज़ाक ने यों लिखा–

'शादीशुदा औरत एक गुलाम है' समय के अन्तर्विरोध तथा धार्मिक मतभेद के बावजूद औरत के मनसब और मरतबे के बारे में ग़ज़ाली और बालज़ाक के दरम्यान विचारों की समानता और एकरूपता पितृ सत्ता के मुसलमान व ईसाई समर्थकों के मानसिक तादात्म्य पर रोशनी डालती है।

ईसाइयत के दायरे में शामिल पश्चिमी देशों में औरत की क़ानूनी हैसियत पन्द्रहवीं सदी के आरम्भ से लेकर उन्नीसवीं सदी के अन्त तक लगभग अपरिवर्तनीय रही। फिर भी यूरोप के देशों में अगर नारी जागरण का सिंहावलोकन किया जाये तो ज्ञात होता है कि सत्रहवीं सदी में औरतों ने अपनी निजात का रास्ता नये धार्मिक सम्प्रदायों में ढूँढ़ा और वे उनसे सम्बद्ध होने लगी थी। इसकी वजह यह थी कि ये नये धार्मिक सम्प्रदाय धार्मिक सुधार के साथ सामाजिक व आर्थिक परिस्थितियों में क्रान्तिकारी परिवर्तन के इच्छुक थे। ये नये सम्प्रदाय औरतों की सामाजिक-आर्थिक सभानता के तो पक्षधर नहीं थे लेकिन मर्दों और औरतों की आध्यात्मिक समानता पर शिद्दत से यकीन रखते थे। पहली सदी ईसवी में सेन्ट पाल इसके बाद सेन्ट अगस्टाइन और तेरहवीं सदी में सेन्ट थॉमस अकोईनास तथा दूसरे धार्मिक पुरोधाओं ने स्त्री की जिस क़दर हक़ीर व ज़लीलजाना, चर्च ने जिस तरह उन्हें अपने शिकंजे में जकड़े रखा और फिर सदियों तक वो जिस बेरहमी और ज़ालिमाना तरीक़े से 'जादूगरनी' करार देकर आग में जिन्दा जलाई जाती रहीं, इसके बाद बाऊनस्ट, बेपाटिस्ट या क्यूकर्ज नामक सम्प्रदायों का स्त्री पुरुष के बीच आध्यात्मिक समानता का सिद्धान्त इतना क्रान्तिकारी था कि औरतों की बड़ी संख्या इन नये सम्प्रदायों से जुड़ गयी और सरेआम इन सम्प्रदायों की शिक्षाओं का प्रचार करने लगी। यह एक रोचक तथ्य है कि कुईकर्ज सम्प्रदाय में औरतों की संख्या इतनी अधिक थी कि बहुत से लोग इसे औरतों का कोई ख़ास सम्प्रदाय समझते थे। प्रोटेस्टेन्ट सम्प्रद्राय की स्त्री के लिए उसका पति पृथ्वी पर उसका ईश्वर था, जिसकी मर्जी के बग़ैर पत्ता नहीं हिल सकता था। उसे घरेलू मामलात में भी अपनी राय देने की आज़ादी न थी। सामान्य विवाहिता स्त्री न जायदाद रखने की हक़दार थी, न उसे किसी प्रकार का कानूनी समझौता करने की स्वतन्त्रता थी और न वह राजनीतिक गतिविधियों में हिस्सा ले सकती थी।

नवजागरण के प्रभाव में तथा इरासिमस व टॉमस मूर जैसे मानवतावादी बुद्धिजीवियों ने स्त्री-शिक्षा पर ज़ोर देना आरम्भ किया, इस आग्रह के कुछ सकारात्मक प्रभाव भी निर्मित हुए लेकिन प्रोटेस्टेन्ट सुधार के वेग में औरतों को धर्म के हथियार से एक बार फिर पसपा कर दिया गया।

सन् 1660 से 1666 ई. के बर्तानिवीइंक़िलाब के दौरान महिलाओं ने महत्त्वपूर्ण भूमिका अदा की। इंकिलाब के नतीजे में ब्रटेन से सामन्तवाद का अवसान हुआ और केवल बर्तानिया में ही नहीं, पूरे यूरोप में पूँजीवादी व्यवस्था तेजी से अपने कदम जमाने लगी। इसका कुछ लाभ स्त्री को भी हुआ और वो शिक्षा, व्यापार और हस्तशिल्प के पेशों में आगे आने लगी। और सिर्फ बर्तानिवीइंकिलाब ही क्यों? अमरीकी व फ्रांसीसी क्रान्ति में भी महिलाएँ बहुत सक्रिय रहीं। विशेष रूप से फ्रांस के 'रोटी आन्दोलन' में स्त्रियाँ ही सबसे आगे थीं।

लेकिन यह भी इतिहास का अन्याय है कि फ्रांसीसी क्रान्ति की सफलता के बाद जब उसकी फसल कटने का वक़्त आया तो औरतों को भुला दिया गया और सन् 1789 में फ्रांसीसी असेम्बली ने स्त्री-पुरुष के संयुक्त अधिकारों की बहाली के बजाय The Rights of Man नामक विधेयक पेश किया। चुनांचे 1791 में Olympede Gouges ने इसके प्रतिकार में स्त्री अधिकार का घोषणा-पत्र प्रस्तुत किया, जिसमें स्त्री को पुरुष के समान सभी अधिकार देने की माँग की गयी थी। इस घोषणा-पत्र में उसने यह प्रसिद्ध वाक्य लिखा कि, "औरतें अगर फाँसी के फन्दे तक जाने का हक रखती हैं तो उन्हें फिर पार्लियामेन्ट में जाने का भी अधिकार होना चाहिए। ओलम्प ने स्त्री के लिए कानून, शासन और शिक्षा में समान अधिकार की आवाज बुलन्द की। वह एक क्रान्तिकारी और उच्च नैतिकता वाली स्त्री थी। सियासी तौर पर वह एक रिपब्लिकन थी लेकिन जब उसने शाह फ्रांस और उसकी मलिका के मृत्युदण्ड के ख़िलाफ़ एक अपील प्रकाशित की तो उस समय सत्ता में आने वाले, जिनकी वह समर्थक थी, उनसे उसकी यह स्वच्छन्दता सहन नहीं हुई और उसका भी ग्लोटिन से सर कलम हुआ। और वह यही कहती हुई वधस्थल तक गयी कि "क्या यही वह गौरवशाली क्रान्ति है जिसने फ्रांस के स्त्री और पुरुष दोनों पर अपनी किरणें फैलायी थीं?"

अमरीकी विशेष रूप से फ्रांस की पूँजीवादी क्रान्ति के प्रजातांत्रिक आज़ादी, समानता और मानवाधिकार के दिलों को ख़ुश करने वाले नारों के यथार्थ की जब हम पर्त उघाड़ते हैं तो वास्तविकता दुखद ही नहीं, शर्मनाक नज़र आती है। फ्रांसीसी क्रान्ति से आज तक पूँजीवादी व्यवस्था में स्त्री-पुरुष की अपेक्षा कम वेतन में पुरुषों के समान काम करती नज़र आती है।

1840 में फैक्ट्री की फ्रांसीसी श्रमिक स्त्रियाँ 15 घण्टों की जो पगार पाती थीं, वह उतने ही घण्टों के लिए पुरुषों को दिये जाने वाले पगार से कम ही नहीं, आधी थी, फ्रांसीसी क्रान्ति का यह एक त्रासद पक्ष है कि वे राजनीतिक क्लब, स्त्रियाँ जिनका प्राण थीं और जिन्होंने क्रान्ति के लिए अपनी जानों की परवाह भी नहीं की थी, 1793 में उन पर प्रतिबन्ध लगा दिया गया और राजनीति में औरतों की हिस्सेदारी पर अप्रसन्नता प्रकट की जाने लगी। क्रान्ति की वेला में समानता का नारा लगाया था और इस नारे ने औरतों को बहुत लुभाया था। पेरिस के नागरिकों का वह हुजूम जो बादशाह और मलिका को उनके महल से निकाल कर लाया था, उनमें बहुत संख्या औरतों की थी परन्तु क्रान्ति की सफलता के बाद इन औरतों की बेमिसाल कुर्बानी को भुला दिया गया। क्रान्ति के उपरान्त जब क्रान्तिकारी समिति का इजलास हुआ तो समिति के एक न्यायप्रिय सदस्य ने प्रस्ताव प्रस्तुत किया कि महिलाओं को भी वोट देने का अधिकार मिलना चाहिए। इस प्रस्ताव पर उस शरीफ आदमी का बहुत मज़ाक़ उड़ाया गया तथा समिति के एक दूसरे सदस्य ने कटाक्ष किया कि क्या फ्रांस में कोई ऐसी पत्नी है, जिसमें यह कहने का साहस हो कि वह अपने पति की इच्छा के विपरीत भी कुछ कहने या सोचने की इच्छा रखती है? इस कटाक्ष के साथ ही फ्रांसीसी क्रान्ति में भागीदारी करने वाली महिलाओं ने 'समानता' के जो स्वप्न बुने थे, वो भाप बनकर उड़ गये। उन्नीसवीं सदी की फ्रांसीसी औरत छोटे-छोटे अधिकारों के लिए तरसती रही। सरकारी नौकरी में वह केवल अध्यापिका अथवा डाकिया के रूप में भर्ती हो सकती थी। कानूनी तौर पर घर के खर्च पुरुष के हाथ में थे तथा विवाह से इतर दैहिक सम्बन्धों का दण्ड पुरुष को नहीं, केवल स्त्री को दिया जाता था।

फ्रांस की प्रसिद्ध (नारीवादी) लेखिका सीमोनद बोउआ ने अपनी बहुचर्चित पुस्तक The Second Sex में चिह्नित किया है कि–

"इस प्रकार की रुकावटें इतिहास का पहिया न रोक सकीं, मशीन ने जमीन की जायदाद के महत्त्व को कम कर दिया और औरत की आज़ादी के साथ-साथ श्रमिक वर्ग की स्वतन्त्रता में भी वृद्धि की। समाजवाद के तमाम रूपों ने औरत को .खानदान से छीनते हुए उसकी मुक्ति का समर्थन किया। अफ़लातून ने एक साम्यवादी व्यवस्था की परिकल्पना और स्त्री के लिए वैसी ही आज़ादी का वायदा किया था, जो उन्हें स्पाटी में हासिल थी। सेन्ट साइमन फोरियर और कैबेट के यूटोप्लाई समाजवाद के साथ 'मुंक्त स्त्री' के यूटोपिया ने जन्म लिया। जिसमें मजदूरों और स्त्री की ग़ुलामी का अन्त होगा, क्योंकि स्त्रियाँ भी पुरुष की तरह इंसान हैं। स्त्री ने एक आर्थिक महत्त्व प्राप्त किया। उन्नीसवीं सदी के आरम्भिक काल में स्त्री

श्रमिक का शोषण पुरुष श्रमिक की अपेक्षा अधिक शर्मनाक तरीके से हुआ। एंगेल्स के अनुसार घर में श्रम पसीना लाने की व्यवस्था पर आधारित था। लगातार मेहनत मशक्कत के बावजूद औरत मजदूर उतना नहीं कमाती थी कि अपनी आवश्यकताएँ पूरी कर सके। 'लाओवरियर' में जूलियस साईमन और यहाँ तक कि 1873 में प्रकाशित होने वाले "Le Travail des femmesau XIX" में तत्त्ववादी Leroy Beaulieu ने नागवार बदसलूकी की .खुलेआम आलोचना की। वह कहता है कि फ्रांस में दो हज़ार से ज़्यादा औरतें आम तौर पर 50 सेन्टाइम प्रतिदिन से अधिक नहीं कमाती थीं। समझा जा सकता है कि वे फैक्ट्रियों की तरफ भागी गयीं। सिलाई, कढ़ाई, धुलाई और घरेलू काम के अलावा वर्कशापों से बाहर कुछ करने को था भी नहीं।–गुलामों जैसा काम और नितवानी यानी औरताना कमाई। यहाँ तक कि हैदे और बेलें बनाने के कामों पर भी फैक्ट्रियों ने एकाधिकार कर लिया। सूती, ऊनी और रेशम के उद्योगों में रोज़गार के व्यापक अवसर थे। औरतों से खास तौर पर स्पिनिंग और वेविंग मिलों में काम लिया जाता, मालिक पुरुषों पर उन्हें प्राथमिकता देते 'वो कम पैसों में अच्छा काम करती हैं' श्रम के जरिये ही स्त्री ने मनुष्य के रूप में अपनी गरिमा अर्जित की। परन्तु यह सफलता बहुत कठिन और लम्बी अवधि में मिली थी।...कभी-कभी औरतें फैक्ट्री में काम के अलावा खेत में भी काम करती थीं। उनका अत्यधिक शोषण होता था।" 'पूँजी' में कार्ल मार्क्स लिखता है–

"उद्योगपति मिस्टर ई. ने मुझे बताया कि उसने औरतों को केवल अपनी पावर लूम्स में लगाया था कि वह शादीशुदा औरतों को प्राथमिकता देता है और उनमें भी ऐसी औरतों को जिन्हें अपने घर वालों के लिए काम करना पड़ता है, क्योंकि वे अविवाहित औरतों से ज्यादा आज्ञापालक तथा होशियार होती हैं। शादीशुदा औरतें अपने खानदान के लिए जरूरी वस्तुएँ हासिल करने की खातिर पूरी तन्मयता से काम करती हैं।"

मार्क्स ने आगे लिखा–

"चुनांचे औरत की वास्तविक (प्राकृतिक) विशिष्टताएँ ही उसके लिए हानिकारक बन गयी, और उसकी प्रकृति के तमाम नैतिक व उत्कृष्ट गुण उसे गुलाम बनाने और तकलीफ़ देने के साधन बन गये।

कार्ल मार्क्स ने स्त्री को पूर्ण मनुष्य स्वीकार करते हुए पहले दिन से अपना यह दृष्टिकोण स्पष्ट कर दिया था कि प्रत्येक वह व्यक्ति जो मानव इतिहास के क-ख-ग से भी परिचित है, वह इस तथ्य का भी ज्ञान रखता है कि औरतों की हिस्सेदारी के बग़ैर किसी भी समाज में कोई क्रान्ति नहीं की जा सकती। जब हम मार्क्सवादी दर्शन का सिंहावलोकन करते हैं तो मार्क्स और एंगेल्स हमें यूरोपीय

समाजवादी आन्दोलनों में औरतों की हिस्सेदारी का समर्थन करते नज़र आते हैं। 1868 में मार्क्स ने लिखा है कि यकीनन 'स्त्रियाँ' इन्टरनेशनल वर्कर्स एसोसियेशन की उन ही बुनियादों पर सदस्य बन सकती हैं जिन बुनियादों पर पुरुषों को एसोसियेशन की सदस्यता मिलती है।

मार्क्स चिह्नित करता है कि पूँजी स्वयं के विस्तार के लिए औरतों और बच्चों के श्रम को ख़ास तौर पर किसी भी अन्दाज में इस्तेमाल करती है। पूँजीवादी व्यवस्था के बड़े उद्योग मजदूर वर्ग के परिवार और घरेलू श्रम के महत्त्व को कम कर देते हैं। वास्तविकता यह है कि बड़े उद्योगों ने मजूदर वर्ग की महिलाओं, बच्चों और बच्चियों को घरेलू दायरे से बाहर खींच लिया है और उन्हें मजबूत पूँजीवादी उत्पादन प्रणाली का हिस्सा बना दिया है। मार्क्स ने अपने शोध में यह निष्कर्ष निकाला है कि मशीन के अस्तित्व में आ जाने के बाद विशिष्ट मानव शक्ति व श्रम अप्रासंगिक हो गये अतः पूँजी ने स्त्रियों और बच्चों को निशाना बना लिया तथा आयु या लिंग के भेद के बिना सभी मनुष्यों को अपने विकास के लिए इस्तेमाल करना शुरू कर दिया।

पूँजी ने अपना मूल्य बढ़ाने के लिए 'परिवार की माँ' पर कब्जा जमा लिया और परिवार के लिए खर्च होने वाली मेहनत को भी छीन लिया। औद्योगिक क्रान्ति के परिणामस्वरूप परिवार पर पड़ने वाले प्रभाव तथा खुद कमाने वाली महिलाओं और बच्चों के सीधे शोषण का सन्दर्भ देते हुए मार्क्स 1860 के शुरू दहाई में लिखे गये अपने एक लेख में कहता है कि अब उन्हें अपनी रोजी खुद कमानी पड़ती है। पहले मर्द की आय परिवार के गुज़ारे के लिए काफ़ी होती थी लेकिन अब महिलाओं और बच्चों को न केवल अपनी मेहनत के बराबर बल्कि उससे कुछ अधिक भी पैदा करने के लिए मेहनत करनी पड़ती है।

मार्क्स जीवनपर्यन्त न केवल पितृ सत्तात्मकता के प्रभुत्व के साथ आरम्भ होने वाली घरेलू ग़ुलामी और शोषण के ख़िलाफ़ आवाज़ उठाता रहा बल्कि उसने स्त्री के अनन्त अवसान-विघटन तथा औद्योगिक भेदभाव पर आधारित शोषण को भी चिह्नित किया, जो पूँजी की 'अधिक श्रम शक्ति' को हड़प कर जाने की हवस के परिणामस्वरूप पैदा होती है। मार्क्स ने इतने भर से सन्तोष नहीं किया। वह इससे आगे बढ़ता है और साबित करता है कि परिवार के बिखराव की प्रक्रिया के साथ पूँजी श्रमिक स्त्रियों के पतन तथा उनके शारीरिक विनाश का कारण भी बनती है।

स्त्री के सम्बन्ध में यह मार्क्सवादी दर्शन का ही प्रभाव था कि जिसने आगस्ट बैबल से 'नारी और समाजवाद' लिखवायी। यह पुस्तक नारी अधिकारों के संघर्ष से सम्बद्ध स्त्रियों के लिए बहुत काम की साबित हुई। नारी अधिकार के बारे में यह मार्क्सवादी दर्शन की ही दिखायी हुई राह थी, जिसकी बिना पर 1891 में सोशल

डिमाक्रेट्स काँग्रेस के अधिवेशन में एक प्रस्ताव पारित हुआ जिसमें महिलाओं को समानता के सिद्धान्त पर मुकम्मल वैधानिक व आर्थिक अधिकार देने की बात की गयी थी। यह मार्क्स का ही सिद्धान्त था जिसके प्रभाव में हर उस देश में जहाँ मार्क्सवाद के सिद्धान्तों पर हुकूमत कायम हुई। वहाँ संविधान और कानून के अन्तर्गत स्त्री को पुरुषों के समान अधिकार देने का सिलसिला शुरू हुआ। उन्हें राजनीति सहित हर क्षेत्र में अपनी क्षमता व प्रतिभा दिखाने और उसे विकसित करने का अवसर दिया गया। ताकि औरतें समाज की बेहतरी और ख़ुशहाली के साथ निजी तौर पर ससम्मान जीवन व्यतीत कर सकें। यह एक हक़ीक़त है कि समाजवादी विचारधारा ने स्त्री को समानता का अधिकार तथा समाज में सम्मानजनक स्थान दिलाने के लिए लम्बा संघर्ष किया। कम्युनिस्ट इन्टरनेशनल ने माँग उठाई–

वैधानिक रूप से तथा व्यावहारिक जीवन में भी स्त्री पुरुष की सामाजिक समानता, वैवाहिक अधिकार तथा पारिवारिक संहिता में क्रान्तिकारी परिवर्तन, शिशुजन्म को सामाजिक प्राप्ति मानना बच्चों-नौजवानों के पालन-पोषण और उनकी शिक्षा में सामाजिक दायित्व को शामिल करना एवं स्त्री को गुलाम बनाने वाली विचारधारा और परम्पराओं के विरुद्ध सांस्कृतिक अभियान को संगठित करना।

ये माँगें स्त्री के स्थान को उच्चता देने की ओर बुनियादी प्रयास थे।

यहाँ मेरी वूलस्टोन क्राफ्ट का उल्लेख अनिवार्य हो जाता है, जिसने इतिहास में पहली बार स्त्री-अधिकार के लिए क़लम का इस्तेमाल किया। इस सम्बन्ध में उसकी पहली पुस्तक सन् 1787 में "Thoughts on the education of Daughters" प्रकाशित हुई। "Vindication of the Rights of Women" उसकी दूसरी महत्त्वपूर्ण पुस्तक थी, जो आज तक स्त्री अधिकार की दिशा में पहला उल्लेखनीय उपक्रम था। इस पुस्तक में 'मेरी' ने न केवल स्त्री के समान अधिकारों व स्वतन्त्रता का पक्ष लिया बल्कि उसने औरतों की तीखी आलोचना भी की कि अपनी खराब हालत के लिए वे स्वयं भी जिम्मेदार हैं। क्योंकि वो अपने को पुरुष की अपेक्षा कमतर व कमजोर समझती हैं। बनाव-सिंगार और मामूली समस्याओं पर अपना कीमती वक्त खर्च करती हैं। वे आत्म-प्रशंसा तथा आत्म-प्रदर्शन की शौकीन और रूढ़िवादी होती हैं कि वे भाग्य पर अधिक भरोसा करती हैं और हर समय पति या प्रेमी को खुश रखने की चिन्ता में परेशान रहती हैं। मेरी वूल क्राफ़्ट ने औरतों को उनकी जिन समस्याओं व कष्टों के लिए जिम्मेदार ठहराया था, वो पूरब व पश्चिम के समाज में दो सौ वर्ष से ज़्यादा का अर्सा गुज़र जाने के बावजूद न सिर्फ यह कि मौजूद हैं बल्कि मजबूत हो चुकी हैं और आज भी स्त्री-अधिकार-आन्दोलन की कार्यकर्ता उनकी इन्हीं कमज़ोरियों के कारण लानत-मलामत करती है, जिस पर मेरी

वूल स्टोन क्राफ्ट ने उन्हें लांछित किया था।

स्त्री पुरुष के बीच इस असमानता का एक दिलचस्प पहलू यह है कि 1843 में फ्लोरा ट्रेस्टान ने जब एक पम्फ़लेट 'वर्कर्स यूनियन' लिखा, जिसमें समाजवाद तथा स्त्रियों के लिए समान अवसर व अधिकार की बात की गयी थी। इस पर वहाँ के बुर्जुआज़ी वर्ग की ओर से उसके दृष्टिकोण का तीखा विरोध किया गया और मजदूरों ने भी समानता के इस सिद्धान्त का तिरस्कार कर दिया।

फ्रांस में क्रान्ति के उपरान्त महिला संगठनों का जिस बेदर्दी से दमन किया गया, राजनीतिक गतिविधियों में हिस्सा लेने वाली महिलाओं को जलावतनी के लिए विवश होना पड़ा। ये तमाम बातें इतिहास का हिस्सा हैं, बावजूद इसके 1857 में पेरिस कम्यून में महिलाओं ने पुरुषों के कन्धों से कन्धा मिलाकर संघर्ष करते हुए अपने प्राण गँवाये। 1870 वह वर्ष है जब फ्रांसीसी युवतियों को यूनिवर्सिटी में प्रवेश की अनुमति मिली। 1875 में उसे डॉक्टरी की शिक्षा प्राप्त करने और 1900 में वकालत को बतौर पेशा इख्तियार करने का हक़ मिला। 1970 में वह लेबर फोर्स का 33 प्रतिशत थी। 1965 तक कोई फ्रांसीसी स्त्री अपना अलग खाता नहीं खोल सकती थी। 1969 में बच्चों की शिक्षा-दीक्षा में उसे अपनी राय देने के हक को वैधानिक मान्यता प्राप्त हुई, वह भी पति के फैसले को अन्तिम मानते हुए।

यह बात भी शायद बेशतर लोगों को अविश्वसनीय महसूस हो कि 1970 में जब फ्रांस के समाजवादी व मार्क्सवादी औरतों के एक ग्रुप ने यूनिवर्सिटी के ख़िलाफ़ प्रदर्शन किया तो उसके खिलाफ सबसे तीखी प्रतिक्रिया 'रेडिकल पुरुषों' की थी, जो स्वयं फ्रेंच सरकार के विरुद्ध संघर्षरत थे, यहाँ यह याद रखना ज़रूरी है कि फ्रेंच महिलाओं के अधिकारों की लड़ाई का सबसे ज़्यादा विरोध कैथोलिक चर्च की तरफ से किया जाता है और उसकी सबसे बड़ी समर्थक कम्युनिस्ट पार्टी रही है।

पूँजीवादी ब्रिटेन का हाल इससे कुछ ज़्यादा अलग नहीं रहा। औद्योगिक क्रान्ति हो जाने के बाद बर्तानिवी पूँजीपतियों को भी महिला श्रमिक व बच्चा मजदूर की सख़्त ज़रूरत पड़ी, चुनांचे बेशुमार औरतें विभिन्न कारखानों और खानों में काम करने लगीं। परन्तु इन स्थानों पर काम का वातावरण इतना स्वास्थ्य विरोधी, काम के घण्टे बहुत अधिक और मज़दूरी इतनी कम थी कि कई ज़रूरतमन्द व भूख से मजबूर औरतों ने तवायफ बन जाने को प्राथमिकता दी।

1857 और 1893 के दौरान महिलाओं के बड़े-बड़े प्रदर्शनों व धरनों के बाद ब्रिटिश स्त्री को सम्पत्ति रखने का अधिकार प्राप्त हुआ। 1869 में उन्हें म्युनिसपल चुनावों में वोट डालने की अनुमति मिली। संसदीय चुनाव में हिस्सेदारी का अधिकार उन्हें 1881 में दिया गया। वह भी 30 वर्ष की आयु की शर्त के साथ। जबकि पुरुष

के लिए यह उम्र 21 वर्ष थी। लम्बे संघर्ष के बाद 1928 में वह वोट डालने के मामले में पुरुष के बराबर आयी।

—हम 1975 के आँकड़ों पर नज़र डालें तो चार प्रतिशत ब्रितानवी महिलाएँ वकील, सोलह प्रतिशत डॉक्टर, सात प्रतिशत डेंटिस्ट, 0.002 प्रतिशत इंजीनियर और 6 प्रतिशत वैज्ञानिक थीं।

इसी प्रकार जब हम अमरीकी समाज में स्त्री अवस्था पर दृष्टि डालते हैं तो 1872 में वहाँ की सुप्रीम कोर्ट के जज का यह रिमार्क सामने आता है कि, "औरत चूँकि प्राकृतिक रूप से नाजुक व कमज़ोर दिल है, इसलिए उसे शहरी ज़िन्दगी के सभी क्षेत्रों में प्रवेश की इजाजत नहीं दी जा सकती।"

यह दुरुस्त है कि अमरीकी कानून के अनुसार अब महिलाओं के ख़िलाफ़ पक्षपातपूर्ण रवैया बहुत कम इख़्तियार किया जाता है। बावजूद इसके, वास्तविक स्थिति यह है कि 1974 के आँकड़ों के हिसाब से निर्धनता की श्रेणी में आने वाले श्वेत अमरीकी पुरुष 6 प्रतिशत थे, श्वेत स्त्री 25 प्रतिशत और अश्वेत स्त्री 53 प्रतिशत थी। अश्वेत पुरुष श्वेत पुरुष से 17 प्रतिशत कम वेतन पाता था तो अश्वेत महिला श्वेत-अश्वेत पुरुष तथा श्वेत महिला से कम वेतन पाती थी। यानी 54 प्रतिशत। 1970 में अमरीकी चिकित्सक महिलाएँ 39 प्रतिशत कम वेतन पा रही थीं तो वकील 48 प्रतिशत और महिला इंजीनियर इससे भी कम। वेतन में यह भारी फर्क समाज विज्ञानियों से लेकर कॉलेज यूनिवर्सिटियों तक फैला हुआ है। कम वेतन वाली असामियों पर आप प्रायः महिलाओं को ही काम करते पाएँगे। जबकि प्रभावशाली तथा बड़े वेतन वाले क्षेत्रों में महिला कर्मियों का प्रतिशत एक से भी कम है। 1974 के आँकड़ों के मुताबिक वहाँ 4 प्रतिशत महिलायें वकील थीं, 7 प्रतिशत डॉक्टर, एक प्रतिशत इंजीनियर और 7 प्रतिशत वैज्ञानिक, विभिन्न क्षेत्रों में औरत मर्द के बीच अनुपात का इतना अन्तर है और जो वहाँ के समाज के प्रतिक्रियावादी वर्गों के दृष्टिकोण को इतना स्पष्ट करते हैं कि अगर मैं आपको उनका विवरण बताने बैठूँ तो न जाने कितने क़ाग़ज स्याह हो जाएँगे।

स्त्री के शारीरिक शोषण की बात रही जाती है, जिसका उसे सामन्तवादी तथा पूँजीवादी दोनों व्यवस्थाओं में सामना करना पड़ा है। इस सम्बन्ध में एंगेल्स विवाह संस्था के अन्तर्गत इस शोषण की स्थिति को इस तरह रेखांकित करता है।

"पूँजीवाद ने जिस पारिवारिक व्यवस्था को पैदा किया है, उसमें पत्नी सदा के लिए पति की ग़ुलामी में चली जाती है। दूसरे शब्दों में कहा जा सकता है कि पत्नी बनकर स्त्री अपनी देह एक ही बार सही, हमेशा के लिए बेच देती है।"

औरत के इस इस्तेमाल के अलावा पूँजीवादी व्यवस्था उसे वेश्या बनाकर

उसकी देह को एक वस्तु बना देती है। जिसे यौनिक इच्छाओं की पूर्ति के लिए बाज़ार से खरीदा जा सकता है। चुनांचे क्रयशक्ति रखने वाला एक पुरुष ग्राहक माँग और सप्लाई के आधार पर एक मजबूर व बेकस औरत का जिस्म खरीद कर उसे मुआवजा देता है।

सीमोनदबोऊआ का कहना है कि ईसाइयत ने वेश्याओं की अवमानना करते हुए उन्हें एक लाज़िमी बुराई के तौर पर कुबूल कर लिया। सेन्ट आगस्टाईन और सेन्ट थॉमस दोनों ने सम्मति दी कि वेश्या वृत्ति पर अंकुश लगाने का मतलब समाज में नैतिक बिगाड़ का बोलबाला होगा। शहर में ऐसी औरतों की हैसियत वही है जो महल में गन्दी नाली की। मध्यकाल में रिवाज इस कदर अय्याशाना थे कि तवायफों की बमुश्किल कोई ज़रूरत रह गयी थी लेकिन जब बुर्जुआ ख़ानदान कायम हुआ और एक पत्नी का बड़ा कानून बन गया तो मर्द को आनन्द की प्राप्ति के लिए घर से बाहर देखना पड़ा।

शारलीमान फ्रांस में चार्ल्स नवम और उसके बाद अठारहवीं सदी के आस्टीरिया में मारिया थैरेसा की ओर से वेश्यावृत्ति के ख़िलाफ़ कोशिशें एक जैसी थीं। सामाजिक संरचना ने इस बुराई को संजीवनी दी। जैसा कि शोपिनहार ने कहा कि वेश्याएँ एकल पत्नी की बलि वेदी पर इंसानी भेंट हैं। यूरोपीय नैतिकता के इतिहासकार 'लीकी' ने तनिक भिन्न अन्दाज में इस दृष्टिकोण को प्रस्तुत किया—"अधिकतम बुराई की स्थिति में वो नेकी की सबसे बड़ी रक्षक है।"

यहूदियों की सूदखोरी तथा बाजारू औरतों के इतर विवाह सम्बन्धों की क्लीसा (चर्च) एक ही तरह से आलोचना करता है लेकिन समाज को तो अपनी ज़रूरतों के हिसाब से चलना था। यहूदियों के समान वेश्याएँ भी अपने लिबास पर ख़ास निशान लगाती थीं। पुलिस के ख़िलाफ़ वो बेचारी मददगार थीं। वेश्तर की ज़िन्दगी बहुत कठिन थी। लेकिन बहुत-सी वेश्याएँ आज़ाद थीं और अच्छी ज़िन्दगी गुज़ारती थीं।

यहाँ यह तथ्य भी उल्लेखनीय है कि देह-व्यापार को विधिवत रूप से एक व्यवसाय का रूप देने वाली पूँजीवादी व्यवस्था ने जब साम्राज्यवाद की ओर कदम बढ़ाया तो उसने अपने उपनिवेशों में भी इस व्यापार को विस्तार दिया और उसे पूँजीवादी व्यवस्था की अपेक्षाओं के अनुरूप संगठित किया।

17वीं सदी में ईस्ट इण्डिया कम्पनी ने बंगाल में सरकारी निगरानी में चकले कायम किये। यह चकले भी वर्गीय हैसियत के आधार पर कायम हुए। गोरा चकला सिर्फ गोरे अंग्रेज़ अधिकारियों के लिए आरक्षित था। लाल कुर्ता चकला इन्फेन्ट्री रैंक के उन अंग्रेज सिपाहियों के लिए था, लाल कोट जिनकी यूनिफ़ार्म का हिस्सा था

और काला चकला सिर्फ़ हिन्दुस्तानी सिपाहियों के लिए था। देह-व्यापार के इन अड्डों के लिए ख़ास कानून बनाये गये और उन्हें एक संगठित सेक्टर की शक्ल दी गयी। 1853 में चार लाख की आबादी वाले कलकत्ता में 12,419 वेश्याएँ थीं। जो 1867 में बढ़कर 30,000 हो गयीं। यह उपनिवेशिक हिन्दुस्तान के सिर्फ़ एक शहर का आँकड़ा है जिससे अनुमान लगाया जा सकता है कि बर्तानिया के मोनोपोलिस्ट कैपटलिस्ट सिस्टम ने हिन्दुस्तान की अथवा अपने दूसरे उपनिवेशों की स्त्रियों के साथ क्या कुछ नहीं किया होगा।

अब आइये इस स्थिति पर भी विचार कर लें कि समाजवादी दार्शनिकों ने स्त्री के लिए समान अधिकारों की ज़ोरदार शब्दों में जो बातें कहीं, उनके प्रभाव उन समाजों पर किस हद तक परिलक्षित हुए, जहाँ बीसवीं सदी में मार्क्सवाद से प्रभावित समाजवादी क्रान्तियाँ सम्पन्न हुईं।

समाजवादी ब्लाक के देशों में क्रान्ति से पहले स्त्री मानसिक यौनिक, राजनीतिक और आर्थिक रूप से बदतरीन ग़ुलामी में जकड़ी हुई थी लेकिन क्रान्ति के बाद इन देशों की स्त्री का जीवन बहुत बदला हुआ नज़र आता है, वह एक स्वतन्त्र नागरिक के रूप में सामने आती हैं। अगर हम पूर्व सोवियत यूनियन के आँकड़ों को लें, तो ज्ञात होता है कि 1945 के बाद से सोवियत यूनियन की लेबर फोर्स का लगभग आधा हिस्सा महिलाओं पर आधारित रहा है। महिला श्रमिकों, कारकुनों के कम उम्र बच्चों की देखभाल के लिए राज्य की ओर से श्रेष्ठ प्रबन्ध किये गये। मेहनतकश औरतों के लिए समान काम के लिए समान वेतन का सिद्धान्त प्रचलित हुआ। कुछ विभाग ऐसे अवश्य थे, जिनमें समान वेतन न मिलने तथा महिलाओं की भागीदारी के प्रति शिथिलता दिखाने की शिकायतें मिलीं। इसके बावजूद उन्हें किसी भी क्षेत्र में जाने, काम करने तथा प्रतिभा दिखाने की पूरी छूट प्राप्त थीं। तलाक और गर्भपात स्त्री का अधिकार घोषित किया गया। उनकी शिक्षा पर विशेष ध्यान दिया गया। 70 के दशक में वहाँ 53 प्रतिशत स्त्रियाँ उच्च शिक्षा संस्थानों से सम्बद्ध थीं, 63 प्रतिशत सेकेन्ड्री स्कूलों और विशेष स्कूलों में पढ़ रही थीं, जबकि सामान्य स्कूलों में 98 प्रतिशत लड़कियाँ शिक्षा प्राप्त कर रही थीं।

इससे पहले आपने 70 के दशक में ब्रितानिवी और अमरीकी महिलाओं की व्यावसायिक व्यस्तता के आँकड़े पढ़े हैं। ठीक उसी काल में सोबियत यूनियन में 36 प्रतिशत औरतें वकालत के पेशे में थीं, 75 प्रतिशत डॉक्टर, 83 प्रतिशत डेंटिस्ट, 33 प्रतिशत इंजीनियर और 38 प्रतिशत वैज्ञानिक थीं। 40 प्रतिशत औरतें कृषि विशेषज्ञ की हैसियत से काम कर रही थीं। जजों का 40 प्रतिशत तथा सेहत के विभागों के प्रबन्धन का 85 प्रतिशत स्त्रियों के पास था।

एक रिपोर्ट के अनुसार सोवियत यूनियन के बिखराव से कुछ पहले कारख़ानों और दफ़्तरों के 11 करोड़ से जायदा कारकुनों में 51 प्रतिशत महिलाएँ तथा अध्यापन-शिक्षण के पदों के 74 प्रतिशत पर उनकी नियुक्ति थी। खनन, लौह तथा दूसरे ऐसे उद्योगों में जहाँ कड़ा परिश्रम करना पड़ता था, स्त्रियाँ काम नहीं करती थीं परन्तु कपड़ा, लिबास और यन्त्र बनाने वाले उद्योगों में वो बड़ी संख्या में थीं। ऐसे क्षेत्रों में जहाँ धैर्य और ठहराव आवश्यक है तथा व्यावसायिक संस्थानों में भी पुरुषों पर स्त्रियों को प्राथमिकता दी जाती थी औरतें एकाउन्ट्स के अलावा रासायनिक तथा दूसरी शालाओं में प्रभारी के रूप में काम करती थीं वो जज और बैंक प्रबन्धक के पदों पर भी आसीन थीं।

1977-78 में सोवियत यूनियन के उच्च शिक्षा संस्थानों में पाँच लाख पैंतीस हज़ार छात्र थे, उनमें दो लाख छप्पन हज़ार आठ सौ (आधे से अधिक) छात्राएँ थीं। महिलाओं का कम से कम यानी न्यूनतम अनुपात कृषि विद्यालयों में था जबकि अधिकतम अर्थशास्त्र में था अर्थात् 64 प्रतिशत कला और ललित कला के कॉलेजों में 57 प्रतिशत तथा टेक्निकल कॉलेजों में 40 प्रतिशत लड़कियाँ थीं।

1950 में पूरे सोवियत यूनियन में कार्यरत कुल वैज्ञानिक कार्यकर्ताओं में एक तिहाई संख्या स्त्रियों की थी, जो 1977 में 12,79,000 की कुल संख्या से बढ़कर 51,16,000 अर्थात् 40 प्रतिशत हो गयी। 2700 से अधिक महिलाएँ विज्ञान, कला और साहित्य की संस्थाओं में कार्यरत थीं और इन संस्थानों के दूसरे सदस्यों या प्रोफेसरों इत्यादि के समान अधिकार सम्पन्न थीं। पाँच हज़ार से अधिक महिलाएँ 'डॉक्टर आफ साइंस' की डिग्री रखती थीं, अधिकांश विभागों में स्त्री-पुरुष के बीच वेतन की कोई असमानता नहीं थी।

समाजवादी शासन-व्यवस्था के तहत पूर्वी जर्मनी, पोलैण्ड, चीन या दूसरे समाजवादी देशों की स्त्रियों के सामाजिक हालात में चमत्कारिक परिवर्तन हुए और ये सब मार्क्सवाद की देन थी, जो स्त्री-पुरुष के समान अधिकारों को सुनिश्चित बनाता है और दोनों को मुकम्मल इंसान समझता है।

समाजवादी ब्लॉक के ध्वंस के उपरान्त इन देशों में औरतों की ज़िन्दगी एक बार फिर कठिन हो गयी है। चीन जो अभी तक अपने को समाजवादी कहता है लेकिन मार्केट इकॉनामी इख़्तियार कर चुका है। वहाँ अब से लगभग दस वर्ष पूर्व ही वस्तुस्थिति बहुत बदल चुकी थी। 1994 में अन्तर्राष्ट्रीय महिला दिवस के अवसर पर एक चीनी समाचार पत्र ने सौ महिलाओं से दरयाफ़्त किया कि वो क्या बनना पसन्द करेंगी, उनमें 60 ने कहा कि वो पुरुष बनना चाहती हैं।

बीजिंग यूथ न्यूज की तरफ़ से एक अनौपचारिक रायशुमारी में जो परिणाम

सामने आये हैं तथा दूसरे समाचार पत्रों एवं शोध प्रतिष्ठानों की ओर से कराये गये सर्वे के भी नतीजे निकले हैं, उनसे स्पष्ट होता है कि वहाँ की स्त्रियों में यह एहसास बढ़ता जा रहा है कि उनकी सामाजिक हैसियत पितृ सत्तात्मकता के आक्रमण की जद में है। पचास के दशक में कम्युनिस्ट पार्टी ने ऐलान किया था कि उसने चीन की महिलाओं को परम्परागत पारिवारिक गुलामी से निजात दिलाई है। माउत्से तुंग का विचार था कि समाज की आधी जिम्मेदारी औरतों पर डाल दी जाये। इस सिद्धान्त के तहत काम कर सकने की उम्र वाली 90 प्रतिशत महिलाएँ नौकरी करती थीं, परन्तु मार्केट इकॉनामी की तरफ़ चीन की पेश कदमी ने उन सुरक्षा कवचों में दरार डाल दी, जो वहाँ महिलाओं को उपलब्ध थे। औरतों के दूसरे देशों में भ्रमण ने उनकी उम्मीदें बढ़ा दी हैं। जिसका नतीजा यह है कि भेदभाव, पक्षपात, असन्तोष भरा यौनिक जीवन तथा पतियों द्वारा शारीरिक यातनाओं और दमन की शिकायतों का इस कदर अंबार लग गया है कि 60 और 70 के दशक में इसकी नजीर नहीं मिलती।

यहाँ तक कि जो महिलाएँ अपनी सियासी साख की बिना पर कानून बनाने वाले विभाग में काम कर रही है, उन्होंने भी एक आम अपील जारी करके माँग की है कि शिक्षा संस्था में प्रवेश, नौकरियों और मकान के आवंटन जैसे मामलों में स्त्रियों से जो भेदभाव जारी रखा है, उसे ख़त्म किया जाये। ऐसा बहुत कम हुआ है कि महिला सांसदों ने इस तरह की कोई अपील जारी की हो।

नौकरियों में भेदभाव गम्भीर समस्या है। अस्सी के दशक तक वहाँ की सरकार आजीवन नौकरी देती थी हालाँकि बेहतरीन नौकरियाँ उनके हाथ नहीं आती थीं फिर भी कम्पनियाँ महिला उम्मीदवारों को निरस्त नहीं कर सकती थीं। लेकिन जब कम्पनियों को लाभ कमाने का आदेश दिया गया, तब उन्हें इस निर्णय का अधिकार मिल गया कि कितना स्टाफ़ रखा जाये और कितने की कटौती कर दी जाये। उन्होंने औरतों की छटनी इस आधार पर की कि उन्हें पुरुषों की अपेक्षा प्रसव के लिए लम्बी छुट्टियाँ दरकार होती हैं तथा बूढ़ी औरतें तो एकदम नकारा होती हैं।

बीजिंग में नब्बे के दशक के शुरूआती दिनों में नौकरियों (भर्ती) के एक मेले में अक्सर नोटिस बोर्डों पर यह इबारत नज़र आयी कि 'हमें कोई औरत नहीं चाहिए' वांग ने कहा कि बीजिंग की सबसे बड़ी कम्पनी 'कैपिटल आयरन एण्ड स्टील' ने जारी साल के आरम्भ में 800 मुलाजमतों में वृद्धि की लेकिन उनमें एक भी स्थान किसी स्त्री को नहीं मिला, शासनाधीन काम करने वाले 'लेबर फेडरेशन' ने बताया कि जब बीमार सरकारी संस्थानों को पुनर्गठित किया गया तो ले आफ की चपेट में आने वाली मज़दूरों की कुल संख्या का 70 प्रतिशत महिलाएँ थीं।

'वर्कर्स डेली' ने उसी जमाने में एक महिला का इण्टरव्यू छापा, जिसमें उसने

अपने कारख़ाने से पैंतालीस से ज़्यादा महिला श्रमिकों को जबरन नौकरी से निकाल दिये जाने का ज़िक्र करने के बाद गहरे आक्रोश से सवाल किया कि स्त्री पुरुष की समानता का बहुत ढिंढोरा पीटा जा रहा है, मैं जानना चाहती हूँ कि यह समानता है कहाँ? आर्थिक सुधार के नाम पर औरतों से अन्याय किया जाता है और उन्हें एक बोझ समझकर झिटक दिया जाता है।

90 के दशक से शिक्षा में भी स्त्रियाँ पीछे होने लगीं। शासन ने कुछ शैक्षिक दायित्व माँ-बाप पर आयद कर दिये, जिसकी वजह से उनमें से कइयों ने बेटियों को स्कूल से निकाल लिया। स्कूल जाने वाले बच्चों में जो बच्चे स्कूल नहीं जा रहे थे उनमें बड़ा प्रतिशत लड़कियों का था।

वांग, जिनका संस्थान चीनी महिलाओं को मुफीद मशविरे देने के लिए था, उन्होंने कहा कि हम महिलाओं से अक्सर पूछते हैं कि अब उनका मर्तबा बुलन्द है या पस्त? हमने कुछ पाया है या कुछ खोया है?

महिलाओं का उत्तर आम तौर पर एक ही होता है और वह यह कि चारों तरफ़ 'कन्फ़्यूशंस' के इस दृष्टिकोण का बोलबाला है कि औरत मर्द से कमतर (हीन) है, चुनांचे जो कम से कम लाभ उन्हें मिलने चाहिए, कन्फ़्यूशंस के इस दृष्टिकोण की बदौलत वो इससे भी वंचित ही रहती हैं। महिलाओं की राजनीतिक व आर्थिक समानता में फ़र्क़ आया तो इसके साथ ही साथ उन पर घरेलू हिंसा की घटनाओं में भी वृद्धि हुई और समाचार पत्र इस आम छद्म धारणा का सन्दर्भ देने लगे कि पति अपनी पत्नी से जैसा चाहे व्यवहार कर सकता है। पिछले दिनों एक समाचार पत्र में महिला अधिकारों तथा वैवाहिक सम्बन्धों पर एक लेख प्रकाशित हुआ था कि चीन की स्त्रियों को वैवाहिक बलात्कार से कानूनी सुरक्षा अपेक्षित है। वैवाहिक बलात्कार तीसरी दुनिया के दूसरे अनेक देशों के समान चीन के लिए एक नयी अवधारणा है।

समाचार पत्र में एक किसान स्त्री जिन चूजमन की कहानी बयान की गयी है, जिसने अपने पति की हत्या कर दी क्योंकि उसने बार-बार बलात्कार किया था।

और अब दस वर्ष उपरान्त मार्केट इकॉनामी ने वहाँ की स्त्री के साथ जो किया है, उसका विश्लेषण करते हुए पाकिस्तान के एक स्तम्भकार 'मुन्नू भाई' ने अमरीकी पत्रिका 'टाइम' में छपे एक लेख 'आसमान गिर रहा है', के हवाले से लिखा है माउत्सेतुंग के अनुसार क्रान्ति के बाद चीनी स्त्री ने आधा आसमान सँभाल रखा था, लेकिन मार्केट इकॉनामी अपनाने के बाद अब पूरा आसमान चीनी स्त्री पर गिर रहा है। साम्यवाद की पाबन्दी से निजात पाने और पूँजीवादी व्यवस्था की स्वतन्त्रता प्राप्त करने की प्रक्रिया में जो सामाजिक व सांस्कृतिक तोड़-फोड़ हुई है, उसमें पुरुष के

समान हैसियत प्राप्त करने वाली चीनी स्त्री दैहिक ग़ुलामी के भयावह अतीत में चली गयी है। चीनी साम्यवाद ने जहाँ सियासी आज़ादियों पर पाबन्दी लगायी थी वहीं औरतों को मर्दों के बराबर अधिकार भी दिये थे। चीन की स्त्री आधी सदी में अर्जित होने वाले इन अधिकारों से वंचित हो चुकी है। पूँजीवाद की वर्गीय व्यवस्था में वापस आने के बाद उच्च व धनी घरानों की महिलाओं को आराम, सुविधा तथा विलासिता के अनेक अवसर मिल गये हैं, जबकि सामान्य स्त्री कई प्रकार के शोषण की जद में आ गयी है।

1990 में चीन की स्त्री चीनी पुरुष के मुकाबले में 83 प्रतिशत अर्जित करती थी, 1999 में यह अनुपात 70 प्रतिशत तक पहुँच गया। 1980 के दशक में फी डॉलर की कमाई में स्त्री का हिस्सा 80 प्रतिशत था, अब 65 प्रतिशत रह गया है। इसके साथ ही मध्यकालीन चीनी रस्मोरिवाज वापस आ रहे हैं। ये सब की सब यौनिक शोषण की मिसालें हैं। इनमें देह-व्यापार, पत्नियों की बिक्री व खरीद और यौन ग़ुलामी भी शामिल है। इस शोषण का ही नतीजा है कि सन् 2000 में तीन लाख से अधिक चीनी महिलाओं की आत्महत्या एक कीर्तिमान है और चीन विश्व का अकेला ऐसा देश बन गया है जहाँ महिलाएँ पुरुषों की अपेक्षा अधिक संख्या में आत्महत्या करती हैं।

विभागों, संस्थाओं तथा उद्योगों का आकार कम (डाउन साइजिंग) अथवा लेबर फोर्स में कमी करने तथा मितव्यय अपनाने की ज़द में भी सबसे ज़्यादा स्त्री ही आयी है। मार्केट इकॉनामी की चपेट में आने से पहले सरकारी नौकरियाँ चीनी महिलाओं के लिए सर्वाधिक सुरक्षित होती थीं। लेकिन अब उनकी नौकरियाँ अत्यधिक असुरक्षित हो चुकी हैं। साम्यवादी व्यवस्था में नौकरियों तथा रोज़गार के साधनों में स्त्रियों का एक विशेष कोटा होता था जो अब समाप्त कर दिया गया है और स्त्री को पूर्व की भाँति पुरुषों की कृपा पर छोड़ दिया गया है, जो पूँजीवादी व्यवस्था का दस्तूर है। हज़ारों-लाखों की संख्या में नयी उम्र की लड़कियाँ अगवा की जा रही हैं, जिनमें से अधिकांश ज़िस्मफ़रोशी के अड्डों की शोभा बनती हैं और जिनमें से पचीस प्रतिशत आत्म-हत्या पर विवश होती हैं।

महिलाओं के मानवीय अधिकारों के लिए मार्क्सवाद के संघर्ष की मिठास महज उन देशों तक सीमित नहीं रही, जहाँ समाजवादी सरकारें स्थापित हुईं। मार्क्सवाद ने यूरोप और अमरीका के साथ-साथ एशिया, अफ्रीका और दूसरे महाद्वीपों में भी स्त्री अधिकारों के आन्दोलनों को गहरे तक प्रभावित किया, फ्रांसीसी महिलाओं के संघर्ष को वहाँ की कम्युनिस्ट पार्टी की सदैव हिमायत हासिल रही है, और इस हिमायत के फलस्वरूप कई माँगों को पूरा करवाने में उन्होंने सफलता भी पायी। पूर्व-

पश्चिमी जर्मनी, ब्रिटेन, बेलजियम, इटली, आस्ट्रेलिया, डेनमार्क, स्वीडन, नार्वे, ग्रीक और अमरीका में भी वहाँ के नारी आन्दोलनों पर मार्क्सवादी व समाजवादी महिलाओं की नेतृत्वकारी भूमिका रही है। यूरोप और अमरीका की इन महिलाओं ने न केवल अपने अधिकारों के लिए संघर्ष किया बल्कि विश्व शान्ति के लिए भी मूल्यवान काम किया। विश्व शान्ति के पक्ष में इटली के महिला संगठनों ने तीस लाख तथा फ्रांस के संगठनों ने दस लाख हस्ताक्षर जमा किये, ब्रितानिवी महिलाओं ने हथियारों में कटौती के लिए तथा एटमी शस्त्रों के विरुद्ध जबरदस्त अभियान चलाया। इसी तरह अमरीकी महिलाओं के संगठनों ने विशाल युद्ध विरोधी प्रदर्शन किये और अपने मुल्क की ओर से वियतनाम में किये जाने वाले युद्ध अपराधों के ख़िलाफ़ अदालतें लगायीं।

औरतों में इंसान दोस्ती, विश्व शान्ति और दुनिया को तमाम स्त्री-पुरुषों का संयुक्त घर समझने का यह दृष्टिकोण मार्क्सवाद की ही देन है, जिसने जन सरोकारों के लिए विश्व शान्ति के महत्त्व को रेखांकित किया।

कार्ल मार्क्स और फ्रेड्रिक एंगेल्स ने कम्युनिस्ट पार्टी के घोषणा-पत्र (1848) में कहा था कि बुर्जुआजी ने परिवार में पायी जाने वाली भावनाओं के झीने पर्दे को तार-तार कर दिया है। और पारिवारिक रिश्तों को महज़ आर्थिक सम्बन्धों में बदल दिया है। मार्क्सवाद के इस विश्लेषण की सच्चाई अतीत और वर्तमान के तमाम पूँजीवादी समाजों में साफ नज़र आती है। उत्पादन के साधनों पर जब तक पूँजीवादी वर्गों का प्रभुत्व बना रहेगा, इंसानी समाज में प्रत्येक सम्बन्ध और मूल्य का व्यापार होता रहेगा। मुनाफ़ा जब प्रथम प्राथमिकता बन जाये तो स्त्री की गरिमा और समाज में उसके समान अधिकार की बात नारेबाज़ी से ज़्यादा अहमियत नहीं रखती।

औरत की वास्तविक आज़ादी और उसके समान अधिकारों की प्राप्ति के लिए मार्क्सवाद के वैज्ञानिक सिद्धान्तों का उल्लेख करते हुए एंगेल्स ने कहा है, "औरतों की आज़ादी तथा पुरुषों के साथ उनकी समानता उस वक़्त तक न मुमकिन रहेगी जब तक औरतों को सामाजिक उत्पादन प्रक्रिया से अलग रखकर उन्हें, घरेलू काम तक, जो निजी काम है, सीमित रखा जायेगा।

पिछले पृष्ठों में जो वास्तविकताएँ बयान की गयी हैं, और जो आँकड़े प्रस्तुत किये गये हैं उनके प्रकाश में यह मानना पड़ता है कि मार्क्सवाद से प्रभावित समाजवादी सरकारों वाले देशों में स्त्रियों को सभी क्षेत्रों में आगे बढ़ने के समान अवसर दिये गये, जिन्हें असाधारण भी कहा जा सकता है। इन देशों में विकसित पूँजीवादी देशों की तरह स्त्री को भोग, विलासिता या व्यापार का साधन नहीं बनाया गया। व्यक्तिगत स्तर पर कुछ अप्रिय घटनाएँ अवश्य सामने आयीं परन्तु सामूहिक सतह पर समाजवादी समाज ने स्त्री का रुतबा बुलन्द किया। यह कहना ग़लत न

होगा कि इन देशों में स्त्री ने समाज की विकास यात्रा में सैकड़ों साल की छलाँग लगायी।

लैंगिक आधार पर इस बेमिसाल इंकिलाब के बावजूद इन मुल्कों (देशों) के अवाम को निजी आज़ादी तथा प्रजातांत्रिक अधिकार प्राप्त नहीं थे। कारणवश लैंगिक व आर्थिक समानता के बावजूद इस समाजवादी व्यवस्था का ध्वंस हमारी आँखों के सामने हो गया। अगर ऐसा न होता तो यकीनन समानता का चिरस्वप्न पूरी तरह साकार हो जाता।

पश्चिम की आधुनिक पूँजीवादी व्यवस्था ने इंसानों को लोकतांत्रिक आज़ादियाँ तो दीं लेकिन आर्थिक लोकतन्त्र से वंचित रखा। समाजवादी देशों ने इसके विपरीत स्थितियाँ निर्मित कीं, पूँजीवादी व्यवस्था में स्त्री को लोकतांत्रिक तरीके से सत्ता और अधिकार के उच्च स्थलों तक पहुँचने के अवसर प्राप्त थे, और हैं लेकिन उत्पादन प्रक्रिया तथा उत्पादन के साधनों पर स्वामित्व में उसकी हिस्सेदारी बहुत कम थी फलस्वरूप अपनी लैंगिक हैसियत में वह सत्ता व अधिकार के उच्च शिखरों तक नहीं जा सकती थी, जबकि समाजवादी देशों में स्त्री को बड़ी हद तक आर्थिक व सामाजिक समानताएँ प्राप्त थीं लेकिन लोकतांत्रिक स्वतन्त्रता प्राप्त न होने के कारण सत्ता और अधिकार के उन शिखरों तक उसका पहुँच पाना सम्भव नहीं था। चुनांचे उस पर पुरुषों की ऐतिहासिक इजारेदारी बदस्तूर कायम रही।

स्त्री-पुरुष के मध्य समानता की बात करते हुए यदि हम ऐतिहासिक तथ्यों को सामने रखें तो यह सत्य उभरता है कि पैदावारी औजारों तथा रोजगार के साधनों पर नियन्त्रण रखने वाले वर्ग को ही सामाजिक उच्चता प्राप्त होती है। इतिहास की विकास प्रक्रिया में शारीरिक बल और कुछ विशेष कारणों से पुरुषों के एक वर्ग को उत्पादन प्रक्रिया सर उच्चता प्राप्त हुई। चुनांचे समाज पर उसकी सत्ता कायम हो गयी। इस अमल के नतीजे में लैंगिक असमानता का दौर आरम्भ हुआ। पुरुषों की विशाल बहुसंख्या स्वयं प्रभुत्वशाली वर्ग के शोषण का शिकार थी लेकिन लैंगिक दृष्टि से वह अपने को स्त्री से उच्च व श्रेष्ठ समझने लगी। हज़ारों साल बाद समाजवादी समाज की आर्थिक आज़ादियों तथा पूँजीवादी समाज की लोकतांत्रिक आज़ादियों ने स्त्री में इस चेतना व अनुभूति को सघन व तीव्र कर दिया कि ऐसी व्यवस्था जहाँ ये दोनों आज़ादियाँ एकत्रित हों, उसकी मुक्ति के संघर्ष में एक अहम मोड़ साबित हो सकती है। वह इस बोध से भी सम्पन्न हुई कि विज्ञान व टेक्नोलॉजी की तेज रफ़्तार प्रगति की वजह से आर्थिक विकास की प्रक्रिया में शारीरिक शक्ति का महत्त्व कम और बौद्धिक शक्ति की अहमियत तेजी से बढ़ रही है। सामाजिक प्रगति का वह चरण अब आरम्भ हो चुका है

जिसमें आगे चलकर पुरुषों की वह श्रेष्ठता समाप्त हो जायेगी जो उन्हें जिस्मानी ताकत के एतबार से अब तक हासिल रही है। यह स्थिति यद्यपि सकारात्मक है फिर भी गुणात्मक परिवर्तन की पराकाष्ठा के दिनों में स्वाभाविक तौर पर कुछ नकारात्मक प्रवृत्तियों लक्षणों का उत्पन्न होना अवश्यंभावी है।

पुरुष हज़ारों साल से मनोवैज्ञानिक, सामाजिक, आर्थिक तथा राजनीतिक तौर पर श्रेष्ठता बोध तथा प्रभुत्व के दर्प से चूर रहे हैं। स्त्री के सामाजिक स्थान में परिवर्तन उत्पादन प्रक्रिया में उसकी शिरकत और आर्थिक आत्मनिर्भरता पुरुष सत्ता के लिए एक चुनौती के समान है। परिस्थितियाँ उन पर अपना दबाव बढ़ा रही हैं। जिस पर उनकी तीखी प्रतिक्रिया सामने आ रही है। विश्व के विभिन्न देशों को पूर्ण विकसित हों या कम विकसित, दोनों स्थितियों में स्त्री के प्रति हिंसा तथा दूसरे अपराधों में हो रही वृद्धि इसका .खुला साक्ष्य है। सड़कों से ऑफ़िस तक उन्हें हतोत्साहित करने तथा घरों में उनकी आकांक्षाओं के दमन का सिलसिला जारी है धर्म का सहारा लेकर औरतों को मर्दों से निम्नतर साबित करने के अभियान विभिन्न देशों में, विशेष रूप से मुस्लिम देशों में शिद्दत इख़्तियार कर रहे हैं।

उत्पादन प्रक्रिया में, जब से मशीन की भूमिका बढ़ी है, ज़िस्मानी ताक़त की ज़रूरत कम होना शुरू हो गयी। बौद्धिक कुशलता के साथ उसके सृजनात्मक उपयोग तथा हाथों की दक्षता ने ज़्यादा निर्णायक भूमिका निभाना शुरू की है, तबसे ही औरतों में चेतन व अचेतन रूप से यह एहसास उभरा है कि वे अतीत की अपेक्षा अधिक बेहतर अन्दाज़ में पुरुषों से मुकाबला कर सकती हैं और ज़्यादा अधिकार सम्पन्न हो सकती हैं। तबदीली के ऐसे नाजुक तथा निर्णायक मोड़ पर स्त्रियाँ भी बदले हुए अन्दाज़ में अपनी प्रतिक्रिया व्यक्त कर रही हैं, हज़ारों बरस के दमन से निज़ात की आकांक्षा की अभिव्यक्ति नारी-आन्दोलन के विराट फ़ैलाव में कहीं-कहीं अतिवाद तथा उग्रता की शक्ल भी इख़्तियार कर गयी है। औरतों की बड़ी संख्या दमन व दबाव की ज़ेहनी हालत से बाहर निकलने में कठिनाई महसूस करती है और तबदीली की चुनौती से घबराकर अतीत और अध्यात्म में निज़ात तलाश कर रही हैं। दूसरी ओर ऐसा भी वर्ग है, जो पुरानी सामाजिक परम्पराओं व मूल्यों से .खुली बगावत कर रहा है, जबकि अनेकानेक महिलाएँ दासता से मुक्ति की नयी सम्भावनाओं को एक ठोस हक़ीक़त का रूप देने के लिए राजनीतिक, साहित्यिक, सामाजिक तथा दूसरे कला का ज्ञान क्षेत्रों के उदात्त सन्दर्भों से एक आन्दोलन संगठित करने का प्रयास कर रही हैं।

इस आन्दोलन की बुनियाद मानवाधिकार की उस परिकल्पना पर आधारित है कि संसार से तमाम पक्षपात समाप्त होने चाहिए और स्त्री को मनुष्य के रूप में

वही अधिकार प्राप्त होने चाहिए जो पुरुष को प्राप्त हैं। लैंगिक समानता का यह आन्दोलन एक राजनीतिक व वैचारिक आन्दोलन है, इसमें स्त्री व पुरुष इतिहास में शायद पहली बार कन्धे से कन्धा मिलाकर एक ऐसे समाज के निर्माण के लिए संघर्ष करेंगे, जो सच्चे अर्थों में भेदभाव व शोषण से मुक्त तथा लोकतांत्रिक व न्यायप्रिय होगा। इसे बजा तौर पर एक सच्चा इंसानी समाज कहा जा सकेगा। इस संघर्ष का प्रारम्भ अठारहवीं व उन्नीसवीं सदी में हुआ, बीसवीं सदी की शुरुआत में उसने कई कठिनाइयों और रुकावटों को दूर किया और इक्कीसवीं सदी में यह यात्रा सम्भावित तौर पर अधिक तेजी से पूरी की जायेगी।

सन्दर्भ सूची

(1) परिवार, निजी सम्पत्ति और राज्य - फ्रेड्रिक एंगेल्स

(2) गहवाराये तमद्दुन औरत और फुनूने लतीफा - नियाज फतेहपुरी

(3) आदमी बड़ा कैसे बना? - मिखाईल ऐलियन
-ऐलिना सीगाल - अनुं हबीबुर्रहमान

(4) मूसा से मार्क्स तक - सैयद सिब्ते हसन

(5) पाकिस्तानी तहजीब का इर्तका - सै. सिब्ते हसन

(6) मादरे कायनात (भाग 1, 2, 3) - सरकार जेनी-जारचवी

(7) अस्रेहाजिर - अली अब्बास जलालपुरी

(8) हिन्दुस्तान का शानदार माजी - ए-एल-हाशिम

(9) वोलगा से गंगा - राहुल सांकृत्यायन

(10) The Babylonian Laws - G.R. Driver- J.C.Miles

(11) मनुस्मृति - मनु

(12) ख्वातीन आज के सोवियत मुआशरे में - एलेक्जेन्डर बरमेन

(13) Encyclopaedia Britannica-Vol-8-Ed-1964

(14) Encyclopaedia Britannica Vol-23-Ed.64

(15) The Story of Civilization (Defferent Volumes Will Durant Areial Durant

(16) Feminism - Susan Alica Watkins. Richard Appiganes

(17) Women in Antiquity - Charles Seltman

(18) USSR Year Book 1989

(19) USSR Year Book 1990

(20) Women Today - 1975 ed. N.A. Kovalsky V.P.Bilihave

(21) Selected Writings of Bertrand Russell -Bertrand Russel

(22) Selected Writings of Karl Marx
(23) Different Issues of "Economic & Political Weekly, Bombay, India
(24) औरत, मजहब और हुकूमत - शराफत हुसैन
(25) भूली-बिसरी कहानियाँ मिस्र - इब्ने हनीफ
(26) Encyclopaedia Britannica-Vol.-11
(27) Marriage and Morals- Bertrand Russell
(28) पेशलफज-औरतों की महकूमियत - इफ्तिखार शेरवानी
(29) औरतों की महकूमियत - जान स्टुअर्टमिल-अनु.
(30) माहनामा रौशन ख्याल- जिल्द 2, अंक-12
(31) रोजनामा जंग - मुन्नूभाई 'गरीबा' 26 जुलाई, 03
(32) "औरत" - सीमोनद बोउवा-अनु. मु.अर्शदराज़ी
(33) किताबे मुकद्दस
(34) Chinese Women in the Fight for Socialism - Chipen

पाकिस्तानी औरत : आज़माइश की आधी सदी

आज जब मैं 'पाकिस्तानी औरत : आज़माइश की आधी सदी' के मौज़ूँ पर बात करने के लिए आपके सामने हूँ तो निगाहों में एक कम उम्र लड़की का रौशन किताबी चेहरा और गिलाफी आँखें घूम जाती हैं। उस लड़की की तस्वीर मेरे बचपन और किशोरावस्था में हर साल 14 अगस्त को अख़बारों के आज़ादी विशेषांक में छपती रही। मुझे यह बहुत बाद में मालूम हुआ कि इस तेरहसाला लड़की का नाम फ़ातिमा सुग़रा था और उसने सन् 1946 की किसी तारीख़ को लाहौर में सम्पन्न हुए औरतों के एक ज़ुलूस में शिरकत की थी। यही फ़ातिमा सुग़रा थी, जो 'पाकिस्तान ज़िन्दाबाद' का नारा लगाती हुई पंजाब सेक्रेट्रियेट के गेट पर चढ़ गयी थी, यूनियन जैक उतार फेंका था और उसकी जगह मुस्लिम लीग का झण्डा फहरा दिया था।

इस वक़्त मुझे वो तमाम लड़कियाँ और औरतें याद आ रही हैं, जो पाकिस्तान हासिल करने के आन्दोलन में सक्रिय थीं, जिन्होंने अपने अधिकारों के लिए नहीं बल्कि सामूहिक मुक्ति के लिए सदियों पुरानी परम्पराओं को तोड़ा था और सड़कों पर निकली थीं। लाहौर की वो तीन गुमनाम बुर्कापोश लड़कियाँ, जिन्होंने 14 फरवरी, 1946 को लाहौर जेल पर मुस्लिम लीग का परचम लहराया था, 16 जून, 1946 को मध्यवर्गीय तथा निम्न मध्यवर्गीय घरानों से तअल्लुक रखने वाली और खाकसार "औरतों के जुलूस की अगुवाई करने वाली ग्यारह वर्षीय सईदा बानो, जो उसमें शरीक होने के लिए दिल्ली से लाहौर आयी थी, जिसकी पुरजोश तकरीरों ने दिल्ली से लाहौर तक उसे सियासी जलसों और जुलूसों की हीरोइन बना दिया था। आला तबके की बेगम एजाज़ रसूल, बेगम एम.असफहानी, बेगम सिद्दीक अली ख़ाँ, बेगम अवतार, बेगम क़ाज़ी ईसा, लेडी मुरातिब अली, बेगम सलमा तसद्दुक हुसैन, बेगम शाहनवाज़, लेडी अब्दुल कादिर, लेडी हारून, शाइस्ता इकरामुल्लाह, फातमा बेगम, नुरुस्सबाह बेगम, मिस कुरैशी और इनके अलावा हिन्दुस्तान भर में फैली हुई वे तमाम नामवर व गुमनाम लड़कियाँ और औरतें जिन्होंने मुस्लिम लीग की पाकिस्तान की माँग के

ज़ुनून में दिन-रात एक कर दिये थे, लाठियाँ खायी थीं, हवालात में बन्द हुई थीं, जिनकी ये हिमायत बिना शर्त थी, जिन्होंने मुस्लिम लीग के किसी रहनुमा से यह सवाल नहीं किया था कि पाकिस्तान बन गया तो क्या हम औरतों को भी कुछ हुकूक मिलेंगे?

औरतों को आन्दोलित करने और तहरीके पाकिस्तान में शामिल करने के मकसद से जिन्ना साहेब ने 1942 से उन्हें ख़ास तौर पर सम्बोधित करना शुरू कर दिया था। औरतों की एक सब कमेटी भी बनायी गयी थी, जिसका उद्देश्य उनकी सामाजिक, आर्थिक और सांस्कृतिक बेहतरी के लिए सुझाव देना था। 26 अप्रैल, 1943 को दिल्ली में मुस्लिम लीग के वार्षिक अधिवेशन में लियाकत अली ख़ाँ ने प्रस्ताव प्रस्तुत किया था, जिसे सर्वसम्मति से स्वीकार कर लिया गया था। इस प्रस्ताव में यू.पी., बिहार, पंजाब, बम्बई, सी.पी.(मध्य प्रान्त), आसाम, सिन्ध, बलूचिस्तान, दिल्ली, उत्तर पश्चिमी सीमा प्रान्त और मद्रास से सम्बन्ध रखने वाली महिलाओं के नाम 'मुस्लिम लीग वीमेन सब कमेटी' में शामिल किये गये थे। पाकिस्तान आन्दोलन के लिए औरतों की हिमायत कितनी महत्त्वपूर्ण थी और उस वक़्त की केन्द्रीय राजनीतिक धारा में शामिल होना मुस्लिम लीग के नेतृत्व के लिए कितनी अहमियत रखती थी, इसका अन्दाज़ा ज़िन्ना साहेब की 1944 की इस तकरीर से लगाया जा सकता है, जो उन्होंने अलीगढ़ में की थी और जिसमें उन्होंने कहा था–

"यह इंसानियत के ख़िलाफ़ एक ज़ुर्म है कि हमारी औरतें घर की चारदीवारी में कैदियों की-सी ज़िन्दगी गुज़ारें-हमारी औरतें जिन शर्मनाक हालात में ज़िन्दगी गुज़ारने पर मज़बूर हैं, उसका कोई औचित्य नहीं है। आप अपनी औरतों को ज़िन्दगी के हर क्षेत्र में कामरेड की तरह साथ लेकर चलें।"

मुसलमान औरतें पाकिस्तान की हिमायत में किस हद तक आगे गयीं, इसका अन्दाज़ा इस बात से कीजिये कि पेशावर, जहाँ आज इक्कीसवीं सदी में भी औरतें बुर्का या चादर में बाहर निकलती हैं, वहाँ सैकड़ों औरतों ने 1947 में नक़ाब या हिज़ाब के बगैर ज़ुलूस निकाला था। वो पठान औरतें ही थीं, जिन्होंने उन्हीं दिनों पाकिस्तान ब्राडकास्टिंग स्टेशन के नाम से एक खुफ़िया रेडियो स्टेशन क़ायम किया था, जिसकी ख़ोज अगस्त, 1947 तक नहीं की जा सकी थी।

आज मुझे वो तमाम औरतें और उनकी बेग़रज ज़द्दोज़हद याद आती है। मैं सोचती हूँ कि वो तमाम औरतें और लड़कियाँ जो उस वक़्त हुसूले पाकिस्तान की सियासी लड़ाई में सक्रिय थीं, आज अगर वो ज़िन्दा हैं, या वो जो .खतम हो चुकी हैं अगर चन्द घण्टों के लिए ज़िन्दा हो जायें तो क्या उनके ज़ेहन में कई सवाल नहीं उठेंगे। क्या वो नहीं सोचती होंगी कि इसी पाकिस्तान के लिए उन्होंने सैकड़ों साल

पुरानी परम्पराओं से विद्रोह किया था, जहाँ आज करोड़ों औरतें और लड़कियाँ ख़तम न होने वाली आज़माइश में मुब्तिला हैं और हर आने वाला दिन उसमें इज़ाफ़ा कर रहा है। इसी संघर्ष के दौरान उन्होंने अपने लिए कोई हक नहीं माँगा था। और जान हथेली पर रखकर एक आज़ाद मुल्क के कयाम के संग्राम में कूद पड़ने के मकसद से सड़कों पर निकली थीं तो क्या उन्हें तहरीके पाकिस्तान (पाकिस्तान आन्दोलन) के रहनुमाओं से, पाकिस्तान बनाने वालों से सवाल करने का कोई हक़ नहीं पहुँचता? क्या वो यह नहीं पूछ सकतीं कि उन्हें एक ऐसे पाकिस्तान के ख्वाब क्यों दिखाये गये, जहाँ औरतों को कामरेड होने का स्वप्न दिखाया गया था और जहाँ वह 'कारी' बना दी गयीं? जहाँ उनसे कुछ वो अधिकार भी छीन लिये गये जो हिन्दुस्तान पर ज़ालिमाना तरीके से कब्ज़ा करने वाले अंग्रेजों ने उसे दिये थे।

'पाकिस्तान औरत और आज़माइश की आधी सदी' पर बात करने से पहले जी चाहता है कि बँटवारे से पहले और बाद के कुछ त्रासद मुद्दों पर चर्चा की जाये, कुछ प्रश्न उठाये जाएँ। इस बात का निर्धारण किया जाये कि 'पाकिस्तानी औरत' कौन थी या कौन है और कब सियासी व सरकारी तौर पर वज़ूद में आयी।

इस हवाले से देखा जाये तो हक़ीक़त यह है कि पाकिस्तान की माँग और बतौर ख़ास हिन्दुस्तान के बँटवारे की घोषणा और सरहदों के निर्माण की शुरुआत के साथ ही 'पाकिस्तानी औरत' वजूद में आ गयी थी।

वो तमाम मुसलमान औरतें जिन्होंने रिफ्रेंडम में पाकिस्तान के लिए वोट दिये, जो पाकिस्तान के नाम पर पाकिस्तान बनने से पहले और पाकिस्तान की तरफ़ सफर करते हुए क़त्ल हुईं, बेहुरमत हुईं, खेत-खलियानों में मिट्टी में मिलाई गयीं, जिनकी इज़्ज़त बचाने के लिए मर्दों ने ख़ुद उन्हें क़त्ल किया, जो कुओं में कूद गयीं, ये सब की सब पाकिस्तानी औरतें थीं जो पाकिस्तान की ख़ातिर बयान न कर सकने वाली आज़माइशों से गुज़रीं। इसी तरह वो तमाम औरतें जो हिन्दू या सिख थीं, जिनकी बहुसंख्या पंजाब व सिन्ध में आबाद थी, सरहद पार करके हिन्दुस्तान में दाख़िल होने के क्षण तक पाकिस्तानी थीं, ये वो थीं जिनको उनके मुसलमान पड़ोसियों ने माले मुफ्त समझा, वो पंजाब के देहातों और शहरों में पाकिस्तानी होने के मुसलमान दावेदारों के हाथों बलात्कार, हत्या और गलियों में नंगी घुमाये जाने के अज़ाब से गुजरीं। 10 मार्च, 1947 और 15 मार्च, 1947 ज़िला रावलपिण्डी के गाँव 'बेवाल' पर 'तोहाखालसा' में सिख और हिन्दू औरतों पर जो गुजरी, पाकिस्तान बन जाने के बाद 26 अगस्त, 1947 को पाकिस्तानी कैम्पों में उनके साथ जो कुछ हुआ, मैं उसे भी पाकिस्तानी औरत की आज़माइश समझती हूँ। पाकिस्तान की सरहदों में मौजूद उन सिख और हिन्दू औरतों में से सैकड़ों ऐसी थीं, जिनके मर्दों

ने उन्हें खुद-ब-खुद अपने हाथों हलाक किया, जिन्होंने अपनी बेहुरमती के बजाय ज़िन्दा जल जाना या कुओं में कूद जाना बेहतर समझा, ये हिन्दू व सिख औरतें भी पाकिस्तानी थीं। इन तमाम औरतों की ज़िन्दगी, उनके सम्मान की हिफ़ाज़त पाकिस्तानी हुकूमत की ज़िम्मेदारी थी।

मैं जब यह मुद्दा उठाती हूँ तो मुझसे कहा जाता है कि हुकूमते पाकिस्तान के पास वो साधन नहीं थे जिनसे वह अपने नागरिकों की जानोमाल, इज़्ज़तो आबरू की हिफ़ाज़त कर सकती, यह जवाब मुझे चन्द लम्हों के लिए ख़ामोश कर देता है, फिर मुझे पाकिस्तान की सरजमीन पर होने वाले हिन्दू व सिख औरतों के साथ होने वाले अत्याचार याद आते हैं, जो 1948 में भी जारी रहे लेकिन मैं ख़ामोश रहने में ही बेहतरी समझती हूँ। तभी मुझे ख़्याल आता है कि माना कि उन बेकस व बेआसरा औरतों के लिए पाकिस्तानी सिपाहियों की संगीनें मौजूद नहीं थीं लेकिन हमदर्दी ज़ाहिर करके तो उनके कुछ आँसू पोंछे जा सकते थे। मैं फौरन 11 अगस्त, 1947 की उस तकरीर को निकालती हूँ जो पाकिस्तान के संस्थापक ने कराची में इस नये मुल्क की संविधान सभा के उदघाटन सत्र में की थी और जिसकी पिछले पचपन सालों से बड़ी शोहरत है। मुझे यकीन है कि इस तकरीर में ज़िन्ना साहेब ने औरतों पर होने वाले इन अत्याचारों के हवाले से दुख व खेद प्रकट किया होगा, इसलिए कि पंजाब के देहात व शहर उस वक़्त ख़ून में डूबे हुए थे और अगर उन्होंने इस मसअले पर कुछ कहना मुनासिब न समझा होगा, तो कम से कम पाकिस्तानी औरतों को बराबरी का हक़ देने और उनकी बेहतरी की बात तो यकीनन की होगी। मैं उस तकरीर को पढ़ती हूँ, जिसमें पाकिस्तान के शहरियों, मुसलमानों, हिन्दुओं, सिखों और ईसाइयों की मज़हबी आज़ादी का ज़िक्र है। उसमें परिवारवाद, चोरबाज़ारी और रिश्वतख़ोरी जैसे ज़ुर्म करने वालों को सावधान किया गया है, हद तो यह है कि ईंट और पत्थरों से बनी मस्जिदों, मन्दिरों गुरुद्वारों गिरजाघरों का ज़िक्र है लेकिन हाड़-मांस की उस मुसलमान-हिन्दू व सिख औरत का कोई तजकिरा नहीं है जो पाकिस्तान की कीमत अपने बदन की बेहुरमती ओर बर्बादी से अदा कर रही थी। इस प्रकार तकरीर में एक बार भी 'औरत' लफ़्ज़ का इस्तेमाल नहीं हुआ है? उसके अधिकार और ज़िम्मेदारियों की बात नहीं हुई है। कैसी विडम्बना है कि पाकिस्तान के लिए होने वाले रेफ़्रेन्डम में मुसलमान औरतों के वोट हासिल किये गये लेकिन जब पाकिस्तान बनने के बाद उसके फायदों के वितरण की घड़ी आयी तो ये औरतें इस तरह भुला दी गयीं, जैसे उनका वजूद ही न हो।

1947 की रक्तिम घटनाओं पर आज विस्मृतियों की एक मोटी तह जम चुकी है लेकिन सरकारी काग़ज़ात और किताबों में उन तबाह व बर्बाद औरतों-बच्चों की

दर्दनाक दास्तानें लफ़्ज़ ब लफ़्ज़ मौजूद हैं, जिन्हें पाकिस्तान की हुकूमत ने बेआसरा छोड़ दिया था। ये इगुवा (अग़वा) की गयी औरतें जो दंगों के दौरान बर्बाद की गयीं और उनके वे बच्चे जिनके बाप फसाद करने वाले गुण्डे भी थे और पाकिस्तानी पुलिस और कानून लागू करने वाली एजेंसियों के जवान भी, उन बच्चों पर, उनकी माओं पर क्या गुज़री, आज किसी को याद नहीं। इगवा कर ली गयी औरतों की तलाश का काम नवम्बर 1947 से 1957 तक जारी रहा। यहाँ मैं केवल उन 600 अग़वा की गयी औरतों का ज़िक्र करूँगी जो फरवरी और मार्च 1948 के दौरान गंगाराम अस्पताल लायी गयीं। पुनर्वास के कमिश्नर राजा गज़नफ़र अली ख़ाँ जिनका हाल पूछने आये, उन पर जो कुछ भी गुजरी वह पाकिस्तान की सरजमीन पर और पाकिस्तान के सरकारी ख़ज़ाने से पगार लेने वाले जवानों के हाथों गुज़री लेकिन पाकिस्तान बनाने वाले किसी रहनुमा ने इन बर्बाद शुदा औरतों को इस हाल तक पहुँचाने वालों के बारे में जाँच करने और सजा देना तो दूर की बात है, उनके साथ हमदर्दी के दो बोल तक नहीं कहे, यह तसलीम नहीं किया कि पाकिस्तान बन जाने के बाद इन औरतों की हिफ़ाज़त की जिम्मेदारी पाकिस्तानी हुकूमत की थी। यह तो सिर्फ़ एक खेप का किस्सा है, ऐसी तो हज़ारों औरतें और लड़कियाँ थीं। पाकिस्तानी सरकार ने 1947 में गायब हुई औरतों की तलाश के बारे में हिन्दुस्तान से एक समझौते पर हस्ताक्षर किये थे लेकिन इस पर अमल जिस सुस्ती से हुआ, उसका अन्दाज़ा हिन्दुस्तानी कानूनसाज़ पार्लियामेन्ट में होने वाली उन कार्यवाहियों से लगाया जा सकता है, जिनमें इस विषय पर लम्बी बहसें हुईं।

मैंने अपनी बात की शुरुआत भुला दी गयी औरतों के ज़िक्र से इसलिए की ताकि यह स्पष्ट हो सके कि पाकिस्तानी सियासत ने अपनी स्थापना के पहले क्षण से औरतों की समस्याओं और मुद्दों की अनदेखी करने का रवैया इख़्तियार किया, सच तो यह है कि हिन्दुस्तान और पाकिस्तान दोनों मुल्कों में यह रवैया इस क़दर नुमायाँ था कि मई 1948 में भावलपुर में दो पाकिस्तानी और पटियाला में दो हिन्दुस्तानी सामाज़िक कार्यकर्त्ता महिलाओं को ग़ायब लड़कियों, औरतों के बारे में अपनी सरकारों की बेहिसी पर भूख-हड़ताल करनी पड़ी थी। इन हालात को चिह्नित करते हुए 24 मई, 1948 को लाहौर में नियुक्त बर्तानिवी डिप्टी हाई कमिश्नर एच.एस. स्टेफिन्स ने कराची में कार्यरत अपने कमिश्नर को लिखा—

"सियासी लीडर इन औरतों के बारे में कुछ भी कहें लेकिन उनका तबाहहाली न अवाम को झिंझोड़ती है और न सरकारी कारिन्दों को अपनी जिम्मेदारी का एहसास दिलाती है। जिस मज़हबी गिरोह से वह नफ़रत करता है उसकी औरतों को (अपने लोगों के कब्जे) खोज निकालने के लिए वह अपने धार्मिक भाइयों के ख़िलाफ़

कार्यवाही करने को तैयार नहीं। अगर इन लोगों के ख़िलाफ़ ज़्यादा सख़्त कदम उठाये गये तो उसका नतीजा बड़े पैमाने पर क़त्लेआम में निकलेगा।"

कैसा सितम है कि वह मुल्क जिसके कयाम की सबसे भयानक शारीरिक, मानसिक, भावनात्मक और सामाजिक कीमत पाकिस्तान का स्वप्न देखने वाली महिलाओं ने अदा की, उसी पाकिस्तान के हुक्मरानों ने उनके लिए वही नहीं किया जो उनका फ़र्ज था। पाकिस्तान में कदम रखने के बाद विभिन्न मुहाज़िर कैम्पों में पनाह लेने वाली सैकड़ों लड़कियाँ और औरतें जिन दर्दनाक यातनाओं से गुज़रीं। उनकी त्रासद हालत का तज़किरा हिन्दू और सिख औरतों के पुनर्वास के लिए भारत सरकार की ओर से लाहौर में नियुक्त कमला बहन पटेल ने किया है, जिन्होंने 1947 से 1952 के बीच का ज़्यादा समय लाहौर में गुज़ारा।

पाकिस्तान के हुक्मरानों ने औरतों की समस्याओं व मुद्दों को अनदेखा करने का जो रवैया पहले दिन से इख़्तियार किया, वह न सिर्फ़ यह कि जारी रहा बल्कि समय के आगे बढ़ने के साथ ही मज़हब के नाम पर वह अधिक अन्यायपरक व पक्षपातपूर्ण होता गया। इस हवाले से अगर यह बात कही जाये तो किसी को नागवार नहीं गुजरनी चाहिए कि पहले पचपन सालों से पाकिस्तान की औरत जिस संकट और आज़माइश में मुब्तिला है, उसकी बुनियादी ज़िम्मेदारी पाकिस्तानी शासन पर आयद होती है।

पाकिस्तान की स्थापना के समय पाकिस्तानी समाज में स्त्री की स्थिति न काबिले बयान थी। पश्चिमी पाकिस्तान में सदियों से कबायली, नीम कबायली और सामन्ती व्यवस्था क़ायम थी। यही वज़ह है कि बलूचिस्तान, सरहद और सिन्ध की स्त्री नितान्त पिछड़ेपन का शिकार थी, जबकि पंजाब में हालत इतनी ख़राब नहीं थी। यहाँ लड़कियों के लिए जमे-जमाये स्कूल और कॉलेज पाये जाते थे। शिक्षा और मेडिकल के क्षेत्र औरतों के लिए सबसे सुरक्षित क्षेत्र माने जाते थे। चुनांचे मध्य और निम्न मध्य वर्ग की ज़्यादातर शिक्षित लड़कियाँ इन्हीं क्षेत्रों से सम्बन्धित थीं। उधर सिन्ध के एक भाग में वतन छोड़कर आने वालों के विशिष्ट सामाजिक, सांस्कृतिक हालात की वजह से कराची में अशिक्षित और कम शिक्षित औरतों का जमावड़ा होने लगा था।

पाकिस्तान एक नया मुल्क था। यहाँ का प्रत्येक वर्ग नये हालात से सामंजस्य बिठाने, एक आज़ाद समाज में अपने अधिकार और कर्त्तव्यों को समझने की कोशिश में मसरूफ था। सत्ता के स्रोत क्योंकि मुख्य रूप से मुल्क के पश्चिमी भाग में थे इसलिए यहाँ के पुरुष लोकतन्त्र के सफर को आगे बढ़ाने के बजाय रियासत की प्राप्ति को अपनी मंजिल समझकर सन्तुष्ट हो गये थे और सत्ता की बन्दरबाँट में

व्यस्त थे। ऐसे में औरतों से सियासी तौर पर सक्रिय होने की अपेक्षा करना बेनतीजा थी, फिर भी 1948 में औरतों के अधिकार के लिए बेगम शाइस्ता इकरामुल्लाह और बेगम जहाँ आरा शाहनवाज ने आवाज़ बुलन्द की और बज़ट सेशन में इस मुद्दे पर बहस हुई। इस बारे में एक बिल पेश होने वाला था जिसे ऐन वक़्त पर रोक दिया गया। इस सूरतेहाल के ख़िलाफ़ प्रतिरोध के लिए बेगम जहाँ आरा शाहनवाज के नेतृत्व में लाहौर की सड़कों पर सैकड़ों औरतों ने जुलूस निकाला। यह पाकिस्तानी औरत की अपने अधिकार के पक्ष में पहली आवाज़ थी। इस प्रतिरोध के बेहतर नतीज़े निकले, लड़कियों को पिता की शहरी व कृषि सम्पत्ति में हिस्सेदारी का अधिकार प्राप्त हुआ। यह दूसरी बात है कि बावजूद इसके आज भी बेश्तर परिवारों में औरत इस अधिकार से महरूम रखी जाती है। तथाकथित उलेमा और मौलवियों ने आरम्भ ही से औरतों के अधिकारों की सामाजिक व कानूनी राह में रोड़े अटकाये औरतों के लिए केन्द्रीय व प्रान्तीय एसेम्बलियों में सुरक्षित सीटों का कोटा 3 प्रतिशत ही रहा। मार्क्सवादी झुकाव वाली ताहिरा मज़ाहर अली ख़ाँ जैसी कुछ महिलाओं ने 1948 में 'डिमाक्रेटिक वीमेन एसोसियेशन' कायम की। इस एसोसियेशन की माँगों में संगठित व असंगठित सभी क्षेत्रों में काम करने वाली महिलाओं के लिए समान वेतन, लड़कियों के लिए शिक्षा की समान सुविधा तथा औरतों के लिए रोज़गार के नये अवसरों पर ख़ास ज़ोर दिया गया था। इस संस्था की दूसरी ब्रांच कराची में लम्बे अन्तराल के बाद 1969 में कायम हुई।

वह 1948 का मध्याह्न था जब पाकिस्तान के पहले प्रधानमन्त्री लियाकत अली ख़ाँ की बेगम रअना लियाकत अली ख़ाँ ने महसूस किया कि तहरीके पाकिस्तान का उद्देश्य पूरा हो जाने के बाद इस आन्दोलन में सक्रिय औरतें एक बार फिर घर की चारदीवारी में बेमकसद ज़िन्दगी गुज़ार रही हैं। उस समय देश के सम्मुख अनगिनत समस्याएँ मुँह बाये खड़ी थीं, चुनांचे सन् 48 में ही उन्होंने औरतों को सक्रिय करने का फैसला किया। उन्होंने औरतों के लिए 'पाकिस्तान वीमेन्स नेशनल गार्ड' तथा 'पाकिस्तान वीमेन्स नवल रिजर्व' नामक दो अर्द्धसैनिक संस्थाएँ कायम की। ये दोनों संस्थाएँ हालाँकि प्रधानमन्त्री की ओर से सरकारी संरक्षण में कायम हुई थीं, बावजूद इसके प्रतिक्रियावादी तबकों, विशेष रूप से मौलिवियों की तरफ़ से इस पहल की शदीद मुखालिफत की गयी, लियाकत अली ख़ाँ के क़तल के बाद जब इन संस्थाओं का सरकारी संरक्षण समाप्त हो गया तो ये स्वतः समाप्त हो गयीं। बेगम रअना लियाकत अली ख़ाँ ने 22 फरवरी, 1949 को कराची में औरतों की सामाजिक संस्था 'अपवा' कायम की। उसने आरम्भिक दिनों में औरतों के कल्याण व उत्थान की दिशा में बहुत काम किया लेकिन इस संस्था का भी तीखा विरोध किया गया।

हद तो यह है कि बेगम लियाकत अली और उनकी सहयोगी महिलाओं को मजलिसे अहरार के मौलवी हजात ख़ुलेआम तवायफ़ कहते थे। जमाअते इस्लामी, जमीअतुल उलेमा-ए-इस्लाम और दीगर मजहबी संगठनों ने भी औरतों की इन संस्थाओं का विरोध किया और इनके ख़िलाफ़ लांछनों की ऐसी बौछार की कि जिनमें अनेक उर्दू अख़बार भी शामिल थे, पढ़ी-लिखी, सामाजिक सतह पर सक्रिय, पर्दा न करने व मुलाज़िमत पेशा औरतों के बारे में उनके आवारा होने की सोच पाँव पसारने लगी, इस प्रवृत्ति ने पश्चिमी पाकिस्तान में मध्य वर्ग़ की स्त्रियों को सियासी तौर पर तकरीबन निष्क्रिय कर दिया। नतीज़तन उन्होंने तालीम हासिल करने और आर्थिक तंगी से बाहर निकलने के मकस्द से शिक्षा और स्वास्थ्य के क्षेत्र में नौकरी पाने को बड़ी बात मान ली।

मुल्क के पूरबी हिस्से में सियासी हालात इससे कतई भिन्न थे। आबादी में पूरबी भाग से कम होने के बावजूद सत्ता का केन्द्र पश्चिमी हिस्सा था, जहाँ से पूरबी पाकिस्तान में रहने वालों के नाम हुक्मनामे ज़ारी किये जाते थे और उससे वह बर्ताव किया जाता था जो औपनिवेशिक संरचना में आकाओं का होता है, सत्ता में भागीदारी से वंचित पूर्वी पाकिस्तान के पुरुषों को जब बेबसी के एहसास ने बेचैन किया, तब वहाँ की महिलाएँ भी तेज़ी से आन्दोलित व संगठित हुईं। बंगाली लड़कियाँ छात्र आन्दोलन में बढ़-चढ़कर हिस्सा लेने लगीं। यही वजह है कि बंगला भाषा को राष्ट्र भाषा बनवाने के आन्दोलन में हमें बंगाली लड़कियों और औ़रतों की बड़ी संख्या हिस्सा लेती, लाठियाँ-गोलियाँ खातीं और ग़िरफ़्तार होती नज़र आती हैं। यह सियासी बेचैनी जैसे-जैसे तेज हुई, बंगाली लड़कियों-औरतों की सियासी सक्रियता भी उसी हिसाब से बढ़ती गयी। इस वक़्त मुझे लीला मित्रा की याद आ रही है जो पहले छात्र आन्दोलन में सक्रिय हुई, फिर किसानों के तिभागा आन्दोलन में आगे-आगे रही और गिरफ़्तार हुई। वह उन साहसिक पाकिस्तानी महिलाओं में हैं, जिन्होंने उस समय की अत्यन्त भयानक शारीरिक यौनिक हिंसा बर्दाश्त की। जिनका निचला हिस्सा भूखे चूहों से कतरवाया गया और ज़िन्हें इतनी यातना दी गयी कि आखिरकार वह निचले धड़ से शून्य हो गयी, बावजूद इसके अपने दृष्टिकोण से पीछे नहीं हटी और राजनीतिक संघर्षों में सक्रिय पाकिस्तानी महिलाओं के लिए प्रेरणा का उदाहरण बनी। कुछ यही मामला मोतिया चौधरी का भी रहा, जो आज भी ज़िन्दा हैं, और बंगला देश में राजनीतिक रूप से सक्रिय हैं।

एक मार्च, 1971 से 16 दिसम्बर, 1971 के स्याह दिनों में पूर्वी पाकिस्तान में रहने वाली पाकिस्तानी स्त्री आज़माइश के जिस कठिन दौर से गुज़री, उसे पढ़िये तो यकीन नहीं आता और जब यकीन आ जाता है तो हमारे सर शर्म से झुक जाते

हैं। 8 माह और 16 दिन के दौरान ढाई लाख मुसलमान पाकिस्तानी औरतें, जिनकी उप-राष्ट्रीयता बंगाली थी, बेइज़्ज़त की गयीं। उनमें से लगभग तीस हज़ार औरतों ने ख़ुदकुशी की, हज़ारों यौन रोगों का शिकार हुईं, हज़ारों मानसिक सन्तुलन खो बैठीं, अन्तर्राष्ट्रीय स्वास्थ्य संगठनों के डॉक्टरों ने एक लाख सत्तर हज़ार गर्भपात करवाये। इस बारे में मलाइका ख़ान और डॉक्टर जेफ़री डेविस के बयानात रोंगटे खड़े करने वाले हैं। इस विषय में प्रोफ़ेसर नीलिमा इब्राहीम की किताब 'आमी वीरांगना बोलची' वो साक्ष्य और विवरण पेश करती है, जिन्हें पढ़ने के बाद पाकिस्तान और दो कौमी नज़रिये से विश्वास उठ जाता है, 1947 में या उसके बाद होने वाले हिन्दू-मुस्लिम दंगों में दो भिन्न धर्मों को मानने वाला एक-दूसरे की औरतों को बेहुरमत कर रहे थे लेकिन पूर्वी पाकिस्तान में मुसलमान पाकिस्तान औरतें जिन वर्दी वालों की बर्बरता और आतंक का निशाना बनीं, वो कलमा पढ़ने वाले थे, पाकिस्तान के नागरिक व तनख़्वाहदार थे, जिनकी ज़िम्मेदारी उन औरतों की इज़्ज़तो-आबरू और जानोमाल की हिफ़ाज़त करना था। ये वो औरतें थीं जिन्होंने व्यक्तिगत तौर पर या उनके घर के मर्दों ने, बुजुर्ग ख्वातीन ने पाकिस्तान के लिए होने वाले रिफ्रेन्डम में हिस्सा लिया था और पाकिस्तान के पक्ष में वोट डाले थे। इन्हीं के बहुसंख्यक वोटों की बुनियाद पर पाकिस्तान कायम हुआ। यहाँ उन हज़ारों पाकिस्तानी बिहारी औरतों का ज़िक्र क्या करना जो बंगाली औरतों के साथ होने वाले ज़ुल्म के प्रतिशोध स्वरूप उसी तरह के दमन का निशाना बनीं, उन ज़मीन औरतों की बेहुरमती (अपमान) का कोई हिसाब रखने वाला नहीं था। यों समझिये ख़ून ख़ाक में समा रहा था और रोज़ी ख़ाक हुई जा रही थी, पूर्वी पाकिस्तान में पाकिस्तानी औरत अपनों के हाथों जिस भयानक आज़माइश से गुज़री, आज़ उसका तज़किरा तो दूर की बात है, किसी को यह भी याद नहीं कि इस्लामी पाकिस्तानियों ने मुसलमान बंगालियों पर क्या-क्या सितम ढाये।

इतिहास का यह एक त्रासद यथार्थ है कि पूर्वी भाग के राजनीतिक आन्दोलन को बढ़ावा देती हज़ारों अनपढ़ ग्रामीण स्त्रियों तथा शिक्षित व सम्भ्रान्त परिवार की युवतियों-महिलाओं को अनगिनत रातें बिना बिस्तर के गुज़ारनी पड़ी। उनके घरों के पुरुष जंगलों, ख़ेतों, मैदानों में अपने अधिकारों की लड़ाई लड़ रहे थे और रास्तों पर वर्दीपोश भेड़िये घूमते थे। इन भेड़ियों से बचने के लिए वो अपने घरों के पिछवाड़े बने हुए तालाबों में सारी-सारी रात अपनी बेटियों और छोटी बहनों का हाथ थामे पानी से गर्दन बाहर निकाले खड़ी रहती थीं और तालाब का मीठा पानी उनके आँसुओं से नमकीन होता था।

1970 में पाकिस्तान के पूर्वी भाग के अवाम के ख़िलाफ़ जो दमनकारी फ़ौजी

ऐक्शन हुआ, जिसका एक हिस्सा बंगाली लेखकों, बुद्धिजीवियों और कलाकारों की निर्मम हत्याएँ भी थीं, उसमें औरतें भी जान से गयीं। चन्द जुमलों में यह बात यूँ ही समझी जा सकती है कि इस भाग के करोड़ों अवाम ने अपने लोकतांत्रिक अधिकारों की प्राप्ति के लिए सैनिक तानाशाही के ख़िलाफ़ जो महासंघर्ष किया पाकिस्तानी बंगाली औरत की उसमें सक्रिय हिस्सेदारी थी और इस हिस्सेदारी की क़ीमत उसने बेपनाह आज़माइश की शक़्ल में अदा की।

पश्चिमी पाकिस्तान की स्त्री की आज़माइश का रंग दूसरा था, यहाँ चन्द क्रियाशील उत्साही महिलाओं ने 1947 से 1957 के बीच का समय इग़वाशुदा औरतों के पुनर्वास और वतन छोड़कर पाकिस्तान आने वाले लोगों की आबादकारी तथा सामाजिक-कल्याणकारी संस्थाओं की स्थापना में सर्फ़ किया, लेकिन मोटे तौर पर पश्चिमी पाकिस्तान की औरत अभी कयामे पाकिस्तान के नशे में मस्त थी, उसकी राजनीतिक चेतना बंगाली औरतों के समान प्रखर व प्रौढ़ नहीं थी। इसीलिए वह मिस फ़ातिमा ज़िन्ना और बेगम रअना लियाकत अली ख़ाँ की तसवीरें देखकर, उनकी तकरीरें सुनकर खुश होती रही। 1949 में पारित 'उद्देश्य प्रस्ताव' ने उसके कितने अधिकारों का हनन किया था, उसका उसे अभी अन्दाज़ा नहीं था। वह इस बात से भी आगाह नहीं थी कि मुल्क की सियासत पर रफ़्ता-रफ़्ता प्रतिक्रियावादी और पुरातनपंथियों की गिरफ़्त जिस तरह मज़बूत हो रही है, इसके नतीज़े उसके लिए कितने ख़तरनाक होंगे।

1956 में हमारे मुल्क का पहला संविधान निर्मित हुआ। उसमें औरतों को वोट के दोहरे अधिकार प्राप्त हुए यानी वह सामान्य उम्मीदवारों के लिए भी वोट डाल सकती थी और औरतों के लिए शादी, तलाक, नान नफका (तलाक के बाद का गुज़ारा व्यय) और बच्चों की परवरिश निहायत अहम मुद्दे हैं। इस बारे में कानून बनाने के लिए हुकूमत ने सुप्रीम कोर्ट के चीफ़ जस्टिस, जस्टिस राशिद के नेतृत्व में एक कमीशन बनाया, जिसने जल्दी ही अपनी रिपोर्ट पेश कर दी। लेकिन इस रिपोर्ट की सिफ़ारिशों के बारे में मौलवियों ने इस कदर शोर मचाया कि वह रिपोर्ट ठण्डे बस्ते में चली गयी, इस अभियान में सबसे आगे मरहूम मौलाना एहतिशामुल हक थे, जो इस कमीशन के एक सदस्य थे, जिन्होंने इस रिपोर्ट पर अपनी असहमतियों का एक लम्बा तीखा नोट लिखा था।

जनरल अयूब खाँ के ज़माने में एक बार फिर इस रिपोर्ट पर विचार हुआ और इसकी सिफ़ारिशों को नज़र में रखते हुए 1961 में विवाह कानून की बुनियाद पड़ी। इस कानून ने लड़कियों की शादी की न्यूनतम आयु निर्धारित की, मर्दों की दूसरी शादी पर बड़ी हद तक रोक लगा दी और दूसरी शादी के लिए पहली पत्नी की

लिखित इज़ाज़त की शर्त लगा दी। इन्हीं कानूनों के तहत निकाह और तलाक का रजिस्ट्रेशन लाजिमी बनाया गया और निकाहनामे में औरत के तलाक के हक का सूत्र भी डाला गया। तलाक की स्थिति में बच्चों की परवरिश और गुज़ारा भत्ता की अदायगी के मामलों में भी औरतों का पक्ष मजबूत रखा गया। विवाह कानून ने मौलवियों को एक बार फिर आन्दोलित कर दिया। पाकिस्तानी औरत को एक बार फिर नयी आज़माइश का सामना हुआ। अयूब ख़ाँ का जमाना हो या आज का दौर, मौलवियों की इन नाराज़गी का सबब एक ही रहा है। उन्हें इस बात से ख़ौफ आता है कि औरत जो समाज का कमज़ोर और कुचला हुआ तबका है अगर वह और उसके मामले उनके हाथ से निकल गये तो उनकी रोज़ी-रोटी और हलवे-माण्डे का क्या होगा।

जनरल अयूब के जमाने में औरतों को जहाँ 1961 में लागू विवाह कानून से किसी हद तक राहत मिली, वहीं उनके हुकूक पर एक तीखी चोट तब लगी, जब 1962 में संविधान में यह व्यवस्था की गयी कि आम चुनावों में महिलाएँ उम्मीदवार नहीं हो सकेंगी, उनका चयन केन्द्रीय तथा प्रान्तीय एसेम्बलियों के पुरुष सदस्यों द्वारा हुआ करेगा। इस तरह केन्द्रीय व प्रान्तीय एसेम्बलियों में जाने वाली महिलाओं के लिए यह सम्भव नहीं रह गया कि वो पहले जैसी स्वतन्त्रता से स्त्री मुद्दे उठा सकें क्योंकि वे स्वयं सदन के पुरुष अध्यक्ष के रहमोकरम पर थीं। इस प्रकार 1956 में प्राप्त अधिकारों से वो वंचित हो गयीं।

जनरल अयूब के काल में स्वयं उनके ख़िलाफ़ हालात ने पाकिस्तान के संस्थापक की बहन फ़ातिमा जिन्ना को राष्ट्रपति पद का उम्मीदवार बना दिया। वह उस चुनाव में सैनिक तानाशाही के विरुद्ध जनवाद का प्रतीक थी। यह वह जमाना है जब मुल्क पर 'बुनियादी जम्हूरियत' या यूँ कह लें 'बेबुनियादी जम्हूरियत' मुसल्लत की जा चुकी थी। जनरल अयूब के ख़िलाफ़ तहरीक चल रही थी और राष्ट्रपति के चुनाव में उनके मुक़ाबले में ख़्वाजा नाजिमुद्दीन उम्मीदवार थे, मुहिम के दौरान ख़्वाज़ा नाजिमुद्दीन का इन्तेकाल हो गया। फौरी तौर पर मोहतरमा फातमा जिन्ना को उनकी जगह उम्मीदवार बनाया गया। इस तरह पाकिस्तान के राजनीतिक क्षितिज पर पहली बार एक कद्दावर महिला नमूदार हुई। फ़ातिमा जिन्ना ने अयूब विरोधी आन्दोलन को नयी उठान दी। पश्चिमी व पूर्वी पाकिस्तान में अवाम ने उनकी हिमायत में लाखों जलसे किये लेकिन जनरल अयूब के वजीरों की धाँधली तथा बुनियादी जम्हूरियत के नाम पर चुने गये काउंसलरों की बेजमीरी ने मोहतरमा फातिमा जिन्ना को हरा दिया। उनकी हार से सिर्फ़ लोकतन्त्र समर्थकों के आन्दोलन को ही नहीं, पाकिस्तानी औरत के हुकूक की तहरीक को भी बड़ा नुकसान पहुँचा

मोहतरमा फ़ातिमा ज़िन्ना के चुनाव अभियान के दौरान इस्लाम में औरत के नेतृत्व को नाजायज करार देने की एक भरपूर तहरीक चलायी गयी, तो बहुत-सी औरतों को हकीकी स्थिति का इल्म हुआ। उस वक़्त उनकी समझ में आया कि विवाह कानून के तहत उन्हें चन्द हुकूक देकर उनसे उनके तमाम जम्हूरी हुकूक छीन लिये गये हैं। उनके अन्दर यह चेतना भी विकसित हुई कि औरतों के हुकूक की जद्दोजहद दरअसल उस बुनियादी जम्हूरी (लोकतांत्रिक) आन्दोलन संघर्ष से जुड़ी हुई है, जिसमें मर्द और औरत बराबर के शरीक हैं।

1971 से 1977 तक का दौर पाकिस्तान के इतिहास का एक ऐसा मुख्तसर हिस्सा है, जिसमें पाकिस्तानी औरत को साँस लेने, आगे आने और सामाजिक गतिविधियों में ज़्यादा खुल कर हिस्सा लेने का मौका मिला। 1973 में जब मुल्क का समग्र संविधान बना तो उसमें पाकिस्तानी स्त्री को पाकिस्तानी पुरुषों के समान संवैधानिक अधिकार दिये गये। इस संविधान में कहा गया था—

- तमाम शहरी कानून के सामने समान हैसियत रखते हैं और समान कानूनी सुरक्षा के हकदार हैं, महज लिंग के आधार पर किसी शहरी के ख़िलाफ़ पक्षपात नहीं किया जायेगा।
- किसी भी शहरी (नागरिक) को, जो पाकिस्तान की सर्विसेज में नियुक्ति की दक्षता रखता है, केवल लिंग के कारण उसके साथ नियुक्ति के मामले में पक्षपात नहीं होगा।
- कौमी ज़िन्दगी के तमाम क्षेत्रों में औरतों की हिस्सेदारी को यकीनी बनाने के लिए प्रयास किये जाएँगे। राज्य विवाह परिवार और माँ को सुरक्षा प्रदान करेगा।
- राज्य यह भी सुनिश्चित करेगा कि महिलाओं को उन विभागों में नियुक्त न किया जाये जो उनकी लैंगिक क्षमता के विपरीत हो।

(पाकिस्तान का संविधान धारा-25-27-35-37)

संयुक्त राष्ट्र संघ की ओर से वर्ष 1975 को 'औरतों का अन्तर्राष्ट्रीय वर्ष' घोषित किया गया और उस वर्ष एक प्रजातांत्रिक सरकार के अधीन पाकिस्तानी स्त्री ने राजनीतिक व सामाजिक चेतना की ओर तेज़ी से कदम बढ़ाया। कुल रूप में यह दौर पाकिस्तानी स्त्री के नारीत्व के सम्मान की बहाली, उसकी हैसियत में बढ़ोतरी और विभिन्न मोर्चे पर उसकी मज़बूती का दौर है।

05 जुलाई, 1977 को एक लोकतांत्रिक हुकूमत तथा विपदा दोनों ही के अधिकारों पर डाका डालते हुए जनरल जियाउल हक ने अत्यन्त शर्मनाक तरीके से सत्ता पर कब्ज़ा कर लिया। वैयक्तिक तानाशाही ने पाकिस्तानी अवाम के बुनियादी

इंसानी हुकूक और लोकतांत्रिक व्यवस्था को रौंद डाला। संविधान मुअत्तल हुआ और इसके साथ ही पाकिस्तानी स्त्री-पुरुषों के संवैधानिक अधिकारों का हनन हुआ। पाकिस्तान के जम्हूरियत पसन्द अवाम के लिए यह एक त्रासदी थी परन्तु पाकिस्तानी स्त्री के लिए उस रोज़ से एक ऐसी अँधेरी डरावनी रात का आगमन हुआ जिसे एक तानाशाह ने निकृष्ट तत्त्ववादियों और प्रतिक्रियावादी शक्तियों से मिल कर मज़हब की आड़ में उस पर मुसल्लत कर दिया था, जिसकी उन्होंने कभी कल्पना भी नहीं की थी।

तानाशाहों को हमेशा से ही राजनीतिक चेतना से सम्पन्न तथा राजनीतिक संघर्षों में हिस्सेदारी करने वालों से सबसे ज़्यादा डर लगता रहा है। यही वजह है कि उनका दमन चक्र भी सबसे तेज़ इन्हीं लोगों के ख़िलाफ़ चलता है। जनरल ज़िया का दौर उस स्थिति का सबसे ख़राब उदाहरण है। उन्हीं के दौर में यह पहली बार हुआ कि जेलों में बन्द उन औरतों को जिस्मानी यन्त्रणायें दी गयीं, जो राजनीतिक संघर्षों में गिरफ़्तार हुई थीं। पाकिस्तान में जनरल जिया को 'इस्लामी परम्पराओं' का संरक्षक कहने वालों की कमी नहीं है, ऐसे लोग आज भी मौजूद हैं, जिनका दावा है कि यह जनरल ज़िया ही थे, जिन्होंने पाकिस्तान में चादर और चहारदीवारी की पवित्रता बहाल की, जबकि हक़ीक़त यह है कि उनका शासन काल पाकिस्तानी स्त्री की बड़ी आज़माइश का काल है। अपने समय में उन्होंने इस्लाम के नाम पर पाकिस्तानी औरत की राह में जो काँटे बिछाये थे, वो आज तक उसकी राह में मौजूद हैं और उसके तलुओं में चुभे हुए हैं।

एमनेस्टी की रिपोर्ट के अनुसार 1980 के साल से पाकिस्तान में राजनीतिक कार्यकर्ताओं महिलाओं को जेलों में बदतरीन शारीरिक यन्त्रणायें देने का सिलसिला शुरू हुआ। यह वह दौर है जब अख़बार सच लिखते हुए डरते थे, बावजूद इसके, 11 मई, 1981 में 'डान' में सफूरानी के बारे में ख़बर छपी कि डॉक्टरी जाँच के मुताबिक इस महिला क़ैदी के ज़िस्म को कई जगह जलती सिगरेटों से दागा गया था। सफोरानी का अपराध यह था कि उसने जनरल जिया विरोधी आन्दोलन में भाग लिया था। उसी ज़माने में लाहौर के दो सियासी कारकुन जब गिरफ़्तारी के खौफ़ से भूमिगत हुए तो उन पर दबाव बनाने के लिए उनकी पत्नियों को गिरफ़्तार किया गया, उन्हें लाहौर के किले में रखा गया, जहाँ उन्हें बिजली के झटके लगाये गये और उन्हें बेआबरू किया गया। 4 दिसम्बर, 1981 ब्रितानिवी अख़बारों में फ़रखन्दा बुखारी को दी जाने वाली शारीरिक यातनाओं के विवरण प्रकाशित हुए। फरखन्दा बुखारी को किले में इस कद्र यातनाएँ दी गयीं, कि जब वह लन्दन के हीथ्रो एयरपोर्ट पहुँची तो होम डिपार्टमेण्ट की खातून कारकुन ने उनके ज़िस्म पर सिगरेटों के दाग

और हिंसा के दूसरे निशान देखे तो उन्हें फौरन सियासी पनाह दे दी थी।

1979 में कोड़े लगाने की इस्लामी सजा का आर्डीनेन्स जारी हुआ, जिसके आर्टिकिल 5(1) में दर्ज़ था कि मर्द को खड़ा करके तथा औरत को बिठाकर कोड़े लगाये जाएँगे और उसी आर्डीनेन्स के आर्टिकिल 5(डी) में दर्ज़ था कि क़ैदी औरत अगर गर्भवती है, तो सजा पर अमल बच्चे की पैदाइश या गर्भपात के दो माह बाद तक मुलतवी कर दिया जायेगा। 25 जुलाई, 1981 को दैनिक 'जंग' में प्रकाशित एक समाचार में बताया गया कि पहली मर्तवा किसी औरत को कोड़े मारने की सजा दी गयी। उसके बाद तो इस तरह के समाचारों की झड़ी ही लग गयी।

जनरल जिया और उनके समर्थक चादर और चहारदीवारी की पवित्रता का ज़िक्र करते थकते नहीं थे। उसी दौर में पत्रकारों का आन्दोलन चला तो कराची की महिला पत्रकार लालारुख हुसैन इस आन्दोलन में हिस्सा लेने के अपराध में अपने बच्चे के साथ गिरफ़्तार कर ली गयीं और दो हफ़्ते तक कराची जेल में क़ैद रहीं। जनरल जिया के दौर के एक अहम मुस्लिम लीगी लीडर, मलिक कासिम के कई बयानात रिकॉर्ड पर हैं, जिसमें उन्होंने कहा कि उस ज़माने में सिर्फ़ वकीलों, मज़दूरों, तालिब इल्मों (छात्रों) को ही नहीं पीटा गया या सजाएँ दी गयीं, औरतों को भी सड़कों पर पीटा गया, उनकी बेइज़्ज़ती की गयी, औरतें जो अपने अधिकारों के लिए आवाज़ें उठा रही थीं, उन्होंने मुल्क या कौम के ख़िलाफ़ कोई बात नहीं की, सिर्फ़ अपने अधिकारों की बात की। लोकतन्त्र की बहाली और संविधान की पुनर्स्थापना के पक्ष में नारे लगाये थे, तकरीरें की थीं। उस दौर में महिलाओं के साथ होने वाली शारीरिक व यौन हिंसा के बारे में चौधरी गुलाम क़ादिर और एतिज़ाज़ हुसैन के बयान भी आँखें खोलने वाले हैं।

पाकिस्तान को इस्लाम का किला बनाने के दावेदार जनरल जियाउल हक के शासन काल में सियासी जद्दोजहद करने वाली औरतों पर जो कुछ गुज़री, चादर और चहारदीवारी के रक्षकों ने उनके साथ जो सुलूक किया, उसके विस्तार में जाने के लिए दफ़्तर के दफ़्तर दरकार हैं। तानाशाही के चहेतों के हौसले इतने बढ़े हुए थे कि बेगम नुसरत भुट्टो, बेगम नसीम वली ख़ाँ, और बेनजीर भुट्टो भी जेहनी व जिस्मानी यातनाओं से नहीं बच सकीं।

जनरल जिया के ज़माने में औरतों के जिस आन्दोलन की बुनियाद पड़ी, वह महज अपनी कुछ माँगें मनवाने मात्र के लिए नहीं थी, बल्कि यह मुल्क के व्यापक राजनीतिक आन्दोलन के साथ अभिन्न रूप से जुड़ी हुई थीं। यही वजह है कि हमें 1983 एम.आर.डी. (लोकतन्त्र बहाली आन्दोलन) में सिन्ध आन्दोलन की 256 महिलाएँ गिरफ्तारियाँ देती हुई और जेलों में सजाएँ काटती और उससे भी पहले 'हारी

हक़दार तहरीक' की महिला कार्यकर्ता गिरफ़्तार होती और जेल भोगती मिलती है।

उसी जमाने में हमें कोट लखपत जेल, शेखपुरा जेल, मुलतान, कराची और हैदराबाद जेलों में बहुत-सी सियासी क़ैदी औरतें नज़र आती हैं। ये जिया दौर के शूरमा तथा इस्लामी राज्य के संरक्षक थे, जो पाकिस्तान के इतिहास में पहली बार औरतों को शाही किले ले गये, जहाँ उनके साथ बहुत गन्दे किस्म की हिंसा की गयी। यह वह दौर है जब साठ-पैंसठ साल की सफेद सर वाली नत्थी, माईचिन सफेदा अम्मा पठानी शाही किले में हिंसा बर्दाश्त करते हुए आज़माइश की नयी मंजिलों से गुजरती नज़र आती हैं। फरीदा आबिदा मलिक मिसेज कय्यूम निजामी, शाहिदा जबीं, फरख़न्दा बुखारी, अफजल तौसीफ, मिसेज आफताब, गरज कि किले में जाने वालियों के नामों की एक लम्बी कतार है, बुनियादी अधिकारों की बहाली के लिए पुलिस अत्याचार और क़ैदो बन्द की तकलीफ़ें बर्दाश्त करने वाली पारस जान, जुबेदा मलिक, बेगम नसरीन राव, नाहिद सईद, सरदारी बेगम और बेगम कदीर कुरैशी हैं। यही वह समय है जब सिन्ध में जंगेशाही के करीब दो औरतों की बर्बर हत्या पर सिन्ध भर की औरतों ने शदीद प्रतिरोध किया। उस दौर के इतिहास के पृष्ठ पाकिस्तान की औरतों की आज़माइशों का आख्यान है जिनसे अत्याचार—दमन और यातना की दर्दनाक अनुगूँज अब भी सुनाई पड़ती है।

औरतों की आज़माइश का एक पहलू तो वह है जिसका शिकार राजनीतिक रूप से सक्रिय महिलाएँ हुईं। लेकिन आम शहरी, ख़ास तौर पर देहाती औरतें अपने घरों, खेतों, सड़कों और बाज़ारों में सुरक्षित न रह सकीं। जनरल जिया की तानाशाही के दौर में जब चादर और चहारदीवारी का ढोल पीटा जा रहा था, उसी काल में पाकिस्तान के मजलूम ग्रामीण स्त्री पर प्रभुत्वशाली वर्गों के लोग वो शर्मनाम जुल्म ढा रहे थे, जिनकी कल्पना ही से रूह काँप जाती है। नवाबपुर लुत्फपुर, कुसूर, मुलतान, खानपुर, मात्र शहरों-कस्बों के नाम नहीं, पाकिस्तानी कौम के सीने में रिसते हुए नासूर हैं। ये वो इलाके हैं जहाँ बेगुनाह और बेकस, बेआसरा और बेजबान लड़कियों और बूढ़ी औरतों को जानवरों की तरह घसीटकर उनके घरों से बाहर लाया गया, उनके लिबास तार-तार किये गये और फ़िर बिना कपड़ों के ही उन्हें उन गलियों में फिराया गया, जो उनकी इज़्ज़त व आबरू की मुहाफिज थीं। उन नंगी औरतों के जुलूस के दर्शक इन्हीं औरतों के बाप, शौहर, भाई-भतीजे और पड़ोसी थे। ये वो औरतें हैं जिनके लिए सूरज क्षितिज के बीचोबीच आया और उन पर एक कयामत गुज़र गयी, ये वो थीं जिन्हें अपमान और बेबसी ने दिनों और हफ़्तों के फ़र्क़ का एहसास नहीं रहा, इन औरतों के मर्द जब हाथों में कुरआन उठाकर बीच में आये तो उन्हें बन्दूकों के बटों से मारा गया और इलाके के थानों में रिपोर्ट दर्ज़ करने

से इनकार किया गया, यह 1947 नहीं था, कि सारा इल्ज़ाम हिन्दुओं और सिखों के सर डाल दिया जाये।

ये पाकिस्तानी और मुसलमान औरतें थीं, उनके मुज़रिम पाकिस्तानी मर्द थे और जो मुसलमान थे। पाकिस्तान की हुकूमत के पास अब शस्त्रों की कोई कमी नहीं थी, अपनी इसी शस्त्र के सैन्य क्षमता के बल पर उसने कुछ अर्सा पहले पाकिस्तान के लोकतांत्रिक आन्दोलन को कुचला था और 1977 में अवामी नुमाइन्दों से सत्ता छीनी थी। तमाम साधन सम्पन्नता के बावजूद यह हुकूमत पाकिस्तानी नागरिकता रखने वाली औरतों को सुरक्षा प्रदान करने में असफल रही।

जनरल जिया ने 5 जुलाई 1977 को पाकिस्तान के जिस संविधान को निरस्त किया, उसमें पाकिस्तानी स्त्री को पाकिस्तानी पुरुष के समान अधिकार दिये गये थे, उसकी जगह जनरल जिया ने 1979 में चार इस्लामी ताजीरात कानून रायज किये, जिनमें हुकूद आर्डीनेन्स भी शामिल है, जिससे औरतों के हुकूक पर कड़ी चोट लगी। हुकूद आर्डीनेन्स जारी करके औरतों के अधिकारों को हड़पा गया। इन कानूनों के तहत हुकूमते पाकिस्तान का 'इस्लाम' ऐसी किसी औरत को सुरक्षा देने में असमर्थ था जो बदबख्ती से असमतदरी यानी बलात्कार का शिकार हुई हो क्योंकि औरत होने के कारण यह घिनौना अपराध करने वाले पुरुष को उसकी अकेली गवाही सजा नहीं दिला सकती।

1984 में 'कानूने शहादत' लागू किया गया, जिसमें औरत के गवाही अधिकार को सीमित कर दिया गया, मर्दों और औरतों की गवाही में भेद कायम करके औरतों के ख़िलाफ़ खुला पक्षपात किया गया। अब एक औरत की गवाही आधी के बराबर मानी गयी, शरीअ़त बिल ने औरतों के अन्य अधिकार छीन लिये। नौवें संशोधन बिल का मुद्दा उठाया गया। इन कानूनों के तहत बलात्कार और सम्भोग में कोई भेद नहीं किया गया। जिया के दौर में औरतों के ख़िलाफ़ जो पक्षपातपूर्ण कानून रायज किये गये, उसका तफसीली जायजा 'इन्टरनेशनल ज्यूरिस्ट कमीशन रिपोर्ट' में लिया गया है, जिसको पढ़े बगैर इन कानूनों के भेदभावपूर्ण रवैया का अन्दाज़ा नहीं किया जा सकता।

पाकिस्तान में सैनिक तानाशाही तथा तत्त्ववादी शक्तियों ने जब इस्लाम की आड़ लेकर मुल्क की लोकतांत्रिक परम्पराओं को कुचलने और स्त्रियों के हर तरह से कमज़ोर करने की भरपूर मुहिम का आगाज किया, जो कुछ महिला संगठनों के अतिरिक्त व्यक्तिगत स्तर पर सक्रिय औरतों ने इस सूरतेहाल पर सर जोड़कर सोचना शुरू किया। चुनांचे तमाम महिला संगठनों का एक संयुक्त मोर्चा 'वीमेन्स ऐक्शन फोरम, WAF वजूद में आया। जिसमें विभिन्न क्षेत्रों-पेशों से जुड़ी हुई

महिलाओं ने पाकिस्तानी अवाम को अपने ख़िलाफ़ बनने वाले भेदभावपूर्ण कानूनों के दुष्परिणामों से आगाह, हुकूद आर्डीनेन्स के ख़िलाफ़ प्रतिरोध आयोजित करने और तानाशाही तथा बुनियादपरस्ती के ख़िलाफ़ संघर्ष करने का संकल्प व्यक्त किया और मैदान में आ गयीं।

13 फरवरी, 1983 का दिन पाकिस्तानी औरतों के इतिहास का एक अहम और उनके लिए एक नयी आज़माइश के आग़ाज़ का दिन है, जब उन्होंने खुलकर सैनिक तानाशाही को चुनौती दी और भेदभावपूर्ण कानूनों के ख़िलाफ जुलूस निकाला।

यह वह ज़माना है जब कई शहरों में औरतों के विरोध जुलूसों पर बेरहमी से लाठी चार्ज किया गया। पुलिस के शूरमाओं ने उन्हें बालों से पकड़कर सड़कों पर घसीटा, उनके कपड़े फाड़े गये, उन्हें गन्दी फूहड़ गालियाँ दी गयीं, उन्हें हिरासत में लेकर हवालात और जेल में हिंसा का निशाना बनाया गया। उस ज़माने में पाकिस्तानी औरत जिन कड़ी आज़माइशों से गुज़री और जिस तथाकथित इस्लामी छुरी की कुन्द धार से जिबह की गयी, उसकी एक-दो नहीं, सैकड़ों घटनाएँ हैं लेकिन सफिया बीवी नामक अन्धी लड़की का मुकदमा 'जियाउल हक ब्रान्ड इस्लामी इंसाफ' का शाहकार है। उस लड़की के साथ उसके ही पिता और भाई ने बलात्कार किया, जिसके नतीजे में वह एक बच्चे की माँ बनी, इस घिनौने जुर्म को अंजाम देने वाले तो चार गवाहों के न होने पर रिहा कर दिये गये। लेकिन सफिया बीवी क्योंकि बच्चे की माँ बनी थी, इसलिए उस पर ज़िना (हरामकारी) साबित था इसलिए उसे हुक्मनामा-ए-जिना के तहत संगसारी की सज़ा सुना दी गयी।

पाकिस्तानी औरत की आज़माइश की बात करते हुए मुझे 2 अगस्त, 1999 को पाकिस्तानी संसद के ऊपरी सदन में घटित वह घटना याद आती है जिसमें सीनेट के सदस्यों की बहुसंख्या ने औरतों पर होने वाली हिंसा की निन्दा के उद्देश्य से तैयार होने वाले प्रस्ताव को न सिर्फ़ यह कि सदन में प्रस्तुत करने की अनुमति नहीं दी बल्कि 'इस्लाम और शरीअत की बात करने वालों ने लाहौर में मानवाधिकार की प्रसिद्ध कार्यकर्ता और वकील हिना जीलानी के दफ़्तर में दिनदहाड़े होने वाले समीआ सरवर के क़त्ल पर विरोध को खुराफ़ात करार दिया। लुत्फ़ की बात तो यही है कि पाकिस्तान के ऊपरी सदन में 'ग़ैरत के नाम पर औरतों के क़त्ल' के ख़िलाफ़ पेश किये जाने वाले एक प्रस्ताव का विरोध करने वालों में पाकिस्तान का ख़्वाब देखने वाले अल्लामा इकबाल के साहबजादे जस्टिस जावेद इकबाल भी थे और सुबहोशाम लोकतन्त्र समाखता की माला जपने और सोशलिस्ट इंकिलाब के नाम पर देश छोड़ कर चले जाने वाले अजमल खटक भी थे। इस प्रस्ताव की मुख़ालिफ़त करने वाले

वे भी थे जिनका कहना है कि औरतों को इस्लाम से ज़्यादा हुकूक किसी मज़हब, शरीअत और कानून ने नहीं दिये और वो भी जिन्हें अपनी लिबरल सियासत पर बड़ा नाज़ है।

2 अगस्त, 1999 का दिन पाकिस्तानी औरत की आज़माइश के इतिहास में एक स्याह दिन के तौर पर याद किया जायेगा। उस रोज पाकिस्तानी सीनेट के चेयरमैन जनाब वसीम सज़्ज़ाद से लेकर उसके एक आम सदस्य तक ने यह साबित किया कि उसे पाकिस्तानी औरत की दर्दनाक स्थिति से कोई दिलचस्पी नहीं, हिना जीलानी और असमा जहाँगीर के दफ़्तर में समीआसरवर का क़त्ल जिस निर्मम तरीके से हुआ, उसके बाद क़ातिलों की गिरफ़्तारी के बजाय कातिलों की तरफ़ से हिना जीलानी और असिमा जहाँगीर के ख़िलाफ़ जिस क़िस्म के मुकदमे कायम किये गये, समीआ के क़त्ल की पुलिस थाने में रिपोर्ट दर्ज़ कराने में जिस तरह की रुकावटें डाली गयीं—ये तमाम स्थितियाँ इस बात का संकेत हैं कि उस अँधेरे समय में संविधान और नियम हाशिये पर चले गये थे, एक कबायली निज़ाम लोगों का मुकद्दर बन गया था। समीआ सरवर के क़त्ल का सबसे त्रासद पहलू यह है कि उसकी उच्च शिक्षित माँ तथा चचा की मौज़ूदगी में उनकी सहमति से उसकी हत्या की गयी।

कबायली नियमों और परम्पराओं के नाम पर सीमा प्रान्त में जिस तरह उस क़त्ल को जायज और दुरुस्त करार दिया गया और सभी सियासी पार्टियाँ जिस बेशर्मी से आँखें बन्द किये बैठी रहीं, वह हमारी सियासी पार्टियों के नकारात्मक रवैये की दुखद मिसाल है।

इस हादसे का ज़िक्र करते हुए पाकिस्तान के ऊपरी सदन के सदस्यों के चेहरे मेरी आँखों के सामने घूम रहे हैं। जिनके दाढ़ियाँ नहीं थीं, जिनके मॉडर्न लिबास पर कभी शिकन नहीं आती, जिनका अंग्रेजी लबोलहज़ा सुनकर पश्चिम के लोग भी उनके ज्ञान और उच्चारण की दाद देते हैं, जिनके बायोडाटा में यूरोप और पाकिस्तान की यूनिवसिटियों की डिग्रियों के विवरण दर्ज़ हैं। इन लोगों ने पाकिस्तानी औरत को उसके जायज हुकूक ही वैधानिक लड़ाई में जिस तरह बीच मझधार में छोड़ा, वह हमारे इतिहास का एक शर्मनाक अध्याय है।

पाकिस्तानी औरतों की आज़माइश का ज़िक्र करते हुए कराची की याद आती है, जो पाकिस्तान का सबसे बड़ा शहर है। इसके बावजदू यहाँ भी औरतों की आबादी का बड़ा हिस्सा कबायली और कृषि समाज के रस्मोरिवाज के तहत ज़िन्दगी गुज़ारने की तोहमत उठा रही हैं। निज़ी तौर पर चन्द हज़ार या चन्द लाख औरतों का बाइज़्ज़त तरीके से आज़ादी की नेमतों का लुत्फ़ उठाना, अपने ख़ानदानों में समानता का जीवन जीना कोई .खास अहमियत नहीं रखता। बात दरअसल यह है कि

पाकिस्तानी औरतें कुल रूप में संवैधानिक व सामाजिक रूप से कितनी आज़ाद हैं? सवाल यह है कि समाज उन्हें तरक्की के अवसरों का लाभ उठाने, अपने फैसले आप करने की कितनी आज़ादी देता है। संविधान उन्हें एक शहरी मर्द के बराबर सुरक्षा और अवसर प्रदान करता है या नहीं। जब हम इस बारे में सोचते हैं तो हमारे सर शर्म से झुक जाते हैं कि समान अवसर तो दूर की बात है, ग्रामीण इलाक़ों में ख़ास तौर पर और शहरी औरतों की बड़ी आबादी भी बुनियादी मानवाधिकारों से वंचित है, वह सामाजिक रूप से पिछड़ी हुई है।

यहाँ मैं सिर्फ सन् 2000 के चन्द आँकड़े पेश करूँगी, जिससे अन्दाज़ लगाया जा सकता है कि आज़ादी की आधी सदी के बाद भी पाकिस्तानी स्त्री किस सूरते-हाल से दो-चार है।

सन् 2000 में मुल्क की आबादी के 32.8 प्रतिशत लोग गरीबी की रेखा के नीचे जीवन-यापन कर रहे थे और उनमें औरतों की संख्या आधे से अधिक थी। विभिन्न अन्तर्राष्ट्रीय संस्थाओं द्वारा तैयार निष्कर्षों के मुताबिक पाकिस्तान में लड़कियों की शिक्षा के दर में कमी आ रही है, इसकी एक वजह हमारी सीमित शिक्षा ढाँचा है, जो बढ़ती हुई आबादी की ज़रूरतों को पूरा नहीं कर सकता। लड़के और लड़कियों के स्कूल में प्रवेश की दर में भी अन्तर बढ़ता जा रहा है। यह असमानता ऊपरी कक्षाओं में और बढ़ती जाती है। साधनों-अवसरों की कमी के कारण भी लड़कियों की शिक्षा प्रभावित होती है। मिसाल के तौर पर 2002 में कराची की 28000 लड़कियों ने मैट्रिक की परीक्षा साइंस विषय के साथ पास की लेकिन आगे की क़्लासों में सीटों की कमी के कारण उनमें से ज़्यादातर आगे की पढ़ाई ज़ारी नहीं रख सकीं।

इस वक़्त पाकिस्तानी औरत की एक बहुत बड़ी आज़माइश ग़ैरत का क़त्ल यानी कारोकारी है। एमनेस्टी इन्टरनेशनल की एक रिपोर्ट के अनुसार ग़ैरत (स्वाभिमान) के नाम पर हर साल सैकड़ों औरतें क़त्ल कर दी जाती हैं। बहुत-सी हलाकतों की रिपोर्ट दर्ज़ नहीं करायी जाती या की नहीं जाती, जिसकी वजह से अकसर मुज़रिम सजा से बच जाते हैं। इस तरह के अपराधों के प्रति राज्य की उदासीनता तथा कई बार खुद उसके इन अपराधों में शामिल होने की वजह से इन ख़तरों की जद में रहने वाली औरतों में तन्हाई और ख़ौफ़ का एहसास मजीद बढ़ चुका है। पुलिस ग़ैरत और घरेलू हत्याओं में आम तौर पर मर्दों का साथ देती है और कभी-कभार ही मुज़रिमों पर मुकदमा चलाकर उन्हें सजा दिलाई जाती है। अगर वह कुछ मामलों में पुलिस मुस्तैदी दिखा भी दे तो आदलतें उन्हें कड़ी सजायें नहीं देतीं। इस स्थिति से इस धारणा को ताकत मिलती है कि अपने रिश्तेदार

औरतों को क़त्ल करने वाले मर्दों को दण्ड से छूट प्राप्त होती है, औरतों के साथ पक्षपातपूर्ण सुलूक के उन्मूलन की राह में ख़ास कानूनों की बड़ी रुकावटें हैं। रोजनामा 'डान' में छपने वाली एक रिपोर्ट के मुताबिक दरअसल कारोकारी, बिल्लोचों की रिवायत है, जो उनके साथ सिन्ध आयी और उसके उत्तरी इलाकों में रायज हो गयी, जहाँ बिल्लौचों के मुख़्तलिफ़ कबीले बड़ी तादाद में आबाद हैं, कुछ सिन्ध शोधकर्ताओं का कहना है कि इस अत्याचारी परम्परा का हमारी ज़मीन से कोई सम्बन्ध नहीं। इस बारे में वो सिन्ध की रूमानी लोक-कथाओं का सन्दर्भ देते हैं, जो वह सदियों से लोकप्रिय है और जिन्हें शाह अब्दुल लतीफ भटाई ने अपनी काव्यकथाओं में अमर कर दिया है। इस सम्बन्ध में एक सिन्धी पत्रकार का कहना है कि इस पूरे मामले के एक पहलू पर अब तक ध्यान नहीं दिया गया कि पूरे साल में किसी ऐसी ख़ातून को 'कारी' कहकर क़त्ल नहीं किया गया, जो बेरोजगार या मेहनतकश थी। कुनबे और कबीले की चन्द लड़कियाँ या औरतें अपने भाइयों या शौहरों के जुल्म का शिकार होकर नाजायज ताल्लुकात के इलज़ाम में क़त्ल कर दी गयीं, लेकिन जो काम (नौकरी) कर रही थीं और अपने कुनबों का खर्च उठा रही थीं, न उन पर किसी ने उँगली उठाई और न उन्हें किसी ने हाथ लगाया।

जैकबाबाद, शिकारपुर, लाड़काना और दादू के आधे से ज़्यादा ज़िले वो हैं जहाँ आबादी का आर्थिक आधार चावल की खेती पर निर्भर है। इस इलाके के लोग जिस तरह घर के निर्माण-मरम्मत से लेकर शादी-ब्याह और ख़ुशी के तमाम उत्सव धान की कटाई के बाद आयोजित करते हैं, उसी तरह अगर किसी व्यक्ति का इरादा किसी मर्द या औरत को 'कारोकारी' की सियाह रस्म की भेंट चढ़ाना हो तो उसके लिए भी धान की फसल कटने का इन्तिज़ार करते हैं। ऐसा इसलिए होता है कि उस वक़्त उनके हाथ में नकद रुपये होते हैं, जिसकी ताकत पुलिस वालों को एफ.आई.आर. काटने और अगर एफ.आई.आर. कट भी जाये तो उसमें क़त्ल करने वाले व्यक्ति का नाम शामिल करने से रोकती है। उस अवधि में सिन्धी लड़कियों और औरतों की जान किस हद तक ख़तरे में होती है, इसका अन्दाज़ा इससे लगाया जा सकता है कि एक पुलिस अफ़सर के कथनानुसार कटाई के मौसम में उस क्षेत्र के एक ख़ास थाने की बोली लगायी जाती है, जो अफ़सरान ज़्यादा बोली देते हैं, एस.पी. ऑफ़िस से उनकी तैनाती उस मौसम में वहाँ कर दी जाती है। जिस मुल्क में धान की कटाई के साथ बेगुनाह लड़कियों और औरतों की गर्दनें कटने का मौसम आता हो और जहाँ इस जुर्म को करने के लिए पुलिस स्टेशन की बोली लगती हो, वहाँ यह समझना कुछ मुश्किल नहीं कि इस मुल्क, ख़ास तौर पर इस इलाके की औरत किस अभिशाप

की चपेट में है।

– सन् 2001 में 'कारोकारी' की कुछ घटनाएँ अख़बारों तक पहुँचीं। उनमें से 10 मार्च, 2001 को शिकारपुर में एक नौजवान कद्दाफी पठान ने अपनी बूढ़ी माँ को 'कारी' कहकर मार दिया। उसने नज़दीकी होटल में काम करने वाले जवान वेटर को भी क़त्ल कर दिया। समाचार के मुताबिक बेटे का अपनी माँ से .ख़ानदानी झगड़ा था।

– 22 मई, 2001 को एक 12 साला लड़की पर कारी होने तथा 60 वर्षीय बूढ़े मर्द पर 'कारी' होने का इलज़ाम लगाया गया। मासूम लड़की को बर्बरता पूर्वक क़त्ल कर दिया गया और उसके ज़िस्म को टुकड़े करके सिन्ध नदी में फेंक दिया गया।

– सन् 2001 में ही 4 जुलाई को मोहम्मद बख़्श मुगीरी ने कम्बर पुलिस स्टेशन की सीमा में अपनी 18 साला अपंग बेटी को मार दिया परन्तु रिपोर्ट में इस क़त्ल की कोई और वजह बतायी गयी।

– ज़िला घोटकी के कस्बा मीरपुर माथेलो में 11 जुलाई, 2001 को मुलज़िम पनाह बूजदर ने एक 10 साल की लड़की से बलात्कार किया। जब मासूम लड़की रोते हुए घर पहुँची तो उसके बाप ने उसे 'कारी' कह कर घर से निकाल दिया।

– गढ़ी यासीन पुलिस स्टेशन के सीमा क्षेत्र में एक 17 साला लड़की पर बारह साल के एक लड़के के साथ अवैध सम्बन्धों का इलज़ाम लगाया गया, पिछली 26 अगस्त, 2001 को जब वह अपने माँ-बाप से मिलने आयी नौब्याहता के ससुर ने दोनों का क़त्ल कर दिया।

– 12 सितम्बर, 2001 को एक 60 वर्षीय पुरुष को 'कारी' कह कर मार दिया गया। कारी करार दी जाने वाली औरत की उम्र भी 60 साल थी।

सिन्ध में 'कारोक़ारी' की शर्मनाक रस्म को मुनाफ़ाबख़्श कारोबार के तौर पर इस्तेमाल किया जा रहा है। इस बारे में जैकनाबाद के चीफ़ सरदार सुन्दरान सुन्दरानी ने अपने एक अख़बारी इन्टरव्यू में स्वीकार किया कि "मैं जानता हूँ कि कारोकारी के ज़्यादातर केस इसलिए दाख़िल किये जाते हैं कि या तो जुर्माने की रकम ऐंठी जाये या फ़िर किसी कर्ज़ से जान छुड़ायी जाये। यह रस्म किसी की ज़मीन या जायदाद पर कब्ज़े के लिए भी इस्तेमाल की जाती है।"

पाकिस्तान की और सिन्ध की औरत बतौर .ख़ास सुबह से शाम और शाम से रात तक और रात से सुबह तक, जिन यातनाओं से गुज़री है, उसका अन्दाज़ा एक अखबारी रिपोर्ट से लगाया जा सकता है, जिसमें कहा गया है कि 'कारोकारी'

पर बहुत कुछ लिखे जाने के बावजूद अब तक इस जुर्म की पेचीदगियाँ पूरी तरह समझी नहीं जा सकी हैं।

कारोकारी के केस दो तरह के होते हैं। एक वह जिसमें यौन-सम्बन्ध (इतर वैवाहिक) रखने के आरोप में क़त्ल कर दिया जाता है, जबकि दूसरे प्रकार के केसों में ऐसे लोगों को क़त्ल करने के बजाय जुर्माना अदा करने के लिए बाध्य किया जाता है। नीचे दिये गये उदाहरणों से पता चलता है कि दूसरे प्रकार की घटनाएँ कैसे अमल में आती हैं।

ज़्यादातर मामलों में एक आदमी किसी शख़्स पर 'कारी' होने का इलज़ाम आयद करता है, मसलन इलज़ाम लगाने वाले व्यक्ति की किसी करीबी रिश्तेदार औरत से नाजायज़ सम्बन्ध बनाने का इलज़ाम। ज़ाहिर-सी बात है, इस औरत पर कारी होने का इलज़ाम भी वही शख़्स लगायेगा, जिस पुरुष पर कारो होने का इलज़ाम लगता है। आशानुरूप इलज़ाम लगते ही वह फरार होकर गायब हो जाता है। इसके बाद मुलज़िम के वालिदैन (माँ-बाप) या दूसरे करीबी रिश्तेदार कबीले के सरदार से राब्ता कायम करके उससे 'खैर' तलब करते हैं, स्थानीय शब्दावली में सुलह या समझौता के लिए 'खैर' लफ़्ज़ का इस्तेमाल किया जाता है। अगर 'कारी' करार दी गयी औरत भी किसी तरह अपनी जान बचाकर फरार होने में कामयाब हो जाती है और किसी सरदार के 'कोट' पर पनाह तलब करती है। अगर सरदार का कोट ज़्यादा दूर हो तो बाजवक़्त ऐसी औरत सैयदों की हवेली में पनाह लेती है।

थोड़े अन्तराल के बाद 'सुलह' की तारीख निश्चित की जाती है और इलाके के चन्द विश्वसनीय लोगों के साथ दोनों पक्ष इकट्ठा होते हैं। सुलह के इजलास की पहली शर्त यह होती है कि उसमें कारो का मुलज़िम शरीक नहीं होगा, उसकी नुमाइन्दिगी उसका बाप, चचा, भाई या इलाके का कोई बुजुर्ग या विश्वसनीय व्यक्ति करेगा, अगर इलज़ाम लगाने वाली पार्टी, मुलज़िमपार्टी के किसी सदस्य के आरोपित व्यक्ति के अपराध में शामिल न होने के शपथ को मानने को तैयार हो, जो बाकायदा हलफ़ उठवाया जाता है लेकिन अगर मुद्दई इस बात पर अडिग हो, कारो करार दिया जाने वाला व्यक्ति वाकई मुलज़िम है, तो आरोपी पक्ष से एक लाख बीस हज़ार रुपये जुर्माना अदा करने को कहा जाता है।

जुर्माने का एक निश्चित हिस्सा फ़ैसले के वक़्त जमा कर दिया जाता है, और बकिया रकम के लिए अवधि निर्धारित कर दी जाती है। अगर मुद्दई निश्चित अवधि में शेष राशि के भुगतान में नाकाम रहता है, तो कारो होने का इलज़ाम दुबारा उठाया जाता है और सुलह का एक दूसरा इजलास करके नया जुर्माना आयद किया जाता है।

इसके बाद कारी करार दी जाने वाली जो औरतें सैयदों के यहाँ पनाह ले चुकी होती हैं, उन्हें उनके वालिदैन के हवाले कर दिया जाता है जो आम तौर पर किसी दूसरे कबीले के लोगों को बेच दी जाती हैं। रिवाज़ के मुताबिक कारी आरोपित औरत की शादी उसके मूल ख़ानदान में नहीं की जा सकती। क्योंकि वह दागदार हो चुकी होती है और अगर वह मूल ख़ानदान में रही तो गन्दी नसल पैदा करेगी।

ध्यान देने वाला तथ्य यह है कि ऐसी औरतों की मण्डी में ज़्यादा पूछ होती है। अगर एक आम औरत मण्डी में एक लाख की बिकती है तो कारी औरत की कीमत डेढ़ लाख होती है। 'केवल सिन्धी' एक पत्रकार हैं जिन्होंने कारोकारी समस्या पर विशद काम किया है। उन्होंने बताया कि 'इन औरतों के खरीददार ऐसे लोग होते हैं, जो औरतों के रसिया कहलाते हैं उनकी नज़र में ये औरतें अधिक कामुक होती हैं और अधिक यौन-सन्तुष्टि देती हैं। ऐसे लोगों को औरतों से न तो कोई हमदर्दी होती है और न उन्हें इनकी भावनाओं का कोई ख़्याल होता है, नितान्त निजी इच्छाओं के कारण वो इन्हें खरीदते हैं।

गरीब कमज़ोर तथा इस चालाक दुनिया के बारे में कम जानने वाले माँ-बाप की कारी करार दी गयी लड़कियों-औरतों को सरदार स्वयं फरोख़्त करके, हासिल रकम को अपने पास रख लेता है। कभी-कभी हाय-तौबा मचाने पर माँ-बाप को उस रकम का छोटा हिस्सा दे देता है।

कारी घोषित करके बेची जाने वाली औरत को दोबारा कभी अपने रिश्तेदारों से मुलाकात की उम्मीद नहीं होती, न उसके रिश्तेदार उससे कोई वास्ता रखते हैं। कारो घोषित पुरुष को सुलह या कोई फैसला हो जाने तक अपने रिश्तेदारों से दूर रहना पड़ता है। अगर कारो का आरोप लगाने वाले फरीक से उसका सामना हो जाये तो भले ऐसा संयोग से या अनिच्छा से ही क्यों न हुआ हो, उसे पाँच हज़ार रुपये जुर्माना अदा करना पड़ता है। तथाकथित कारोकारी की कम से कम पाँच ऐसी किस्में हैं, जिनमें आरोपी को जुर्माना भरना होता है। अगर कारो मर्द अपनी पसन्द की औरत से अदालत में शादी कर लेता है, और अगर वह औरत कुँवारी और उसकी रिश्तेदार है तो लाज़िमी तौर पर मर्द मुश्किल में पड़ जायेगा। अदालत में उसकी शादी के फैसले को सरदार के सामने पेश किया जायेगा और उसे चार तरह के जुर्माने भरने पड़ेंगे। पहला जुर्माना कारो होने का, दूसरा लड़की को बरगलाने का, तीसरा फ़रार होकर अदालत जाने का और चौथा बिरादरी से गद्दारी करने का। अगर उसकी बीवी का सम्बन्ध सरदार के गाँव से है तो अतिरिक्त रूप से उसे पाँचवाँ जुर्माना भी भरना पड़ेगा। तावान या जुर्माने की रकम एक लाख बीस हज़ार रुपये है। वो कारी औरतें जो विभिन्न कारणों से बेची नहीं जा सकतीं या अपने वैवाहिक जीवन से सन्तुष्ट

नहीं हैं। सरदारों के पास जाकर उनसे अपने घरों में रखे जाने की विनती करती हैं और वादा करती हैं कि सारा जीवन उनके परिवार की सेवा करती रहेंगी। इस स्थिति में उनका निवेदन स्वीकार कर लिया जाता है। सरदारों के कोटों में पनाह लेने वाली कारी औरतों के बारे में अकसर ऐसी सूचनाएँ भी मिली हैं कि इन औरतों से पैदा होने वाली सन्तानों को नसल शुद्ध न होने के कारण सरदार की जायदाद में कोई हिस्सा नहीं दिया गया।

कारोकारी की समस्या पर काम करने वाले एक और पत्रकार 'इसहाक सोमरू' ने बताया कि "आपको ऐसे बहुत से बच्चे मिल जाएँगे, जिनकी माँओं को कारी करार दिया गया और उन्होंने सरदारों के पास पनाह ली थी लेकिन उनके बाप उन्हें कबूल करने को तैयार नहीं हैं। इन औरतों से यौन-सम्बन्ध कायम करने को हर व्यक्ति लालायित है लेकिन जीवन भर का सम्बन्ध बनाने को कोई तैयार नहीं।

एमनेस्टी इन्टरनेशनल ने पाकिस्तानी स्त्री पर ज़ारी हिंसा के बारे में जो रिपोर्ट सन् 2001 में रिलीज की है, उसके मुताबिक ग़ैरत के नाम पर क़त्ल अकसर बहुत मामूली बातों पर किये जाते हैं। मिसाल के तौर पर एक शख़्स सिर्फ़ इस कारण अपनी बीवी को क़त्ल कर देता है कि उसने ख़्वाब में पत्नी को गद्दारी करते देखा था। कानून लागू करने वाली संस्थाएँ और अदालतें ऐसे मामलों में बहुत नर्म रवैया अपनाती हैं। ग़ैरत के नाम पर औरत की हत्या करने वालों के लिए कानून में ऐसी दरारें होती हैं जिनकी वजह से क़ातिल बच निकलते हैं, इसके नतीज़े में यह रिवायत टूटने नहीं पाती। सिन्ध में कारो का मतलब स्याह पुरुष और कारी का मतलब स्याह स्त्री होता है, ऐसे मर्दों और औरतों को कुल्हाड़े या छोटी कुल्हाड़ियों से टुकड़े-टुकड़े कर दिया जाता है। इस क़त्ल में अकसर बिरादरी के और लोग भी शामिल होते हैं। पंजाब में इस तरह की हत्याएँ आम तौर पर गोली मार कर की जाती हैं। ज़्यादातर यह हत्याएँ निज़ी फैसले के तहत गुप्त रूप से होती हैं। प्रायः ऐसी औरतों के पति भाई या पिता क़त्ल करते हैं, कुछ मामलों में जरगा औरत को मारे जाने का फैसला करता है और मर्दों को फ़ैसले पर अमल करने का आदेश देता है, ग़ैरत के नाम पर क़त्ल होने वाली औरतों का दायरा नाबालिग बच्चियों से लेकर बूढ़ी नानियों-दादियों तक फैला हुआ है। इन्हें आम तौर पर नाजायज़ यौन-सम्बन्ध के सन्देह में क़त्ल कर दिया जाता है, इन्हें इलज़ाम की सफाई का मौक़ा भी नहीं दिया जाता है क्योंकि ऐसा करना ग़ैर जरूरी समझा जाता है। मर्द की ग़ैरत के लिए सिर्फ़ इलज़ाम ही काफी होता है और किसी औरत को क़त्ल करने के लिए यह इलज़ाम ही काफ़ी माना जाता है।

ग़ैरत के नाम पर जो क़त्ल होते हैं अगर उनमें सिर्फ़ कारी का क़त्ल हो, जैसा कि बहुधा होता है तो कारो के लिए प्रभावित पुरुष को उनकी ग़ैरत को

पहुँचने वाली क्षति को पूरा करने के लिए तावान अदा करना पड़ता है। यह तावान क़त्ल होने वाली औरत की कीमत और अपनी जान बचाने की ख़ातिर अदा किया जाता है। यह व्यवस्था पैसे वसूलने, तावान (जुर्माना) में औरत हासिल करने या दूसरे अपराध छिपाने के लिए अवसर प्रदान करता है, इसके अलावा क़ातिल को तकरीबन इस बात का भी यकीन होता है कि अगर उसने ग़ैरत के बहाने कोई क़त्ल किया तो अदालत उसके साथ नरमी बरतेगी। इस तरह कबीलों के प्रमुख पुलिस, न्याय-व्यवस्था और कबीला पंचायतों की मिलीभगत से "ग़ैरत के क़त्ल का उद्योग वजूद में आ चुका है। या यह कि ग़ैरत का क़त्ल एक उद्योग का रूप धारण कर चुका है।

इस तरह के मामलों में आर्थिक भ्रष्टाचार भी पुलिस की बेअमली में मददगार साबित होता है। नफीसा शाह, किशमोर के देहातों का ज़िक्र करते हुए कहती हैं कारोकारी के क़त्ल की घटनाओं पर खामोश रहने के लिए पुलिस 7000/- रुपये वसूल करती है। वह कभी मुक़दमों का इन्दराज नहीं करती, चुनांचे हमारे यहाँ ऐसे जरायम की दर शून्य है–जैकबाबाद के थाने पुलिस सर्किल में सोने की ख़ान समझे जाते हैं क्योंकि इस ज़िला में कारोकारी के नाम पर होने वाले क़त्लों की संख्या बहुत ज़्यादा होती है। मोहतात अन्दाज़े के मुताबिक जैकबाबाद में हर माह कारोकारी के 50-60 केसेस होते हैं। ग़ैरत के क़त्ल के इस मुनाफा बख़्श पहलू की वजह से पुलिस इस रिवायत को ख़तम करने में दिलचस्पी नहीं दिखाती।

सूचनाएँ इस तरह की भी मिली हैं कि कई पुरुष किसी दूसरे कारण से किसी पुरुष की हत्या करते हैं, फ़िर अपनी ही किसी रिश्तेदार खातून को कारी आरोपित करके उसे मार डालतें हैं ताकि पहले क़त्ल को ग़ैरत का क़त्ल बताया जा सके। ऐसी घटनाएँ भी सामने आयी हैं, जिनसे मालूम होता है कि तावान का लालच भी कुछ मामलों में सच को बिगाड़ने का काम करता है। घोटकी में एक शख़्स ने अपने भाई की बीवी पर नाजायज़ ताल्लुकात का इलज़ाम लगाकर उस पर हमला कर दिया। मर्द को अपनी बीवी के मासूम होने का यकीन था। वह उसे इलाज़ की गरज़ से कराची ले गया। उसे जब बताया गया कि उसकी बीवी की कमर के नीचे का हिस्सा फालिस का शिकार होकर बेकार हो गया है तो उसने बीवी को कारी घोषित कर दिया और जिस मर्द पर कारो होने का शक था, उसके ख़ानदान से तावान के रूप में एक औरत ले ली।

इस स्थिति ने नाजायज ताल्लुकात का इलज़ाम लगाकर तावान में औरतें हासिल की जा सकती हैं, औरत को एक बहुत बड़ी आज़माइश में डाल दिया है । अगर कोई औरत किसी मर्द से शादी करने से इनकार कर दे तो वह उस औरत के

ख़ानदान के किसी मर्द को कारो करार देकर उसे क़त्ल न करने के बदले उस औरत का मुतालिबा कर सकता है। कभी-कभी वह अपने इलज़ाम को वजन देने के लिए अपने ख़ानदान की किसी औरत को कारी आरोपित करके क़त्ल भी कर देता है।

वो लड़कियाँ और औरतें जो पारम्परिक सिद्धान्तों के विपरीत काम करती हैं या इन परम्पराओं के ख़िलाफ़ हैं, उन्हें हमेशा सजा का ख़ौफ़ होता है। इन औरतों में से शायद ही किसी को बाहर की दुनिया के बारे में कुछ मालूम होता है। वह पब्लिक ट्रांसपोर्ट के बारे में नहीं जानतीं। उनके पास आम तौर पर पैसा भी नहीं होता अगर वह घर से तनहा निकल खड़ी हों तो हमेशा ख़तरों की ज़द में रहती हैं। कारुओं के मुकाबले कारियों का ज़्यादा संख्या में मारा जाना इस बात का संकेत है कि मारी जाने वाली घर से निकल भागने में समर्थ नहीं होती। बहुत-सी औरतें जो मारे जाने से बचने के मकसद से फरार होती हैं, रास्ते में पकड़ी जाती हैं और क़त्ल कर दी जाती हैं।

पुलिस आम तौर पर परम्परा और नैतिकता के संरक्षक की भूमिका निबाहती है या इस रूप में सक्रिय होती है कि कानून का निष्पक्ष पालन न हो सके। बाप अपनी उन बालिग़ बेटियों को, जो अपनी मर्ज़ी से शादियाँ कर लेती हैं, पकड़ने के लिए आम तौर पर पुलिस का इस्तेमाल करते हैं। अदालतों के ऐसे कई फैसलों के बावजूद कि बालिग लड़की को अपने वालिदैन या सरपरस्त की मर्ज़ी के बग़ैर शादी करने का इख़्तियार है, अपनी मर्ज़ी से शादियाँ करने वाली लड़कियों के ख़िलाफ़ इगुवा व बलात्कार के मुकदमे दर्ज़ कराये जाते हैं। ऐसे मामलों में पुलिस ब आसानी तय कर सकती है—ये आपसी मर्ज़ी से की गयी शादी का मामला है लेकिन प्रायः वह ऐसा नहीं करती।

ग़ैरत के नाम पर जो क़त्ल किये जाते हैं उनकी असल तादाद तय कर पाना मुश्किल है। क्योंकि ऐसी बहुत-सी हलाकतें सामने नहीं आ पातीं, कइयों की पुलिस थाने में रिपोर्ट दर्ज़ नहीं होती। एच.आर.सी.पी. ने 2000 ई. में ग़ैरत के नाम पर 1000 हलाकतें रिकॉर्ड की हैं, इसके अलावा सिर्फ़ पंजाब के सूबे में औरतों के ख़िलाफ़ हिंसा की विभिन्न घटनाओं में बलात्कार की कम से कम 700 घटनाएँ हुई हैं और 861 औरतों को क़त्ल किया गया। हुकूमत और एन.जी.ओज. द्वारा एकत्र आँकड़ों में बहुत फ़र्क पाया जाता है। एच. आर. सी. पी. हैदराबाद के दफ़्तर ने रिकॉर्ड किया कि साल 2000 के दौरान सिन्ध में ग़ैरत के नाम पर 280 हत्याएँ हुईं। इसके अलावा 393 हलाकतों में महिलाओं की संख्या 236 थी, दूसरी ओर सिन्ध की पुलिस का दावा है कि इस दौरान ग़ैरत के नाम पर सिर्फ़ 294 क़त्ल हुए, जिनमें औरतों की संख्या—189 है। पुलिस ने दावा किया कि 2001 ई. की पहली चौथाई

में ग़ैरत सम्बन्धी अपराधों में कुल 32 लोग क़त्ल हुए, जिनमें औरतों की संख्या—24 थी। जबकि एच.आर.सी.पी. का कहना है कि इस मुद्दत में 62 महिलाओं समेत कुल 87 व्यक्ति क़त्ल हुए।

मानवाधिकार संगठनों तथा जनसंचार माध्यम का कहना है कि मुल्क में हर रोज़ ग़ैरत के नाम पर कम से कम तीन महिलाओं की हत्या होती है। 'नेशनल कमीशन आन द स्टेटस आफ वीमेन' की चेयर परसन डॉक्टर शाहीन सरदार अली ने जनवरी 2001 में कहा कि सदियों पुरानी इस समस्या यानी औरतों के ख़िलाफ़ हिंसा की जड़ें ग़ैरत और इज़्ज़त से सम्बन्धित उन रस्मों व रिवाजों में पैबस्त हैं, जो ग्रामीण इलाकों, जागीरदार और कबायली ख़ानदानों में रायज है, जब तक लोग औरतों को अपनी मिल्कियत समझना बन्द नहीं करेंगे, यह मसअला ख़त्म नहीं होगा।

यह भी एक आम-सी बात है कि 'खुला' मेहर माफ़ करके तलाक़ माँगने वाली औरत को ग़ैरत के नाम पर क़त्ल कर दिया जाता है। यह रवैया हमारे यहाँ किस हद तक जड़ें जमाये हैं, इसका अन्दाज़ा इस बात से लगाया जा सकता है कि अमरीका 'ओहाइयो' प्रान्त में एक पाकिस्तानी ने अपनी बोवी उसके भाई, वालिद और भांजी को इस जुर्म में क़त्ल कर दिया कि उसने तलाक़ माँगी थी। यह क़त्ल पाक ज़मीन पाकिस्तान के बजाय 'कुफ्रिस्तान' यानी अमरीका में हुआ था, इसलिए उन बेगुनाहों का खून बेकार नहीं गया और क़ातिल को सजाए मौत सुनायी गयी।

औरतें यदि अपने शौहरों और घर वालों के हाथों शदीदजखमी हो जायें तब भी पुलिस उनकी तरफ़ से रिपोर्ट लिखने में आनाकानी करती है और उनको शौहर व घर वालों से सुलह कर लेने की सलाह देती है। कारोकारी के वाकयात में जब शौहर थाने में जाकर किसी लड़की या ख़ानदान की किसी औरत के क़त्ल का जुर्म कबूल करते हैं, तब भी पुलिस उनके ख़िलाफ़ किसी तरह की सरगर्मी दिखाने से गुरेज़ करती है। यह निष्क्रियता कई बार 'परम्परा' के प्रति पुलिस के मोह को ज़ाहिर है।

— 1995 एच. आर. सी. पी. की सालाना रिपोर्ट के मुताबिक इस साल के दौरान सुप्रीम कोर्ट की अमील सुनने वाली एक बेंच ने एक मुकदमे का फ़ैसला सुनाते हुए यह राय दी कि शरीअत के अनुसार बीवी और बच्चों के कातिल को सजाये मौत नहीं दी जा सकती, चुनांचे झकड़पुर का मोहम्मद अकरम जो अपनी बीवी अजरा परवीन, तीन बालिग़ बेटियों और एक साल के बेटे का क़ातिल था, अदालत ने उसकी फाँसी दिये जाने की सजा को 16 साल के कैद में बदल दिया।

— औरतों का सार्वजनिक अपमान, उन्हें नंगा करके, उनके रिश्तेदारों, मुहल्लेदारों,

गलियों और बाज़ारों में फिराना एक ऐसा हौलनाक जुर्म है जो पंजाब के देहातों में आम होता जा रहा है। इनमें से बेश्तर घटनाओं के समाचार नेशनल अख़बारों में नहीं छपते। इस तरह मजलूमों की फरियाद मुकामी दायरे में क़ैद रहती है, इस तरह कौमी सतह पर गूँजकर इंसाफ़ की जो उम्मीद होती है उसकी उम्मीदें भी ख़त्म हो जाती हैं। इस तरह के जरायम अमूमन इलाक़े के चौधरी ज़मींदार और सरदार या उनकी सरपरस्ती में पहने वाले जरायम पेशा अफ़राद करते हैं। उन्हें इलाक़े की पुलिस भी हासिल रहती है। ऐसे में मजलूम लड़कियों और औरतों के लिए उनके दर्द की दवा एक ख़्वाब रहती है। पंजाब में ये घटनाएँ सिर्फ़ देहातों में ही नहीं, लाहौर, ओकाड़ा अंग, शेखपुरा, सांगला हिल, कसूर कादिरपुर, मुलतान जैसे शहरों में भी हुए हैं। औरतों की सरेआम रुसवाई की ये घटनाएँ जाती (निजी) इन्तेक़ाम, दुश्मन कबीले की जलील करने या सियासी मतभेद की वजह से होते हैं और पुलिस तमाशाई बनी रहती है। एच.आर.सी.पी. की सालाना रिपोर्टों के मुताबिक पंजाब में 1993 के दौरान ऐसी 48 घटनाएँ, 1994 में 96 और 1995 में 28 घटित हुईं।

दुनिया भर में पुलिस अवाम द्वारा जमा किये गये प्रत्यक्ष और अप्रत्यक्ष टैक्सों से पगार पाती हैं और क़ानून लागू करने का सबसे अहम और प्रभावशालो जरिया समझी जाती हैं। जबकि पाकिस्तान में पुलिस गरीब व कमज़ोर तबकों के लिए किसी अभिशाप से कम नहीं, जबकि पाकिस्तानी औरत के लिए पुलिस अल्लाह के अजाब की हैसियत रखती है। किसी भी इलज़ाम में थाने पहुँचने वाली औरत का पुलिस वालों की यौन लिप्सा से महफ़ूज़ रहना किसी चमत्कार से कम नहीं समझा जाता है। ख़ास तौर पर ग़रीब और बेचारों मददगार औरतों का वहाँ कोई पुरसाने हाल नहीं होता। साधन सम्पन्न घराने की वो लड़कियाँ जिन्हें पुलिस बड़े शहरों के किसी तफरीहगाह से उठाती है, उनके साथी लड़कों से मोटी रकम वसूल की जाती है और लड़कियों से देह का उपहार। हुदूद आर्डीनेन्स के तहत मुकदमे के इन्दराज की धमकी और बदनामी का ख़्याल न सिर्फ़ उनमें से बेश्तर लड़कियाँ बल्कि उनके घर वालों को भी इस बेइज़्ज़ती ज़लालत के खिलाफ़ जबान बन्द रखने को मज़बूर करता है। पुलिस की इस कारगुजारी के आँकड़े एच.आर.सी.पी. के पास भी सुरक्षित नहीं क्योंकि पुलिस कस्टडी में शारीरिक हिंसा का मुकदमा न तो दर्ज़ होता है और न दर्ज़ करवाया जाता है।

औरतों का व्यापार पाकिस्तान में एक बहुत नफ़ा बख़्श कारोबार बन चुका है। इस कारोबार में बांग्लादेशी, अफगानी और बर्मी औरतों की बिक्री सबसे ज़्यादा होती है। एच.आर.सी.पी. के मुताबिक कराची में ग़ैर मुल्की औरतों का बाकायदा

कारोबार होता है, जिनमें से ज़्यादातर लड़कियाँ बर्मा और बांग्लादेश से लायी जाती हैं। प्रतिदिन तक़रीबन 100 से 150 औरतें ख़रीदी व बेची जाती हैं। कराची में बांग्लादेशी औरतों की संख्या का अनुमान तक़रीबन दो लाख और बर्मी औरतों का तीस हज़ार लगाया जाता है। ये औरतें अमूमन घरों में काम करती हैं। होटलों-चकलाघरों में रखी जाती हैं। कीमत उम्र और शक्लोसूरत के हिसाब से होती है।

यह घिनौना कारोबार करने वालों से पुलिस भी दस हज़ार रुपये फ़ी औरत के हिसाब से अपना हिस्सा वसूल करती है। ग्राहक की मंशा व मर्जी के मुताबिक खरीदी गयी औरत को मुल्क के किसी भी हिस्से में पहुँचाने की ज़िम्मेदारी औरत बेचने वाले की होती है।

औरतों के ख़िलाफ़ घरेलू हिंसा का बदतरीन तरीक़ा उन्हें ज़िन्दा जलाकर मार देना है। कल्पना न किये जा सकने वाले इस अपराध में शौहर, देवर, सास, ससुर और ननदें शामिल होती हैं। नयी ब्याही दुल्हनों को यह सज़ा दहेज कम लाने, बेटा न पैदा करने और दीगर औरतों को किसी नाफरमानी के जुर्म में दी जाती है। नयी शादी करने की ख़्वाहिश रखने वाले लोगों के लिए भी यह आसान नुस्खा है कि जिसे अमल में लाके नाननुफक़ा के खर्च से बच जाते हैं। यह क़त्ल का वह तरीका है जिसे दुर्घटना कहकर जान छुड़ा ली जाती है। 90 प्रतिशत घटनाओं में पुलिस भी अपना हिस्सा लेकर इस तरह की भयानक हत्याओं को दुर्घटना में बदल देती है। एच.आर.सी.पी. की रिपोर्ट के अनुसार 1999 ई. के दौरान पंजाब में ब्याही औरतों को जलाने की 280 से ज़्यादा घटनाएँ सामने आयीं, जिनमें से किसी एक घटना के अपराधी भी गिरफ़्तार नहीं हुए। 2002 ई. में औरतों को ज़िन्दा जलाने की घटनाओं में 20 प्रतिशत की बढ़ोतरी हो चुकी थी।

— पाकिस्तान आज भी सामन्ती व कबायली परम्पराओं के चंगुल में जकड़ा हुआ है। इस स्थिति में स्त्री को जानदार वस्तु की हैसियत में बदल दिया है। पाकिस्तानी औरत की असल हैसियत को समझना है तो कबायली कहावत को याद रखना चाहिए जिसके मुताबिक उसका मुकाम 'कोरिया ग़ैर' यानी घरेलू क़ब्र है।

ये क़त्ल कितनी मामूली बातों पर होते हैं, इसका अन्दाज़ा नीचे दी गयी घटनाओं से लगाया जा सकता है—

— 12 मई 2000 को डिस्का में एक शख़्स ने अपनी बहन को इस वज़ह से गोली मारकर हलाक़ कर दिया क्योंकि उसने उसके कपड़ों पर प्रेस करने से मना कर दिया था।

— 19 मार्च, 2000 को वक़्त पर नाश्ता न देने पर धड़की में अब्दुल गनशर ने

अपनी बीवी साजिद परवीन को गोली मार कर हलाक़ कर दिया, उनकी शादी को तीन माह हुए थे।

– सिन्ध प्रान्त के ज़िला खैरपुर में 13 मई, 2000 को वक़्त पर खाना न देने पर हनीफ जट ने अपनी बीवी सुगरा का सर कलम कर दिया।
– एच.आर.सी.पी. को 1999 ई. की सालाना रिपोर्ट में बताया गया कि सीमा प्रान्त के कबायली इलाकों में 'वलूर' किसी भी लड़की की मुकर्रर की जाने वाली वह क़ीमत थी जिसे अदा करके कोई भी मर्द उसे अपने साथ ले जा सकता है। पिछले कुछ सालों से लड़की की अब पेशगी कोई भी कीमत मुकर्रर नहीं की जाती। अब उसकी बोली लगायी जाती है। सबसे ज़्यादा क़ीमत लगाने वाला लड़की का मालिक बन जाता है। सिन्ध में 'वलूर' की जगह 'वीकरो' का लफ़्ज़ इस्तेमाल किया जाता है। पंजाब में ऐसी कोई रस्म नहीं है लेकिन कुछ तबकों में दुल्हन की खरीदो-फरोख़्त (क्रय-विक्रय) आम है। परिवार का ग़रीब होना इस परम्परा का मूल कारण माना जा सकता है। लड़कियों के विवाद के निबटारे के लिए भी इसे इस्तेमाल किया जाता रहा है। इसे 'सवारा' कहा जाता है। अगर कोई कबीला किसी बात से परेशान होकर या वह किसी झगड़े को तूल नहीं देना चाहता, अमन की अपील करता है, तो जुर्माने या समझौते के तौर पर एक लड़की पेश करता है। सिन्ध में अगर लड़की की उम्र सात बरस से कम है तो आम तौर पर दो लड़कियाँ पेश की जाती हैं और अगर लड़की की उम्र सात साल से ज़्यादा हो तो एक।

सिन्ध व पंजाब के ज़मींदार और जागीरदार अपनी लड़कियों की ख़ानदान से बाहर शादी नहीं करते ताकि वह ख़ानदानी जायदाद को बँटने से बचा सके। अगर [illegible] का बेटा मौजूद न हो तो उसके पैदा होने का इन्तिज़ार करते हैं। इस तरह 15 से 20 साल के उम्र की लड़की अपने होने वाले शौहर की परवरिश में हाथ बँटाती है। बहुत से मामलों में यह भी देखने में आया है कि लड़की की पैदाइश से पहले ही उसकी शादी तय (मँगनी) कर दी गयी। इस रस्म को 'मीठी' कहते हैं। बेजोड़ होने या कोई और विवाद की सूरत में बहुत खराब स्थिति का सामना भी लड़की को ही करना पड़ता है। लड़का किसी वक़्त भी दूसरी शादी कर सकता है। कई बार तो लड़की को किसी मर्द से शादी ही नहीं करने दी गयी, उसकी जगह उसकी शादी 'कुरआन' से कर दी गयी। इस रस्म को 'हके बख़्शवाई' कहते हैं। वह व्यावहारिक रूप से कुँआरी ही ख़त्म हो जाती है। इस तरह ख़ानदानी ज़मीन के एक टुकड़े को तकसीम होने से बचा लिया जाता है।

पंजाब व दीगर कई इलाक़ों में 'बटा-सटा' की रस्म आम बन चुकी है। इस

रस्म के तहत बच्चों के एक जोड़े का उसी तरह के एक दूसरे जोड़े के साथ रिश्ता तय कर दिया जाता है। इस तरह के रिश्ते के दो फ़ायदे होते हैं। एक तो सम्बन्धित जायदादें बँटवारे से बच जाती हैं और अधीनस्थ बहू या बीवी दूसरे घर में बेटी (या बहन) के हक़ में, उस स्थिति में जब उसके साथ कोई ज़्यादती हो रही हो, बतौर तावान इस्तेमाल की जाती है। इस सिस्टम में भी ज़्यादा नुकसान लड़कियों का ही होता है। इस तरह के रिश्तों का बुनियादी समानता या सामंजस्य पर नहीं बल्कि अदला-बदली के जोड़ों की उपलब्धि पर होती है। फिर परस्पर सहमति से रिश्तों को चलाने वाले परिवार में बाहरी हस्तक्षेप आ मौजूद होता है। देखने में आया है कि अगर कोई एक जोड़ा किसी शदीद झगड़े पर उससे ग़ैर ज़रूरी तौर पर मुतास्सिर (प्रभावित) हुए बिना नहीं रहता। अकसर इसके भयानक नतीज़े निकले हैं।

कानूनी मनाही के बावजूद कई दूसरी परम्पराओं पर भी अमल होता है। पाकिस्तान के संविधान में गुलामी पर पाबन्दी है। पेशावर हाई कोर्ट ने भी नवम्बर, 2000 में 'सुवारा' की रस्म को ग़ैर क़ानूनी करार दिया था लेकिन इसके बावजूद कर्ज़ और दूसरे विवादों के निबटारे में लड़कियों-औरतों का लेन-देन किया जाता है। सन् 2000 में सकखर की एक छः साला लड़की असमा के वालिदैन (माँ-बाप) उसकी शादी 60 वर्ष के बूढ़े से कर दी क्योंकि वो उस बूढ़े के कर्ज़दार थे और कर्ज़ अदा नहीं कर सकते थे। अख़बारी समाचार के अनुसार बूढ़े मर्द ने बच्ची के साथ रात गुज़ारी और बलात्कार किया। छोटी बच्ची गहरी तकलीफ़ से रात भर छटपटाती रही, रोती रही। जून 2001 में सिन्ध प्रान्त के ज़िला ठठ में जतोई क़स्बे में एक जरगे ने कबीले के मुख्तलिफ लोगों के दरम्यान एक नौ माह पुराने विवाद पर फ़ैसला दिया। हनीफ़ जतोई और उसके भाई नूर मोहम्मद जतोई ने मोहम्मद जुम्मन जतोई का क़त्ल किया था। जरगे ने दो छोटी लड़कियों को तावान में देने का हुक्म दिया। दोनों भाइयों ने मोहम्मद जुम्मन के पालतू कुत्ते के उन पर भौंकने से गुस्से में आकर उसे क़त्ल कर दिया था। मुलज़िम हनीफ़ जतोई की ग्यारह साल की बेटी की शादी मकतुल मोहम्मद जुम्मन जतोई के 46 साला बाप से करायी गयी। जबकि नूर मोहम्मद जतोई की 6 साल की बेटी की शादी मकतूल के 8 साला छोटे भाई से करायी गयी। तावान के समझौते को दोनों पक्षों ने स्वीकार किया। लड़कियों से उनकी मर्ज़ी नहीं मालूम की गयी। इस समझौते या फ़ैसले की ख़बरें पाकिस्तान के अख़बारों में प्रकाशित हुईं लेकिन क़ानून तोड़ने के ख़िलाफ़ दोषियों पर कोई कार्रवाई या बच्चियों को बचाने के मकसद से प्रशासन की ओर से कोई दिलचस्पी नहीं दिखायी गयी।

पाकिस्तान के ग्रामीण व कबायली इलाकों में आज भी औरतों के लिए इलेक्शन में खड़ा होना तो दूर की बात है, उन्हें वोट डालने की इज़ाज़त भी नहीं दी

जाती। मार्च 2001 में होने वाले चुनाव में औरतों के उम्मीदवार बनने या वोट डालने से रोकने के लिए मुकामी बुजुर्गों व मज़हबी रहनुमाओं ने धमकियाँ दीं कि चुनाव में हिस्सा लेने वाली औरतों को बदतरीन नतीजों का सामना करना पड़ेगा। न वह उनका निकाह पढ़ायेंगे न नमाज़े जनाज़ा। यहाँ तक कि एक औरत जो उम्मीदवार बनना चाहती थी, उसे कत्ल कर दिया गया। दिलचस्प बात यह है कि इन इलाक़ों में प्रमुख सियासी पार्टियों मसलन मुस्लिम लीग, प्युपिल्स पार्टी और ए.एन.पी. ने भी औरतों के वोट न डालने देने के फ़ैसले का समर्थन किया। इस बारे में मुकामी प्रशासन का रवैया पूरी तरह पक्षपातपूर्ण था। उन्होंने औरतों के चुनावों में हिस्सा लेने की इच्छुक महिलाओं की कोई मदद नहीं की। न उन्हें किसी क़िस्म की सुरक्षा प्रदान की। 2002 ई. में भी उत्तरी इलाकों में यही सूरते हाल रही।

औरतों के लिए काम करने वाली एन.ज़ी. ओज. की कार्यकर्त्ता महिलाओं को ग्रामीण इलाकों, ख़ास तौर पर सीमान्त क्षेत्र में गम्भीर ख़तरों का सामना है! 'तहरीके निफाजे शरीअते मुहम्मदी' के प्रमुखों ने मालाकुण्ड में अपने मुरीदों को यह हुक्म तक दिया कि अगर उन्हें एन.जी.ओ. में काम करने वाली कोई लड़की या औरत मिल जाये तो उसे पकड़कर घर लें जायें और उससे निकाह कर लें ताकि वह बाकी ज़िन्दगी घर की चहारदीवारों में गुज़ारे।

घरेलू हिंसा पाकिस्तान में आम बात है। इसकी एक बड़ी वजह औरतों को अपनी मिल्कियत समझने की उनकी सामन्ती सोच है। जिसके तहत वह चाहते हैं कि औरतें उनके इशारों पर नाचें और बेचूचरां उनकी इच्छाओं व ज़रूरतों की तामील करें।

1998 में पंजाब यूनिवर्सिटी के छात्रों की एक टीम ने एच.आर.सी.पी. की मदद से घरेलू हिंसा का अध्ययन किया। 1500 महिलाओं का इण्टरव्यू किया गया। पंजाब के पाँच ज़िलों लाहौर, गुजरानवाला, सरगोधा, मुल्तान, और डेरा गाज़ीख़ान, हर ज़िला से तीन-तीन सौ महिलाओं से सवालात पूछे गये, शहरी और देहाती औरतों की संख्या बराबर रखी गयी थी। कुल संख्या-का 46 प्रतिशत अनपढ़ थीं। सिर्फ़ 17 प्रतिशत ने ग्रेजुएशन या इससे ज़्यादा तालीम हासिल की थी, इनमें से 25 प्रतिशत के ख़ानदान अनपढ़ थे। 29 प्रतिशत लड़कियाँ ग्रेजुएशन तक पहुँचते-पहुँचते पढ़ाई छोड़ चुकी थीं। इन्टरव्यू की जाने वाली ख़्वातीन में 30 प्रतिशत की शादी को 3 से 7 साल का अर्सा गुजर चुका था, 25 प्रतिशत की शादी को 8 से 12 साल, 13 प्रतिशत की शादी को 13 से 17 साल और 13 प्रतिशत की शादी को 18 से 22 साल और बाकी औरतों की शादी को 22 साल से ज़्यादा का अर्सा गुज़र चुका था।

इनमें ज़्यादातर (94 प्रतिशत) शादियों का बन्दोबस्त ख़ानदान वालों ने किया

था। इण्टरव्यू की जाने वाली महिलाओं में अधिकांश 76 प्रतिशत घरेलू ख्वातीन थीं।

इस अध्ययन के कुछ नतीजे इस प्रकार हैं–

(1) 84 प्रतिशत औरतों ने घरेलू विवादों की उपस्थिति का ज़िक्र किया। मियाँ-बीवी की शिक्षा के तमाम स्तरों पर यह उपस्थिति समान थी। जिन पति-पत्नी की शिक्षा पोस्ट ग्रेजुएट तक या जिन्होंने प्रोफेशन शिक्षा प्राप्त कर रखी थी, उनके यहाँ इस दर में थोड़ी कमी थी।

(2) सबसे ज़्यादा यानी 18 प्रतिशत ने रोज़ाना झगड़ों का ज़िक्र किया। तक़रीबन इतनी ही महिलाओं, 17 प्रतिशत ने कहा कि यह साप्ताहिक घटना है। 31 प्रतिशत ने बताया कि उनके यहाँ महीने में एक-दो बार झगड़ा होता है।

(3) ज़्यादातर घटनाओं में यानी 58 प्रतिशत, तनाव पति की ओर से लानत मलामत करने या सख़्त रवैया इख़्तियार करने से होता है। 50 प्रतिशत घटनाओं में वह गाली-गलौज पर उतर आता है, 27 प्रतिशत ने कहा कि विवाद में पति मारपीट पर भी उतर आते हैं। 13 प्रतिशत पत्नियों ने बताया कि उन्हें बात-बात पर तलाक़ की धमकी भी दी जाती है।

(4) इन महिलाओं में से 45 प्रतिशत ने बताया कि वह ख़ाबिन्द की तरफ से हिंसा को ख़ामोशी से बर्दाश्त कर लेती हैं। 43 प्रतिशत ने कहा कि अपने सामर्थ्य पर प्रतिरोध भी करती हैं। 11 प्रतिशत का कहना था कि वो मार-पीट से वक्तिया छुटकारा पाने के लिए या विरोध स्वरूप अपने माँ-बाप के घर चली जाती हैं। सिर्फ़ एक प्रतिशत ने कहा कि वो ऐसे मौक़ों पर तलाक़ के बारे में भी सोचती हैं।

(5) बेश्तर घटनाओं में ससुराल वाले पति की तरफ़ होते हैं। 53 प्रतिशत ससुरों और उसकी तुलना में 35 प्रतिशत सासों का रवैया किसी हद तक हमदर्दी भरा बताया गया।

(6) बेश्तर विवादों (58 प्रतिशत) का कारण पत्नी का घर के काम-काज में कोताही या कोताही का आरोप बताया गया। 32 प्रतिशत घटनाओं के पीछे आर्थिक परेशानियों को घरेलू झगड़े की वजह बताया गया, विवाद पैदा करने वाले दूसरे कारणों में घरेलू मसायल 20 प्रतिशत, वालिदैन, दोस्तों व रिश्तेदारों से मुलाकातें 32 प्रतिशत का उल्लेख भी हुआ।

(7) ससुराल वालों के साथ विवादों में पति के साथ विवादों की अपेक्षा जिनका आकार काफी बड़ा था, प्रमुख कारण था पत्नी के प्रति पति का रवैया। इन विवादों में 46 प्रतिशत पति आम तौर पर तटस्थ बने रहते हैं, 31 प्रतिशत पति अपने घर वालों की तरफ़ होते हैं, केवल 18 प्रतिशत पति पत्नी की

तरफ़दारी करते हैं।

(8) इण्टरव्यू की जाने वाली ज़्यादातर औरतों-लड़कियों ने बड़ी हद तक शादी के सिलसिले में अपने अधिकारों के प्रति लाइल्मी ज़ाहिर की।

1. तकरीबन इनमें से आधी संख्या ने अपने निकाहनामे को देखा तक नहीं था।
2. आम तौर पर 'हके मेहर' की रकम पति के ख़ानदान वालों की तरफ़ से शरअ के मुताबिक सिर्फ़ 32 रु. खिलवायी गयी।
3. 55 प्रतिशत औरतों को 'हके खुला' (औरत की तरफ़ से तलाक़ देने के हक़ के बारे में कुछ मालूम नहीं था) 75 प्रतिशत ख़्वातीन को इस बात की भी जानकारी नहीं थी कि शादी के वक़्त वह या उनके ख़ानदान वाले, निकाहनामे में तलाक़ देने का हक़ बीवी को भी देने का सूत्र जुड़वा सकते थे। 22 फीसदी को इसकी जानकारी थी लेकिन उन्होंने इसका लाभ नहीं उठाया। सिर्फ़ तीन प्रतिशत लड़कियों ने निकाहनामे में इसे जुड़वाया।
4. 44 प्रतिशत बीवियाँ, तलाक़ की स्थिति में, बच्चों के अधिकरण के बारे में अपने हक़ों के सिलसिले में कोई जानकारी नहीं रखती थीं।
5. इन्टरव्यू की जाने वाली औरतों में ज़्यादातर अपनी विरासत के सम्बन्ध में कोई मालूमात नहीं रखती थीं। 49 प्रतिशत को यह भी नहीं मालूम था कि पति की जायदाद में उनका कितना हिस्सा है जबकि 42 प्रतिशत औरतें इस बात से लाइल्म थीं कि पिता की जायदाद में उनका कितना हिस्सा होता है।

औरतों के ख़िलाफ़ हिंसा की सतह जिसमें ज़िस्मानी व जेहनी ज़्यादतियाँ, बलात्कार, तेज़ाब फेंकना, जलाना और क़त्ल करना शामिल है, लगातार बुलन्द हो रही है। इस हिंसा के एकदम दुरुस्त आँकड़े उपलब्ध नहीं हैं। विभिन्न रिपोर्टों के आधार पर विभिन्न संगठन अलग-अलग आँकड़े पेश करते हैं। एच.आर.सी.पी. की सालाना रिपोर्ट का सार है–

'मानवाधिकार संगठनों' ग्रुपों द्वारा जारी निष्कर्षों से पता चलता है कि हर दूसरी पाकिस्तानी औरत प्रत्यक्ष या अप्रत्यक्ष घरेलू हिंसा का शिकार हो चुकी हैं। इस सिलसिले में एमनेस्टी इन्टरनेशनल की एकदम ताज़ा रिपोर्ट 'हिंसा के ख़ात्मे के लिए आगे बढ़िये' भी ख़ासा महत्त्व रखती है। इसमें औरतों पर होने वाली हर प्रकार की हिंसा की विस्तार से जानकारी दी गयी है।

मानवाधिकार की उप संस्था "वकील बराये इंसानी हुकूक व क़ानूनी 'इम्दाद' ने सन् 2000 में अकेले कराची में स्त्रियों के साथ अप्राकृतिक मैथुन की 736 घटनाओं, यौन-उत्पीड़न के कम से कम 600 केस, बलात्कार के प्रयास की 400 घटनाओं, दोनों लिंगों के बच्चों से दुष्कर्म की 490, लड़कियों से बलात्कार की 190,

महिला आत्म-हत्या की 540 व 482 औरतों के अपहरण और 160 को जलाकर हलाक़ कर दिये जाने की घटनाओं को रिकॉर्ड किया है।" पाकिस्तान इंस्टीट्यूट आफ मेडिकल साइंसेज (PIMS) के अनुसार 90 प्रतिशत से ज़्यादा विवाहित स्त्रियों की शिकायत होती है कि अगर उनके शौहर उनके पकाये ख़ानों या सफाई से सन्तुष्ट न हों या औरतें बच्चा पैदा करने में नाकाम हो जायें, या उनकी इच्छा के लिंग वाला बच्चा यानी बेटा न पैदा करे, तो उनको लातें मारी जाती हैं, पिटाई की जाती है, या उनकी देह को अपमानित किया जाता है। 'संगत बराये तरक्क़ी कम्युनिटी सेहत, तालीमोतदरीस' (SACHET) का कहना है कि पाकिस्तान में प्रतिदिन एक औरत का क़त्ल होता है और कम से कम एक इगुवा कर ली जाती है। इनका कहना है कि सन् 2001 के प्रथम 70 दिन में मुल्क में इस तरह की हिंसा की 263 घटनाएँ रिपोर्ट हुई थीं।

पिछले सालों से पाकिस्तान में बलात्कार की दर में लगातार इज़ाफ़ा हो रहा है। एच.आर.सी.पी. के मुताबिक मुल्क में हर तीन घण्टे में कहीं न कहीं एक औरत बलात्कार का शिकार होती है, एच.आर.सी.पी. का .ख्याल है कि यह गिनती बहुत कम है क्योंकि ज़्यादतियों की अकसर घटनाओं की करीबी-खूनी रिश्तेदारों से यौन सम्बन्धों और पत्नियों से जबरन सम्भोग की घटनाओं की रिपोर्ट नहीं की जाती। दरअसल इस कृत्य को कभी बुरा या ग़लत समझा ही नहीं जाता, एच.आर.सी.पी. के अनुमान पर भरोसा करें तो पाकिस्तान में प्रतिदिन कम से कम आठ महिलाओं के साथ बलात्कार होता है। जिनमें पाँच की उम्र 18 वर्ष से कम होती है। दो तिहाई से ज़्यादा औरतें सामूहिक बलात्कार का निशाना बनती हैं।

यह बात भले कितनी ही नाकाबिले यकीन हो लेकिन जैसा कि पहले भी ज़िक्र आया है कि देहाती व कबायली इलाक़ों की पंचायतें व जरगे औरतों पर कैसे भयानक मजालिम करते हैं। पिछले चन्द महीनों में ऐसे वाक़आत सामने आये हैं, जब किसी जरगे ने एक ख़ानदान के साथ 'इंसाफ' करने के लिए उसके मर्दों को इस बात का 'हक़' दिया कि वे दूसरे ख़ानदान की किसी भी औरत या लड़की के साथ सामूहिक बलात्कार करें? यह फैसला सिर्फ़ सुनाया ही नहीं गया बल्कि जरगे ने अपनी निगरानी में इस सज़ा को तकमील तक पहुँचाया। याद रहे कि ऐसे जरगों में फैसला सुनाने वाले तक़रीबन तमाम लोग गाँव की मस्जिदों में पाँचों वक़्त की नमाज़ अदा करते हैं, रमज़ान के तीस रोज़े रखते हैं। इनमें से कुछ को उमरे व हज का श्रेय भी प्राप्त है। इस्लाम के नाम पर कट मरने का ऐलान करते रहते हैं और ऐसे फैसले सुनाते हैं, इस्लाम आने से पहले भी जिनकी मिसाल नहीं मिलती। इस तरह की घटनाएँ पहले भी होती थीं, लेकिन अब चूँकि अख़बारात व टेलीविजन के

निजी चैनलों का दायरा बहुत दूर तक फैल गया है, इसलिए इस तरह की दर्दनाक त्रासद घटनाओं में से कुछ सार्वजनिक होने लगी हैं। इन भयानक अपराधों को अंजाम देने वाले कानून को अपने हाथ में लेने वाले इन मुज़रिमों को अब भी बहुत कम सज़ा मिलती है। इस बारे में सामाजिक संस्थाओं-संगठनों, अख़बारों और ग़ैर सरकारी (N.G.O.) ग्रुपों के विरोध तथा उनके पक्ष के प्रकाशन-प्रसारण को इलाक़े के सरदार, जरगों के प्रमुख, चौधरी अपनी तौहीन समझते हैं।

पाकिस्तान में 'जरये' के रूप में कबायली (कबीलाई) न्याय व्यवस्था तेज़ी से फल-फूल रही है। इसने कितनी गम्भीर सूरत इख़्तियार कर ली है, इसका अन्दाज़ा इस बात से लगाया जा सकता है कि एमनेस्टी इण्टरनेशनल ने 'पाकिस्तानी क़बायली निज़ामे इंसाफ' के नाम से 36 पृष्ठों पर आधारित एक रिपोर्ट प्रकाशित की है। जिसके मुताबिक इस घोषणा के बावजूद कि 'जरगों' के जरिये स्त्री अधिकार के उल्लंघन को बर्दाश्त नहीं किया जायेगा। इस तरह के समाचार मिले हैं कि सरकारी कारिन्दे, लोकल बाडीज़ के सरबराह और सियासी पार्टियों के नेता इन जरगों की हिमायत करते हैं, उनसे आँख चुराते हैं या उनके साथ होते हैं। सरकारी क्षेत्रों तक एक स्थायी दोहरापन मौजूद है। सूचनाओं के अनुसार फरवरी, 2001 में सिन्ध के गवर्नर ने लाड़काना के दौरे के अवसर पर यह विचार प्रकट किया कि 'जरगों' कोई बुरी चीज़ नहीं है। इसी तरह केन्द्रीय कानून मन्त्री खालिद राँझा ने जुलाई 2002 में एमनेस्टी इन्टरनेशनल के एक प्रतिनिधिमण्डल से वार्ता करते हुए ख़्याल ज़ाहिर किया कि पुराने 'झगड़े' को निपटाने के लिए औरतों के जरगे के हुक्म पर किसी कबीले के हवाले करने का एक ग़ैर इंसानी पहलू है लेकिन इस सामाजिक रस्म के कुछ अच्छे पहलू भी हैं। इस तरह एक अकेली ज़िन्दगी की कीमत पर ज़्यादा संख्या में होने वाली हलाक़तों को रोका जा सकता है, मुखालिफ कबीले में जबरी शादी के नतीजे में अगरचे ऐसी औरतों को पहले साल के दौरान यकीनन तकलीफ़ होती होगी। लेकिन पहले बच्चे की पैदाइश के बाद बुरे सुलूक का ख़ात्मा हो जायेगा।'

ये वजीरे कानून की अल्फ़ाज़ है। इससे अन्दाज़ा लगाया जा सकता है कि मज़लूम औरतों के लिए अपनी मुसीबतों का हल हासिल कर पाना तकरीबन नामुमकिन या कम से कम निहायत मुश्किल तो है ही।

ये क़बायली जरगे पाकिस्तानी औरत को जिस ग़ैर इंसानी सूरतेहाल में धकेल रहे हैं, उसकी एक मिसाल 22 जुलाई, 2002 की वह घटना है जो पंजाब के ज़िला मुजफ्फरगढ़ के गाँव मीर वाला में घटित हुई।

इस घटना में जरगे ने गुज्जर कबीले की 'मुख़्तारा बीवी' को मस्तूई कबीले

के चार मर्दों के सिपुर्द कर दिया। मुख़्तारा बीवी के नाबालिग़ भाई के साथ मस्तूई कबीले के कुछ लोगों ने अप्राकृतिक कर्म किया था जिस पर मोटा पर्दा डालने की गरज से मस्तूई कबीले वालों ने उस नाबालिग लड़के पर मस्तूई कबीले की एक औरत के साथ नाजायज़ सम्बन्धों का इल्ज़ाम लगाया, इंतिकाम और ग़ैरत की बहाली के लिए जरगा बैठा और इस जरगे के फैसले के बाद चार मर्दों ने मुख़्तारा बीवी के साथ सामूहिक बलात्कार किया। इन चार लोगों में जरगे का भी एक आदमी शामिल था। सामूहिक बलात्कार का यह अमानवीय कृत्य पास की एक झोंपड़ी में किया गया। सूचनाओं के अनुसार मस्तूई कबीले के लोग उस झोंपड़ी के बाहर जमा होकर जश्न मना रहे थे, यह भी पता चला है कि सामूहिक बलात्कार की शिकार औरत को सैकड़ों देखने वालों के सम्मुख नंगा चलने पर मज़बूर किया गया।

कबायली जरगों या प्रान्तीय क्षेत्रीय कानून के जरिये विवाद निपटाने के लिए सोची-समझी हत्या के तावान के एक भाग के रूप में औरतों की हवालगी के मामलों में महिलाओं की स्थिति बँधुआ मज़दूरों जैसी होती है। जबकि पाकिस्तानी संविधान की धारा-11 में बँधुआ मज़दूरी या दास प्रथा पर पाबन्दी लगी हुई है। संविधान कहता है–"गुलामी ख़त्म हो चुकी है और ममनूअ (निषिद्ध) करार दी जाती है, और पाकिस्तान में किसी भी कानून के तहत उसकी किसी शक्ल में न इजाज़त दी जायेगी और न इसके रिवाज़ को बर्दाश्त किया जायेगा।"

बावजूद इसके दूरदराज के इलाकों में रहने वाली पाकिस्तानी औरतें आज भी कबायली न्याय व्यवस्था के अन्तर्गत ग़ुलामी से दो-चार हैं और राज्य उन्हें इस अजाब से बचाने को तैयार नहीं।

आज से नहीं लम्बे समय से औरतें बड़ी संख्या में गैस सिलिन्डरों या चूल्हों के फटने की वजह से यातना भरी मौत का शिकार हो रही हैं। ख़ाना पकाते वक़्त कपड़ों में आग लगने से हुई मौतों की ख़बरें भी छपती रहती हैं लेकिन क्या सचमुच इन मजलूम औरतों की मौत गैस सिलिन्डर फटने या असावधानीवश कपड़ों में आग लगने की वजह से होती है? सूबा-ए-पंजाब में सन् 2000 के पहले तीन महीनों में कम से कम 18 औरतें इस तरह की मौतों का शिकार हुईं। पुलिस थाने में केवल छः हलाकतों की रिपोर्ट दर्ज़ करायी गयी । एच.आर.सी.पी का अनुमान है कि इस तरह की मौतों में 20 प्रतिशत नामजद मुलज़िमों की ही गिरफ़्तारियाँ हो पाती हैं। इन मुक़दमों में अभियुक्त बनाये गये ज़्यादातर लोग जल्दी ही रिहा हो जाते हैं। जलने की घटनाओं में लोग घर वालों को मुलजिम बनाने से परहेज करते हैं। जिसकी वजह से फौज़दारी मुकदमे चलाने का अमल ज़्यादा देर तक जारी नहीं रह पाता।

घरों के अन्दर जिन औरतों का क़त्ल किया जाता है उनमें से ज़्यादातर के

ज़िस्म पर मिट्टी का तेल छिड़ककर आग लगा दी जाती है। वीर पुरुषों की ओर से औरतों पर तेज़ाब फेंकने की घटनाएँ बढ़ रही हैं। तेज़ाब के जख़्मों से महिलाएँ आम तौर पर हलाक़ नहीं होतीं, लेकिन उनके चेहरे और बदन बदनुमा हो जाते हैं। वो गहरी यातना में लिप्त रहती हैं। उनका आत्मविश्वास खण्डित हो जाता है, ज़िन्दगी की उमंग ख़त्म हो जाती है और उनकी सामाजिक सक्रियता बुरी तरह प्रभावित होती है।

बीते सालों में औरतों और लड़कियों के आत्महत्या करने की दर भी वही है। इन आँकड़ों में उस घरेलू यातना और हिंसा की दर्दनाक दास्तान पोशीदा है जो अन्ततः कुछ लड़कियों और औरतों के लिए नाक़ाबिले बर्दाश्त हो जाती है। एच.आर.सी.पी. ने अपनी रिपोर्ट में अकेले 2000 में ऐसी 500 वारदातों का उल्लेख किया है जिनमें ज़्यादातर घरेलू विवादों का नतीजा थीं। एच.आर.सी.पी के हैदराबाद कार्यालय ने सिन्ध में स्त्री आत्महत्या की घटनाओं का जो रिकॉर्ड तैयार किया है उस पर एक सरसरी नज़र डालने से औरतों की अथक यातनाओं का अनुमान ब आसानी लगाया जा सकता है। सिर्फ़ 2000 ई. की जनवरी में इस प्रान्त में स्त्री में आत्महत्या की घटनाएँ अख़बारी समाचारों के आधार पर रिकॉर्ड की गयीं, ज़्यादातर का तअल्लुक घरेलू विवादों से था, जिनकी निशानदेही नहीं की गयी थी।

पाकिस्तान में कानून के मुताबिक किसी भी लड़की की शादी सोलह साल की उम्र से पहले करना जुर्म है। लेकिन यहाँ एक आम रिवाज़ है, विशेष रूप से देही इलाकों में कि दस-बारह बरस की कमसिन बच्चियाँ पचास और साठ बरस के बूढ़ों से ब्याह दी जाती हैं। पाकिस्तान न्याय तन्त्र (सरकारी) ने बहुत लड़कियों के इस हक़ की रक्षा की है कि वे जबरी शादियों से इनकार कर सकती हैं। पिछले दिनों उस शादी की बहुत ख़्याति रही, जिसमें कुत्ते पालने के एक शौकीन बाप ने अपनी नौ साल उम्र (अल्प आयु) लड़की को चार कुत्तों के बदले एक 60 साल के बूढ़े से ब्याह दिया था। मासूम-बेबस लड़कियों की यातना यहीं नहीं ख़त्म होती। कुरआन के साथ शादी की भी एक रस्म वहाँ मौजूद है। एच.आर.सी.पी. की सन् 2000 की रिपोर्ट के मुताबिक इस वक़्त तकरीबन 5000 लड़कियाँ ऐसी हैं, जिनकी शादियाँ कुरआन से हो चुकी हैं। इस तरह सिन्ध और सीमा प्रान्त में कर्ज़ की अदायगी और झगड़ों के निपटारे के लिए घर की लड़कियों औरतों को कर्ज देने वाले या जिससे झगड़ा है, उन्हें दे दिया जाता है जो उम्र भर इन लड़कियों, औरतों को गुलामों की तरह रखते हैं। सीमा प्रान्त की सरहदी सूबे में 'सुवारा' का रिवाज़ है।

पुलिस थाने और चौकियाँ पाकिस्तानी औरतों का एक दूसरा यातना-गृह है मर्दों के समान यहाँ औरतों के साथ भी थर्ड डिग्री की हिंसात्मक कार्रवाई की जाती

है। जिसके तहत उन्हें भद्दी गालियों के अलावा मारना, ठोकरें लगाना, बिजली के झटके लगाना, उल्टा लटका देना, उनकी देह को नोचना खसोटना, यहाँ तक कि बलात्कार भी शामिल है। मार्च 2000 में डेरा ग़ाज़ी ख़ाँ में पुलिस द्वारा चलती सड़कों पर दो भीख माँगने वाली औरतों को दबोचते देखा गया। उन पर इस्मत फरोशी का इलज़ाम लगाया जा रहा था और वो इसका विरोध कर रही थीं। सैकड़ों लोग यह मंजर देख रहे थे। पुलिस हिरासत में औरतों की हलाकतों की भी अनेक घटनाएँ रिकॉर्ड की गयी हैं।

अँगूरी की रहने वाली एक 15 वर्षीय लड़की शमीम अख़तर को सूचनाओं के अनुसार कौमी असेम्बली के एक सदस्य के नौकरों ने इगुवा कर लिया, फिर उसे बलात्कार का निशाना बनाया। थाने में शिकायत करने पर नौकरों को हिरासत में लेने के बजाय हुदूद आर्डीनेन्स के तहत उस पर जिना (हरामकारी-बदकारी) का इलज़ाम लगाकर गिरफ़्तार कर लिया गया। वह रावलपिण्डी के अडियाला जेल में कैद रहीं। जेल में उसे टी. बी. का मर्ज हो गया। जहाँ गिड़गिड़ाने के बावजूद उसे चिकित्सा सुविधा देर से मिली। उसे जेल के अस्पताल में भर्ती भी किया गया तो डण्डा बेड़ी के साथ। इस हालत में वह कई दिन तक तड़पती रही, अन्ततः 8 मई, 2000 को उसका देहान्त हो गया।

पाकिस्तानी स्त्री के ख़िलाफ़ अपराधों में जिस ख़तरनाक गति से इजाफ़ा हो रहा है, उसके विस्तार में जा पाना सम्भव नहीं। मैं यहाँ सिर्फ़ पंजाब के एक ज़िले फैसलाबाद के आँकड़े पेश कर रही हूँ। यह आँकड़े सन् 2001 की घटनाओं पर आधारित हैं। इस एक वर्ष में इस ज़िले के देही व शहरी इलाकों में औरतों-लड़कियों के अपहरण, उनकी नोच-खसोट व अवमानना तथा सामूहिक बलात्कार की 301 घटनाएँ हुईं। दैनिक 'डान' के संवाददाता के अनुसार मुकामी पुलिस ने बलात्कार के 96 और इगुवा व बेहुरमती के 205 मुकदमे हुदूद आर्डीनेन्स के तरह दर्ज़ किये हैं।

कम उम्र लड़कियों के साथ बलात्कार के जुर्म भी तेजी से बढ़ रहे हैं। विशेष रूप से ग्रामीण क्षेत्रों में इनमें से ज़्यादातर इगुवा के बाद बलात्कार का शिकार हुईं। इनमें से तीन बच्चियाँ ज़ख्मों की ताब न लाकर मौत के मुँह में जा पहुँचीं। जबकि कई मानसिक रूप से विक्षिप्त हो गयीं और कई का अब कभी माँ बनना सम्भव नहीं रह गया। ज़्यादातर मामलों में मुजरिमों को गिरफ़्तार नहीं किया गया, कारणवश मुज़रिमों के ख़ौफ़ज़दा होने के बजाय उनकी हिम्मत आफ़ज़ाई हो रही है। इनमें उन लड़कियों का दर्द नाक़ाबिले बयान है जो अनचाहे गर्भ का बोझ सहने को अभिशप्त हैं जबकि कई नापाक हो जाने की वजह से घर वालों की बदसलूकी तथा पड़ोसियों

के तानों का अजाब सह रही हैं।

मुनीर बाला में हुई बलात्कार की एक जघन्य घटना की सरकारी जाँच के दौरान पेश की गयी पुलिस दस्तावेज़ात से मालूम हुआ कि ज़िला मुजफ़्फ़रगढ़ में सिर्फ़ जून, 2002 में 53 पुरुष 22 महिलाओं के साथ बलात्कार कर चुके थे। इनमें 14 के साथ सामूहिक बलात्कार किया गया। दो के लिए यह हमला इतना असहनीय था कि वो एक सप्ताह के भीतर ही जान से हाथ धो बैठीं, जबकि एक महिला को गोली मार दी गयी, क्योंकि उस पर शक था कि वह हमला करने वालों को पहचान गयी थी। बलात्कार का आघात सहने वाली एक महिला ने इस कारण आत्महत्या कर ली क्योंकि उसकी इज़्ज़त पर हमला करने वालों को गिरफ्तार नहीं किया गया था। पंजाब में हर छः घण्टे में बलात्कार की एक घटना होती है और सामूहिक बलात्कार कम से कम सप्ताह में दो बार। जबकि 2001 में पुलिस ने बलात्कार की मात्र 321 घटनाओं की शिकायतें दर्ज़ की और 33 लोगों को गिरफ़्तार किया। ज़ाहिर-सी बात है, इस तरह के अपराध की सभी शिकायतें दर्ज़ नहीं हो पातीं। कुछ पुलिस वाले नहीं करते और कुछ बदनामी के डर से करायी नहीं जातीं। कई मामलों में ये जुर्म करने वाली मज़लूम औरत और उसके घर वालों को इतना आतंकित कर देते हैं कि संकल्प के बावजूद थाने जाने की हिम्मत नहीं हो पाती। मज़लूम औरतें-लड़कियाँ शिकायत करने से इस वजह से भी हिचकिचाती हैं कि अगर वह इस जुर्म में अपने शामिल न होने को पूरी तरह साबित नहीं कर पायीं, तो उलटे ख़िलाफ़ उन पर ही ज़िना बदकारी का मुकदमा लग सकता है। जनरल ज़िया के ज़माने में जिसकी सज़ा सरेआम कोड़े मारना या संगसार करना था।

दुनिया भर में लाखों औरतें कर्ज़ के जाल में फँसी हुई हैं। वे ज़मींदारों-मालिकों का कर्ज़ वापस करने के लिए बिला उजरत के काम करने पर मज़बूर हैं। बीमारी खराब फसल या शादी-ब्याह जैसी महँगी समाजी रस्मों के लिए जब फर्द कर्ज़ हासिल करता है तो पूरा ख़ानदान उसकी अदायगी के लिए पाबन्द हो जाता है। पाबन्द ख़ानदानों को काम की जगह पर रहने के लिए मज़बूर किया जाता है और उसके प्रमुख को उजरत की अदायगी की जाती है, जो ख़ानदान की ज़रूरतों को पूरा करने में नाकाफ़ी होती है, जिसके कारण उन्हें और क़र्ज़ लेना पड़ता है। ज़मींदारों और उनके मैनेजर अमूमन ऐसे ख़ानदानों की औरतों-लड़कियों को अपने साथ यौन सम्बन्ध बनाने पर मज़बूर करते हैं। एमेनेस्टी इन्टरनेशनल को एक बँधुआ मज़दूर औरत ने बताया कि हम तमाम औरतों के साथ सामूहिक बलात्कार किया गया है—हमारी लड़कियों की जिनमें से कुछ की उम्र सिर्फ़ 10-11 साल थी, उनका भी शारीरिक शोषण किया गया। बलात्कार की वजह से हम में कई के यहाँ बच्चे पैदा

हुए।

एच.आर.सी.पी. का कहना है कि ईसाई लड़कियाँ और औरतें ज़्यादा मुसीबत का शिकार हैं क्योंकि वे मेहनत-मज़दूरी करके अपने परिवारों की मदद करती हैं। एक ऐसे समाज में इन युवतियों को शक की नज़र से देखा जाता है, जहाँ औरतों के नौकरी करने का रिवाज़ कम है। बड़ी त्रासदी यह है कि मुसीबत में पड़ जाने पर इनकी फ़रियाद मुश्किल से सुनी जाती है।

पाकिस्तान गत कई सालों से गरीबी के दलदल में धँसता जा रहा है। वह मुल्क जहाँ कभी गरीबी की रेखा से नीचे ज़िन्दगी गुज़ारने वाले 10 से 15 प्रतिशत पाये जाते थे। वहाँ पर यह दर अब 38-40 तक पहुँच गयी है। इस स्थिति ने जहाँ मध्य वर्ग को निम्न मध्यवर्ग, निम्न वर्ग को और अधिक गरीबी की तरफ़ धकेलना शुरू कर दिया है, इस ग़रीबी की सबसे गहरी मार परम्परा से ग़रीब तबके की औरतों को सहनी पड़ रही है। उसके दोनों हाथ खाली हैं और उसके कन्धों पर अपने बच्चों की भूख मिटाने की ज़िम्मेदारी है। यानी कि वो भयानक आज़माइश से दो-चार हैं। इस वक़्त मेरे सामने 'सोशल पालिसी एण्ड डेवलपमेन्ट सेन्टर की वह रिपोर्ट है जो तरक़्क़ी नाबराबरी और गुर्बत, के विषय पर 2001 के पाकिस्तान की एक झलक दिखाती है, जो डराती भी है, नाउम्मीद भी करती है—इस रिपोर्ट में बहुत-सी औरतों की दर्द भरी आवाजों के बीच एक ग़रीब औरत की आवाज़ दूर तक पीछा करती है—

"मैं कभी-कभी दुआ करती हूँ कि मेरे बच्चे मर जायें क्योंकि मैं एक वक़्त भी उन्हें पेट भर ख़ाना नहीं खिला सकती।"

एक तरफ़ तो वो मुफिलिस औरत है जो भूख से बिलखते हुए अपने बच्चों को देखकर रोती है और उनके मर ज़ाने की दुआएँ करती है, दूसरी तरफ़ पाकिस्तानी रियासत (राज्य) है, जिसने उन्हें इस अज़ाब में ढकेला है। जो शस्त्रों के अंबार लगाती है, ऐटमी धमाके करती है और अपनी फ़ौजों की ताक़त पर खुद अपने अवाम और उनकी बस्तियों को फतह करती है। इस रियासत ने अपने मुल्क की ग़रीब औरतों को मुफलिसी बेचारगी और सदियों पुराने डरावने रिवाज़ों के चंगुल से निकालने के लिए कुछ भी नहीं किया।

मुसलमानों की तरक़्क़ी के दावे की बिना पर बने एक मुल्क में मुसलमान औरतों की बेबसी देखिये, एक तरफ़ वो माएँ हैं जो अपने बच्चों की भूख मिटाने, उनके दवा इलाज़, दूसरी ज़रूरतों को पूरा करने के लिए अपने बदन बेचने को मज़बूर हैं, दूसरी तरफ़ वो औरतें हैं, जिन पर गोश्त का एक रेशा चखना भी हराम है।

पाकिस्तानी समाज प्रमुखता में एक कबायली और सामन्ती समाज है। ऐसे

समाज में औरतों की हालत गुलामों जैसी होती है। इस स्थिति में कमज़ोर तबकों जिनमें बहरहाल औरत भी शामिल है और अल्पसंख्यकों के अधिकारों की रक्षा तथा उनके कल्याण की सरकारों पर ज़्यादा बड़ी जिम्मेदारी होती है। पाँच सितारा होटलों में औरतों के हुकूक के लिए अंग्रेजी में होनेवाली तकरीरें सुनकर और जस्टिस नासिर असलम जाहिद की सरवराही में बनने वाली 'वीमेन कमीशन' की सिफ़ारिशें पढ़कर हँसी आती है और उस लम्हा मुझे वो बिल्लोच लड़कियाँ याद आती हैं, जो इक्कीसवीं सदी में भी गोश्त के जायके से अनजान रखी गयी हैं। एक रिपोर्ट के अनुसार सिन्ध और बलूचिस्तान में आबाद कुछ बिल्लोच कबीलों में महिलाओं, ख़ास तौर पर कुंवारी लड़कियों को गोश्त खाने की इजाज़त नहीं है। इसका सबब उनका यह अकीदा है कि गोश्त खाने से लड़की जल्दी बालिग़ हो जाती है और यौन इच्छाएँ शिद्दत इख़्तियार कर लेती हैं। यह अक़ीदा 'रिवायत' के नाम पर सदियों से जारी है। बलूचिस्तान और ऊपरी सिन्ध के इलाकों में तक़रीबन एक सदी से पहले ये रिवाज आम था। उस जमाने में बेश्तर सिन्धी कबीलों ने भी औरतों को गोश्त खाने से मना कर रखा था लेकिन अब यह प्रथा मरी, बुगती और बंगालिनी कबीलों तक सीमित है। बिल्लोच कबीलों का कहना है कि गोश्त खाने की इजाज़त दी गयी तो उनकी जिन्सी भूख बढ़ जायेगी। इस तरह वे अपने क़रीब आने वाले किसी भी शख़्स की मोहब्बत में गिरफ़्तार हो सकती हैं। उससे सम्बन्ध बना सकती हैं और कबीले की बदनामी का कारण हो सकती हैं।

उनके विश्वास के मुताबिक 'औरत ख़ुद लज़ीज़ गोश्त से बनी है, लिहाज़ा उसे कतई गोश्त नहीं खाना चाहिए। उनका मानना है कि उन परिन्दों की मानिन्द जो गोश्त के टुकड़े झपट कर ले जाते हैं, बिल्कुल उसी तरह उन्हें (औरतों को) गोश्त के टुकड़े समझ कर मर्द उठा ले जाते हैं। लिहाजा औरतों को गोश्त उठाने की भी इजाज़त नहीं होनी चाहिए वरना वो भी उठा ली जायेंगी।

मरी कबीले की उप शाखाओं भलेज़ई, जोहरानी, खण्डवानी, बंगलानी की उप शाखाओं में खोरावानी और सानिहानी–बुगटी कबीले की उप शाखाओं रमीज़ई, नूहानी, कल्पर और चाकरानी में औरतें खुसूसन ग़ैर शादीशुदा लड़कियों को गोश्त खाने की इजाज़त नहीं है। वो घरों में दूसरी तरह के खाने खाती हैं। यहाँ तक कि जब वो शादी या किसी दूसरी तरकीब (समारोह) में जाती हैं, तो उनके लिए खुसूसी तौर पर दालें या सब्ज़ियाँ पकायी जाती हैं! ऊपर से तुर्रा यह कि उनके लिए खाना खाने का इन्तिज़ाम ऐसी जगह किया जाता है जहाँ वो गोश्त की सूरत भी नहीं देख सकतीं। यह पाबन्दी लड़कियों की शादी होने तक बरकरार रहती है। शादी के बाद ये उनके शौहरों पर निर्भर होता है कि वे अपनी बीवी को गोश्त खाने ही इजाज़त

देते हैं या नहीं।

सितमज़रीफी यह है कि मर्द हज़रात अपनी मर्ज़ी से गोश्त खा सकते हैं बल्कि वे तो इफरात से और ज़्यादातर गोश्त ही खाते हैं। लेकिन उनके पास आये मेहमानों के लिए जब बकरा जिबह किया जाता है तो उसका गोश्त ज़्यादातर 'औताक (मर्दों के लिए मख़सूस इलाक़े) में पकाया जाता है ताकि औरतें या लड़कियाँ उसे देख न पायें।

एक तरफ़ हमारे प्यारे मुल्क में ऐसे कबीले मौजूद हैं, दूसरी तरफ़ वो तालीम याफ़्ता ख़ानदान भी हैं जो लड़कियों को पैदा होने से पहले ही हलाक़ करा देते हैं।

पाकिस्तान उप महाद्वीप के जिस भू-भाग में क़ायम हुआ है, वहाँ आज नहीं सदियों से बेटियों की पैदाइश को पसन्द नहीं किया जाता। एक से ज़्यादा बेटियाँ पैदा करने वाली माँओं को तलाक़ दे दी जाती है या तानों तिशनों से उनकी ज़िन्दगी जहन्नुम कर दी जाती है। कुछ मर्द बेटे की इच्छा के उद्देश्य से दूसरी बीवी ब्याह लेते हैं। इनमें ऐसे बहुत से लोग हैं जो अकसर "दौरेजाहिलियत (इस्लाम पूर्व) के उन पर अरब कबीलों को बुरा भला कहते सुनायी देते हैं, जो इस्लाम आने से पहले अपनी बेटियों को ज़िन्दा दफ़न कर देते थे, इनमें से अकसर की नज़र से सड़क पर लगे हुए वो बोर्ड भी गुज़रते हैं जिन पर लिखा होता है -

'बेटी अल्लाह की रहमत है'

बावजूद इसके यही वो लोग हैं जो अपने घरों में बेटियों का पैदा होना पसन्द नहीं करते। 90 के दशक में जब अल्ट्रासाउंड की टेक्नोलॉजी पाकिस्तान में ईज़ाद हुई तो साइंस की इस अहम ईज़ाद को बहुत से घरानों ने अपनी होने वाली बेटियों से निजात हासिल करने के लिए इस्तेमाल किया—गर्भपात पाकिस्तान में ग़ैर-कानूनी और काबिले-सज़ा जुर्म है, यही वजह है कि जन्म से पूर्व हलाक़ की जाने वाली बच्चियों का कोई रिकॉर्ड मौजूद नहीं है। बावजूद इसके इस तरह की घटनाओं में मुसलसल इज़ाफ़े का अनुमान एच.आर.सी.पी. की रिपोर्टों से लगाया जा सकता है। यह भी कह सकते हैं कि पाकिस्तानी लड़कियाँ गर्भ में आते ही आज़माइश में मुब्तिला हो जाती हैं और अगर दुनिया में उनकी आमद उनके बाप, दादी या ख़ानदान के दूसरे लोगों के लिए नापसन्दीदा हो तो वो साँस लेने से पहले ही ज़िन्दगी हार जाती हैं और जो पैदा हो जाती हैं उनकी अक्सीरियत का मुकद्दर नाइंसाफी और जुल्म की उन आज़माइशों से गुज़रना है, जिनमें पाकिस्तान रियासत बुनियादी रोल अदा करती है।

आज़ादी के बाद पाकिस्तानी औरत जिन आज़माइशों से गुज़री है उसका मुख़्तसर अहवाल मैंने पेश किया। यह बात दुरुस्त है कि इन मसअलों और मामलों

की बुनियादी ज़िम्मेदारी पाकिस्तानी रियासत पर काबिज़ प्रभुत्वशाली वर्गों और हुकूमतों पर आयद होती है। लेकिन हमें यह जायज़ा भी लेना चाहिए कि समाज के वो तमाम तत्त्व जो जागरूक ज़िम्मेदार नागरिक होने का दावा करते हैं, उन्होंने इस सिलसिले में अपनी ज़िम्मेदारियाँ किस हद तक पूरी की। हमारे प्रगतिशील और खुले दिमागों के बुद्धिजीवी, लेखक, पत्रकार, कानून दाँ और बतौर ख़ास नारी आन्दोलनों से जुड़ी हुई महिलाएँ और स्त्री कल्याण के नाम पर काम करने वाली संस्थाएँ एन.जी.ओज. पाकिस्तानी औरत की आज़माइश को कम करने के हवाले से क्या वाकई हक़ अदा कर सकीं?

अगस्त 1997 में जनाब जस्टिस असलम जाहिद की सरबराही में तैयार होने वाली 'वीमेन कमीशन रिपोर्ट' जब सार्वजनिक हुई तो उसकी इंकिलाबी सिफ़ारिशों ने पाकिस्तानी औरतों को उम्मीदों से भर दिया था। इन सिफ़ारिशों पर अगर समूची राजनीतिक इच्छा के साथ अमल होता तो पाकिस्तानी स्त्री बड़ी हद तक केन्द्रीय धारा में शामिल हो सकती थी लेकिन अफ़सोस—पाकिस्तानी हुकूमत को इस बात की ज़रूरत थी कि वह इस रिपोर्ट की सिफ़ारिशों पर गौर करे, न पाकिस्तान के चेतन सम्पन्न जागरूक मर्दों और औरतों ने ऐसा कोई प्रेशर ग्रुप बनाया जो इस कमीशन की सिफ़ारिशों को लागू करने के लिए हुकूमत पर दबाव बनाता, सड़कों पर अपनी ताक़त का प्रदर्शन करता। उसके बरख़िलाफ़ उन्हीं दिनों प्रस्तावित पन्द्रहवें संशोधन का शोर हुआ और मुफ़्तियों-मौलवियों और उनके हामियों की तरफ़ से कहा जाने लगा कि सीनेट से इस संशोधन को पारित कराने के बाद औरतें घर की चहारदीवारी में बन्द कर दी जाएँगी और शादी-ब्याह से सम्बन्धित कानून रद्द कर दिये जाएँगे, शिक्षा और चिकित्सा को छोड़कर दूसरे तमाम क्षेत्रों में उनके काम करने पर पाबन्दी होगी।

पाकिस्तान एक बार फिर अक्टूबर 1999 से तलवारों के साये में पलकर जवान होने वालों का नव उपनिवेश है। इस बार जनरल जिलाउल हक से इस्लामी निज़ाम के बजाय जनरल अयूब ख़ाँ की तरह 'लिबरल और मॉर्डन पाकिस्तान' को वजूद में लाने की बातें हो रही हैं। एक शख़्स दो कुत्ते बगल में दबाकर चहलकदमी करते हुए तस्वीर खिंचवा ले तो हमारे लिबरल मर्द और औरतें उस पर वारी सदके होने लगते हैं। नुमाइशी और सजावटी कामों की वाह-वाह हो रही है। औरतों का ग्रास रूट लेबिल पर सत्ता सौंपने की बातें हैं। एक तानाशाह से औरतों के लिए रियायत तलब की जा रही है। ये रियायतें कभी चुनाव में सीटों के लिए हैं और कभी सूबाई व कौमी एसेम्बलीज में रिजर्व्ड जगहों में इज़ाफ़े की माँग से तअल्लक रखती है। हममें से बेश्तर यह सोचने और समझने को तैयार नहीं कि औरतें हों, अक़्लीयतें

हों या पाकिस्तान का कोई भी तबक़ा, बुनियादी इंसानी हुकूक जम्हूरी या सियासी हुकूक उसका पैदाइशी हक़ है, इस हक़ के लिए संघर्ष किया जाना चाहिए। भीख का कटोरा लेकर नहीं फिरना चाहिए। क़ाशकोल (कठौती) में फ़ेके जाने वाले सिक्के अगर खोटे न हों तब भी वह स्वाभिमान की कीमत पर मिलते हैं।

अज़माइशों से पाकिस्तानी औरत की निज़ात,पाकिस्तान में लोकतन्त्र और हर तरह के शोषण व भेदभाव से मुक्त समाज के निर्माण के ज़रूरी संघर्ष से अलग नहीं। पाकिस्तान के मर्द, औरतें, और बच्चे और बूढ़े किसान मज़दूर, छात्र नौजवान वकील और पत्रकार मिलकर संघर्ष करेंगे, तब ही हम समानता और सबके सम्मान वाले समाज में रहने के ख़्वाब को पूरा कर सकेंगे, तब ही हम सबको उन आज़माइशों से निज़ात मिल सकेगी, जिनसे हम दो-चार हैं।

सन्दर्भ सूची

1. Pakistan Movement Documents: G. Allan.
2. Constituent Assembly of India (Legislative) Debates 1949
3. Women of Pakistan : One Step Forward Two steps back : Fareeda Shaheed & Khawar Mumtaz
4. Constitution of Pakistan 1973
5. Borders and Boundaries : Ritu Menan & Kamla Bhasin.
6. The other side of Silence : Urvashi Butalia
7. H.R.C.P Annual Report - 1995
8. H.R.C.P. Annual Report - 1998
9. H.R.C.P. Annual Report - 1999
10. H.R.C.P. Annual Report - 2000
11. Social Development in Pakistan : Growth, the quality & poverty, Annual Review 2001 SPDC.
12. Daily DAWN*, Issues of July-August, 1999
13. Daily *DAWN*, Issues of Feb-March, 2001
14. Pakistan : Violence against Women in the name of Honour, Amnesty Report- 1999
15. Take a step to stampout out Torture : Amnesty Report-2001
16. Pakistan : Insufficient Protection of Women : Amnesty Report-2002
17. Pakistan : The Tribal Justice : Amnesty International Report-2002.
18. Daily *Dawn* : Review-March-2002 : Manzoor Solanqi
19. Daily*Dawn*Review-April-2002 : Manzoor Solanqi
20. Daily*Dawn*:Review-April-2002 : Manzoor Solanqi
21. जम्हूरी जद्दोजहद में पाकिस्तानी औरत का हिस्सा (उर्दू), रौशन ख़्याल, जुलाई 1989।

नकारात्मक भूमिका में जनसंचार माध्यम

पाकिस्तानी स्त्री की विभिन्न समस्याओं के बारे में वहाँ के जनसंचार माध्यम ने अतीत में क्या रवैया रखा और भविष्य में वह पाकिस्तानी स्त्री के दैनिक जीवन, उनकी सामाजिक हैसियत तथा गरिमा को उच्चता देने में किस तरह सहयोगी बन सकता है? ये वो प्रश्न हैं जिनका जवाब देने से पहले हमें यह देखना चाहिए कि हमारी शहरी व ग्रामीण स्त्री किस हद तक हमारे समाचार पत्रों व पत्रिकाओं के प्रभाव क्षेत्र में आती है?

इस तथ्य के अनुमान का एक बुनियादी साधन शिक्षा का अनुपात है। इस हवाले से देखें तो 1981 में औरतों की शिक्षा का औसत प्रतिशत लगभग 16 प्रतिशत था। इसमें से शहरी स्त्री की शिक्षा 30.27 प्रतिशत तथा देहात में 7.33 प्रतिशत थी। प्राइमरी तक शिक्षित स्त्रियों का प्रतिशत 2.08 प्रतिशत और उच्च शिक्षा का प्रतिशत 10.2 प्रतिशत था! लेकिन पाकिस्तानी समाज की भीतरी सच्चाइयों से परिचित विशेषज्ञ इन आँकड़ों पर भरोसा नहीं करते।

यहाँ मुझे WRD 1993 का सन्दर्भ भी देना चाहिए. जिसके अनुसार पाकिस्तान में अशिक्षित स्त्रियों का प्रतिशत एशिया में सबसे अधिक है। यानी बांग्लादेश में 78 प्रतिशत, हिन्दुस्तान में 66 प्रतिशत, श्रीलंका में 17 प्रतिशत जबकि पाकिस्तान में 79 प्रतिशत।

इन त्रासद आँकड़ों के प्रकाश में पाकिस्तानी स्त्री पर हमारे पत्र-पत्रिकाओं, जर्नल्स के प्रभावों का अनुमान लगाना बहुत मुश्किल नहीं। अंकों के गोरखधन्धे में पड़े बग़ैर हम कह सकते हैं कि वर्तमान परिस्थिति में हमारे पत्र व पत्रिकाएँ पाकिस्तानी औरत की सामाजिक अवस्था में बेहतरी के लिए फौरी तौर पर कोई बड़ी कामयाबी हासिल नहीं कर सकते, लेकिन वो पढ़ी-लिखी शहरी व ग्रामीण स्त्री में उनकी अपनी समस्याओं के बारे में चेतना और अपने अधिकारों के बारे में जागरूकता ज़रूर विकसित कर सकते हैं! जो किसी भी पराधीन वर्ग का भाग्य बदलने तथा गुलामी की ज़ंजीरें तोड़ने में बुनियादी भूमिका अदा करता है।

पत्र-पत्रिकाएँ यदि औरतों की राजनीतिक, सामाजिक और सांस्कृतिक तरबीयत

की ज़िम्मेदारी गम्भीरता से निभायें तो स्त्री शिक्षा के अत्यन्त शोचनीय स्थिति के बावजूद मुल्क भर में महिला अधिकार की उत्साही और समझदार कार्यकर्त्ताओं की एक पूरी खेप पैदा हो सकती है! कार्यकर्त्ताओं की यह खेप अगले दस-पन्द्रह सालों में अशिक्षा और पिछड़ेपन से आहत पाकिस्तान की महिलाओं में यह एहसास भर सकती हैं कि वे अन्तर्राष्ट्रीय स्तर पर उभरती हुई नयी स्त्री शक्ति का एक हिस्सा हैं। उसे इस हक़ीक़त से आगाह किया जा सकता है कि स्त्री की शिक्षा, हुनरमन्दी और उसकी सामाजिक-राजनीतिक चेतना न केवल उसका अपना, उसके परिवार का भाग्य बदल सकता है बल्कि वह देश की प्रगति और .खुशहाली में पुरुष के समान महत्त्वपूर्ण योगदान दे सकती है! पौरुषी अन्याय से लड़ सकती है तथा समाज में अपने स्त्रीत्व के सम्मान व गरिमा को पुनः बहाल कर सकती है।

यह हमारे समाचार पत्र व पत्रिकाएँ ही हैं जो एलिज़िबेथ टेलर के पतियों की संख्या ज़ैकिलीन और नासिस के आभूषणों और लेडी डाइना के हेयर स्टाइल के विवरणों के साथ ही हमारी शिक्षित महिलाओं तक यह .खबर भी पहुँचा सकते हैं कि यू.एन.ओ. की रिपोर्ट के अनुसार औरतें विश्व की कुल जनसंख्या का पचास प्रतिशत यानी आधी आबादी है, बावजूद इसके मौजूदा सामाजिक व्यवस्था ने उनके अधिकार इस तरह हड़प कर रखे हैं कि उनके हिस्से में कुल 10 प्रतिशत ही आता है और विश्व की कुल सम्पत्ति में उनकी हिस्सेदारी मात्र एक प्रतिशत है।

पाकिस्तान में जनसंचार माध्यम औरतों के प्रति जिस तरह का नकारात्मक पक्षपात बरतते हैं, उसके विस्तार में जाने से पहले हमें इसका भी जायज़ा लेना चाहिए कि पश्चिम के जनसंचार माध्यम का अपने यहाँ की स्त्रियों के बारे में क्या रवैया है? इस सिलसिले में यूनेस्को के समाजशास्त्र विभाग की सलाहकार तथा जनसंचार माध्यम के विषयों की ब्रितानवी विशेषज्ञ मारग्रेट कालागर की एक रिपोर्ट को नज़र में रखना चाहिए जिसके अनुसार अख़बारों और प्रसारण माध्यमों में महिलाओं की गतिविधियों तथा दिलचस्पियों के विषय घर और परिवार से आगे नहीं जाते! महिलाओं को आमतौर पर मजबूर व रूमानी स्वभाव का बताया जाता है! उनकी यथार्थपरकता, कर्मठता तथा निर्णय लेने की क्षमता पर बहुत ही कम बताया जाता है। मौजूदा समाचार संस्थान प्रायः औरतों और उनकी समस्याओं से सम्बन्धित समाचारों को प्रकाशन योग्य नहीं समझते, वे पुरुष आधारित समाचारों के अन्तर्गत चर्चा में आने वाली पत्नियों, बेटियों और माँओं के चित्र छापने को प्रमुखता देते हैं! इन महिलाओं का अधिकार बस इतना है कि वे फैशन मॉडल्स या मनोरंजन के क्षेत्रों में नुमायाँ हों! बहैसियत उपभोक्ता औरतों के लिए छपने वाले अधिकांश विज्ञापन भाषा व ध्वनि के लिहाज़ से आत्मीयतापूर्ण होते हैं और उनका उद्देश्य केवल अपना

माल बेचना होता है। उत्पादों के प्रचार अभियान में स्त्री को शिकार फाँसने वाले 'चारे' के तौर पर इस्तेमाल किया जाता है और उनके शारीरिक आकर्षण का शोषण किया जाता है।

उत्तरी अमरीका और यूरोप में होने वाले शोधों से यह बात सामने आती है कि कारोबारी मामलों में स्त्री की वास्तविक हिस्सेदारी को सभी जनसंचार माध्यम कम करके पेश करते हैं। औरतें क्योंकि विधिवेत्ता, न्यायाधीश और वैज्ञानिक जैसी अधिकार सम्पन्न पोज़ीशनों में बहुत कम देखी जाती हैं। इस कारण उन्हें एक बुद्धिमान व प्रौढ़ पुरुष को अपने अधीन रखने या अधीनस्थ बनाने के अवसर कम प्राप्त होते हैं!

आँकड़ों से स्पष्ट होता है कि औरतों के बारे में नाटकों की प्रस्तुति में बढ़ातरी हुई है! इसके साथ ही राष्ट्रीय व अन्तर्राष्ट्रीय स्तर पर विकास व प्रगति में उनकी प्रभावशाली हिस्सेदारी पर ज़ोर दिया जा रहा है। बावजूद इसके फ़िल्म प्रसारण तथा राष्ट्रीय समाचार पत्रों में उनका प्रतिशत शायद ही किसी देश में 30 प्रतिशत से ज़्यादा हो! ऐसी ज़्यादातर जगहों पर उनकी उपस्थिति बहुत कम है।

अमरीका में 1977 में टेलीविज़न के विभिन्न चैनल्स में कुल स्टाफ़ का तीस प्रतिशत महिलाओं पर आधारित था। इटली में 1975 में नेशनल टी.वी. नेटवर्क में यह प्रतिशत बीस (20 प्रतिशत) था! भारत के बारे में अनुमान है कि 1980 में वहाँ प्रसारण उद्योग में महिला कर्मचारियों का प्रतिशत पचीस के क़रीब था।

स्कैण्डेनीविया के कुछ देशों में महिलाओं की स्थिति क़द्रे बेहतर है। स्वेडन में राष्ट्रीय प्रसारण कॉर्पोरेशनों में महिला कर्मकारों का प्रतिशत 33 प्रतिशत और 1976 के आँकड़ों के अनुसार नार्वे में 38 प्रतिशत है।

प्रिंटमीडिया में स्थिति अपेक्षाकृत अधिक ख़राब है; तथ्यों के अनुसार पत्रकारिता में कुल रोज़गार का चौथाई हिस्सा ही स्त्रियों के पास है। हंगरी, पोलैण्ड, कनाडा सभी देशों में यही अनुपात है। ब्रिटेन और लेबनान में यह हिस्सेदारी 20 प्रतिशत है। दूसरे यूरोपीय देशों में अख़बारी नौकरियों में महिलाओं का प्रतिशत 15 प्रतिशत है। 1977 में नार्वे, डेनमार्क और जर्मनी में भी यही अनुपात था। शेष देशों में यह अनुपात इससे भी कम है। पाकिस्तान में एक अनुमान के अनुसार अख़बार की नौकरियों में महिलाएँ 10 प्रतिशत हैं तो केन्या में 5 प्रतिशत और कोरिया में मात्र 2 प्रतिशत।

नागरिक अधिकारों के अमरीकी कमीशन के शोधों के अनुसार यद्यपि 1975 में प्रशासन और दूसरे प्रमुख पदों पर 16 प्रतिशत महिलाएँ आसीन थीं लेकिन उनमें से अधिकांश सर्वोच्च पदों पर नहीं थीं। इसी वर्ष कनाडा के ब्राडकास्टिंग कमीशन

ने बताया कि प्रशासनिक स्तर की नौकरियों के 93 प्रतिशत पर पुरुषों का क़ब्जा है। आस्ट्रेलिया के ब्राडकास्टिंग कॉर्पोरेशन में 1977 में कोई भी महिला किसी प्रशासनिक पद पर नहीं थी। इटली के प्रसारण संस्थानों में 1975 में 4 प्रतिशत महिलाएँ प्रशासन व प्रबन्ध सम्बन्धी पदों पर थीं। फ़िनलैण्ड में 1978 में इस संस्थान के निदेशक मण्डल के सभी 14 सदस्य पुरुष थे। जबकि औसत दर्जे की प्रशासनिक नौकरियों की सतह पर 6 प्रतिशत नौकरियाँ महिलाओं के पास थीं। नार्वे के प्रसारण कॉर्पोरेशन में विभागों की संख्या पचास है, इनमें से केवल दो विभागों की प्रमुख महिलाएँ हैं।

लगभग यही स्थिति उन सृजनात्मक व्यावसायिक क्षेत्रों में भी जारी है, जहाँ उच्च पदों तक महिलाओं की पहुँच बहुत-सीमित है। शर्त यह है कि यह कार्य क्षेत्रीय महिलाओं से सम्बन्धित न हो; बच्चों, औरतों और धार्मिक कार्यक्रमों के विभागों की प्रमुख काफ़ी संख्या में महिलाएँ हैं और इसी तरह फीचर पृष्ठों की सम्पादक भी आमतौर पर महिलाएँ हैं लेकिन समाचार पत्रों में वर्तमान घटनाक्रम राजनीतिक समाचारों, नाटकों, खेलों तथा विज्ञान से सम्बन्धित पृष्ठों पर वो बहुत कम नज़र आती हैं।

ब्रितानिया में 1975 में सिनेमाटोग्राफ़ टेलीविज़न तथा संगठित कला के कारीगरों की संस्था (ए.सी.सी.टी.) ने बताया कि उसके केवल 8 प्रतिशत कार्यकर्ता जो स्वतन्त्र टी.वी. कम्पनियों (आई.टी.वी.) में बहैसियत डाइरेक्टर या प्रोड्यूसर डाइरेक्टर मुलाज़िम हैं, महिलाएँ हैं। यह बात स्वीकार की गयी कि तमाम नौकरियों में उच्च पदों पर महिलाओं के मुक़ाबले पुरुष आसीन हैं। इसी तरह 1977 में ए. बी.सी. (आस्ट्रेलिया) में केवल दो प्रतिशत महिलाएँ टी.वी. प्रोड्यूसर थीं, ये आँकड़े निराश करने वाले, सिर्फ़ सिंगापुर और स्वीडन दो ऐसे देश हैं जहाँ प्रोड्यूसरों में क्रमशः 30 प्रतिशत और 38 प्रतिशत महिलाएँ हैं।

मारग्रेट कालागर का कहना है कि पश्चिमी पत्रकारिता में भी औरतें केवल निचली सतह पर काम कर रही हैं, तो भी हालात सुधर रहे हैं। इसी तरह अमरीका में सम्पादकीय पदों का चौथाई हिस्सा महिलाओं के पास हैं। जबकि ब्रितानिया में यह प्रतिशत 28 है। इनमें बड़ी संख्या महिलाओं से सम्बन्धित विभागों की हैं। कम महत्त्व के विभागों में भी महिलाओं को डाला जाता है। ब्रितानिया के संगठन ए.सी. सी.टी. ने बताया कि 1975 में उसकी महिला सदस्यों का बड़ा भाग शिक्षा, कला और बच्चों के कार्यक्रमों से सम्बन्धित था, अमरीका में 1974 में टेलीविज़न और रेडियो स्टेशनों में समाचारों से सम्बन्धित स्टाफ़ का केवल दस प्रतिशत महिलाएँ थीं, उनमें भी ज़्यादातर छोटे स्तर पर नियुक्त थीं। जापान में एन.एच.के. ने बीस वर्ष

तक किसी महिला को समाचार सम्पादक के पद पर नहीं रखा! प्रोग्राम प्रोड्यूसर तथा प्रोडक्शन स्टाफ़ में महिलाओं का प्रतिशत कुल एक है! वो भी बच्चों के अथवा ऐसे दूसरे कार्यक्रमों तक सीमित हैं, जिनका सम्बन्ध खाना पकाने, नयी-नयी डिशें तैयार करने या औरतों की रुचि के दूसरे कार्यक्रमों से है।

कलाओं पर आधारित प्रसारण या सिनेमा से जुड़े संस्थानों में महिलाओं की संख्या न बताने लायक़ है। ये क्षेत्र लगभग सभी जगह पुरुषों के प्रभुत्व में हैं। केवल फिनलैण्ड ऐसा देश है जहाँ 1978 में प्रसारण के कुल स्टाफ़ का 20 प्रतिशत महिलाएँ थीं! फ़िल्म एडीटरों में 42 प्रतिशत और फ़िल्म सुपरवाइज़रों में 28 प्रतिशत महिलाएँ थीं। जबकि 80 कैमरा ऑपरेटरों में केवल एक महिला थी। 1977 में ए.बी.सी. आस्ट्रेलिया ने बताया कि उसके आर्टिस्ट स्टाफ़ में 95 प्रतिशत पुरुष थे। ब्रिटेन में ए.सी.सी.टी. के अनुसार 10 प्रतिशत से कम औरतें आर्टिस्ट स्टाफ़ में थीं। स्वेडन में भी 1978 में सर्वेचेज़ रेडियो में केवल 9 प्रतिशत महिलाएँ कला विभागों में काम कर रही थीं–

मारग्रेट कालागर का कहना है कि जब हम 'जन-संचार माध्यमों में महिलाओं की बात करते हैं तो दरहक़ीक़त हम उन स्त्रियों का उल्लेख करते हैं जो प्रोडक्शन सेक्रेट्रियों स्क्रिप्ट या कहानी लिखने वाले स्टाफ़ और क्लर्क या टाइपिस्ट की हैसियत से सेवारत हैं। ब्रितानिया में ए.सी.सी.टी. के सदस्यों में प्रोडक्शन सेक्रेट्री और प्रोड्यूसर सहायकों का 100 प्रतिशत महिलाएँ थीं। 1976ई. में ताईवान में तीन के तीन टेलीविज़न चैनलों के स्टाफ़ का 90 प्रतिशत महिलाओं पर आधारित था। फिनलैण्ड के ब्राडकास्टिंग कॉर्पोरेशन में कहानी लिखने वाले स्टाफ़ में 83 प्रतिशत महिलाएँ थीं! 1976 में ए.बी.सी. में 58 प्रतिशत महिलाए क्लर्क थीं।

मारग्रेट कालागर की इस रिपोर्ट से अन्दाज़ा होता है कि पश्चिमी देशों के जन-संचार माध्यम महिलाओं के साथ किसी बड़े पैमाने पर पक्षपात करते हैं। इस रोशनी में देखा जाये तो हमें पाकिस्तानी समाचार पत्रों, पत्रिकाओं, सरकारी रेडियो और टेलीविज़न से ज़्यादा शिकायत नहीं होनी चाहिए। इसका यह अर्थ भी नहीं कि इस बारे में जागरूकता न पैदा की जाये और संचार माध्यम में काम करने वाली महिलाओं के अनुपात में बढ़ोतरी के साथ-साथ यह न निश्चित किया जाये कि पत्र-पत्रिकाएँ तथा दूसरे जनसंचार माध्यम पाकिस्तानी महिलाओं के सामाजिक पिछड़ेपन और ज़ुल्म के दलदल से निकालने के लिए क्या कुछ कर सकते हैं? फिर भी ऐसा करने से पहले हमें पाकिस्तानी पत्र-पत्रिकाओं का प्रभाव क्षेत्र निर्धारित करना चाहिए।

Statistical Year Book 1989 के अनुसार, पाकिस्तान में 271 दैनिक, 696

साप्ताहिक, 1208 मासिक और 234 त्रैमासिक पत्र-पत्रिकाएँ प्रकाशित होते हैं! इनमें 74 प्रतिशत उर्दू में 21 प्रतिशत अंग्रेज़ी और 4 प्रतिशत सिन्धी में छपते हैं। आडिट ब्यूरो आफ़ सर्कुलेशन द्वारा प्रदत्त सूचनाओं के अनुसार दैनिकों की कुल प्रकाशन संख्या 15 लाख है, यानी आबादी के हिसाब से एक हज़ार लोगों के लिए 14 अख़बार। इन आँकड़ों को दृष्टि में रखते हुए हम आसानी से अन्दाज़ा लगा सकते हैं कि देहात की औरत तो दूर की बात है, शहर की महिलाएँ भी पत्र-पत्रिकाओं तक कितनी कम पहुँच रखती हैं। इस दूरी की सबसे बड़ी वजह अशिक्षा, दूसरी ग़रीबी और तीसरी औरतों का घर की चहारदीवारी में महदूद होना है। छोटे शहरों, क़स्बों या देहातों की औरत अगर शिक्षित है भी तो उसे पत्र-पत्रिकाओं को प्राप्त करने के लिए घर के किसी मर्द पर निर्भर रहना पड़ता है।

इन तमाम सीमाओं और समस्याओं को नज़रअन्दाज़ करते हुए अगर हम यह जानना चाहें कि पाकिस्तान के अख़बार और पत्रिकाएँ औरतों की समस्याओं को उजागर करने के लिए और उनकी समझ को विकसित करने के मक़सद से क्या कुछ छापते रहे हैं तो उसके लिए उर्दू, अंग्रेज़ी व सिन्धी भाषाओं के परिवेश ऐसे प्रकाशनों का विश्लेषण निराशा का एहसास देता है।

हमारे समाज़ के निम्न मध्यवर्ग में उर्दू पत्र-पत्रिकाएँ अधिक पढ़े जाते हैं। इस तथ्य को ध्यान में रखते हुए जब हम उर्दू में छपने वाली ख़बरों आलेखों और समीक्षाओं पर नज़र डालते हैं तो पता चलता है कि औरतों की वास्तविक समस्याओं और कारुणिक अवस्था के बारे में उर्दू प्रेस का रवैया अत्यन्त व्यावसायिक निर्ममतापूर्ण और शत्रुता जैसा है। ज़्यादातर उर्दू पत्र-पत्रिकाएँ जिस औरत की छवि पेश करते हैं, वह पाकिस्तान की हक़ीक़ी औरत से बहुत दूर और पाकिस्तानी महिलाओं पर टूटने वाली क़ियामतें (प्रलय) उर्दू प्रेस के बड़े हिस्से की कोई समस्या है। महिलाओं के भयानक यौन शोषण, घरेलू हिंसा और लिंग के आधार पर उनके साथ बरते जा रहे पक्षपात यानी कि उसके उत्पीड़न व दमन की घटनाओं को चटपटी और सनसनीख़ेज़ ख़बरों के तौर पर प्रकाशित किया जाता है। समस्या से अधिक उनका ध्यान प्रसारण संख्या बढ़ाने पर रहता है।

पत्र-पत्रिकाओं के पृष्ठ पलटिये तो उच्च मध्य तथा मध्यवर्ग की स्त्री का जो चित्र उभरता है, उसके मुताबिक़ वह दिलरुबा है, आकर्षक है, नाज़ुक अदाओं वाली चन्द्रमुखी है। उसके जीवन का अकेला उद्देश्य विवाह है। शादी के बाद घर की सजावट, पति और उसके परिजनों की अधीनता और बच्चों की परवरिश उसकी ज़िन्दगी का केन्द्र है। उर्दू प्रेस में आम पाकिस्तानी स्त्री का जो चेहरा उभरता है, उससे यही संकेत मिलता है कि वह कम अक़्ल है, यहाँ तक कि पढ़-लिख जाने

के बाद भी जाहिल है। बने-बनाये घरों को बिगाड़ना और उजाड़ना उसका ख़ास काम है। फ़ैसले लेने की क्षमता से वह तक़रीबन महरूम है। तब ही टी. सेट ख़रीदने के लिए भी उसे अपने साहेब यानी पति की सहमति या पसन्द पर निर्भर रहना पड़ता है। कहीं नौकरी करने जाये तो अपनी सलहइयों के बिना पर नहीं, बड़े साहब या उनके दिलफेंक ज़वान साहबज़ादे की आँखों में समाकर तरक़्क़ी की मंज़िलें तय करती है। शाइर या कहानीकार है तो किसी मर्द से लिखवाती है। शान ओ शौकत वाली ज़िन्दगी क्योंकि उसे प्यारी है। इसलिए तो किसी बड़े अधिकारी, डॉक्टर या इंजीनियर की बेगम बनने के लिए हर तरह के जतन करती है। शौहर रिश्वत के दरिया में डुबकी लगाता है तो उसी की प्रेरणा या दबाव के सबब, ड्रग माफ़िया काला धन्धा कर रहा है तो उसी की वजह से! उसका एक रूप यह भी है कि दौलत समेटने के लिए वह ख़ुद बिक जाती है, कभी बहन और बेटी बेच देती है। ग़रज़ कि समाज में अगर एक हज़ार एक खराबियाँ हैं तो उनका स्रोत वही है। कुछ झलकियाँ उन लड़कियों और औरतों की होती हैं। जो हर सितम ख़ामोशी से सहती हैं। बाप, भाई या शौहर कितना ही ज़ुल्म क्यों न करे वो सर झुकाये रहती हैं। उनकी मिसाल यूँ दी जाती है कि हर बहन, बीवी और बेटी को उनके नक़्शे क़दम पर चलना चाहिये क्योंकि इसी तरह हमारा सामाजिक ढाँचा सलामत रह सकता है और परिवार बिखरने से बच सकते हैं। यह गोया इस बात का इशारा है कि ख़ान्दान और घर को बना कर रखने की तमाम ज़िम्मेदारी सिर्फ़ औरत की है। पुरुष हर तरह का ज़ुल्म करने, बेवफ़ाई बरतने और ग़ैर ज़िम्मेदारी का पैदाइशी हक़ रखता है।

राष्ट्रीय समाचारपत्रों में स्त्रियों के लिए प्रकाशित होने वाले रंगीन पृष्ठ के विषय आमतौर पर, साज-सज्जा के तरीक़े, विभिन्न प्रकार की लज़्ज़तदार डिशेज़ तैयार करने की तरकीबें, लिबास की तराश ख़राश, दिलकशी के सौ अन्दाज़ और शौहर का दिल जीतने के गुरों पर आधारित होते हैं, हमारी महिलाएँ, लड़कियाँ-बच्चियाँ जिन त्रासद और जटिल समस्याओं से दो-चार हैं, बेगुनाही के बावजूद क़ानून की जिस चक्की में पिसती हैं, बेशुमार औरतें चरित्रवान होने के बावजूद जिस तरह औरतों के बाज़ार में बिक जाती हैं, उसका हमारे उर्दू अख़बारों में और पत्रिकाओं में भी आमतौर पर ज़िक्र नहीं आता, हाँ उनके ख़िलाफ़ जुर्म की ख़बरें सनसनीख़ेज़ अन्दाज़ में ज़रूर छपती हैं।

विश्वविद्यालयों में किसी नीम मज़हबी, नीम सियासी संस्था में तथाकथित सामाजिक नैतिकता के फ़र्ज़ी सुरक्षा गार्डों ने थंडर स्क्वाड बनाकर यदि छात्राओं पर तेज़ाब फेंका तो इसलिए कि वे बेपर्दा थीं और उनका लिबास थंडर स्क्वाड के सदस्यों के अनुसार ग़ैर इस्लामी था। समाचार को इस अन्दाज़ से छापा जाता है कि पढ़ने

वाले को महसूस हो कि दरअसल तेज़ाब फेंकने वाले तो मासूम थे, वे तो ऐसा इस्लामी मूल्यों की रक्षा के लिए कर रहे थे, ग़लती तो घायल या हलाक़ हो जाने वाली छात्राओं की थी जो बेपर्दे से नहीं थीं।

इसी तरह हमारे अख़बार क़त्ल होने वाली हर औरत को एक ऐसी मादक हसीना करार देते हैं तो इश्क़ के चक्कर में मारी गयी। अपहृत होने वाली हर लड़की चरित्रहीन और आवारा ठहरी, भले उस दुखियारी ने अपहरण करने वालों की शक्ल तो दूर की बात, परछाईं भी न देखी हो। अपराध की ऐसी तमाम ख़बरों में यह पहलू ज़रूर नुमाया किया जाता है कि शिकार होने वाली औरत का हुस्न और जवानी वो प्रेरक तत्त्व थे, जिन्होंने मर्दों को ज़ुल्म, ज़ोर-ज़बरदस्ती और दरिन्दगी पर उकसाया।

इस सन्दर्भ में हमें लाहौर की शाही मस्जिद के पेश इमाम का वह बयान ज़रूर याद करना चाहिए जो फ़रवरी 1993 में हमारे अख़बारों में प्रमुखता से प्रकाशित हुआ था, जिसमें उन्होंने पिकनिक पर जाने वाली स्कूली छात्राओं के साथ होने वाली ज़्यादती की सामूहिक घटना में शामिल लोगों की गिरफ़्तारी की माँग करने वालों के बयानात पर टिप्पणी की थी, कि जब लड़कियाँ और औरतें बिना पर्दे के बाहर निकलेंगी तो ऐसी घटनाएँ होंगी ही! इससे पहले भी इन पेश इमाम के ऐसे ही बयानात हमारे अख़बारों में महत्त्व के साथ छपते रहे हैं। जिनके अनुसार औरत का घर की देहलीज़ से बाहर क़दम निकालना ही तमाम बुराइयों और अपराधों की जड़ है। स्त्री के ख़िलाफ़ कितना ही घृणित और भयानक अपराध क्यों न किया गया हो, असल दोषी वह ही ठहराई जाती है क्योंकि उसका अस्तित्व इतना उत्तेजक और अराजक है कि उसे देखते ही पुरुष नियन्त्रण से बाहर हो जाता है।

समाचार पत्र और पत्रिकाओं ने औरत के उत्तेजक फ़साद और विवाद के मुख्य कारण होने का जो प्रचार निहायत मासूमियत और निरन्तरता से किया है उसने अशिक्षित तथा अर्द्ध शिक्षित तो एक तरफ़ पढ़े-लिखे समझदार पुरुषों को भी लैंगिक भेदभाव की बीमारी से ग्रस्त कर दिया है। इसी भेदभाव का नतीज़ा है कि पंजाब के एक ज़िला के डी.एस.पी. ने आज से डेढ़ साल पहले यह नादिर शाही हुक्म जारी किया था कि मग़रिब की नमाज़ के बाद अगर कोई लड़की या औरत अपने घर से बाहर पायी गयी तो शान्ति भंग करने के आरोप में गिरफ़्तार कर ली जायेगी।

उर्दू अख़बारों में औरतों के बारे में छपने वाली सनसनीख़ेज़ ख़बरों से इतर सम्पादकीय पृष्ठ पर उनके बारे में लेख आदि नज़र नहीं आएँगे। इसका एक सबब यह है कि ज़्यादातर अख़बारों के मालिकान स्त्री शिक्षा के तो विरोधी नहीं हैं लेकिन वो औरतों के चेतना सम्पन्न होने से भयभीत हैं! वो जानते हैं कि इस मुल्क में औरतों

का राजनीतिक व सामाजिक तौर पर जागरूक होना अधिकार सम्पन्न व प्रभुत्वशाली वर्ग के सामूहिक हितों के ख़िलाफ़ है। जिनकी चौकीदारी वे अपने अख़बारों के ज़रिये करते हैं और जिससे वो ख़ुद भी जुड़े हुए हैं।

उर्दू अख़बारात के सम्पादकीय पृष्ठ पर औरतों से सम्बन्धित विभिन्न मुद्दों-समस्याओं पर आधारित लेख-टिप्पणियाँ आदि के ब्लैक आऊट का एक बड़ा कारण यह भी है कि हमारे ज़्यादातर अख़बारों के सम्पादकीय पृष्ठ की निगरानी ऐसे पत्रकारों के हाथ में है जो सीधे या परोक्ष रूप से किसी बुनियादीपरस्त, साम्राज़्यवादी अर्द्ध धार्मिक राजनीतिक संस्था से प्रतिबद्ध हैं।

धार्मिक क्षेत्रों के अतिरिक्त कौन है जो औरत के जागरूक और अपने अधिकारों को पाने के लिए संकलपबद्ध होने से डरती हो! चुनांचे इन क्षेत्रों से सम्बद्ध पत्रकार इस बात पर कड़ी नज़र रखते हैं कि सम्पादकीय पृष्ठ पर औरतों की वास्तविक समस्याओं के बारे में कोई संजीदा और बामानी बहस न छपने पाये और न इस बाबत विचार सम्पन्न गम्भीर लेख प्रकाशित हो पाएँ। आपको विश्वास न हो तो मार्च 1982 के दिन याद करें, जब डॉ. असरार अहमद ने अपने एक अख़बारी साक्षात्कार में यह कहा था कि पाकिस्तान हक़ीक़ी इस्लामी राज्य उसी वक़्त बन सकता है, जब तमाम मुलाज़िमत पेशा औरतों को जबरी रिटायर करके घर भेज दिया जाये और बहुत ज़रूरी होने के इलावा उनके घर की चहारदिवारी से बाहर निकलने पर पाबन्दी लगा दी जाये। यह इण्टरव्यू मुल्क के सबसे ज़्यादा प्रसार संख्या वाले अख़बार में प्रकाशित हुआ था और उसने पूरे मुल्क में एक उत्तेजनापूर्ण बहस छेड़ दी थी लेकिन उसी अख़बार ने इस विषय पर महिला संगठनों, प्रगतिशील-आधुनिक विचारों की महिलाओं का दृष्टिकोण छापने से इनकार कर दिया था।

दूसरे राष्ट्रीय उर्दू अख़बारों ने भी ऐसे लेख तो प्रकाशित किये जो दक्षिणपंथी बुद्धिजीवियों या जमाअते इस्लामी और दूसरी धार्मिक संस्थाओं से जुड़ी महिलाओं ने लिखे थे लेकिन लैंगिक भेदभाव तथा स्त्री शत्रुता पर आधारित इन विचारों के विरोध और समानता के जनवादी दृष्टिकोण के पक्ष में लिखे गये लेखों, टिप्पणियों का तिरस्कार किया।

यह मेरा निजी अनुभव है कि सबसे अधिक प्रसार संख्या वाले अख़बार का सम्पादकीय पृष्ठ उदार सन्तुलित दृष्टिकोण वाले पत्रकारों के हाथ से निकलकर जब दूसरों के हाथ में आया तो न सिर्फ़ महिलाओं की वास्तविक समस्याओं और उनके ख़िलाफ़ रायज पक्षपातपूर्ण कानूनों के बारे में कोई सामग्री प्रकाशित नहीं होने दी गयी बल्कि अन्तर्राष्ट्रीय महिला दिवस के अवसर पर लिखे गये एक लेख को यह कहकर वापस कर दिया गया कि इस्लाम ने औरतों को जो अधिकार प्रदान किये

हैं उसके बाद यू.एन.ओ. के घोषणा-पत्र या ऐसी ही दूसरी अन्तर्राष्ट्रीय दस्तावेज़ों के हवालों से औरतों के अधिकार की बात करना ग़ैर-इस्लामी है और हम इस भटकाव को अपने पाठकों में फैलाकर गुनाहगार नहीं हो सकते।

बड़ी प्रसार संख्या वाले साप्ताहिक या मासिक जर्नल्स या महिलाओं के लिए विशेष रूप से निकाली जाने वाली पत्रिकाएँ इस वक़्त 'अतिलाभ' वाले कारोबार की हैसियत रखती हैं। महिला पत्रिकाएँ निम्न मध्य और मध्यवर्ग की लड़कियों के लिए आम तौर पर यह सीख प्रचारित करती हैं कि उन्हें पढ़-लिखकर घर दारी के तमाम कामों में दक्ष होना चाहिए और उस शहज़ादा-ए-गुलफ़ाम का इन्तिज़ार करना है जो एक दिन आयेगा और उन्हें अपने साथ ले जायेगा, जिसके बाद वह उसके घर में हाड़-मांस की एक मशीन में बदल जायेगी और उसकी नस्ल में इज़ाफ़ा करती रहेंगी : वो पत्रिकाएँ, जो पुरुष केन्द्रित हैं, उनमें स्थान पाने वाली कहानियों में स्त्री के ख़िलाफ़ होने वाले अत्याचार का चित्रण बहुत मादक व मनोहरी अन्दाज़ में किया जाता है और दौलत व ताक़त हासिल करने के तरीके उन्हें इस्तेमाल करने की बेहतर तरकीबें बहुत सहज पद्धति से प्रस्तुत की जाती हैं। कमज़ोर नैतिक बुनियाद रखने वाले, भौतिक सुविधाओं से वंचित और मानसिक कमज़ोरी का शिकार युवा या प्रौढ़ पुरुष इन नकारात्मक चरित्रों का अनुसरण करने को एक तरफ़ मर्दानगी मानते हैं और दूसरी तरफ़ ताक़त के निर्मम इस्तेमाल से आनन्दित होते हैं। इन कहानियों में से अधिकांश में स्त्री या तो चरित्रहीन, बहकी हुई या फिर प्रथाओं-परम्पराओं में जकड़ी हुई नज़र आती है। माँ, बहन, बेटी पर हाथ उठाना, बात-बे-बात उन्हें अपमानित व प्रताड़ित करना, उन्हें ज़िन्दा जलाना या जलाने की कोशिश करना इन कहानियों में रोज़ के मामूल की तरह घटित होता है। अपमान व उत्पीड़न के बाद मार खाने वाली बीवी के लिए मिठाई या फूलों का गजरा ले आना था। कहानी अगर उच्चवर्ग की है तो पिटने वाली बेगम को सैर के लिए बाहर ले जाना या कोई-कोई क़ीमती तोहफ़ा देना, बड़ी प्रसार संख्या वाली पत्रिकाओं में छपने वाली कहानियों का ख़ास गुण है। इन कहानियों की नायिका घरेलू हिंसा का शिकार होने के बाद हीरे की लौंग का तोहफ़ा लेकर अपने उस शौहर को फौरन माफ़ कर देती है, जिसने उसे शारीरिक यातना पहुँचाई थी, इस तरह के विभिन्न दृश्य, उनसे निकलने वाली ध्वनि एक तरफ़ पाकिस्तान की औरतों की साइकी में स्त्री के साथ जाने वाली हिंसा प्रेम की अभिव्यक्ति का एक रूप समझने की प्रवृत्ति को मज़बूत करती है. वहीं पुरुषों के ज़ेहन में यह ख़तरनाक रुझान पैदा करता है कि औरतों पर हिंसा करना, उसे अपमानित करना मर्दानगी प्रमाणित करने का एक तरीक़ा है। अगर

ऐसा बराबर किया जाये तो औरत न केवल इस हिंसा को बर्दाश्त करने की आदी हो जायेगी बल्कि उससे आनन्द भी प्राप्त करने लगेगी और इसे प्यार का एक रूप समझेगी।

हमारी रस्मों-रिवायतों की निर्ममता पत्र-पत्रिकाओं में अपने शिखर पर नज़र आती हैं! किसी मानसिक रोगी को प्रेत बताकर उस पर हिंसा करना, दहेज कम लाने की वजह से या घरेलू झगड़ों में पत्नी को ज़िन्दा जला देना, पुत्री जन्म पर पत्नी को प्रताड़ित करना या ग़ैर पुरुष से सम्बन्ध के सन्देह में उसकी हत्या या कारोकारी ऐसी घटनाओं का बयान इतने चटख़ारेदार अन्दाज़ में होता है कि इन बीभत्स परम्पराओं-प्रथाओं के प्रति विरक्ति नहीं पैदा होती बल्कि एक ऐसे समाज में जहाँ पुरुष की प्रधानता हज़ारों साल से क़ायम है, वहाँ इन बातों का मुसलसल छपते रहना अनपढ़ या पढ़े-लिखे लेकिन परम्परावादी सोच रखने वाले पुरुषों को औरतों पर हिंसा की प्रेरणा का सबब बनता है।

जनरल ज़िया के स्याह दौर में तथाकथित इस्लामी क़ानून, जो दरअसल पक्षपातपूर्ण क़ानून थे, पत्र-पत्रिकाओं के अलावा टेलीविज़न और रेडियो के ज़रिये सारे मुल्क में फैलाये गये, उर्दू पत्र-पत्रिकाएँ इन भेदभावपरक क़ानूनों की प्रशंसा, सराहना में पृष्ठ के पृष्ठ काले कर डाले। इस तरह हमारे पुरुषों, ख़ासतौर पर ग्रामीण क्षेत्र के कम शिक्षित या अशिक्षित नौजवानों या मर्दों के अन्दर हमारे जनसंचार माध्यम ने यह धारणा दृढ़ कर दी कि मज़हब के रूझान से औरत हक़ीर व कमतर है। उसकी जान की कीमत आधी, उसी गवाही आधी। उस पर कोई इल्ज़ाम लगाया जा सकता है। उसके साथ बलात्कार जैसा घिनौना अपराध किया जाये तो क़ानून के पक्षपातपूर्ण होने के कारण अपराध करने वाला या करने वाले साफ़ छूट जाएँगे। यदि आँकड़े जमा किये जाएँ तो ज्ञात होगा कि जनरल ज़िया के तथाकथित इस्लामी क़ानून लागू होने के बाद से ही हमारे यहाँ बलात्कार की हौलनाक घटनाएँ संक्रमण रोग की तरह फूट पड़ीं और अख़बार लड़कियों से छेड़छाड़, एकल और सामूहिक घटनाओं के समाचार से भर गये।

पन्द्रह-सोलह साल पहले तक हमारे यहाँ के अंग्रेज़ी प्रेस का रवैया भी आमतौर पर उर्दू प्रेस से बहुत भिन्न नहीं था अब अंग्रेज़ी अख़बारों में तथा पत्र-पत्रिकाओं में भी फैशन लिबास, शृंगार, सौन्दर्य तथा घर की सजावट व नयी डिशेज़ जैसे कॉलम प्रकाशित होते हैं। चन्द बहुत आकर्षक अंग्रेज़ी पत्रिकाएँ तो इन विषयों के लिए समर्पित ही हैं। बावजूद इसके अंग्रेज़ी भाषा के पत्र-पत्रिकाओं में पाकिस्तानी महिलाओं के अधिकार और समस्याओं के बारे में जो कुछ प्रकाशित होता है, उर्दू प्रेस में उसका दसवाँ हिस्सा भी नहीं छपता। यह सामने का सच है

कि पिछले एक दशक के दौरान अंग्रेज़ी पत्र-पत्रिकाओं ने पाकिस्तान की महिलाओं को जागरूक बनाने और उनके वास्तविक मुद्दों तथा समस्याओं को समकालीन विमर्श का हिस्सा बनाने में महत्त्वपूर्ण भूमिका अदा की है। जनरल ज़िया के स्याह दौर में पाकिस्तानी महिलाओं पर जो क़यामत गुज़र गयी और जिसके दुष्परिणामों से आज तक पाकिस्तान की स्त्रियाँ निज़ात हासिल नहीं कर सकी हैं, उस दौर से आज तक उनके अधिकारों और समस्याओं से अंग्रेज़ी समाचारपत्रों ने ही लड़ी हैं। जबकि उर्दू पत्र-पत्रिकाओं ने इस बाबत ठण्डेपन का ही सुबूत दिया है।

अंग्रेज़ी अख़बारों के इस सहानुभूतिपरक रवैये का एक बड़ा कारण यह है पिछले पन्द्रह-बीस सालों के दौरान अंग्रेज़ी पत्रकारिता में आधुनिक विचारों के उदारचेता अनेक पुरुष पत्रकारों के साथ-साथ उच्च शिक्षित, जागरूक, दृष्टिसम्पन्न उत्साही महिला पत्रकार बड़ी संख्या में अंग्रेज़ी पत्रकारिता के क्षेत्र में आयी हैं। आज वस्तुस्थिति यह है कि अंग्रेज़ी भाषा की पत्र-पत्रिकाएँ जिनका अनुपात मात्र 21 प्रतिशत है और जो हमारे समाज के प्रायः उच्चवर्ग में पढ़े जाते हैं, पाकिस्तानी स्त्री की दुर्दशा के अधिकांश चित्र उनमें ही देखने को मिलते हैं। यह स्त्री शहर की भी है और देहात की भी। पक्षपातपूर्ण क़ानून की मार खाई हुई, रस्मोरिवाज के शिकंजे में जकड़ी हुई पाकिस्तानी स्त्री की कमज़ोर आवाज़ को यही अंग्रेज़ी पत्र-पत्रिकाएँ अन्तर्राष्ट्रीय स्तर पर भी उठाती हैं। वो अंग्रेज़ी पत्रकारिता से सम्बन्ध रखने वाली महिला पत्रकार ही हैं जिन्होंने महिला संगठनों, वकीलों तथा मानवाधिकार संगठनों के साथ मिलकर बुनियादपरस्त, धार्मिक अतिवादी उग्रपंथी तत्त्वों से उनकी स्त्री शत्रुता के ख़िलाफ़ लगातार संघर्ष किया है। अंग्रेज़ी अख़बार जिन्हें पाकिस्तानी आबादी का तकरीबन 10 प्रतिशत ही पढ़ता है, लेकिन 90 प्रतिशत आबादी की समस्याओं की ओर इन अख़बारों ने सरकारों को न केवल सोचने पर मज़बूर किया है, बल्कि उनके समाधान के पक्ष में दबाव बनाया है।

पाकिस्तान की पत्रकारिता की जो स्थिति है और स्त्री के बारे में उसका जो आम रवैया है और जो यक़ीनी तौर पर पारम्परिक व व्यावसायिक है, वह शेष विश्व से कोई एकदम अलग यथार्थ नहीं है। पूर्व के समाजवादी देशों को छोड़कर समस्त विकसित व विकासशील देशों की पत्रकारिता स्त्री को सलीक़ेमन्द बीवी, स्नेहमयी माँ या दिलफेंक प्रेमिका के तौर पर पेश करती है, जिसे केवल बड़े घर, घरेलू सजावट, कीमती वस्तुओं, महँगे लिबास और सैर व तफ़रीह ही से दिलचस्पी है। यह स्त्री अपनी नौकरी ठीक से नहीं करती और उसकी मूर्खताएँ पुरुष साथियों को ठहाका लगाने पर मज़बूर करती हैं! पुरुष उच्चता का यही नशा है जिसके कारण पश्चिमी

देशों के अख़बारों का रवैया हमारे यहाँ के प्रेस से बहुत भिन्न नहीं होता। ऐसे अप्रिय और स्त्री-विरोधी प्रवृत्तियों से लड़ने के लिए यूरोप और अमरीका में उच्च शिक्षित, जागरूक महिलाओं ने विभिन्न स्तरों पर अपने प्रेशर ग्रुप बनाये तथा पत्र-पत्रिकाओं में प्रकाशित होने वाली सामग्री की समीक्षा का काम आरम्भ किया।

समूचे विश्व में आज एक मत से यह स्वीकार कर लिया गया कि प्रेस हो, रोडियो हो या टेलीविज़न सभी प्रकार के जनसंचार माध्यम स्त्री के प्रति भेदभावपूर्ण नीति अपनाते हैं—स्त्री की परम्परावादी छवि को बदलने की उनमें कोई आकांक्षा नहीं दिखती, यही कारण है 1975 में मैक्सिको में होने वाली महिलाओं की अन्तर्राष्ट्रीय कॉन्फ्रेन्स में यह दबाव बना कि वह इस सम्बन्ध में प्रभावपूर्ण प्रस्ताव पारित करे! फलस्वरूप प्रस्ताव सं. 19 स्वीकार किया गया, जिसके मुताबिक़—

'यह कॉन्फ्रेन्स सभी देशों के सत्ता प्रमुखों से अपील करती है कि वह अपने-अपने देशों में जनसंचार माध्यमों को इस बात का निर्देश दें कि उनके ज़रिये स्त्री की बेहतर छवि प्रस्तुत की जाये। व्यावसायिक उद्देश्यों के लिए महज़ एक दिखावे की वस्तु के तौर पर उसका इस्तेमाल बन्द किया जाये ताकि समाज में स्त्री-पुरुष के दरमियान स्वस्थ प्रतिस्पर्द्धा की सम्भावना विकसित हो सके और इससे प्राप्त समानता को सामान्य कल्याण के लिए इस्तेमाल किया जा सके।

एक सजग, जागरूक, विवेकवान तथा अपने कार्यक्षेत्र में नये शिखरों तक पहुँचाने वाली स्त्री आज पश्चिम की पत्र-पत्रिकाओं में भी एक 'महबूबा' ही समझी जाती है और पुरुष उच्चता की ग्रन्थि वहाँ भी पुरुष पत्रकारों को स्त्री के प्रति पक्षपात-पूर्ण रवैया अपनाने को बाध्य करती है। इस बारे में Edith Green का कहना है कि जब मैंने कांग्रेस का चुनाव जीता तो तमाम अख़बारों का आग्रह था कि मैं अपने किचेन में काम करते हुए फ़ोटो खिंचवाऊँ। ज़ाहिर-सी बात है उनका तात्पर्य यह था कि इस प्रकार के चित्रों से पाठकों को सन्देश दिया जा सकता है कि 'कॉंग्रेस वूमेन' होने के बावजूद मेरा असली मक़ाम क्या है। इसी तरह जब एक चिकित्सा विशेषज्ञ ख़ातून को नोबेल पुरस्कार दिया गया तो दूसरे दिन अख़बारों में उनके जो चित्र प्रकाशित हुए, उनके नीचे यह लिखा हुआ था 'दादी अम्मा नोबेल इनाम लेते हुए।' अमरीकी प्रेस का जब यह हाल है तो पाकिस्तानी पत्रकारिता से क्या उम्मीद की जा सकती है?

आवश्यकता इस बात की है कि पाकिस्तानी प्रेस तथा प्रकाशन-गृहों की आलोचना करते हुए इस अवस्था को बदलने के साथ ही इन संस्थाओं को औरतों की सामाजिक व आर्थिक बेहतरी के लिए प्रभावशाली तरीक़े से इस्तेमाल के प्रयास किये जाएँ।

पत्र-पत्रिकाओं के सामाजिक आधार में विस्तार के लिए आवश्यक है कि औरतों के हालात में सकारात्मक तब्दीली हो तथा इसके लिए ज़रूरी है कि स्त्री-शिक्षा के राष्ट्रीय अभियान को तेज़ किया जाये।

निश्चय ही औरतों की अशिक्षा तथा सामाजिक पिछड़ेपन के ख़िलाफ़ किसी भी अभियान में स्वयं औरतों की भूमिका बहुत महत्त्वपूर्ण होती है। स्त्री पराधीनता के पीछे धर्म एक प्रमुख कारक के रूप में मौजूद है। सामाजिक परम्पराओं ने इसे सघन बनाया है।

ईश्वर में अन्ध विश्वास ने औरतों की बहुसंख्या को भाग्यवादी बना दिया है। शिक्षा ही भाग्यवाद को कमज़ोर कर सकती है? शिक्षा वह प्रकाश है, जिससे ग़रीबी वे बेबसी के अन्धकार को दूर किया जा सकता है।

पूँजीवादी संरचना तथा आर्थिक व्यवस्था वाले समाज में अख़बार मालिकों से यह उम्मीद रखना कि वे आसानी से औरतों के हमदर्द तथा समाज़-सुधार के पक्ष-धर बन जायेंगे, अपने आपको धोखा देना है। इस सम्बन्ध में पत्र-पत्रिकाओं तथा अन्य प्रकाशन गृहों की प्रभावकारी भूमिका सुनिश्चित कराने के लिए हमें दो स्तरों पर काम करना होगा। ग़ैर-सरकारी तथा सरकारी।

ग़ैर-सरकारी सतह पर महिला संगठनों, विशेष रूप से महिला पत्रकारों की यह जिम्मेदारी है कि वह उर्दू प्रेस के लिए यूरोप, ख़ासतौर पर अमरीका के महिला संगठनों की कार्य पद्धति तथा अनुभवों से लाभ उठाते हुए ऐसी समितियाँ गठित करें जो औरतों के बारे में छपने वाली सामग्री पर कड़ी नज़र रख सकें। न सिर्फ़ यह बल्कि अपराध का शिकार होने वाली औरतों के लिए अपमानजनक और उत्तेजनापरक समाचारों पर प्रतिरोध आयोजित करें बल्कि इस काम के लिए ट्रेड यूनियनों में काम करने वाले पुरुषों तथा समानता व न्याय में विश्वास रखने वाले पुरुष पत्रकारों का सहयोग भी प्राप्त करें। ऐसा इस कारण भी आवश्यक है कि औरतें कहीं अन्याय व ज़ुल्म के ख़िलाफ़ इस संघर्ष को पुरुषों के ख़िलाफ़ न मान बैठें! बल्कि यह उस व्यवस्था के विरोध में है जो पुरुषों को इतने अधिक अधिकार दे देता है, जिसके नतीजे में वे ज़मीन पर ख़ुदा बन बैठते हैं और औरतों की ज़िन्दगी तल्ख़ कर देते हैं।

उर्दू प्रेस में भी अब महिलाओं की अच्छी-ख़ासी संख्या काम कर रही है। उनमें स्त्री अधिकार के बुनियादी दर्शन, स्त्री संघर्ष का इतिहास और मौजूदा हालात में प्रभावपूर्ण भूमिका के लिए तथा महिला आन्दोलन की राष्ट्रीय-अन्तर्राष्ट्रीय पृष्ठभूमि से उन्हें परिचित कराने के उद्देश्य से वर्कशाप तथा सेमिनार आयोजित होने चाहिए, जिनसे उनमें यह समझ विकसित हो सके कि स्त्री तथा पत्रकार होने के नाते तमाम

पाकिस्तानी औरतों और पाकिस्तानी समाज की प्रगति व ख़ुशहाली के लिए काम करना उनकी पेशागत तथा लैंगिक ज़िम्मेदारी है।

पत्रकार यूनियनों, दूसरी प्रगतिशील संस्थाओं मसलन पाकिस्तान मेडिकल ऐसोसिएशन, बार कौन्सिल तथा विभिन्न मज़दूर संगठनों को महिला संगठन इस बात पर आमादा कर सकती है कि एक संयुक्त समिति बनाकर अख़बार के मालिकान पर यह दबाव डाला जाये कि सम्पादकीय पृष्ठ औरतों की समस्याओं, सवालों का ब्लैक आऊट समाप्त हो, समाचारों तथा अन्य सामग्री के प्रकाशन में लैंगिक, धार्मिक, साम्प्रदायिक, भाषायी एवं क्षेत्रीय भेदभाव पर कारगर रोक लगे। इसके बाद भी हालात न सुधरें तथा पत्रकारिता में पेशागत प्रतिबद्धता को प्रमुखता प्राप्त न हो तो महिला संगठन विरोध सभाओं और धरना देने का सिलसिला शुरू कर सकती हैं।

यह बहस भी ज़रूरी है कि विधानसभाओं तथा संसद में औरतों के लिए स्थान सुरक्षित हों अथवा वे सीधे चुनाव जीतकर ही वहाँ पहुँचें, इस मुद्दे पर भी बात होनी चाहिए कि देश की आबादी का 48 प्रतिशत महिलाएँ हैं, उन्हें विधान सभाओं में क्यों न उनकी आबादी के हिसाब से सीटें दी जाएँ।

राजनीतिक दलों पर भी उचित संख्या में महिलाओं को टिकट दिये जाने के पक्ष में भी दबाव बनाने की आवश्यकता है। औरतों की दुर्दशा का एक कारण यह भी है कि लेजिस्लेटि कौन्सिलों में उनकी आवाज़ बेआवाज़ है। फैसला करने की, भेदभावपरक क़ानूनों को निरस्त करने तथा औरतों के लिए कल्याणपरक कानून बनाने की ताक़त औरतों के पास नहीं है। यह ताक़त हासिल करके यकीनन वे अपनी हालत में बदलाव ला सकती हैं।

अब मैं सत्ता पर आसीन महानुभावों को सम्बोधित करना चाहती हूँ, जिनके दोहरे मयार और रवैयों ने महिला आन्दोलन को उसके काज़ को बहुत क्षति पहुँचाई है, ये वे लोग हैं जो निजी महफ़िलों में औरतों के हुकूक़ के चैम्पियन बनते हैं लेकिन जब अमली काम का मरहला आता है तो मंज़र से ग़ायब हो जाते हैं।

उन्हें इस बात का बोध होना चाहिए कि पाकिस्तानी औरत सदियों पुरानी रस्मोरिवाज की ज़ंजीरों से अभी आज़ाद नहीं हुई थी कि तथाकथित इस्लामी क़ानूनों की बेड़ियाँ और हथकड़ियाँ पहनाकर समाज में उसके रहे-सहे सम्मान और गरिमा को भी खाक़ में मिला दिया गया। जनरल ज़िया के ज़माने से आज तक हमारे उर्दू

अख़बार और पत्रिकाएँ इन स्याह क़ानून के समर्थन में लेखादि प्रकाशित करते रहे हैं या ख़ामोश रहे हैं। वक़्त आ गया है कि मौजूदा हुकूमत इस बारे में अपने अधिकार व प्रभाव का इस्तेमाल करे। मौजूदा हुकूमत से यह माँग इस कारण विशेष रूप से होनी चाहिए कि वह मानवाधिकारों की समर्थक तथा रौशन .ख्याली का प्रतीक होने का दावा करती है और उसका नेतृत्व एक .खातून कर रही हैं। हमारी तमाम सरकारों ने अपनी सत्ता के बचाव तथा हितों के बचाव की ख़ातिर प्रेस पर कैसे-कैसे दबाव नहीं डाले। अब पाकिस्तान की औरतों के हितों की रक्षा के लिए उप पर दबाव बनाया जाये कि वे उनके बारे में विवेक सम्मत, प्रगतिशील मानवीय तथा न्यायपरक दृष्टिकोण अपनाने पर आमादा हो सकें।

मुल्क की सभी भाषाओं की पत्र-पत्रिकाओं के लिए एक आचार संहिता तैयार होनी चाहिए, जिसे प्रभाव पूर्ण तरी.के से लागू करने के लिए ठोस प्रयास होने चाहिए। इस आचार सहिता के निर्माण में जीवन के विभिन्न क्षेत्रों से सम्बन्ध रखने वाली महिलाएँ तथा स्त्री मामलों के जानकार पुरुष शामिल हों!

यहाँ सारी बात-चीत पत्र-पत्रिकाओं, जर्नल्स तथा दूसरे प्रकाशन गृहों के हवालों से की गयी है लेकिन हमें ध्यान रखना होगा कि जब तक पूरा मुल्क शिक्षा के दायरे में नहीं आ जाता, उस समय तक बतौर ख़ास और उसके बाद भी सामाजिक चेतना के विकास में रेडियो और टेलीविज़न के बेपनाह दायित्व हैं। यहाँ यह बात दुख के साथ कहनी पड़ती है कि औरतों के मामलों में पाकिस्तानी टेलीविज़न का रवैया प्रिण्ट मीडिया से बहुत अलग नहीं है। उसने औरतों की गरिमा को उच्चता देने तथा तत्सम्बन्धी नज़ाकतों का ख़याल नहीं रखा।

स्त्री शिक्षा की चिन्ताजनक स्थिति को देखते हुए कहा जा सकता है कि इन हालात में प्रिण्ट मीडिया पाकिस्तानी स्त्री की सामाजिक अवस्था में बेहतरी के लिए कोई बड़ा मार्का सर नहीं कर सकते। जबकि इलेक्ट्रानिक मीडिया काफ़ी कारगर भूमिका अदा कर सकता है, क्योंकि उन्हें देखने-सुनने समझने के लिए किसी औपचारिक शिक्षा की अनिवार्यता नहीं होती, टेलीविज़न के ड्रामे हों या दूसरे कार्यक्रम, उन्हें लिखने व तैयार करने वाले लोगों को इस बाबत सचेत होना चाहिए। उन्हें पाकिस्तान की ग्रामीण तथा शहरी स्त्री को पाकिस्तानी समाज के नव-निर्माण में हिस्सेदार बनाना है। अगर ऐसा किया जाये तो चन्द सालों के अन्तराल में अशिक्षा व पिछड़ेपन का शिकार पाकिस्तान की स्त्री के अन्दर यह आत्मचेतना उत्पन्न हो सकती है कि वह भी अन्तर्राष्ट्रीय स्तर पर उभर रही महिला शक्ति का एक हिस्सा है। उसे इस यथार्थ से रू-ब-रू कराया जा सकता है कि औरत की शिक्षा, हुनरमन्दी उसकी सामाजिक-राजनीतिक चेतना उसके अपने व्यक्ति तथा

घर भाग्य बदल सकता है। इसके साथ ही वह देश की तरक़्क़ी और ख़ुशहाली में भी पुरुष के समान योगदान दे सकती है और समाज अपने खोये हुए सम्मान व गौरव को प्राप्त कर सकती है।

किसी भी समाज के निर्माण तथा उसके सुसंकृत विकास में औरतें बुनियादी भूमिका निभाती हैं। वह समाज जो औरतों का जीवन कठिन से कठिनतर करता जाये, उसके अपमान, तिरस्कार व अवमानना को अपनी परम्परा बना ले, उस समाज की औरतें और मर्द एक-दूसरे से इतने बेगाना हो जाते हैं कि परस्पर शत्रु बन जाते हैं। हरीफ़ बन जाने के बाद वे एक-दूसरे को नीचा दिखाने और शिकस्त देने की प्रक्रिया में अपनी तमाम सृजनात्मक क्षमताएँ सर्फ़ कर देते हैं। इसका नतीजा यह निकलता है कि राजनीतिक, आर्थिक और सांस्कृतिक पिछड़ापन उस समाज की पहचान बन जाता है।

(1995 में पाकिस्तान के सूचना एवं जनसंचार मन्त्रालय द्वारा इस्लामाबाद में आयोजित एक सेमिनार में पढ़ा गया)

सन्दर्भ सूची

1. American Commission of Civil Rights-1975
2. Report on International Women Conference, Maxico-1975
3. Pakistan Year Book-1981
4. Pakistan Statistical Year Book-1989
5. World Report on Development

उर्दू कथा साहित्य और पितृसत्तात्मक परिवार

कृषि समाज की आर्थिक आवश्यकताओं ने परिवार (ख़ानदान) की उस अति परिचित संस्था को जन्म दिया जो एक मर्द और एक औरत या एक मर्द और कई औरतों या एक औरत व कई मर्दों के दरमियान यौन-सम्बन्धों के नतीजे में पैदा होने वाले या उनके अपनाये हुए बच्चों पर आधारित रहा है।

इतिहास पूर्व से आज तक शादी-विवाह और खून के रिश्तों से बँधे हुए और हसबो-नसब (वंश-परम्परा) के धागे में पिरोये हुए जो व्यक्ति एक जगह एक साथ रहते हों तथा अपनी रोज़मर्रा की ग़िज़ाई (खाद्य) ज़रूरत और दूसरी ज़रूरतों को पूरा करने में एक-दूसरे के सहयोगी होते हों, वही परिवार या ख़ानदान क़हलाते हैं। परिवार विश्व की सबसे प्राचीन संस्था है एवं धर्म व राज्य से कहीं पुरानी है। इस संस्था की प्राचीनता और मनुष्य के मनोविज्ञान में इसकी जड़ों का अन्दाज़ा इससे लगाया जा सकता है कि खुदाओं (ईश्वरों) को भी ख़ानदान की ज़रूरत रही है, यही कारण है कि मिस्री आख्यान हों या हिन्दुस्तानी और यूनानी, हमें हर जगह देवियों और देवताओं पर आधारित परिवार मिलते हैं। जेवस यूरोपा व हैरा के इलावा पाँच दूसरी औरतों से शादी रचाता है। हरकुलियस और सारपैडोन उसके बेटे हैं। पार्वती, शिव की पत्नी हैं, सरस्वती का विवाह ब्रह्मा से हुआ है और लक्ष्मी का विष्णु से। ओसीरस की ब्यांहता आइसिस है और उसकी बहन नफ़ीतसा। जब हम बुतपरस्ती से एकेश्वरवाद की ओर आते हैं तो इब्राहीम, हाजरा, सारा, इस्माईल और इसहाक का ख़ानदान है। मूसा अपनी पत्नी और अपने भाई हारून के शाना-ब-शाना हैं। अहदनामा-ए क़दीम (ईसाई धार्मिक पुस्तक) का पहला अध्याय 'पैदाईश' सामी नस्ल के नबियों की वंशावली और ख़ानदानों के तज़किरों से भरा पड़ा है। ईसाइयत में हमें परिवार त्रिकोण की सूरत में नज़र आता है। इस्लाम रसूल, उनकी बेटी और दामाद, ख़ानदान की रचना करते हैं। जिससे सम्बद्ध लोग डेढ़ हज़ार वर्ष गुज़र जाने के बाद भी मुस्लिम समाज में सम्माननीय व आदरणीय माने जाते हैं।

विश्व की यह प्राचीनतम संस्था अपने विकास का एक लम्बा, अज्ञात व ज्ञात इतिहास रखता है। प्रसिद्ध अमरीकी इतिहासकार लुइस हैनरी मार्गन ने 'परिवार' को एक ज़िन्दा, स्पन्दन व परिवर्तनशील वस्तु घोषित किया है। उसका कहना है कि यह कभी एक हाल में नहीं रहता। जिस प्रकार समाज नीचे से ऊपर की ओर विकास करता रहा, उसी तरह परिवार भी नीचे से ऊपर की तरफ़ तरक़्क़ी करता रहा। विकास की इस प्रक्रिया के दौरान ही 'परिवार' संस्था की सत्ता औरत के हाथ से निकल कर मर्द के हाथ में चली गयी। फ्रेड्रिक एंगेल्स मातृ सत्तात्मक व्यवस्था के अवसान को 'औरतों की विश्वव्यापी पराजय' के रूप में स्वीकार करता है। 'जब मर्द ने घर के अन्दर भी बागडोर' अपने हाथों में सँभाल ली और औरत अपने रुतबे से गिर गयीं।

रुतबे से गिरी हुई इस स्त्री के अधिकारों की लड़ाई जब विख्यात ब्रितानवी दार्शनिक, राजनीतिक विचारक और उस्ताद (शिक्षक) जानस्टोवर्ट मिल ने लड़ी तो 1867 ई. में अपनी पुस्तक में यह सवाल उठाया कि 'क्या स्त्री की स्वतन्त्रता से मनुष्यता का कोई कल्याण हो सकता है? 'यदि ऐसा नहीं है तो अनावश्यक उनको परेशान करने तथा एक सैद्धान्तिक अधिकार के लिए एक सामाजिक क्रान्ति से क्या लाभ?'

यही वही प्रश्न था जो उस ज़माने में नारी-मुक्ति आन्दोलनों पर नाक-भौं चढ़ाने वाले पुरुष उठाते थे। और स्वयं मिल ने इस प्रश्न का उत्तर भी दिया कि 'स्त्रियों की ग़ुलामी में जो तकलीफ़ें, अनैतिक हरकतें तथा बुराइयाँ पैदा होती हैं, वो इतनी तीव्र हैं कि उनको नज़रअन्दाज़ करना मुमकिन नहीं है। स्पष्ट है कि ताक़त का इस्तेमाल उस समय तक नहीं रुक सकता जब तक कि ताक़त मौजूद है। यह ऐसी ताक़त है जो सिर्फ़ नेक व बाइज़्ज़त मर्दों को ही नहीं दी गयी बल्कि सब मर्दों को हासिल है। भले वो कितने ज़ालिम व मुजरिम क्यों न हों...? विवाह में निहित पराधीनता की स्थितियाँ विश्व के तमाम सिद्धान्तों का भयावह अन्तर्विरोध है। वो सिद्धान्त जो बड़ी मेहनत से आहिस्ता-आहिस्ता अनुभव व प्रयोग की बुनियाद पर निर्धारित किये गये हैं।

हब्शी (अफ़्रीक़ी) ग़ुलामों के बाद यह अकेली स्थिति शेष है जिसमें एक इंसान दूसरे इंसान के रहमो-करम पर छोड़ दिया जाता है। महज़ इस उम्मीद पर कि वह अपने गुलाम से नर्मी का सुलूक करेगा। इस समय हमारे कानून में विवाह ही ग़ुलामी की अकेली अवस्था शेष रह गयी है। कानूनी गुलाम आज कोई नहीं है सिवाय हर घर में बीवी के।

जान स्टुवर्ट मिल ने उन्नीसवीं सदी के अन्तिम दशकों में पितृसत्तात्मक जिस संस्था पर आक्रमण किया, वह गत पाँच हज़ार वर्ष पूर्व सौमेरी, अक़ादी और अशूरी

शिलालेखों और साढ़े चार हज़ार वर्ष पुराने मिस्री पेपर्स अपनी सम्पूर्ण आभा के साथ चमकता नज़र आता है। 'तपाहहौतप' जिसे विश्व का नैतिकता का उपदेश व शिक्षा देने वाला सबसे पहला ज्ञात शिक्षक कहा जाता है, वह मिस्र के पाँचवें ख़ान्दान 2345-2494 मूसा पूर्व के फ़िरऔन अज़नेरी के ज़माने में गुज़रा है। यह मिस्री विद्वान पितृसत्तात्मक संस्था की व्याख्या करते हुए अब से चार हज़ार पाँच सौ साल पहले लिखता है कि 'अगर तू धनी है तो अपने लिए बेटा प्राप्त कर...अगर तू हैसियत वाला है तो अपना घर बना, और घर में अपनी बीवी से मोहब्बत कर क्योंकि वह इसकी हक़दार है। उसका पेट भर। उसकी कमर कपड़े से ढाँक, उसकी देह पर ख़ुशबू मल, जब तक तू ज़िन्दा है उसका दिल ख़ुश रख क्योंकि वह अपने मालिक के लिए सूदमन्द ज़मीन होती है, जो कुछ तेरे पास है, उससे उसके दिल को तस्कीन पहुँचा। इस तरह वह तेरे घर में रहती रहेगी। अगर तू उसे धुतकारेगा तो वह रोने लगेगी। पितृसत्तात्मक परिवार और विवाह के बारे में इन पंक्तियों को पढ़ते हुए लगता है कि ये अभी-अभी लिखी गयी हैं। इससे अनुमान लगाया जा सकता है कि पितृसत्तात्मक परिवार कितना पुराना है और मनुष्य के मनोविज्ञान में किस सीमा तक गहरे धँसा हुआ है। यही कारण है कि विश्व के हर क्षेत्र के प्राचीन व आधुनिक साहित्य में 'परिवार' संस्था के एक हज़ार एक रूप और रंग हैं।

उर्दू साहित्य में 'परिवार' के एक संस्था का रूप लेने की बात यों तो 'सबरस' व गद्य की दूसरी आरम्भिक किताबों से शुरू की जा सकती है लेकिन मैं उसे उन्नीसवीं सदी की पहली नस्रीदास्तान (गद्यकथा) बाग़ोबहार से आरम्भ करती हूँ। जिसकी कहानियों में हमें पितृसत्तात्मक परिवार के विभिन्न मर्द रिश्तों की महसूस और ग़ैर महसूस हुक्मरानी नज़र आती है। 'बागोबहार' बादशाह आज़ाद बख़्त और उन चार दरवेशों (संतों) का किस्सा है, जो एक वीराने में इकट्ठा हैं और रात गुज़ारने की ख़ातिर एक-दूसरे को अपनी-अपनी कहानी सुनाते हैं। आज़ाद बख़्त और उन चार दरवेशों की कहानियों में हमें ख़ानदान (परिवार) के विविध रिश्ते अपनी छटा दिखाते हैं। पहले दरवेश की बहन कैसी घरेलू और सुघड़ है। रस्मोरिवाज में ठेठ हिन्दुस्तानी है। भाई के आने पर कालेटके और माश (उड़द) का सदका (न्यौछावर) देती है। जब रुख़सत करती है तो दही का टीका माथे पर लगाती है। वसरे (एक ईराकी नगर) बाप के क्रोध व लांछन में पड़कर भी उसके सम्मान की उपेक्षा नहीं करती। 'ख़्वाजा सग परस्त की नेक बख़्त जोरू, कर्ज़ के बोझ से दबे हुए देश की कन्या जब यह ख़बर सुनती है कि उसका पति मारा गया तो वह सीने पर खंजर मारकर सती होती है।'

पहले दरवेश की दास्तान में ज़ख़्मी शहज़ादी का आँचल मुँह पर ले लेना

पर्दादार स्त्रियों में 'पर्दे' को जिस्मानी तकलीफ़ और मौत के डर के मुकाबले प्रमुखता दिलाता है और पूरब की पारिवरिक प्रथाओं को सामने लाता है। इसी पहली (दमिश्क़ सीरिया की) शहज़ादी का दरवेश से शादी के बाद यह कहना कि 'वक़्त का तक़ाज़ा यह है कि अब इस शहर में रहना मेरे और तेरे हक़ में भला नहीं, आगे तू मुख़्तार है।'

यह भी ख़ानदान की परम्परा की तरफ़ संकेत है कि वह पत्नी की हैसियत से सुझाव तो दे सकती है लेकिन अन्ततः मालिक तो पति ही है। हालाँकि शादी पहले वह हुक्म दिया करती थी, इस तरह एक ऐसी पूर्वी पत्नी की कल्पना उभरती है जो शौहरपरस्त (पतिव्रता) है और शादी के बाद पति ही उसका सब कुछ है। पहली शहज़ादी की माँ और वज़ीरज़ादी की माँ दोनों ख़ास पूर्वी माँएँ हैं और उनके लिए उनके मर्दाना रिश्ते सबसे ज़्यादा महत्त्वपूर्ण और श्रेष्ठ हैं। पितृसत्तात्मक समाज की औरतें, मर्दों के लिए क्या भावनाएँ व अनुभूतियाँ रखती हैं। इसका अन्दाज़ 'बागो बहार' में वज़ीरजादी की माँ के इस वाक्य से लगाया जा सकता है कि 'काश कि तेरे बदले खुदा अन्धा बेटा देता तो मेरा कलेजा ठण्डा होता और बाप का हाथ बँटाने वाला होता।' शहज़ादी की माँ को मान-सम्मान की चिन्ता है, वज़ीरज़ादी की माँ को पति के क़ैद होने और बेटा न होने का दुःख है। 'बाग़ो बहार' (ले.मीर अम्मन) में हमें ख़ानदान के रिश्तों के मियान जहाँ अत्यधिक प्रेम नज़र आता है, वहीं खूनी रिश्तों से घृणा का चरम रूप ख़्वाजा सग परस्त की सूरत में दिखाई पड़ता है जो भाइयों की नमकहरामी और ग़द्दारी की सज़ा के तौर पर उन्हें पिंजरे में क़ैद रखता है। उन्हें अपने वफ़ादार कुत्तों का जूठा खिलाता है और पितृसत्तात्मक समाज के नियमों की पाबन्दी करता है।

'फ़साना-ए-अजायब' (ले. रजब अली बेग सरवर) के पात्र शहज़ादा जाने आलम, शहज़ादी अंजुमन आरा, मलिका मेहर निगार, माहतलत, फ़ीरोज़बख़्त, पीर मर्द, वज़ीरज़ादा, सबही पितृसत्तात्मक परिवार की संस्था में अपनी-अपनी भूमिका में अटल हैं। मलिक मेहर निग़ार का बाप 'पीर मर्द' है। वह जन्मजात बादशाह है। लेकिन स्वभाव फक़ीरों का है। इसी कारण वैभवशाली सल्तनत छोड़कर एकान्तवासी हो चुका है। लेकिन जब जाने आलम के प्राण पर बन आती है तब उसी को जाने आलम और उसके लश्कर को बचाने के लिए बुलाया जाता है। ऐसे अवसरों पर वह एकांत प्रिय होने के बावजूद अपने बाप होने की भूमिका में आने से संकोच नहीं करता और झुँझला कर ही सही, बचाने वाले का चरित्र बख़ूबी अदा करता है।

परिवार एक मज़बूत संस्था के रूप में हमें 'फ़साना-ए-अजायब' में कई रंग में नज़र आता है। मसलन जाने आलम के माँ-बाप का उसकी जुदाई में रोते-रोते

अन्धा हो जाना, जाने आलम का मेहर निगार और अंजुमन आरा की वफ़ादारी पर शक करना, मेहर निगार से शहज़ादा जाने आलम का बतौर एक मर्द के वायदा वफ़ा करना, समुद्री तूफ़ान में घिर कर गुम हो जाने वाली मलिका की तलाश में शहज़ादे का सर हथेली पर रख कर फिरना। ये सब इसका संकेत हैं कि परिवार के पुरुष व नारी पात्र अपने-अपने निर्धारित सामाजिक नियमों से कहीं अलग नहीं होते। औलाद की मोहब्बत, इश्क़ कर गिरफ्तारी और प्रेमिकाओं या होने वाली पत्नियों के लिए प्राणों की आहुति वो नियम हैं जो परिवार संस्था से उत्पन्न हुए हैं।

अवध पर हिन्दी शायरी और हिन्दुस्तानी समाज की परम्पराओं का बहुत गहरा असर था। दोनों में प्रेम की अभिव्यक्ति स्त्री की ओर से होती है, पुरुष हमेशा प्रेमी रहता है। राधा और कृष्ण के प्रेम की बुनियाद भी यही परम्परा है, शिव और पार्वती के सम्बन्ध भी इसी आधार पर विकसित हुए हैं। चुनांचे जिस समाज में नाटक 'इन्द्रसभा' बादशाह स्वयं कन्हैया बनता हो तथा सुन्दर नारियाँ गोपियों का रूप धारती हों, वहाँ जाने आलम सा ख़ूबसूरत माशूक...बुद्धि व होशियारी में कोरा है तथा ऐश्वर्य व विलास का प्रेमी है तो वह क्या करे कि उसके समाज में इस विशिष्ट गुण को सौन्दर्य माना जाता है, कुरूपता नहीं। औरतों में बुद्धि व दृष्टि का होना, मर्दों को सलाह या सुझाव देना भी उस काल की प्रिय प्रवृत्ति है, क्योंकि ऐसा होता था। हज़रत महल जैसी सहिसी बुद्धिमान और राजनीतिज्ञ महिला उस सामाजिक व्यवस्था का जीता-जागता नमूना थीं।

उर्दू उपन्यासों और कहानियों में 'परिवार की संस्था, को तलाश करने से पहले मैं 'दास्ताने अमीर हमज़ा के उन छियालीस खण्डों' का उल्लेख करूँगी, जिनमें 'तिलिस्मे होशरुबा' के दस हज़ार पृष्ठ भी शामिल हैं। ये 46 खण्ड लगभग 50 हज़ार पृष्ठों पर फैले हुए हैं। इस महान् गद्य कृति के प्रकाशन का आरंभ, लखनऊ में मुंशी नवल किशोर के छापेखाने से सन् 1881 में हुआ और 1917 तक जारी रहा। उर्दू भाषा बजा तौर पर गर्व कर सकती है कि उसमें दुनिया की सबसे लम्बी कहानी मौजूद है। यह दास्तान 36 वर्षों की अवधि में लिखी गयी और छपने की प्रक्रिया से गुज़री। कहने को यह जादूगरों-जादूगरनियों, शहज़ादों और शहज़ादियों के इश्क व आवेज़िश का एक पुलिन्दा है, जिसमें जादुई किस्से हैं और चमत्कारिक घटनाएँ। लेकिन वास्तव में यह अवध के उस महान तहज़ीबी सिलसिले का विशाल बिम्ब है, जिसमें कौशल्या जैसी माँ, दशरथ जैसे बाप, सीता जैसी पत्नी, राम जैसे बेटे, लक्ष्मण जैसे सिपाही और भरत जैसे भाई ने साँस ली और जिस तहज़ीब में बेगम हज़रत महल जैसी बहादुर ख़ातून पैदा हुई। यही वजह है कि 50 हज़ार पृष्ठों की इस दास्तान में ख़ानदान (परिवार) के बुनियादी रिश्ते पूरी शक्ति में दिखाई पड़ते

हैं। इतना बुनियादी फ़र्क ज़रूर है कि 'रामायण' अगर हिन्दुस्तानी मर्दों की गाथा है तो 'दास्ताने अमीर हमज़ा' और 'तिलिस्मे होशरूबा' लड़ने वाली औरतों की एक दास्तान। रामायण में जिस परिवार का ज़िक्र है उसके सदस्यों की संख्या सीमित है जबकि पूर्व उल्लिखित दास्तानों में कुफ्र और इस्लाम के संघर्षों का बयान है। इस्लाम का प्रतिनिधित्व हज़रत अमीर हमज़ा और कुफ्र का नेतृत्व 'अफरासियान जादूगर' के ज़िम्मे है। फिर इन दोनों के अधीनस्थ, मानने वाले प्राण देने वाले तथा सामान्य नागरिक हैं और इन सबके परिवार के सदस्यों की संख्या बहुत अधिक है। रामायण में अगर पुरुष सभी मामलों में फैसले करते हैं तो विराट दास्ताने अमीर हमज़ा के परिवारों के नारी पात्र, मर्दानावार फैसले करते, जंगें लड़ते और इश्क़ में मरते हुए नज़र आते हैं। तिलिस्मे होशरूबा की दुनिया ही अलग है। यहाँ औरतों की अमलदारी (हुकूमत) है। मैदाने जंग में घोड़े वो दौड़ाएँ, तलवार से, तीर से, जादू से, सहर (चमत्कार) से मर्दों को वो नीचा दिखाएँ। उन्हें गट्ठे जैसा बाँधकर घोड़े की पीठ पर लादकर साथ ले आएँ। इश्क़ करें, ईर्ष्या करें, महफ़िलें सजाएँ, मलिका बर्क़शमशीर ज़न, मलिका रौशन निगाह सर बुलन्द, मलिका, मिशअले निगाह, मलिका जीमले सहर ज़बरदस्त, मलिका सिफ़ते सहर साज़। कैसी-कैसी शहज़ादियाँ और जादूगरनियाँ हैं कि जिनके नाम के खुंमे (स्तंभ) गड़े हुए हैं और ज़मीन से आसमान तलक जिनके हुक्म की तामील है।

उन्नीसवीं सदी के उत्तरार्द्ध में भी जबकि औरतों का पढ़ना बुरा समझा जाता था और लिखना सीखने के बारे में तो यह कहावत आम थी कि लड़कियाँ-बालियाँ अगर लिखना सीखेंगी तो इश्कनामे लिखेंगी, अम्मा-बाबा की नाक कटाएँगी, आसमान में थगली लगाएँगी।

हिन्दुस्तान में रहने वाले 'मुसलमान परिवार' में पर्दा वह अधीनस्थ संस्था है, जिसकी गिरफ़्त औरतों पर बहुत मज़बूत रही है। अभी तक उपमहाद्वीप की मुसलमान औरत इस जकड़बन्दी से पूरी तरह आज़ाद नहीं हो सकी है।

आज से सवा सौ साल पहले 'तिलिस्मे होशरूबा' लिखने वाले रचनाकार उस काल में क़लम का ये खेल दिखा रहे थे जब औरत की छाया का भी पर्दा होता था। चुनांचे उसके लिए यह आसान तरकीब निकाली गयी कि हर मलिका, शहज़ादी या हसीना ग़ैर मुस्लिम होती है और जब वह मुसलमान हो जाती है तब फिर वह महल के अन्दर भेज दी जाती है और उसकी आज़ादी के दिन खत्म हो जाते हैं। लेकिन शेराने अरब को दूसरी ग़ैर मुस्लिम शहज़ादियाँ मिल जाती हैं। ठीक हमारी जमाइका की तरह कि इमरान ख़ाँ से उसका इश्क़ जैसे ही कामयाब हुआ और वह दायरा-ए-इस्लाम में दाख़िल होकर निकाह के घेरे में आयी, स्कर्ट की जगह शलवार

क़मीज़ ने ले ली, हैट हवा में उड़ गया, दुपट्टा सर पर जम गया और 'इमरान' से एक क़दम पीछे रहना लाज़िम ठहरा।

1857 का रक्तिम तूफ़ान उपमहाद्वीप के सर से गुज़र चुकने के बाद उन्नीसवीं सदी के आखिरी दशकों में जहाँ एक तरफ़ इन दास्तानों के काल्पनिक वातावरण में ग़ैर मुस्लिम हसीनाएँ मुसलमान होने के बाद अपनी आज़ादी खो रही थीं, वहीं उर्दू में ऐसे यथार्थवादी और स्थिति को समझाने वाले रचनाकार पैदा हो रहे थे, जिन्होंने अनुमान लगा लिया था कि समुद्र पार की हवाएँ परिवार-ख़ानदान की संस्था को घास फूँस की तरह उड़ा कर ले जाएँगी। इसीलिए उन्होंने 'पिदरसरी' पितृ प्रमुखता वाले परिवार को बचाने के लिए एक नयी रणनीति निर्मित की। वो ख़ानदान की संस्था में किसी ग़ैर मुस्लिम सुन्दरी को इस्लाम में दीक्षित करके शामिल करने के बजाय उन लड़कियों की नस्ल को परवान चढ़ाने के इच्छुक थे जिन्हें मध्यवर्गीय मुस्लिम परिवारों की आवश्यकतानुरूप शिक्षा दी गयी हो। डिप्टी नज़ीर अहमद की 'मिरातुल उरूस' (1869) या शाद अज़ीमाबादी की सूरतुलख़याल (1876) नवाब अफ़ज़लुद्दीन की फ़साना-ए-खुर्शीदी (1886) या उर्दू की पहली तमसील निगार (छायानाट्य लेखक) ख़ातून 'रशीदुन्निसा' की 'इस्लाहुन्निसा' (रचना 1881-प्रकाशन 1894) ये सारे तमसीली किस्से परिवार के सुधार और उसे आधुनिक दौर की अपेक्षाओं के अनुरूप ढालने की कोशिश में नज़र आते हैं।

जब हम परिवार को एक संस्था के रूप में तलाश करते हैं तो उसकी बेहतरीन मिसालें उन्नीसवीं सदी के अन्तिम दशकों और बीसवीं सदी के आरम्भिक दशकों के तमसीली क़िस्सों और उपन्यासों में नज़र आती है। अल्ताफ़ हुसैन 'हाली' मजालिसुन्निसा, अब्दुल हलीम शरर का बदरून्निस की मुसीबत, मुंशी सज्जाद हुसैन का अहम कुल्लजी, मिर्ज़ा अब्बास हुसैन होश का 'नादिर जहाँ', मौलवी शब्बीरुद्दीन का 'इक़बाल दुलहन', सैयद अहमद देहलवी का क़िस्सा मेहरे अफ़रोज़, बेगम सुग़रा हुमायूँ मिर्ज़ा का 'ज़हरा', नज़र सज्जाद हैदर का अख़्तरन्निसा, सैयद अली सज्जाद अज़ीमाबादी की नयी नवेली, मोहम्मद सज्जाद मिर्ज़ा बेग देहलवी का दिलफ़िगार, मोहम्मद अमजद हुसैन अलमारूक़ व हुमायूँ मिर्ज़ा का, रब्बावे कलकत्ता, अख़्तर बानो का आईना-ए-इबरत, वालिदा अफ़ज़ल आली का गूदड़ का लाल, मोहम्मदी बेगम का सफिया बेगम, मुंशी मोहम्मद मुस्तफ़ा ख़ाँ का नसीमे आरजू, मुंशी हादी हुसैन का हिजा बुन्निसा, मुंशी अब्दुर्रहमान शौक़ का 'खुर्शीदजहाँ,' शेख़ अहमद कामिल का कुलसूम, उर्दू अदब वो आरम्भिक तमसीली किस्से और नाविल हैं जो आज यकसर भुलाये जा चुके हैं लेकिन जिन्होंने ह्रासोन्मुख सामन्ती व्यवस्था के साये में पनपने वाले पितृसत्तात्मक परिवार को नयी बुनियादें प्रदान करने की कोशिश की।

वेश्याएँ पितृसत्तात्मक समाज का अभिन्न हिस्सा हैं, और उस भयानक अन्तर्विरोध की प्रतीक है जो गत इतिहास से आज तक पुरुष प्रधान समाज में पाया जाता है। वह मर्द जो अपनी औरत को सात पर्दों में रखता है और अपने नारी सम्बन्धों की पवित्रता के लिए जान दे देता है, वही वेश्या के कोठे की सीढ़ियाँ चढ़कर औरत के स्त्रीत्व व सम्मान को सिक्कों में खरीदता नज़र आता है। पितृसत्तात्मक परिवार का यह पक्ष हमें उर्दू के पहले उपन्यास 'नशतर' में नज़र आता है, जिसमें अठारहवीं सदी की मुसलमान वेश्या का चित्रण हुआ है। इस विषय को बड़ी हुनरमन्दी से मिर्ज़ा हादी रुस्वा ने 'उमराव जान अदा' में प्रस्तुत किया है। उन्नीसवीं सदी के उप महाद्वीप में औरत और मर्द का यह सम्बन्ध विश्लेषण के साथ दिखाया है। पुरुषसत्ता वाला परिवार 'तवायफ़' के साथ क्या व्यवहार करता है, वह हमें उमराव जान अदा के दर्पण में नज़र आता है और बीसवीं सदी में स्त्री-पुरुष सम्बन्ध को सआदत हसन मण्टो ने अपनी कहानियों में चित्रित किया है।

'फ़साना-ए-आज़ाद' ढाई हज़ार पृष्ठों पर फैला हुआ वह शाहकार है, जिसे रतन नाथ 'सरशार' ने लिखा। उनका सबसे बड़ा गुण यह है कि उनका फ़साना-ए-आज़ाद हो या जामे सरशार, कामिनी और सैर कुहसार, मुसलमान और हिन्दू परिवार के बतौर संस्था हमारे सामने आते हैं। वह एक ऐसी औरत की कहानी लिखते हैं, जो विवाहित होने के बावजूद विधवा की ज़िन्दगी गुज़ारती है। क्योंकि उसका शौहर जो लाम पर गया था, उसके बारे में उसे इत्तिला मिलती है कि वह जंग में शहीद हो गया है लेकिन उसे इस बात का यकीन नहीं आता और वह अपने शौहर रनवीर सिंह का इन्तज़ार करती रहती है और आख़िरकार उसका यकीन सच्चा साबित होता है। जबकि फ़साना-ए-आज़ाद का ख़ोजी ह्रासोन्मुख सामन्ती संस्कृति का विशिष्ट प्रतिनिधि है। जो मिटती हुई तहजीब और समाज पर भरपूर व्यंग्य है और उन लोगों पर कटाक्ष है जो मज़हब और धर्म की आड़ लेकर हमारी मिटती हुई बोसीदा जर्जर संस्कृति को फलता-फूलता देखना चाहते हैं। और नयी सभ्यता के मूल्यों से रू-ब-रू होने की कोशिश नहीं करते। इसी तरह 'सैरे कुहसार' की बेगम कमरून और नाज़ो हिन्दुस्तानी मुसलमानों के सच्चे चेहरे हैं। पण्डित रतन नाथ सरशार को सबसे ज़्यादा दाद इस बात पर मिलनी चाहिए कि उनके उपन्यासों में साम्प्रदायिक पक्षपात नहीं नज़र आता है। जिस खूबी से वह हिन्दू परिवार का चित्रण करते हैं, उतनी ही महारत से मुसलमान ख़ानदान का नक्शा खींचते हैं।

ब्रितानवी प्रभुत्व भारतीय समाज को तेज़ी से बदल रहा था और मुस्लिम उच्च वर्ग इस नयी हवा से बेतरह सहमा हुआ था, चुनांचे उर्दू के अनेक लेखकों ने ह्रासोन्मुख सामन्ती संस्कृति के साये में पनपने वाले पितृसत्तात्मक ख़ान्दान को नयी

बुनियादें प्रदान करने की कोशिश की उन्होंने उप महाद्वीप की मुसलमान स्त्री को शिक्षा के आभूषण से सजाकर उसे ताबेदार और वफ़ाशार बीवी, जाँनिसार माँ, बहन और बेटी के साँचे में ढालकर पुराने और नये के इस संघर्ष में हिरावल के तौर पर इस्तेमाल किया। ये अदीब इस हकीकत को अच्छी तरह जानते थे कि पितृसत्तात्मक परिवार की बुनियाद औरत है और अगर मुसलमान औरत की हालत नहीं सुधरती और उस पर पाबन्दियाँ कम नहीं होतीं तो बदलते हुए हालात के प्रभाव में जल्द या देर से बग़ावत कर देगी जिससे परिवार की चूलें हिलती ही चली जाएँगी।

सचेत रूप से यह दृष्टिकोण रखने वाले लेखकों में सबसे अहम नाम अल्तामा राशिदुल ख़ैरी का है, जिन्होंने उपन्यास और कहानियों के ज़रिये मुस्लिम समाज का ध्यान इस तरफ़ दिलाया कि 'सोसाइटी प्रथाओं की ज़ंजीरों में जकड़ी हुई है। रूढ़ियाँ उसके गले का हार हो रही हैं। पीरों और मुरीदों ने उसे प्रयोग की तख़्ती बना रखी है। कुफ़्र ने मज़हब की मान्यता हासिल कर रखी है, फ़िजूलखर्ची आम हो गयी है और अंग्रेज़ी तहज़ीब अपनी नुमाइशों और दिलफरेबियों के साथ समाज के वास्तविक तत्त्वों को नष्ट करती जा रही है। खादारी का खात्मा हो रहा है, कुनबा परवरी ग़ायब होती जा रही है। ऐन्द्रिक इच्छाएँ ज़ोर पकड़ रही हैं, रूहानियत अध्यात्म का अकाल हो रही है। औरत जुल्मों की सताई हुई है, उसे उसके हक़ों से महरूम कर दिया गया है, उस पर जिस्मानी और रूहानी बन्दिशें इस कदर लगा दी गयी हैं कि वह विकलांग होकर रह गयी है। वह अपने शौहर की जीवन-संगिनी न रहकर महज़ उसकी तफ़रीह की वस्तु बन गयी है।

अल्लामा राशिदुल ख़ैरी, जो अभी तक के शोध के अनुसार उर्दू के पहले कथाकार हैं। उनकी पहली कहानी नसीर और खदीजा 1903 में 'मुहज़िन' (लाहौर) में प्रकाशित हुई। 'नसीर और खदीजा' जो कि ख़त की तकनीक में लिखा गया है, उसे पढ़ जाएँ तो पितृसत्तात्मक परिवार अपने तमाम खूनी रिश्तों की अपेक्षाओं नज़ाकतों, मिठास और कड़ुवाहटों के साथ नज़र आता है। उर्दू की यह पहली कहानी है जो एक स्त्री ख़दीजा की ज़बान से बयान हुआ, पितृसत्तात्मक व्यवस्था को झिंझोड़ता और जगाता हुआ। इस कहानी की औरत, सम्बोधित मर्द को याद दिला रही है कि अगर उसने अपनी जिम्मेदारियाँ न पहचानीं और पूरी न कीं तो सारा शहर, दूसरे शब्दों में सारा समाज उस पर थूकेगा और वह इस दुनिया में मुँह दिखाने के काबिल नहीं रहेगा। राशिदुल ख़ैरी ने सैकड़ों कहानियाँ लिखीं और दर्ज़नों उपन्यास और सबका केन्द्रीय विचार यही है कि पारिवारिक व्यवस्था का ढाँचा बिखरने न पाये और पितृसत्तात्मक सामाजिक व्यवस्था का हव्वा उखड़ न जाये। आधुनिक शिक्षा और पश्चिमी सभ्यता के प्रभाव स्त्री की मानसिक तथा मनोवैज्ञानिक अवस्था को किस

हद तक प्रभावित कर सकते हैं, इसकी गहरी समझ राशिदुल ख़ैरी को थी। वह जानते थे कि औरत पितृसत्तात्मक परिवार में 'किंगापिन' की हैसियत रखती है, अगर वह अपनी जगह से उखड़ गयी तो परिवार का शीराज़ा बिखर जायेगा। इसीलिए वह औरत के 'इस्लामी हुकूक' की बहाली के लिए अत्यन्त सक्रिय थे। उनका कहना था कि मुसलमान अगर अब तक नहीं समझे तो अब समझ लें कि आज की औरत 1857 की औरत नहीं, वह 1934 की औरत है। इस वक़्त मुसलमानों ने ठण्डे दिल से उसके हुकूक वापस न किये, जो इस्लाम उसको दे चुका है, तो आश्चर्य नहीं कि वह इस्लाम से ही किनाराकश हो जाये। इस विषय पर उन्होंने सैकड़ों पृष्ठ स्याह किये क्योंकि उनका ख़याल था कि अगर उपमहाद्वीप की औरत को उसके इस्लामी हुकूक दिला दिये गये, तो वह मुतमइन हो जायेगी और पर्दे के दायरे में रहते हुए इतनी तालीम हासिल कर लेगी, जितनी उसके परिवार के कल्याण के लिए ज़रूरी है और इस तरह 'मुसलमान ख़ानदान' बचाया जा सकेगा।

मुंशी प्रेमचन्द के उपन्यासों और कहानियों में 'परिवार' संस्था हिन्दू और मुस्लिम पात्रों के ज़रिये उभरती है। उन्होंने बतौर ख़ास ख़ानदान के देहाती और कस्बाती किरदारों की बेमिसाल तस्वीरकशी की है। बड़े घर की बेटी, कफ़न और दो बैल उनकी ऐसी कहानियाँ हैं, जिनमें ख़ून के रिश्ते साँस लेते और धड़कते हुए नज़र आते हैं। सुदर्शन ने शहर के हिन्दू सफ़ेदपोश तबक़े को अपना विषय बनाया, चुनांचे उनकी कहानियों में इस वर्ग के परिवारों की स्त्री उभरकर सामने आती है।

ख़्वाजा हसन निज़ामी की कहानियाँ, 'गदर के अफ़साने' उस ख़ानदान की मुकम्मल तबाही व बर्बादी का 'नौहा' (शोक गीत) है, जिसका चिराग़ लाल क़िले के पतन के बाद बुझ गया। वह महज़ एक शाही ख़ानदान के ह्रास का चित्रण नहीं करते बल्कि उस ख़ानदान की बुनियादों के खोखला हो जाने की तरफ भी संकेत करते हैं, जो सदियों से उपमहाद्वीप में कायम था और जिसे आधुनिक पश्चिमी शिक्षा और सभ्यता व संस्कृति की तोपों ने मोर्चे पर रख लिया था और जो तेज़ी से ध्वंस की ओर बढ़ रहा था। इन अफ़सानों (कहानियों) में शहज़ादियों का देह बेचने पर मजबूर होना और शहज़ादों का भीख माँगना, इस बात का प्रतीक है कि मुग़ल पितृसत्तात्मक परिवार के मुखिया अपने दायित्वों का निर्वाह करने और अपने विभिन्न रिश्तों की पवित्रता बचाने में नाकाम रहे। यह पतन इस बात का संकेत था कि इस ध्वस्त सामाजिक व्यवस्था के मलबे पर नया समाज निर्मित होगा, जिसके रूपाकार पहले से बहुत भिन्न होंगे।

सज्जाद हैदर यलद्रम उर्दू के उन साहित्यकारों में से हैं जिन्होंने नये समाज के निर्माण तथा नये परिवार की शिक्षा-दीक्षा का स्वप्न देखा। उन्होंने औरत का ज़िक्र

इस अन्दाज़ से किया कि अब वह चिलमन के पीछे से झाँकने वाली सरशार की सिपहर आरा नहीं थी। वह औरत को अपने साथ, अपने बराबर लाना चाहते थे, जो हिन्दुस्तान में नामुमकिन था। उन्होंने क़स्बों की लड़कियों को लखनऊ व दिल्ली की चहारदीवारियों से निकलकर बम्बई की चौपाटी की खुली हवा में साँस लेते देखने की तमन्ना की थी। उपमहाद्वीप की परम्परागत पारिवारिक संरचना जो बीसवीं सदी की नयी अपेक्षाओं के अनुरूप होने को तैयार नहीं थी, उस पर सबसे पहली खुली हुई चोट सज्जाद हैदर यलद्रम ने लगाई और समाज में टूट व क्रान्ति करने की ठानी।

उनके बाद नियाज़ फतेहपुरी, काज़ी अब्दुल ग़फ्फार, अली अब्बास हुसैनी, अख़्तर उरैनबी, मोहम्मद मुजीब, उपेन्द्र नाथ अश्क, हयातुल्लाह अंसारी, मजनूं गोरखपुरी, सुहैल अजीमाबादी और मिर्ज़ा अज़ीम बेग चुगताई ने अपने-अपने तौर पर ख़ानदान संस्था का चित्रण किया, उसकी साम्राज्यवादी संरचना पर तीर-तलवार चलाये और उसे नयी दिशाओं से परिचित कराया।

इनमें से अज़ीमबेग चुग़ताई का विशेष उल्लेख होना चाहिए, जिन्होंने उस शिक्षित-उदार दृष्टिकोण वाली स्त्री का बिम्ब उभारा, जो उनके साथ क़दम से क़दम मिलाकर चल सकती थी और न्याय व समानता पर आधारित 'नये ख़ानदान' की रचना में उनका साथ दे सकती थी। इस ख़ानदान का चित्रण उन्होंने अपनी कहानियों उपन्यासों में किया जिसका वह स्वप्न देखते थे और इस तरह उर्दू अदब में 'ख़ानम' ऐसी नयी औरत का परिचय हुआ। उन्होंने जिस तरह के स्त्री पात्रों की रचना की, ऐसी स्त्रियाँ हमारे साहित्य में इससे पहले प्रस्तुत नहीं हुई थीं। वे औरतें जो एक-दूसरे से भिन्न होने के बावजूद एक ही माँ-बेटियाँ हैं। शोलानुमा, चाँद परस्त, शबनम ज़दा, हवाख़ोर औरतें, ख़ूबसूरत बेबाक, ज़हीन, खुगुफ़्तार (शिष्टभाषी) निडर औरतें। आधी बच्ची आधी माँ, आधी दिन और आधा ख़्वाब जैसी औरतें। 'तिलिस्मे होशरूबा' के पृष्ठों पर मोहम्मद हुसैन 'जाह' और अहमद हुसैन क़मर ने जिन तलवार बाज़ शहज़ादियों और जानलेवा जादूगरनियों के करतब दिखाये थे और फिर उन्हें लश्कर हमज़ा के मुसलमान सरदारों की आशिक़ी में इस्लामी दायरे में लाकर ज़नाने क़ैदखाने में जा बिछाया था, इन्हीं शहज़ादियों और जादूगरनियों को अज़ीम बेग चुग़ताई की धारदार कलम ने पर्दे के तिलिसम से आज़ाद कराया, इन्हें नयी शिक्षा व संस्कृति से परिचित करवाया, और शीराने अरब (अरबीशेरों) के कछार से निकालकर उन्हें नयी छवि नयी अदा से उर्दू साहित्य में ज़िन्दा कर दिया।

उर्दू साहित्य में हम बेगम हिजाब इम्तियाज़ अली की रचनाओं को अनदेखा नहीं कर सकते जिन्होंने स्वप्निल फ़िज़ा के काल्पनिक समाज में साँस लेने वाले और एक-दूसरे से परस्पर सम्बद्ध रिश्तों का ऐसा ख़ानदान आबाद किया जिसे काल्पनिक

समझते हुए भी उसके मौजूद और ज़िन्दा होने की इच्छा ज़रूर की जा सकती है।

1932 में सज्जाद ज़हीर, अहमद अली, डॉक्टर रशीद जहाँ और महमूदुज़्ज़फ़र की कहानियों का संकलन 'अंगारे' के नाम से प्रकाशित हुआ और इसी के साथ उर्दू अदब में उस आन्दोलन का उदय हुआ, जो प्रगतिशील आन्दोलन के नाम से पहचाना जाता है। जिसमें उर्दू अदब व हिन्दुस्तानी समाज दोनों के ज़मीन ओ आसमान बदल कर रख दिये। इस आन्दोलन की छाया तले कृशन चन्द्र, ख़्वाजा अहमद अब्बास, अख़्तर हुसैन रायपुरी और बलवन्त सिंह ऐसे लेखकों की क़तार सामने आयी, जिन्होंने सामन्तवाद के ख़िलाफ़ आवाज़ बुलन्द की, वर्गीय संघर्ष को उजागर किया, पितृसत्तात्मक पारिवारिक व्यवस्था में निहित औरतों के शोषण पर प्रतिरोध किया तथा इस व्यवस्था की विभिन्न पतनशील रूढ़िग्रस्त प्रवृत्तियों-पक्षों को सामने लाये।

बीसवीं सदी का पूर्वार्द्ध समाप्त होते-होते अकाल युद्ध, दंगे और इंसान पर इंसान के तोड़े हुए अत्याचारों ने उपमहाद्वीप में पितृसत्तात्मक परिवार के सकारात्मक पक्षों, सम्बन्धों की नज़ाकतों और मिठास को तहस-नहस कर दिया। देश-विभाजन के समय पितृसत्तात्मक व्यवस्था ने धार्मिक उन्माद को सबसे धारदार हथियार के रूप में हिन्दू व मुसलमान औरत के ख़िलाफ़ निहायत ज़ालिमाना व बेरहम तरीके से इस्तेमाल किया। मन्टो ने इस महा मानवीय त्रासदी और पितृसत्तात्मक परिवार के नकारात्मक पक्षों के अलावा, यौन सम्बन्धों, अति ऐन्द्रिकता, जुल्म, यातना, भावनात्मक अतिरेक, असाधारण घटनाओं तथा असामान्य पात्रों के साथ अनोखी चौंका देने वाली कहानियाँ लिखीं। ये कहानियाँ सामान्यतया परिवार संस्था से निराश होकर वेश्याओं में शामिल होने वाले अकेले व मायूस इंसान का किस्सा हैं। ख़ानदानी परम्पराओं तथा बन्दिशों से बगावत की पराकाष्ठा यह है कि पति शादी के बाद स्वयं अपनी पत्नी का अपहरण करता है। इस पारिवारिक व्यवस्था में निहित अमानवीयता की चरम स्थिति उसकी कहानी 'ठण्ढा गोश्त' के रूप में सामने आती है। जबकि राजेन्द्र सिंह बेदी के यहाँ लाजवंती, ग्रहन, 'अपने दुःख मुझे दे दो' इत्यादि कहानियों में परिवार की इस संस्था को बचाने का प्रयास हुआ है। बेदी के यहाँ दंगों और बहशीपन के भाले से उघड़े हुए ऐसे परिवार की कहानियाँ हैं, जिनमें पति-पत्नी साथ-साथ रहते हुए एक-दूसरे के प्रति नरमी का बर्ताव करते हुए भी, उस अकथनीय एकांत का शिकार हैं, जो आहिस्ता-आहिस्ता सिर्फ़ बेदी की कहानियों में ही नहीं दूसरे अनेक कहानीकारों के यहाँ ख़ानदान की बुनावट को उधेड़ती हुई इंसान की तन्हाई को उजागर करती हैं।

सामन्तवाद, विदेशी प्रभुत्व, बेरोज़गारी और भूख ने परिवार संस्था में जो घिनौनापन, कमीनगी, यौनिक शोषण, घुटन-कुण्ठा, स्वार्थ और खोखलापन पैदा

किया, इस्मत चुग़ताई ने उसका सफ़ल प्रभावपूर्ण चित्रण किया। वह राशिदुल ख़ैरी या उनसे पूर्व के पुरुष व महिला रचनाकारों के समान परिवार-संस्था पर लीपापोती की पक्षधर नहीं थीं इसीलिए उन्होंने नौजवान, लड़कियों-लड़कों, बूढ़ी औरतों, औरतबाज़ पतियों, जन्नती बीवियों की कहानियों के माध्यम से पितृसत्तात्मक परिवार को आईना दिखाया है। उनके उपन्यास टेढ़ी लकीर में यदि परिवार की संस्था आधुनिक शिक्षा से सम्पन्न तथा आर्थिक रूप से आत्म-निर्भर स्त्री के सम्मुख कमज़ोर पड़ती दिखायी देती है, वहीं 'नन्ही की नानी' ऐसी तीखी कहानी इस ख़ानदानी व्यवस्था के मुँह पर एक ज़ोरदार तमाचा है। जिसमें शरीअत का पाबन्द, दीन को मानने वाला परिवार का मुखिया जो आठ बरस की 'नन्ही' का संरक्षक है, वही उसको अपनी हवस का निशाना बनाता है। 'नन्ही की नानी' में डिप्टी साहब का चरित्र उस 'बाप', उस रखवाले और संरक्षक की मौत का ऐलान है जो पहले ख़ानदान का ख़ुदा होता था और जिसके बारे में यह धारणा आम थी कि उसके साये में सभी रिश्ते सुख की नींद सोएँगे।

उर्दू में एक संस्था के रूप में परिवार के ह्रास पर सबसे कामयाबी और बेबाकी से इस्मत चुग़ताई ने लिखा है। उनके बाद यह काम हाजरा मसरूर जीलानीबानो और वाजिदा तबस्सुम करती नज़र आती हैं। वाजिदा तबस्सुम कामर्शियलिज़्म का शिकार होकर यौन-सम्बन्धों की कहानियों में उनकी तरफ़ निकल गयीं वरना 'शजरे ममनुआ' की कहानियों में उनकी उठान काफ़ी अच्छी थी, उन्होंने भी सामन्तवादी व्यवस्था के परिवार की दीमकज़दा इमारत को कई कोणों से देखा और लिखा था। जीलानीबानो की कहानियाँ हों या उपन्यास उनमें कोमलता व करुणा से काम लिया गया है। उनकी ताज़ी कहानी 'प्रॉमिस' आधुनिक औद्योगिक युग की अफ़रातफरी, बेहतर और साधन सम्पन्न जीवन की तलाश में परिवार के सदस्यों के यूरोप अमरीका तथा खाड़ी के देशों में बिखर जाने और संयुक्त परिवार के अवसान व बिखराव की सम्पूर्ण वे वेदनापरक तस्वीर है।

अज़ीज़ अहमद उर्दू कथा साहित्य का एक बड़ा नाम है, एक ऐसा नाम जो बहुत सम्मान से लिया जाता है लेकिन अगर ख़ानदान की इमारत में मंज़िल ब मंज़िल गिरने के दृश्य देखने हों तो अज़ीज़ अहमद के उपन्यास ऐसे अनेक दृश्य प्रस्तुत करते हैं। उन्होंने पतनशील सामन्ती समाज, उभरते हुए शिक्षित मध्य वर्ग और उन दोनों के दरमियान होने वाले संघर्ष को गुरेज, हवस, ऐसी बुलन्दी ऐसी पस्ती में पूरी संवेदनात्मक दक्षता से उद्घाटित किया है। उनकी ऐतिहासिक कहानियाँ और लघु उपन्यास 'जरीं ताज' 'खदंगे' जिस्ता' और 'जब आँखें आहन पोश हुईं' पुरुष प्रमुखता वाले इस परिवार के रूप और आकार उजागर करती हैं, जो इतिहास के

धुँधलकों में गुम हो चुके हैं।

कुर्रतुल ऐन हैदर के यहाँ फेमिली या ख़ानदान उन प्राणियों का आधार लिये हुए हैं जो भिन्न धर्मों से सम्बन्ध रखने के बावजूद एक हैं। यही वजह है कि उनके यहाँ ख़ानदान संस्था के पारम्परिक ढाँचे का अवसान किसी और ही रंग में दिखाई पड़ता है। वे भारत विभाजन के बाद के उस सांस्कृतिक प्रदूषण का मर्सिया कहती हैं, जिसमें मूल्य व इंसानी रिश्तों की गिरावट ज़मीन से सम्बन्धों का ख़त्म होना, जिलावतनी व इन सबसे उभरी हुई बेचैनी के बुझे हुए अंगारों से धुआँ उठता हुआ महसूस होता है। ऐतिहासिक बोध का प्रतिनिधित्व करने वाली यह ऐसी कथाकार के रूप में उभरती हैं जो इंसानों के मुआमलात को बहुत ऊपर से देखती प्रतीत होती हैं, यही कारण है कि उनके कथा साहित्य में परिवार संस्था की पतनशीलता सभ्यता के पतन तथा विस्थापन के रूप में सामने आया है, वह अपनी एक कहानी में बेइख़्तियार लिखती हैं–

'आपने कहा था न कि जीवन के कारख़ाने में घमासान का रण पड़ा है, इसी घमासान में वो कहीं खो गये। ज़िन्दगी इंसानों को खा गयी। सिर्फ़ काक्रोच बाक़ी रहेंगे।'

इंतिज़ार हुसैन उर्दू के महत्त्वपूर्ण कथाकार हैं। उनकी कहानियों में पहले व्यक्ति पर समाज को या चरित्र पर परिवेश को प्रमुखता प्राप्त थी अब पूरा वजूद और उसकी समस्याएँ दृष्टि का केन्द्र बनते हैं। अब केवल बाहरी अनुभव ही काफ़ी नहीं, भीतरी आँख भी ख़ुलती है। उनकी बाद की कहानियों में व्यक्ति के भीतरी दृश्यों, अस्तित्व की परिस्थितिजन्यता व संरचना, नैतिक व आध्यात्मिक पतन और भीतरी रिश्तों के रहस्यों पर पूर्वापेक्षा अधिक ध्यान केन्द्रित हुआ है। डॉक्टर अहसन फारूकी का उपन्यास 'शामे अवध', हयातुल्लाह अंसारी के 'आग में फूल', अहमद नदीम क़ासमी की कहानी 'रईस ख़ाना' और तमाँचा, ख़दीजा मस्तूर का उपन्यास 'आँगन', सालिहा आबिद हुसैन के उपन्यास, अबुल फज़ल सिद्दीक़ी के लघु उपन्यास, मुमताज़ मुफ्ती का बृहद उपन्यास 'अलीपुर का ऐली', शकीला अख़्तर, अल्ताफ़ फ़ात्मा, शौकत सिद्दीकी, मुमताज़ शीरी, रज़िया सज्जाद ज़हीर, निसार अजीज़ बट, जमीला हाशमी, रज़िया फ़सीह अहमद, जमीरउद्दीन अहमद, गुलामुलसकलैन नकवी, सुग़रा मेहदी, बानो कुदसिया, सायरा हाशमी, फ़रखंदा लोधी और अफ़रा बुख़ारी के उपन्यास और कहानियाँ बीसवीं सदी के उत्तरार्द्ध में परिवार संस्था के पतन व बिखराव तथा पितृसत्तात्मक व्यवस्था की पराजयों के विविध पक्षों-कोणों को उद्घाटित करती हैं।

यहाँ काज़ी अब्दुल सत्तार का विशेष उल्लेख होना चाहिए जिनकी कहानियाँ

परिवार की पतनशीलता की विविधतापूर्ण दृश्यावली प्रस्तुत करती हैं। उन्होंने 'शब गुज़ीदा' से यह यात्रा आरम्भ की थी, उनके नवीनतम उपन्यास 'हज़रतजान' में संस्था के रूप में परिवार की धज्जियाँ उड़ गयी हैं। खूनी रिश्तों की पवित्रता, सम्बन्धों की जटिलता और पुरुष प्रधान समाज का जो एकाधिकारवादी महल सामन्ती व्यवस्था ने खड़ा किया था, वह अगर किसी साहित्यिक कृति में पूरी तरह मिट्टी में मिलता हुआ नज़र आता है तो वह काज़ी अब्दुल सत्तार का उपन्यास 'हज़रतजान' है, जिसमें परिवार की संस्था निशाने इबरत बन गयी है, जो समाज में भड़ुवा व दलाल की हैसियत में आ गयी है और जिसने अपनी विपन्नता से लड़ने के बजाय खाड़ी देशों की दौलत के सामने हथियार डाल दिये।

दूसरी ओर अब्दुलसमद का 'दो गज़ ज़मीन' और इलियास अहमद गद्दी का 'फायर एरिया' है, जिसमें उपमहाद्वीप के विभाजन, मज़दूरों के बीच साम्प्रदायिक बँटवारा और ग़रीबी के हाथों परिवार विभाजन के सामने हथियार नहीं डाले गये हैं। और परिवार को नयी बुनियादों पर खड़ा करने की कोशिश की गयी है। ग़यास अहमद गद्दी, इकबाल मजीद, क़ैसर तमकीन और यूनुस अगास्कर भी उन कथाकारों में हैं जिन्होंने संस्था के रूप में परिवार की टूटन तथा पितृसत्तात्मक समाज की पराजयों को किसी-न-किसी तौर पर अपनी कहानियों-उपन्यासों का विषय बनाया है।

उपमहाद्वीप के विभाजन ने परम्परा से चले आ रहे उस परिवार पर गहरे प्रभाव निर्मित किये जो उर्दू अदब के पृष्ठों पर साँस लेता था। बीसवीं सदी का महान रक्त-रंजित स्थानान्तरण उत्तर भारत व पंजाब में घटित हुआ, उसने हमारे पितृ प्रधान समाज को छिन्न-भिन्न कर दिया। 'पर्दा' जो मुस्लिम पारिवारिक व्यवस्था का बुनियादी स्तंभ था, उसमें दरारें पड़ गयीं। आर्थिक आवश्यकताओं के तहत औरतों का घरों से बाहर निकलना, लड़कियों का शिक्षा प्राप्त करना और सामाजिक गतिविधियों में शामिल होना, उन्हें घर में क़ैद रखने वालों के लिए ज़रूरी हो गया। चुनांचे पितृसत्तात्मक परिवार ने आवश्यकता आधारित दृष्टिकोण के तहत इस पसन्द न आने वाली परिस्थिति को बर्दाश्त कर लिया, इसी में ख़ैरियत थी।

इस सूरते हाल का ही परिणाम था कि पचास के दशक से सदी के अन्तिम दशक तक कहानी और उपन्यास के क्षेत्र में लेखिकाएँ लेखकों की बराबरी करती हुई नज़र आती हैं। इन महिला रचनाकारों ने अपने लेखन में पुरुष प्रधान परिवार की बनायी हुई प्रथाओं-परम्पराओं को ही नहीं तोड़ा बल्कि वह हमें राज्य से भी टकराती नज़र आती हैं। जिनमें कुर्रतुल ऐन हैदर का नाम सर्व प्रमुख है, जिन्होंने 'आग का दरिया' उपन्यास लिखकर पाकिस्तानी राज सत्ता तथा कुछ पुरुष लेखकों

की ओर से निर्धारित किये जाने वाले 'इस्लामी' व 'पाकिस्तानी' साहित्य के सिद्धान्तों को पूरी तरह निरस्त कर दिया। पाकिस्तानी राज सत्ता को, वहाँ के पितृसत्तात्मक समाज को उन्होंने गहरा सदमा पहुँचाया कि वह पाकिस्तानी नागरिकता छोड़कर चली गयीं और पाकिस्तानी राज्य व पुरुष प्रधान समाज को यह सन्देश दिया कि साहित्य कोई सरकारी स्टेट नहीं है कि जिसमें राज्य व धर्म को हस्तक्षेप की इजाज़त हो।

पिछले चन्द दशकों में उर्दू लेखकों के लिए इंसान का मुक़द्दर (भाग्य) सृष्टि में उसकी निर्बलता तथा आधुनिक औद्योगिक व्यवस्था में इंसान का ग़ैर इंसानी कल-पुर्जों में बदल जाने का बोध और इस बोध का आतंक इतने बड़े विषय थे और हैं कि परिवार की रचना या उसके ध्वंस का मुआमला कहीं बहुत पीछे जा पड़ा। दंगे, जंग, सामूहिक हत्याएँ, राजनीतिक दमन, साम्प्रदायिकता, वैचारिक कट्टरपन, राष्ट्रीय और नस्ली भेदभाव जो पहले के ज़मानों में क्षेत्र विशेष तक सीमित होते थे, आज पूरे विश्व में फैल गये हैं। इन सन्दर्भों की बेरहमी ने ख़ानदान (परिवार) को निगल लिया है। जैसे कोई अज़दह किसी छिपकली को निगल ले। यही कारण है कि बलराज मेनरा हों या अनवर सज्जाद, ख़ालिदा हुसैन हों या सुरेन्द्र प्रकाश, रशीद अमजद हों या मोहम्मद मंशायाद, अहमद दाऊद हों या नजमुल हुसैन रिज़वी, मसूद अशर या मज़हरुल इस्लाम, मिर्ज़ा हामिद बेग या असद मोहम्मद ख़ाँ हों, हुसैनुल हक़, अनवर ख़ाँ या जोगेन्द्र पाल हों, या फ़हीम आज़मी, नईम आरवी हों, अतिया सैयद, नीलम अहमद बशीर या फिरदौस हैदर, अहमद यूसुफ, सैयद मोहम्मद अशरफ़, सलाम बिन रज़्ज़ाक़ या मुशर्रफ़ आलम ज़ौक़ी हों उनकी कहानियों में इंसान की तन्हाई, उसकी बेबसी, ज़िन्दगी की अर्थहीनता, जंग व नफ़रत की दहशत अस्तित्ववाद और अर्थहीनता के विभिन्न रंग मिलते हैं और डिप्टी नज़ीर अहमद या राशिदुल ख़ैरी की तरह परिवार-संस्था के निर्माण व ध्वंस उनका विषय नहीं रहे हैं।

उर्दू साहित्य में पितृसत्तात्मक परिवार की संस्था का जायज़ा लेते हुए उन्नीसवीं व बीसवीं सदी पर फैले हुए उर्दू के गद्य साहित्य का चन्द पृष्ठों में आकलन प्रस्तुत करना असम्भव है और उस पर से सितम यह है कि उर्दू उपमहाद्वीप के चारों खूँट फैला हुआ है और साहित्य में गुरुदासपुर ऐसे ज़िले नहीं पाये जाते कि जिन्हें काट कर इधर या उधर कर दिया जाये। मैं उर्दू साहित्य को पाकिस्तान या हिन्दुस्तान में विभाजित करने के गुनाह की कल्पना भी नहीं कर सकती। इसीलिए अपनी बात समेटना मेरे लिए निहायत मुश्किल है।

आपके सामने जो बातें मैंने कीं वो महज़ प्रवृत्तियों की बातें हैं, मैं यहाँ उन महत्त्वपूर्ण लेखकों में से असंख्य का उल्लेख भी नहीं कर सकी हूँ जो पिछले पचास

सालों से लिख रहे हैं और जिनके पितृसत्तात्मक परिवार के विभिन्न रंग मौजूद हैं, या जिनकी रचनाओं में औरतों को शारीरिक व मानसिक स्तर पर कमज़ोर समझा गया और निरस्त किया गया है, या जिनमें औरत पूरे इंसान के तौर पर सामने आयी है।

पश्चिम में परिवार की संस्था बुरी तरह टूट-फूट चुकी है। विक्टोरियन युग के इश्क़ का काम तमाम हुआ, मर्द और औरत के उत्तेजनापूर्ण संजोग-मिलन का प्रकरण पुराना हो चुका, समाज में Gayism व Lisbianism जड़ पकड़ रहे हैं, उन्हें सुरक्षा प्रदान करने के लिए कानून बनाये जा रहे हैं, मर्दों की मर्दों से शादियाँ हो रही हैं, औरतें औरतों से ब्याह रचा रही हैं। Nuclear Family से Single Parent, टेस्ट ट्यूब बेबी और Sperm Bank से क्लेनिंग तक जा पहुँची है। गर्भ किराये पर मिल रही है और बच्चे यौन प्रक्रिया के बग़ैर वजूद में आ रहे हैं। ऐसी गम्भीर व उलझी हुई हालत में ख़ानदान की संस्था भला पहले जैसी कैसे रह सकती है?

परिवार की बतौर संस्था टूटन व बिखराव दरअसल पितृसत्तात्मक समाज की पराजय है। उसके साथ विवाह की संस्था भी अवसानोन्मुख है, पश्चिम के बाद अब पूरब में भी बाप अपनी ज़िम्मेदारियों से मुँह चुरा रहे हैं। अब से कुछ अर्सा पहले तक पुरुष अपने परिवार को छोड़ने की कल्पना भी नहीं कर सकते थे लेकिन औद्योगिक समाज में उन्हें 'परिवार प्रमुख' होने की ज़रूरत नहीं रही। इतिहास में अब तक परिवार मेहनत व फसलों की कटाई और परस्पर सम्बन्धों में बँधा हुआ था। मर्द को सिर्फ़ अपने हल, बैलों की जोड़ी, फावड़े या कुदाल की ही जरूरत नहीं थी, उसके बीवी-बच्चे उसके खूनी रिश्ते अनाज पैदा करने और रोज़गार कायम रखने में उसके मददगार थे। वह जानता था कि परिवार का मुखिया होने के नाते यदि उसने अपनी ज़िम्मेदारियों से मुँह चुराया तो वह भी मेहतन मज़दूरी करने के लिए बिल्कुल तन्हा रह जायेगा। न कोई उसके घर की देखभाल व ख़िदमत करने वाला होगा, न उसे बुढ़ापे में औलाद ऐसे मज़बूत सहारे मयस्सर आएँगे और न उसकी नस्ल (वंश) जारी रहेगी। चुनांचे शादी करना और इस शादी को बरक़रार रखना उसकी व्यक्तिगत आवश्यकता थी। इस आवश्यकता की वह जो कीमत अदा करता था, उसके बदल उसे परिवार की सम्पूर्ण सत्ता भी मिलती थी और जीवित रहते तक यौनिक, भावनात्मक, आर्थिक तथा दिन-प्रति दिन की मुकम्मिल ज़रूरतों की पूर्ति उसका जन्मजात अधिकार होती थी। आसमान पर ख़ुदा रहता था और ज़मीन पर मर्द उसका नायक था, ख़ुदा के इस नायक को सिजदा करने का हुक्म मुसलमान औरत को सिर्फ़ इस वजह से नहीं दिया गया कि इस तरह मज़हबी सिद्धान्तों के निषेध की गुंजाइश निकल आती है। लेकिन तेज़ी से होने वाले औद्योगिक, वैज्ञानिक

तकनीक इंक़िलाब ने पितृसत्तात्मक व्यवस्था और परिवार संस्था पर गहरी चोट की है। पूरब-पश्चिम सभी जगह इस संस्था के अवसान की प्रक्रिया गति पकड़ रही है। जिसके प्रभाव उपमहाद्वीप की भाषाओं में लिखे जा रहे साहित्य पर भी देखे जा सकते हैं?

भविष्य में परिवार कौन-सा रूप धारण करेगा? स्त्री-पुरुष सम्बन्धों की शर्तें क्या होंगी? इस बारे में कोई भविष्यवाणी नहीं की जा सकती लेकिन इतना अवश्य है कि 21वीं सदी में स्त्री के बारे में पुरुषों के अनुभवों-जानकारियों में कुछ और वृद्धि होगी और क्यों न हो कि राज्य व शासन में स्त्री भी अपना बराबरी का अधिकार तलब कर रही है और इस तरह शासन करने का एकाधिकार मर्दों के हाथों से फिसल रहा है। स्त्री ने अपनी मेहनत और ज़ेहानत से अपना हक़ साबित कर दिया है। साइंस और टेक्नोलॉजी उसे उसके हज़ारों साल से हड़प किये गये अधिकार वापस दिलाने में प्रमुख भूमिका अदा कर रहे हैं और आगे भी करेंगे। उपमहाद्वीप की स्त्री पिछले साठ-सत्तर बरस से उर्दू तथा उपमहाद्वीप की दूसरी भाषाओं के साहित्य में अपनी लेखनीय दक्षता साबित कर रही है, अब यह हमारा काम है कि हम अपने से पहले गुज़रने वाली औरतों के सृजनात्मक कौशल को दरियाफ़्त करें और पुरुषों के लिए साहित्य और इतिहास का ऐसा सच्चा पाठ्यक्रम तैयार करें जो उनके ज़ेहनों से स्त्रियों के बारे में जमी हुई ग़लत धारणाओं, अनुचित श्रेष्ठता तथा अधिकार हड़प प्रवृत्तियों के जाले साफ़ कर सके। आधुनिक विचारों वाली एक स्वतन्त्र चेता स्त्री के लिए समानता पर विश्वास रखने वाले उदार व आधुनिक दृष्टि से सम्पन्न पुरुष से सुन्दर साथी कौन हो सकता है, मैं अपने बाद आने वालियों के लिए ऐसे ही पुरुष साथियों की कामना करती हूँ—

बला से हमने न देखा तो और देखेंगे
फ़रोग़े गुलशन व सौते बहार का मौसम

'इरतिक़ा' त्रैमासिक (कराची) के अंक 25 में प्रकाशित

भारतीय उपमहाद्वीप–तीन लेखिकाएँ और स्त्री-शिक्षा

रुशन्दरी देवी, रशीदुन्निसा, रुक़य्या सख़ावत हुसैन

उन्नीसवीं सदी के बंगाल और बिहार की ये तीन प्रारम्भिक महिला साहित्यकार जिन्होंने पराजित भारत के हिन्दू-मुस्लिम समाज की पस्ती में पड़ी पिसी हुई औरत के लिए शिक्षा का स्वप्न देखा और दिखलाया : वह आम हिन्दू या मुसलमान औरत जो सदियों से ख़ुद को 'बाबुल के खूँटे से बँधी हुई गाय' समझती थी, पतिदेव की दासी बनने में जिसकी मुक्ति थी और मजाज़ी ख़ुदा (शौहर) की पलकों के इशारे पर चलने में जिसकी निजात। इन तीन साहित्यकार महिलाओं ने हिन्दू-मुस्लिम समाज की इस बेज़ुबान, बेबस और बेआसरा औरत को यह बताया कि शिक्षा उसकी मुक्ति की तरफ़ पहला क़दम है। तालीम हासिल करके वह खूँटे से बँधी हुई गाय नहीं रहती, इंसान बन सकती है। अपने घर और समाज को सँवार सकती है, अपनी ज़िन्दगी के बारे में फैसले कर सकती है। बारह बच्चों की उस माँ की कल्पना कीजिये, जिसके सीने में किताबें और काग़ज़ देखकर हूक उठती हो, जिसका जी चाहता हो कि वह भी पढ़ी-लिखी होती, धार्मिक किताबें, श्लोक और भजन पढ़ सकती, अपनी आत्मकथा में रुशन्दरी देवी (1809-1898) ने लिखा है—पढ़ने की अपनी इच्छा पर मैं अपने ही को बुरा-भला कहती, सोचती शरीफ़ घरों की बहू-बेटियाँ भी कहीं पढ़ती लिखती हैं? लोग पढ़ी-लिखी औरतों को बुरा समझते थे। बड़ी-बूढ़ियाँ किसी लड़की या औरत के हाथ में काग़ज़ का कोई टुकड़ा देख लेतीं तो हाहाकार मचा देतीं लेकिन इच्छा की तीव्रता ने भय को परास्त कर दिया! रूशन्दरी देवी ने अपने पति की एक धार्मिक पुस्तक से एक पृष्ठ लिया, बेटा ताड़ के पत्तों पर लिखने की मश्क़ करता, रूशन्दरी ने उसके लिखे ताड़ के पत्ते चुराये और रसोईघर में छिपा दिये। पकाने-रेंधने से जब कभी फुर्सत मिलती तो वह धार्मिक पुस्तक के अक्षरों को ताड़ पर लिखे अक्षरों से मिलाकार पढ़ने की कोशिश करती, किसी के क़दमों की चाप उभरती तो किताब का पृष्ठ और ताड़ का पत्ता किसी मटके के पीछे, किसी परात या चूल्हे के नीचे छिपा दिया जाता।

रूशन्दरी देवी ने जिस तरह पढ़ना-लिखना सीखा, वह आज की औरतों के लिए अविश्वसनीय प्रसंग है। बाद में इस बंगला लेखिका ने अपनी जीवन गाथा 'अमार जीवन' लिखी पढ़ना सीख लेने के बाद की स्थितियों के बारे में वह लिखती हैं—

"मैं रामायण के पाठ और भजन सुनने के लिए बेक़रार रहती थी लेकिन वह दौर ही भिन्न था। उस दौर में औरतों को कोई आज़ादी नहीं थी, वो ख़ुद कोई फैसला नहीं कर सकती थीं। वो क़ैद रहती थीं और उनकी मिसाल पिंजरे में बन्द चिड़ियों की-सी थी।

मैं थोड़ा-बहुत धार्मिक पुस्तकें पढ़ लिया करती थी परन्तु इसके लिए भी समय कहाँ था? इससे ज़्यादा अहम बात यह थी कि मैं हर क्षण इस आशंका से घिरी रहती कि कोई मुझे डाँट न दे, मार न दे; झिड़क न दे...कुछ दिनों बाद मैंने फैसला किया कि मैं "चेतना भगत, (एक धार्मिक पुस्तक) को उस समय पढ़ूँगी जब मेरी तीनों ननदें अपनी सुबह सवेरे की पूजा पाठ में व्यस्त हुआ करेंगी। क्योंकि अगर उन्हें मेरे पढ़ने की बात मालूम हो गयी तो मुश्किल हो जायेगी। कारणवश मैं घर के किसी कोने-खदरे में बैठ कर पढ़ती और उस वक़्त भी मेरे लिए काम करने वाली कोई सेविका दरवाज़े पर नज़र रखती कि अगर कोई आ रहा हो तो दौड़कर मुझे बता दे।

रुशन्दरी देवी की 'आमार जीवन' लिखे जाने के बहुत अर्सा बाद सन् 1876 ई. में पहली बार प्रकाशित हुई। बांग्ला भाषा में किसी स्त्री की आत्मकथा का छपना अपने आप में एक चौंकाने वाली घटना थी। यों यह बांग्ला लेखिका सम्भ्रान्त हिन्दू समुदाय की प्रारम्भिक और अति महत्त्वपूर्ण गद्यकार है। जिस तरह उर्दू में 'इस्लाहुन्निसा' किसी औरत का लिखा हुआ पहला उपन्यास है, उसी प्रकार 'आमार जीवन' किसी स्त्री की लिखी हुई पहली आत्मकथा है।

ताराबाई शिन्दे की 'स्त्री-पुरुष तुलना' (1882) जिसमें स्त्री-पुरुष की तुलना की गयी थी, जिसने अपने समय में बहुत तहलका मचाया। पण्डिता रमाबाई सरस्वती की अंग्रेज़ी में लिखी हुई पुस्तक 'द हाईकास्ट हिन्दू वूमेन' (1888) 'आमार जीवन' के बाद लिखी गयी पुस्तकें हैं। इसी तरह टैगोर परिवार की 'स्वर्ण कुमारी देवी' भी बाद में बांग्ला साहित्य के परिदृश्य पर उभरती है। 1884 में वह एक बंगला पत्रिका की सम्पादक बनती हैं। उनके उपन्यास, कहानियों तथा निबन्धों के पचीस से अधिक संकलन छप चुके हैं। इनके दो उपन्यासों के अंग्रेज़ी अनुवाद भी हुए।

पटना में पैदा होने वाली रशीदुन्निसा (1853-1931) का मुआमला रुशन्दरी देवी से बहुत भिन्न है। वह बिहार के ऐसे विशिष्ट मुस्लिम घराने में जन्मीं जो

हिन्दुस्तान के गिने-चुने विद्वान घरानों में से था। वह सद्रेआला (चीफ़ जस्टिस) शम्सुलउलेमा ख़ान बहादुर वहीदुद्दीन की बेटी, 'काशिफ़ुलहक़ायक़' के लेखक शम्सुलउलेमा नवाब इम्दादइमाम असर की बहन, सरअली इमाम और हसन इमाम की फूफी, सद्रेआला ख़ान बहादुर नेअमत अली ख़ाँ की बहू और अज़ीमाबाद (पटना) के रईस मौलवी मुहम्मद यहिया की बीवी और बैरिस्टर मुहम्मद सुलेमान, लेडी अब्दुल रहीम और साहबे दीवान शाइरा निसार कुबरा की माँ थीं : कुछ और आगे चलें तो उनके खूनी रिश्तों में लेडी अनीस इमाम, उनकी नातिन, पाकिस्तान के पूर्व प्रधानमन्त्री हुसैन शहीद सुहरावर्दी उनके नातिमदामाद, पाकिस्तान प्युपिल्स पार्टी के संस्थापक सदस्य और उसका संविधान लिखने वाले जे.ए.रहीम उनके निवासे, पाकिस्तान में बेगम अख़्तर सुलेमान और हिन्दुस्तान की राज्य सभा की सदस्य अज़ीज़ा इमाम और पाकिस्तान की प्रसिद्ध सामाजिक कार्यकर्त्ता बेगम सुरैया क़रनी उनकी परनवासियाँ हैं। उनका रिश्ता नवाब सिराजुद्दौला, इब्ने नवाब हैबतजंग और उससे ऊपर नवाब सैफ़ ख़ाँ से जुड़ता है। सैफ़ ख़ाँ मुग़ल काल में बिहार का गवर्नर हुआ, मुग़ल बादशाह शाहजहाँ के बनाये हुए ताजमहल में सो रही मलिका मुमताज़ महल और सैफ़ ख़ाँ की बीवी सगी बहनें थीं।

रशीदुन्निसा ने जिस माहौल में आँख खोली, वह इलमी व अदबी महफ़िलों और मुशायरों का था। उनके इर्द-गिर्द किताबें ही किताबें थीं। भाई इम्दाद इमाम से अरबी, फ़ारसी, संस्कृत, उर्दू, अंग्रेज़ी, फ्रांसीसी और लातीनी साहित्य के बारे में सुना, पति के घर गयीं तो उन्हें संगीत कला में माहिर पाया। हिन्दुस्तान के प्रसिद्ध प्रतिष्ठित लोग उनके मायके और ससुराल में अतिथि होते, उस काल का अदबी, इलमी और सियासी बहसें उनके कान में पड़तीं। उस ज़माने के हिन्दुस्तान में गिनी-चुनी औरतों के हिस्से में ही यह माहौल आया था।

रुशन्दरी देवी के मन में हूक इसलिए उठती थी कि वह पढ़ना-लिखना चाहती थीं। रशीदुन्निसा का कलेजा इसलिए तड़पता था कि उनके इर्द-गिर्द साँस लेती हुई औरत शिक्षा से महरूम और उसकी लज़्ज़तों से अपरिचित थी। उन्नीसवीं सदी के हिन्दुस्तान में WOMEN QUESTION दरअसल औरतों की तालीम तथा आधुनिक जीवन की वंचना से जुड़ा हुआ था। रशीदुन्निसा को इस बात का शहीद अहसास था। औरतों के लिए आधुनिक शिक्षा की चर्चा बंगाल में बहुत अधिक थी और इसका असर बिहार पर भी पड़ा था। यह डिप्टी नज़ीर अहमद की 'मिरातुल उरूस' थी, जिसने रशीदुन्निसा को उस जैसा क़िस्सा लिखने पर उकसाया। 'मिरातुल उरूस' जैसी कई किताबों के लिखे जाने का श्रेय एक उच्च ब्रितानिवी सरकारी अधिकारी को जाता है। सर विलियम मयूर को हिन्दुस्तानी महिलाओं की शिक्षा में गहरी

दिलचस्पी थी। उसने सन् 1857 में जब अलीगढ़ में एक मदरसे की शिक्षा सभा में शिरकत की तो उर्दू में तक़रीर करते हुए उपस्थित लोगों से कहा था कि मिस्र के समान वे भी लड़कियों के लिए आधुनिक शिक्षा की व्यवस्था करें। स्त्री-शिक्षा के प्रसार को गति देने के लिए सर विलियम की प्रेरणा पर ब्रिटिश सरकार की तरफ़ से उन किताबों को पुरस्कृत करने का ऐलान किया गया, जिनमें मुसलमान लड़कियों के लिए शिक्षा लाभ बताये गये हों, जो लड़कियों को आधुनिक शिक्षा के लिए आकृष्ट कर सके।

उस ज़माने में डिप्टी नज़ीर अहमद की 'मिरातुल उरूस' और 'बिनातुलनअश' के अलावा मौलवी करीमुद्दीन की 'तज़कारा-ए-उन्निसा', मुहम्मद हुसैन ख़ाँ जज की 'तहज़ीबेनिसवाँ,' मुहम्मद ज़हीरउद्दीन ख़ाँ की 'तालीमेनिसवाँ' वो किताबें थीं, जिन्हें नक़द पुरस्कार प्राप्त हुए। मुस्लिम उच्च वर्ग से सम्बन्ध रखने के बावजूद यह उस काल में, जैसा कि सभी वर्गों में होता था, रशीदुन्निसा की प्रतिभा व क्षमताओं को उनके प्रभावशाली परिवार ने स्वीकार नहीं किया। यही कारण है कि 'इस्लाहुन्निसा' के पहले एडीशन में कहीं उनका नाम नज़र नहीं आता और वह ख़ुद को किसी की माँ, बहन या बेटी बताती हैं।

उस परम्परागत माहौल में उनके परिवार के विलायत पलट और 'नाईटहुड' की उपाधि पाने वाले मर्द हज़्रात पुरस्कार के लिए शासन को उनकी किताब क्या भिजवाते, उन्होंने रशीदुन्निसा की कोशिशों की सराहना तक नहीं की। यह तो उनकी मौत के दस बीस साल बाद का क़िस्सा है कि उनका नाम उर्दू की पहली महिला उपन्यासकार के रूप में सामने आने लगा।

रशीदुन्निसा पहली जंगे आज़ादी से चार साल पूर्व 1853 में पैदा हुईं। उन्होंने मुग़लों के अवसान को अपने कानों से सुना और ब्रितानिवी उत्थान को अपनी आँखों से देखा। उनका ख़ानदान शासन के साथ था, कई शम्सुल उलेमा, कई ख़ान बहादुर और कई नाईट हुड, उनके भाई, भतीजे और दामाद थे। आधुनिक सभ्यता का प्रकाश उनके ज़नानख़ाने में तो नहीं आया, लेकिन उसका अक्स ज़नानख़ाने के अँधेरे में पौ फटने के धुँधले जैसा ज़रूर फैलता रहा। वह ज्ञान की खोजी और किताबों की आशिक़ थीं। उनके इस जुनून का अन्दाज़ा इससे लगाइये कि वह पर्दादार हैं, शहर, सूबे और मुल्कभर में भाई-भतीजों बेटों और दामादों की तूती बोलती है, लेकिन किताबें चुराने और उन्हें इधर-उधर करते हुए वह न शर्माती हैं, न घबराती हैं और न माथे पर शिकन लाती हैं।

इस बारे में उनके नवासे डॉ. इक़बाल हुसैन की एक दिलचस्प तहरीर मिलती है। डॉ. इक़बाल हुसैन का शुमार बिहार के प्रसिद्ध शिक्षा विशेषज्ञों में होता है।

उन्होंने सारी उम्र पढ़ने-पढ़ाने में गुज़ारी। पटना कॉलेज के प्रिंसिपल और बिहार पब्लिक सर्विस कमीशन के मेम्बर रहे। उनकी आत्मकथा 'दास्तान मेरी' के पृष्ठ रशीदुन्निसा के तज़किरों से भरे पड़े हैं। एक जगह लिखते हैं—

ख़ान बहादुर ख़ुदा बख़्श ख़ाँ, संस्थापक ख़ुदाबख़्श ओरियन्टल लाइब्रेरी (पटना) और मेरे नाना मर्हूम में दोस्ताना तअल्लुकात के अलावा साले-बहनोई का भी मुँहबोला रिश्ता था। मौसूफ़ ख़ान बहादुर मेरी नानी मर्हूमा को बहन कहते थे और एक बहन की हैसियत से उनका बहुत अदब व एहतिराम करते थे। नानी मर्हूमा भी उनसे भाई की तरह सलूक से पेश आतीं। नानी मर्हूमा यह भी फरमाती थीं कि ख़ुदा बख़्श लाइब्रेरी में जितनी दुर्लभ किताबें हैं, अक्सरोबेश्तर चोरी करके मँगाई जाती थीं। ख़ुदा बख़्श ख़ाँ का क़ौल है कि 'किताबों को जमा करने का हुनर ताजीराते हिन्द (I.P.C.) के कानून से बालातर हो जाता है और उसको ललकारता है।'

इस क़ौल की रोशनी में उन्होंने अपने किताबें जमा करने का शौक़ को पूरा किया, गरज़ कि जब भी उन्हें किसी नादिर और उम्दा किताब का सुराग़ मिलता तो पहले उसे तोहफ़े के तौर पर या क़ीमतन हासिल करने की कोशिश करते, नाकामी की सूरत में वह किसी शख़्स से उस किताबों को चोरी कराके मँगा लेते। जब ऐसी किताबें दस्तियाव होतीं तो अपने घर के पीछे वाले मकान (जहाँ अब इन्दिरा इंस्टिट्यूट आफ़ कार्डयोलॉजी है) से उन किताबों को टोकरी में रखकर ऊपर से कुछ खाने-पीने की चीज़ रखवाकर, नानी मर्हूमा के घर, सब्ज़ी बाग़ नौकरों से भिजवा देते और हिफ़ाज़त के ख़्याल से खुद पालकी में आते। नानी मौसूफ़ा अपने नौकर को कहतीं कि देखो तोहफ़े की जो टोकरी ख़ुदा बख़्श के यहाँ से आयी है, पलंग पर रख दो, नौकर रख देता। फ़ुर्सत और तन्हाई के वक़्त नानी उन किताबों को छिपाकर रख दिया करती थीं। ख़ान बहादुर ख़ुदा बख़्श तो कभी-कभी इन किताबों को चार या छै माह के बाद जब गिरफ़्त के इम्कानात ख़त्म हो जाते, उन्हें मँगवा लेते या ख़ुद आकर ले जाते। नानी मर्हूमा फ़रमाती थीं कि कभी-कभी तो ऐसी चोरी की हुई किताबों को तीन-तीन साल बाद ले जाया करते थे।

रशीदुन्निसा की शख़्सियत का ज़रा गहराई में जाकर जायज़ा लीजिये तो पता चलता है कि वह कई अन्तर्विरोधों के साथ ज़िन्दगी गुज़ार रही थीं। वह एक ऐसे शख़्स की जीवनसंगिनी हैं जो कानून दाँ, अदबदोस्त और रईस होने के साथ-साथ मौसीक़ी के फ़न का भी माहिर है। उसके यहाँ लोग दूर-दूर से संगीत की बारीकियाँ व रहस्य जानने आते हैं। घर में एक तरफ़ सादिक़पुर के उलेमा से नियाज़मंदी है, दूसरी तरफ़ रौशनख़्याली और आज़ादपसन्दी का यह आलम है कि जिस ज़माने में सगे बाप और भाइयों से पर्दा होता था, उसी ज़माने में रशीदुन्निसा एक नामहरम

(ऐसा व्यक्ति जिससे पर्दा लाज़िम हो) को भाई बनाती हैं, और अपने मुँहबोले भाई की चुराई हुई किताबें (दुर्लभ) कभी महीनों और कभी सालों अपने पास रखती हैं।

उन्होंने किसी स्कूल में तालीम नहीं पायी, बावजूद इसके उन्हें ज़नाना मदरसा ख़ोलने का बहुत शौक़ था। इस शौक़ को उन्होंने बीसवीं सदी की इब्तिदा में पूरा किया। 1906 में उन्होंने ज़नाना मदरसा 'मदरसा-ए-इस्लामियाँ', क़ायम किया। जिसके मुआइने के लिए कलकत्ता से बंगाल के गवर्नर की बेगम लेडी फैरिज़र आयीं।

पटना वालों के लिए ज़नाना मदरसा का क़ियाम और लेडी फेरिज़र का उसके निरीक्षण के लिए आना एक बड़ी घटना थी, चुनांचे इस घटना का तज़किरा शहर और शहर वालों में होता रहा। यह मदरसा कई साल तक चलता रहा। बाद में बादशाह नवाब रिज़वी ने इसे बी. एन. आर. स्कूल का नाम दिया। और अपनी कुछ जायदाद उसके ख़र्चों के लिए लिख दी। महारानी बेतिया ने इस स्कूल के लिए इमारत दी, इसलिए यह स्कूल 'बेतिया हाऊस' के नाम से याद किया जाने लगा। कुछ ही दिनों में यह स्कूल हिन्दू-मुस्लिम सम्भ्रान्त वर्ग की लड़कियों का ख़ास स्कूल बन गया। यहाँ मुसलमान लड़कियों को उर्दू तथा हिन्दू लड़कियों को हिन्दी में शिक्षा दी जाती थी। इस स्कूल में एक हास्टल भी था, जिसकी निगरानी रशीदुन्निसा की बड़ी बेटी नसीबुन्निसा के हिस्से में आयी थी। उनकी नवासी और सर अली इमाम की बेगम लेडी अनीस इमाम ने इब्तिदाई तालीम इसी स्कूल में हासिल की! मेरी दो फूफियों ज़ाहिदुन्निसा और शम्सुन्निसा के अलावा मेरी एक चची जीनत अफ़ज़ा हफ़ीज़ बेग ने भी 'बेतिया हाऊस' से ही तीस और चालीस के दशकों में मैट्रिक किया था।

1906 में क़ायम होने वाला यह वही बेतिया हाऊस गर्ल्स स्कूल है, जिसके सालाना जलसे (वार्षिक सभा) की सदारत लेडी बेली ने की और हिन्दू-मुस्लिम सम्भ्रान्त वर्ग की औरतों-लड़कियों ने बड़े ज़ौकोशौक़ से इसमें शिरकत की। इस जलसे में रशीदुन्निसा की मँझली (तीसरी) बेटी और बिहार की पहली साहिबे दीवान शाइरा निसार कुबरा ने इस गर्ल्स स्कूल के क़ियाम पर एक नज़्म (कविता) सुनाई, जिसमें महारानी बेतिया और बादशाह नवाब रिज़वी की ख़ूब-ख़ूब प्रशंसा की। नज़्म में उन्होंने हिन्दुस्तानी औरत की ख़राब हालत पर दुख भी प्रकट किया—

किसी काम के भी न क़ाबिल हैं निसवाँ
फ़क़त नीम वहशी में दाख़िल हैं निसवाँ
अज़ीज़ों के हाथों से घायल हैं निसवाँ
हर इक क़ौम से बढ़ के जाहिल हैं निसवाँ

बुरे ऐसे हैं इनके मक़्सूम देखो
इन्हें उज़्मा-ए-नेअमत से महरूम देखो।

निसार कुबरा अज़ीमाबादी ने ग्याराह साल की उम्र से शाइरी शुरू की, दीवान (संकलन), 1939 में बाँकी पुर पटना से प्रकाशित हुआ। वह उर्दू-हिन्दी, अंग्रेज़ी व फ़ारसी की जानकार थीं। उनकी शादी जंगे आज़ादी के प्रसिद्ध सेनानी सैयद अली करीम के ख़ानदान में हुई, जो 1857-58 की जंग के दौरान शाहाबाद के राजा कुँवर सिंह और अमर सिंह के दाएँ हाथ थे : बहादुर शाह ज़फ़र के लिए प्राण देने वाले कुँवर सिंह और उनके साथी वो राजपूत सरदार थे, जिनके बारे में फ्रेड्रिक एंगेल्स ने 1858 के 'न्यूयार्क डेली ट्रिब्यून' में लिखा था कि "जगदीशपुर के जंगल बाग़ियों की शरण स्थली हैं और उनकी कमान अमर सिंह के हाथ में है, जिसने गुरिल्ला युद्ध की रणनीति अपनाई और अंग्रेज़ी फ़ौजों को नाकों चने चबबा दिये हैं"।

आज़ादी की लड़ाई में हिस्सा लेना एक बात है और दृष्टिकोण की व्यापकता तथा विचारों का खुलापन दूसरा मुआमला है। यह ज़रूरी नहीं है कि आज़ादी की लड़ाई में हिस्सा लेने वाले अपनी औरतों पर पितृसत्ता की गिरफ़्त भी कमज़ोर होने दें। इस हवाले से कवयित्री निसार कुबरा के साथ जो कुछ हुआ, उसका ज़िक्र आगे आयेगा।

डिप्टी नज़ीर अहमद की 'मिरातुल उरूस' 1869 में छपी तो निसार कुबरा की उम्र सोलह बरस थी, और वह अभी नयी नवेली दुल्हन थीं। यह तो नहीं कहा जा सकता कि उर्दू का यह पहला उपन्यास उनके हाथों कब लगा लेकिन ख़ुद उनका कहना है कि वह इससे बहुत प्रभावित हुईं। उनके अपने घर और ख़ानदान में हर तरफ़ इलमोफ़न और शेरोअदब की चर्चा थी, घर में मौजूद सैकड़ों किताबों तक उनकी पहुँच थी लेकिन जब अपने इर्द-गिर्द आबाद दूसरे घरानों, उनकी लड़कियों और औरतों को देखतीं तो दिल मसोसकर रह जाता। ये वो घर थे जहाँ के ज़नानखानों में जहालत के साथ-साथ अन्धविश्वासों का भी डेरा था। 'मिरातुल उरूस' ने उनके अन्दर की लिखने वाली को उकसाया, और उनके कथनानुसार उन्होंने 'इस्लाहुन्निसा' लिखने का बीड़ा उठाया तो उसे छै महीने में मुकम्मल करके दम लिया। यह उपन्यास 1881 में लिखा गया और 1894 में उस समय प्रकाशित हुआ जब उनका वह बेटा लन्दन से कानून की तालीम हासिल करके आ चुका था, जिसने ग्यारह साल की उम्र में माँ को यह नावेल लिखते हुए देखा था।

रुशन्दरी देवी ने बेटे के बस्ते से ताड़ के पत्ते चुराकर उसकी मदद से पढ़ना सीखा था, रशीदुन्निसा उनसे कहीं ज़्यादा भाग्यशाली थीं कि उन्हें पढ़ना और लिखना आता था। रुशन्दरी देवी ने 'आमार जीवन' विधवा होने के एक बरस बाद 1868

ई. में लिखा उस वक़्त उनकी उम्र साठ साल थी। यह किताब 1876 में उनके बेटे ने छपवाई। यहाँ भी रशीदुन्निसा और रशुन्दरी देवी में एक समानता पायी जाती है कि दोनों की किताबें उनके बेटों ने प्रकाशित करवाई, एक की 'इस्लाहुन्निसा' तेरह साल तक लिखी रखी रही और दूसरी की 'आमार जीवन' को आठ वर्ष तक छापे की स्याही लगने की प्रतीक्षा करनी पड़ी।

रशीदुन्निसा की तरह रशुन्दरी देवी ने भी अपनी पुस्तक का दूसरा भाग बाद में लिखा और फिर पहला व दूसरा भाग यकजातौर पर 1897 में प्रकाशित हुआ। रशुन्दरी देवी उस समय 88 वर्ष की हो चुकी थीं। 'आमार जीवन' के दूसरे एडीशन की भूमिका रवीन्द्रनाथ टैगोर के बड़े भाई ज्योतीन्द्रनाथ टैगोर की लिखी हुई है, जो अपने समय के प्रसिद्ध साहित्यकार थे। ज्योतीन्द्रनाथ ने लिखा कि मैंने 'आमार जीवन' को उत्सुकता के साथ पढ़ना शुरू किया। मैंने तय किया था कि पुस्तक पढ़ने के दौरान महत्त्वपूर्ण अंशों को पेंसिल से चिह्नित कर दूँगा। परन्तु इसे पढ़ते हुए मुझे एहसास हुआ कि सारी पुस्तक ही पेंसिल के निशानों से भर गयी है, उनके जीवन प्रसंग सचमुच हमें चौंका देते हैं। उनका बयान इतना सच्चा, सादा और मधुर है कि उसे शुरू करने के बाद, उसे ख़त्म किये बग़ैर रखना मुमकिन नहीं।

देखा जाये तो मध्यवर्गीय ज़मींदार घराने की रशुन्दरी देवी इस मामले में रशीदुन्निसा के मुकाबले ख़ुशक़िस्मत रहीं कि उनके जीवित रहते ही टैगोर परिवार का एक नामी-गिरामी व्यक्ति उनकी प्रशंसा कर रहा था जबकि उपमहाद्वीप और अन्तर्राष्ट्रीय क्षेत्रों में पहचाने जाने वाले ख़ानदान की बेटी, बहन, फूफी और माँ होकर भी रशीदुन्निसा के हिस्से में वह प्रसिद्धि और प्रमुखता नहीं आयी जो उनका हक़ था और उनकी ज़िन्दगी में ही उन्हें मिलना चाहिए था।

डॉक्टर शाईस्ता अख़्तर ने अपने शोध में A CRITICAL STUDY OF THE DEVELOPMENT OF THE URDU NOVEL AND SHORT STORY (1945) में मुहम्मदी बेगम को उर्दू की पहली महिला उपन्यासकार घोषित किया है, हालाँकि 'इस्लाहुन्निसा' का पहला संस्करण 1894 में प्रकाशित होकर मुल्क के अहम पुस्तकालयों में मौजूद था। यह दुरुस्त है कि उसकी बहुत ज़्यादा ख्याति नहीं हुई थी लेकिन फ़सीहुद्दीन बलख़ी 'तज़किरा-ए-निस्वा' में उसका ज़िक्र कर चुके थे और फ़रवरी मार्च 1944 के 'मअसिर' में मुहम्मद सुलेमान सिद्दीकी का 'इस्लाहुन्निसा' शीर्षक से एक विस्तृत लेख प्रकाशित हो चुका था। ग़रज़ कि यह नहीं कहा जा सकता कि जिस वक़्त शाइस्ता इकरामुल्लाह पी. एच. डी. का अपना शोध-पत्र मुकम्मल कर रही थीं, उस वक़्त 'इस्लाहुन्निसा' गुमनामी के अँधेरे में पड़ा था।

'इस्लाहुन्निसा' को नज़रअन्दाज़ करने के साथ ही 'अफ़साना-ए-नादिरजहाँ'

(1901) द्वारा फ़ख़रुन्निसा नादिर जहाँ बेगम, 'मुशीरे निस्वाँ' (1906) द्वारा सुग़रा हुमायूँ मिर्ज़ा, 'गूदड़ का लाल' (1907) द्वारा कुबरा बेगम, अख़्तरुन्निसा बेगम (1910) द्वारा नज़र सज्जाद हैदर को भी नज़रअन्दाज़ किया गया और मुहम्मदी बेगम के उपन्यास 'सफ़िया बेगम' (1920) उर्दू में किसी महिला द्वारा लिखा गया पहला उपन्यास क़रार दे दिया गया : इस तरह उर्दू की पहली महिला उपन्यासकार का जो ताज रशीदुन्निसा के सर पर सजना चाहिए था, वह छब्बीस साल बाद छपने वाली मुहम्मदी बेगम के सर पर रख दिया गया। शाइस्ता सहरवर्दी का शोधपत्र अंग्रेज़ी में लिखा गया था और इंग्लिस्तान से छपा था, चुनांचे उन्हीं की बात प्रामाणिक मानी गयी। अफ़सोस कि यह रवैया बाद में भी जारी रहा। एक किताब 'उर्दू की अहम ख़ातून नाविल निगार' मेरी नज़र से गुज़री जो नीलम फ़रज़ाना का रिसर्च पेपर है और अलीगढ़ से 1992 में प्रकाशित हुआ है। वह किताब के पहले अध्याय में शाइस्ता सहरवर्दी की किताब का हवाला देते हुए, 'मुहम्मदी बेगम' का तज़किरा करती हैं, फिर डॉक्टर सैयद मुज़फ़्फ़र इक़बाल की पुस्तक 'बिहार में उर्दू नस्र का एरलिका' के सन्दर्भ से यह लिखती हैं, कि डॉ. मुजफ़्फ़र इकबाल ने यह साबित किया है कि रशीदुन्निसा बेगम वह पहली ख़ातून हैं, जिसने नाविल लिखने की इब्तिदा की! लेकिन 352 पृष्ठों की इस पुस्तक में न मुहम्मदी बेगम पर कोई अध्याय है, न रशीदुन्निसा बेगम पर। लुत्फ़ की बात यह है कि पहले अध्याय में 'इस्लाहुन्निसा' से एक पृष्ठ का कथांश दिया गया है और उसे घरेलू-सामाजिक परम्पराओं की जीती-जागती तसवीरें क़रार देते हुए 'मायूस कुन रस्म का बयान' नक़ल किया गया है लेकिन बिचारी रशीदुन्निसा इसकी मुस्तहिक़ भी नहीं समझी गयीं कि इस उपन्यास अंश के साथ उनका या उनके उपन्यास का नाम दिया जाता। यह किताब अलीगढ़ मुस्लिम यूनिवर्सिटी की उर्दू विभाग की अध्यक्षा प्रो. सुरैया हुसैन की निगरानी में लिखी गयी और नीलम फ़रज़ाना के बयान के मुताबिक़ उन्होंने उर्दू की वरिष्ठ कथाकार तथा ए.एम.यू. की विज़िटिंग प्रोफ़ेसर कुर्रतुल ऐन हैदर से भी परामर्श किया था।

कुछ दिनों से 'तमसीली क़िस्से' (उपमापरक या एलेग्रिक) और नाविल की बहस चल रही है। डिप्टी नज़ीर अहमद की 'मिरातुल उरूस' को तमसीली क़िस्सा कहा जाता है और उर्दू के पहले उपन्यासकार का सेहरा किसी और के सर बँधता है। इस एतबार से भी डिप्टी नज़ीर अहमद को उनके तमसीली क़िस्से मिरातुल उरूस की बिना पर हमेशा उर्दू का पहला 'तमसीली क़िस्सा निगार' तस्लीम किया जायेगा इस उसूल पर अमल करते हुए अगर रशीदुन्निसा बेगम को 'उर्दू की पहली ख़ातून नाविल निगार' मानने में अगर कोई शाब्दिक कठिनाई है तो अदबी ईमानदारी का

तक़ाज़ा है कि उन्हें उर्दू की पहली 'तमसीली किस्सा निगार ख़ातून' मानकर उनका हक़ उन्हें अदा कर दिया जाये।

बात कहाँ से निकली थी और कहाँ जा पहुँची। हम जब उस दौर की मुस्लिम अशराफ़िया की शिक्षित औरतों के क्रियाकलाप पर नज़र करते हैं तो रशीदुन्निसा भी उनकी पैरवी करती दिखायी देती हैं। उनको मालूम था कि शाम को जब 'शमा' जलायी जाती तो अपनी बेटियों, भांजियों, भतीजियों, मुहल्ले की औरतों, घर की मामाओं, दाइयों को 'क़िस्सस उंबिया' (नबियों के जीवन पर आधारित एक पुस्तक) के साथ-साथ दूसरी किताबें सुनातीं। अपनी बेटियों पर उन्होंने किसी भी क़िस्म की किताबों को पढ़ने पर पाबन्दी नहीं लगायी, उनकी बेटी और बिहार की पहली साहिबे दीवान शाइरा निसार कुबरा ने ग्यारह साल की उम्र में सात अश्आर की एक मुनाजात (वन्दना), जिस पर इस्लाह शाद अज़ीबावादी ने दी और उन्हें ताकीद की कि वह शेर कहती रहें! निसार कुबरा ने एक जगह लिखा है : 'अम्मा का कहना था कि लड़कियों को अच्छी और बुरी सभी तरह की किताबें देखनी चाहिए ताकि वे अपनी अक़्ल से अच्छे को अच्छा और बुरे को बुरा समझें।'

एक तरफ़ रशीदुन्निसा की रौशनख़्याली का यह आलम था, दूसरी तरफ़ वह पितृसत्तात्मक समाज के चंगुल में जिस तरह फ़ड़फड़ाती थीं, उसका अन्दाज़ा इस घटना से लगाया जा सकता है। हुआ यूँ कि शाद अज़ीमाबादी की इस्लाह (मार्गदर्शन) और हिम्मत अफ़ज़ाई के बाद उनकी शाइरा बेटी निसार कुबरा की तबीयत कुछ और रवाँ हुई, शाइराना मिज़ाज और लड़कपन की शोख़ी ने बारह-तेरह वर्ष की आयु में उनसे 'ताड़ीनामा', 'आईनानामा', 'अहमक़नामा' और 'मसनवी-अंजुमन' के नाम से कई काव्य व्यंग्य लिख गये। 'मसनवि-ए-अंजुमन' एक नईमामा अंजुमन (संस्था) पर लिखी गयी थी और घर की लड़कियों-बालियों में बहुत लोकप्रिय हो रही थी। क्यों न होती कि उसमें निसार कुबरा का काव्य आवेग उठान पर था—

नज़ाकत से सारी उठाये हुए
ज़मीं पर नज़र को झुकाये हुए
अजब हाल से घर में दाख़िल हुई
तरफ़ काम के अपने मायल हुई

वह कापी जिसमें यह मसनवी (प्रबन्धकाव्य) लिखी हुई थी, ख़ानदान का एक शरीर लड़का ले उड़ा और उसने घर के हर छोटे-बड़े को, हद तो यह कि मर्दाने मकान में ठहरे हुए एक मेहमान को भी पढ़वा दी। यह मेहमान थे 'जिन्दगानी बेनज़ीर' यानी नज़ीर अकबराबादी के जीवनी लेखक 'अब्दुल ग़फ़ूरशहबाज़' उन्होंने मौलवी मीर हसन (सुविख्यात मसनवी लेखक) की तर्ज़ पर लिखी जाने वाली इस मसनवी को

देखा तो उसकी मात्रिक श्रेष्ठता और प्रवाह की दाद दी।

आगे की कहानी निसार कुबरा की ज़बानी सुनिये– 'हर शख़्स की ज़बान पर उसका कोई न कोई बन्द था और घर बाहर में हलचल मची हुई थी। हमारे भाई गुलाम मौला मर्हूम ने उस लड़के से कापी को छीना और लाकर वालिदा मर्हूमा को दे दिया कि लड़कियों को पढ़ना-लिखना क्या इसीलिए सिखाया गया है कि वह मिर्ज़ा सौदा बन जाएँ और लोगो हजवे (मज़ाक़ उड़ाना-बुराई करना) करें।'

बेटे ने माँ से शदीद बहस-मुबाहिसा किया, कापी के टुकड़े किये और उसे रशीदुन्निसा के सामने फेंककर मर्दानखाने की राह ली! वह रशीदुन्निसा जो लड़कियों पर किसी किस्म की किताब पढ़ने की पाबन्दी आयद नहीं करती थीं, बेटे की चीख़-पुकार के सामने सर झुकाकर ख़ामोश हो गयीं और बेटे से यह न कह सकीं कि जिस लड़की का हौसला शाद अज़ीमाबादी ने बढ़ाया हो, जिसकी लिखी हुई हजू की अब्दुल ग़फ़ूर दाद दे रहे हों, उस पर चीखने या उसकी लिखी नज़्म को फाड़ने का उन्हें कोई हक़ नहीं पहुँचता, और बकौल निसार कुबरा इस मसनवी के प्रचारित होने और उस पर बावेला मचने के बाद शाइरी का सारा जोश ठण्डा पड़ गया और एक ज़माने तक शाइरी का नाम लेने तक को जी नहीं चाहता था।

पितृसत्तात्मकता के सामने रशीदुन्निसा के सर झुकाने का एक दूसरा प्रसंग यह है कि वह ख़ातून जो 'इस्लाहुन्निसा' में पढ़ी-लिखी और सलीकामन्द लड़कियों की शादियाँ पढ़े-लिखे लड़कों से कराती हैं, जब अपनी बेटी ब्याहती हैं तो पितृसत्ता के नुमाइन्दों यानी अपने शौहर, भाइयों और बेटों की मर्ज़ी के आगे बेबस हो जाती हैं। ज्ञान की ख़ोजी, शाइरा कातिब, घर-भर का हिसाब-किताब रखने और दाई-मामाओं की चिट्ठी-पत्री लिखने वाली निसार कुबरा की शादी करती तो हैं एक नामी गिरामी आलिम-फ़ाज़िल घराने में लेकिन यह नहीं देखतीं कि वहाँ लड़कियों के लिए वही दम घोंट देने वाला माहौल है, जिसकी जी खोलकर निन्दा उन्होंने अपने उपन्यास में की थी। निसार कुबरा की शादी सोलह साल की उम्र में हुई। वह अपनी ससुराल के बारे में लिखती हैं–

'यहाँ का बाबा आदम निराला था। ख़्यालात में ज़मीन-आसमान का फ़र्क़ था, जो बातें मेरी समझ में अच्छी थीं, वो यहाँ बुरी समझी जाती थीं और जिन बातों को मैं बुरा समझती वो यहाँ अच्छी समझी जाती थीं। बिरादरी की जो औरतें मुझसे मुलाक़ात के लिए आतीं वो औरतों के पढ़ने-लिखने की बहुत आलोचना करतीं और चाहतीं कि मैं भी उन्हीं की तरह हो जाऊँ! उन लोगों से बहस करना दस्तूर के ख़िलाफ़ था, यह हाल देखकर कुछ दिन तक तो मैं ख़ामोश रही, क़लम, दवात और किताबें छिपा दीं लेकिन जब चैन नहीं पड़ा तो किताब और अखबार से दूर

रहना नामुमकिन हो गया और पोट के पोट काग़ज़ स्याह करने लगी। हर वह किताब जो मेरे ख़्याल में क़ाबिले एतिराज़ थी या अख़बार के वो लेख जिनमें ग़लत बातें लिखी होतीं उनका जवाब लिखती और नैतिक उपन्यास, क़िस्से कहानियों की किताबें, मज़ाक़ की बातें, लतीफ़े वग़ैरा लिखा करती, मगर उसको छपवा नहीं सकती थी। क्योंकि हमारे सुसर, ख़ुदा उन्हें जन्नत नसीब करें, पुराने ख़्याल के आदमी थे, वह औरतों की आज़ादी और उनके अख़बारात में लेखादि छपवाने को अच्छी निगाह से नहीं देखते थे। उनकी ख़ातिर हमको भी मंज़ूर थी। डरते-डरते कभी-कभी नाम बदल कर कभी किसी ज़नाने रिसाले (पत्रिका) में नाम बदलकर रचनाएँ दे दिया करती थी। मेरे सुसर साहब जिनका नाम मौलाना उमर करीम था, मशहूर हनफ़ी (एक इस्लामी चिन्तन परम्परा) आलिम थे। उनके लेख 'अहले क़स्बा' अख़बार लाहौर में छपा करते थे और उनकी कृतियाँ भी पंजाब में बहुत लोकप्रिय थीं। उनका निधन 1923 में हुआ। तब मैं आज़ाद हो गयी, जो चाहती लिख-पढ़ सकती थी। लेकिन अफ़सोस कि आँख की रौशनी कम हो गयी, सेहत भी ख़राब रहने लगी। जब तन्दुरुस्ती ने जवाब दे दिया तो क्या कर सकती थी।'

रशीदुन्निसा उस वक़्त तक अपने समाज से लड़ते-लड़ते शायद थक चुकी थीं, क्योंकि नौजवान रशीदुन्निसा को हम समाज से बग़ावत करते हुए देखते हैं, जिस ज़माने में औरतों का लिखना तो दूर की बात, पढ़ना भी जुर्म था, उस दौर में वह कोई मज़हबी क़िस्सा नहीं, जीते-जागते इंसानों की कहानी लिखने के लिए कलम उठाती हैं, समाज-सुधार उनका संकल्प है, स्त्री-शिक्षा पर वह बल देती हैं, अंग्रेज़ी सीखने और साइंसी आविष्कारों से फ़ायदा उठाने की प्रेरणा देती हैं। एक तरफ़ आज़ाद ख़्याली का यह आलम है, दूसरी तरफ़ समाज की इतनी ताबेदार हैं कि उपन्यास 'इस्लाहुन्निसा' की पाण्डुलिपि पर ग्यारह सालों तक गर्द जमती रहती है और जब वह उनके लन्दन पलट बेटे की इच्छा पर प्रकाशित भी होता है तो उस पर अपना नाम नहीं छपवातीं और 'वालिदा बैरिस्टर सुलेमान बार ऐट ला' की चिलमन के पीछे रहने में बेहतरी समझती हैं। बेटा अपनी बहन की लिखी हुई मसनवी 'अंजुमन' को चाक करता है तो वह अपने होठ सी लेती हैं, फिर भी इस बारे में रशीदुन्निसा को आलोचना का निशाना बनाना इसलिए ग़लत है क्योंकि उनका दौर उपमहाद्वीप के हिन्दू-मुस्लिम समाज में एक बड़ी उथल-पुथल का ज़माना है और यह अन्तर्विरोध उन्नीसवीं सदी में उपमहाद्वीप के पितृसत्तात्मक समाज को सुधारने का दावा करने वाले बड़े नामवर सुधारकों के यहाँ भी पाया जाता है।

हिन्दू समाज के सबसे बड़े समाज सुधारक राजा राममोहन राय को आधुनिक

भारत का प्रथम पुरुष कहा जाता है। वह अठाहरवीं सदी उत्तरार्द्ध में पैदा हुए और उन्नीसवीं सदी की आरम्भिक दो के दशकों में अपने काम के सबब मशहूर हुए। संस्कृत, फ़ारसी, अरबी, अंग्रेज़ी, इब्रानी और यूनानी भाषाओं के इस ज्ञाता ने सूफ़ीवादी अध्यात्म और क़ुरआन का भी अध्ययन किया। वह सती-प्रथा के कट्टर विरोधी थे, औरतों के साथ समान व्यवहार, जायदाद में उनके हक़, उनकी शिक्षा के समर्थक और कई विवाह के विरोधी थे। उन्नीसवीं सदी में वह हिन्दू स्त्री के अधिकारों की लड़ाई लड़ने वाले योद्धा' घोषित किये जाते हैं लेकिन उनकी अपनी ज़िन्दगी अपनी माँ और तीन बीवियों से शदीद झगड़ों में गुज़री। पहली बीवी तो शादी के कुछ दिनों बाद ही चल बसी थी। इन झगड़ों की तह में जाइये तो पता चलता है कि स्त्री अधिकार की लड़ाई लड़ने वाले अपनी सबसे क़रीब की स्त्रियों से मामलात में मिसाली पुरुष के रूप में सामने नहीं आते। इसी तरह उस दौर के एक अन्य सक्रिय समाज सुधारक स्त्री-शिक्षा के पुरज़ोर समर्थक और कम उम्र में लड़कियों की शादी के कट्टर विरोधी केशव चन्द्रसेन हमें अपनी कम उम्र बेटी का विवाह कूच बिहार के महाराजा से करते नज़र आते हैं। कथनी और करनी में इस विरोधाभास की वजह यह थी कि इस शादी के सबब उनकी बेटी 'महारानी' बन सकी और वह स्वयं एक महाराजा के सुसर होने का सम्मान प्राप्त कर सके।

इधर रवीन्द्र नाथ टैगोर थे जो दयानंद सरस्वती के समान यह दृष्टिकोण रखते थे कि हिन्दुस्तान की हिन्दू और मुसलमान लड़कियों की पस्ती व पिछड़ेपन की ज़िम्मेदारी दोनों धर्मों पर आयद होती है। इन लोगों का कहना था कि सिर्फ़ आधुनिक ज्ञान पर आधारित सेक्युलर शिक्षा ही उन्हें जहालत और पिछड़ेपन से बाहर निकाल सकती है। दयानन्द सरस्वती और टैगोर 1838 और 1839 में विभिन्न सभाएँ क़ायम करके इन विचारों का प्रसार कर रहे थे और स्त्री-मुक्ति के प्रणेताओं में थे। स्त्री-शिक्षा और स्त्री-मुक्ति के लिए टैगोर के सक्रिय समर्थन को याद रखते हुए उनके व्यक्तित्व के इस अन्तर्विरोध को भी ज़ेहन में रखना चाहिए कि उनके जैसा उदारचेता, रौशन ख़्याल, विचारों से बहुत हद तक आधुनिक कथाकार कवि और बुद्धिजीवी और सुधारक साल-दो-साल या पाँच-सात बरस की कम उम्र हिन्दू बच्चियों की शादी यानी बाल विवाह को एकदम दुरुस्त समझ रहा था, जबकि गोद में खिलाई जाने वाली इन बच्चियों की शादी के ख़िलाफ़ प्रतिरोध की आवाज़ उस ब्रितानिवी साम्राज्य ने बुलंद की जो हिन्दुस्तान को अपना उपनिवेश बनाये हुए था।

दूसरी ओर मुसलमानों के महान सुधारक सर सैयद थे, वह मुस्लिम नौजवानों की आधुनिक शिक्षा के लिए अपना ख़ून-पसीना एक किये दे रहे थे लेकिन औरतों के लिए क़ुर्आन और उर्दू की घरेलू शिक्षा को ही काफ़ी समझते थे। उन्होंने 1884

में पंजाब की मुस्लिम ख़्वातीन के ज्ञापन के जवाब में तक़रीर करते हुए कहा—

'मेरी यह ख़्वाहिश नहीं कि तुम उन पवित्र किताबों के बदले, जो तुम्हारी दादियाँ और नानियाँ पढ़ती आयी हैं, इस ज़माने की प्रचलित अशुभ किताबों को पढ़ने की ओर उन्मुख हो। मर्दों को, जो तुम्हारे लिए रोटी कमा कर लाने वाले हैं, वक्त की ज़रूरत के हिसाब से कोई भी ज्ञान या भाषा सीखने और कैसी ही नयी चाल चलने की ज़रूरत पेश आयी हो, मगर इन तब्दीलियों से जो ज़रूरत तालीम से मुतअलिक़ तुमको पहले थी, उसमें कुछ तब्दीली न होगी...मुमकिन है कि यूरोप में औरतें पोस्ट मास्टर या मेम्बर आफ़ पार्लियामेंट हो सकें लेकिन हिन्दुस्तान में न अब वह ज़माना है और न सैकड़ों बरस में आने वाला है। सर सैयद मुसलमानों में आधुनिक शिक्षा के सूत्राधार हैं। उन्होंने 1875 में मुसलमान लड़कों के लिए एक स्कूल क़ायम किया, उसे दो बरस बाद कॉलेज में तब्दील किया और आज वह स्कूल अलीगढ़ मुस्लिम यूनिवर्सिटी बन चुका है। शिक्षा के क्षेत्र में इतने बड़े काम के बावजूद मुसलमान लड़कियों की आधुनिक शिक्षा के समर्थकों से उन्हें आख़िरी उम्र तक मतभेद रहा। इस मुद्दे पर उनकी असहमति डिप्टी नज़ीर अहमद, मौलाना अल्ताफ़ हुसैन हाली, मौलवी मुमताज़ अली, बदरुद्दीन तैयब जी, मौलवी सैयद करामत हुसैन और अन्तर्राष्ट्रीय प्रतिष्ठा के विद्वान History of Saracens जस्टिस सैयद अमीर अली से भी रही। 1899 में कलकत्ता के मोहमडन एजूकेशनल कॉन्फ्रेन्स के अधिवेशन में अध्यक्षीय भाषण देते हुए जस्टिस सैयद अमीर अली ने सर सैयद का नाम लिये बग़ैर उनके दृष्टिकोण से मतभेद प्रकट करते हुए, पुरज़ोर शब्दों में कहा कि, 'जब तक हम लड़कियों की तालीम पर ध्यान नहीं देंगे तो सिर्फ़ लड़कों की आधुनिक शिक्षा से हमको ज़िन्दा कौम बनने सें बिल्कुल मदद नहीं मिल सकती।'

उपमहाद्वीप में स्त्री-शिक्षा को आधुनिक साँचा देने का काम पहले ईसाई मिशनरियों, ईस्ट इण्डिया कम्पनी बाद में ब्रितानवी शासन ने किया। ईस्ट इण्डिया कम्पनी के शोषक और औपनिवेशिक चरित्र को भुलाया नहीं जा सकता। लेकिन इसके साथ ही उपमहाद्वीप की हिन्दू और मुसलमान औरतें लॉर्ड बैंटिंक और लॉर्ड डलहौज़ी के एहसानों को भी भुला नहीं सकतीं। 1848 से 1856 तक गवर्नर जनरल के पद पर रहने वाला वह लॉर्ड डलहौजी था, जिसने कहा था कि हिन्दुस्तान में बुनियादी तब्दीली लाने में स्त्री शिक्षा से ज़्यादा कुछ और महत्त्वपूर्ण नहीं हो सकता। इतिहास के पृष्ठ जब भी पलटे जाएँगे लॉर्ड बैंटिंक हिन्दू औरतों को सती होने के अभिशाप से निजात दिलाने वाले के तौर पर याद किया जायेगा। इसी तरह इस भूखण्ड की मुसलमान औरतों को भी यह बात हमेशा याद रखनी चाहिए

कि जब कौम के रहनुमा और सुधारक उनकी आधुनिक शिक्षा की राह का रोड़ा बने हुए थे, उस वक़्त रौशन ख़्याल और दर्दमन्द अंग्रेज़ों ने निजी सतह पर तथा ब्रितानवी राज ने सरकारी स्तर पर उसे पस्तियों से, अशिक्षा के अन्धकार से निकालने का जतन किया।

अठारहवीं सदी में ईसाई धर्मप्रचारकों, उनकी पत्नियों और धर्म प्रचार की दूसरी कार्यकर्त्ताओं ने सबसे पहले हिन्दू और मसुलमान औरत की पस्ती, ज़िल्लतों से भरी उसकी ज़िन्दगी के दुःख को महसूस किया। यह दुरुस्त है कि उनका उद्देश्य हिन्दुस्तानी लड़कियों को ईसाई धर्म में दीक्षित करना था लेकिन वह अपने इस मक़सद में कामयाब न हो सकीं, हाँ आधुनिक तर्ज़ की स्त्री-शिक्षा की चर्चा ज़रूर चल निकली। मिशनरीज़ की इन महिलाओं की नाकामी का चित्र खींचते हुए मारग्रेट मैकमिलन ने अपनी पुस्तक 'WOMEN OF THE RAJ' में लिखा है कि—एक अंग्रेज़ औरत लखनऊ में 18 साल तक धर्म-प्रचार का काम करती रही लेकिन एक स्त्री को भी वह ईसाई नहीं बना पायी।

स्त्री-शिक्षा के आरम्भिक प्रयास हमें मद्रास प्रेसीडेन्सी के गवर्नर की पत्नी लेडी कैम्पबेल द्वारा स्थापित महिला अनाथालय के रूप में दिखाई पड़ती है। 1787 में क़ायम होने वाला 'LADY CAMPBELL FEMALE ORPHAN ASSYLUM' पहला ऐसा संस्थान था, जहाँ हिन्दुस्तानी लड़कियों को उस वक़्त की अपेक्षाओं के अनुरूप आधुनिक शिक्षा दी जाती थी।

उन्नीसवीं सदी के दूसरे दशक में स्त्री-शिक्षा की वास्तविक स्थिति 'ऐडम रिपोर्ट' से मालूम होती है। विलियम ऐडम एक साहसी और सक्रिय मिशनरी था जिसने 1835 से 1838 के दरमियान ये रिपोर्ट तैयार की। विलियम ऐडम की दूसरी रिपोर्ट के अनुसार बंगाल के चार लाख छियानबे हज़ार नौ सौ चौहत्तर (4,96,974) लोगों में से केवल 21,907 पुरुष शिक्षित थे जबकि ऐसी महिलाओं की संख्या कुल चार थी। नुरुल्लाह और जे. पी. नाइक 'भारतीय शिक्षा का इतिहास' (तारीख़े तालीमे हिन्द) में स्त्री-शिक्षा को बीसवीं सदी का 'एक महत्त्वपूर्ण विवाद' घोषित करते हैं। वह लिखते हैं, 'उन्नीसवीं सदी के आरम्भ में हिन्दुस्तानी समाज में औरतों की शिक्षा न के बराबर थी।'

इसके बाद लेडी इम्हेरस्ट के संरक्षण में 'लेडीज़ सोसाइटी फ़ार नेटिव फ़ीमेल एजूकेशन' क़ायम हुई, जिसकी निगरानी में हिन्दुस्तानी लड़कियों के लिए 30 स्कूल क़ायम किये गये। लन्दन मिशनरी सोसाइटी और चर्च मिशनरी सोसाइटी ने भी हिन्दुस्तान में लड़कियों की शिक्षा के प्रसार में उल्लेखनीय काम किया। लॉर्ड डलहौज़ी ने हिन्दुस्तानी औरतों के लिए आधुनिक शिक्षा के महत्त्व को समझते हुए इस

सम्बन्ध में 11 अप्रैल, 1850 को कम्पनी बहादुर के पूर्ण सहयोग और सहायता के आदेश जारी किये। स्त्री-शिक्षा के विकास के लिए किसी को यदि लॉर्ड डलहौज़ी के योगदान का जायज़ा लेना हो तो उसके लिए ईस्ट इंण्डिया कम्पनी के बोर्ड आफ़ डाइरेक्टर्स की ओर से 1854 में जारी होने वाले एजूकेशनल डिस्पैच का अध्ययन आवश्यक है।

यह स्त्री-शिक्षा की सरकारी सरपरस्ती थी जिसकी बिना पर BORTHWIK यह लिख सका कि 1854 में बंगाल प्रेसीडेंसी, मद्रास प्रेसीडेंसी, बम्बई प्रेसीडेंसी, इसके अलावा उत्तरी-पश्चिमी प्रांत और अवध में लड़कियों के 626 स्कूल खुल चुके थे, जिनमें 21,755 लड़कियाँ शिक्षा प्राप्त कर रही थीं।

इसे वक़्त का मज़ाक़ कहिये कि मुसलमान लड़कों की आधुनिक शिक्षा के लिए सर सैयद की बेमिसाल कोशिशों और अलीगढ़ में मोहम्डन ऐंग्लो ओरियंटल कॉलेज की स्थापना से पचास वर्ष पूर्व लन्दन का एक घड़ीसाज़, जिसने कलकत्ता आकर और घड़ियाँ बेचकर दौलत कमाई थी, वह दौलत उसने हिन्दुस्तानी लड़कियों की आधुनिक तथा सेक्युलर शिक्षा पर ख़र्च कर दी, डेविड हियर ने उन्नीसवीं सदी के तीसरे दशक में कलकत्ता में स्त्री-शिक्षा के लिए काम कर रही एक संस्था की भरपूर आर्थिक सहायता से बंगाल में लड़कियों की शिक्षा के प्रसार में महत्पूर्ण भूमिका निभाई। सर सैयद के स्कूल के क़याम से छब्बीस बरस पहले 1849 में लार्ड एफ़ डी. बैथुविन अपनी ज़िन्दगी भर की जमा-पूँजी से हिन्दुस्तानी लड़कियों के लिए पहला सेक्युलर स्कूल क़ायम कर चुका था, जो अन्ततः कॉलेज बना और आज भी बैथुविन कॉलेज के नाम से याद किया जाता है। लड़कियों की शिक्षा के शायद यही संस्थान थे, जिनके बारे में सर सैयद ने अपनी मशहूर किताब 'असबाबे बग़ावते हिन्द' में लिखा कि 1857 की बग़ावत का एक सबब यह भी था 'कि सब यकीन से जानते थे कि सरकार का मतलब यह है कि लड़कियाँ स्कूल में आएँ और नयी तालीम पाएँ और बेपर्दा हो जाएँ, यह बात हद से ज़्यादा हिन्दुस्तानियों को नागवार थी।'

यक़ीनन पुराने विचारों के हिन्दुस्तानियों को यह बात नागवार तो बहुत थी लेकिन कलकत्ता की बन्दरगाहों पर ब्रितानिया और दूसरे मुल्कों से आने वाले जहाज़ों से सिर्फ़ बिक्री का सामान ही नहीं उतर रहा था, नये विचार और चिन्तन भी आ रहे थे और तेज़ी से फैल रहे थे। हवा का रुख़ बदल चुका था, ग़ालिब कलकत्ता में नयी ज़िन्दगी की झलकियों को देखकर और ब्रितानिवी ख़्यालात और फ़िक्र से आगाही हासिल करके बेसाख़्ता यह कह रहे थे कि—

साहिबान इंग्लिस्तान रानगर
आंचा हर्गिज़ कसनदीद, आवरदा अंद
शीवा व अन्दाज़ ईनां रानगर
दाद व दानिश रावहिम पैवस्ताअंद
ताचा-ए-आईन हापदीद आवरदा अंद
हिन्द रा सद्गूना आईना बस्ता अंद

ग़ालिब के अश्आर उनकी फ़ारसी मसनवी 'तक़रीज़े आईने अकबरी, से लिये गये हैं, जिसमें 58 साल के ग़ालिब 38 बरस के सर सैयद अहमद ख़ाँ पुराने आईन (विधान) पर आधारित इस किताब में संशोधन पर तंबीह करते हैं और इस काम को वक़्त की बर्बादी क़रार देते हैं। ग़ालिब उन्हें मशविरा देते हैं–वह भाप का इंजन और बिजली का तार ईजाद करने वालों के जीवन संहिता और क़ानून से परामर्श करें और ज़िन्दगी व हुकूमत करने का तरीक़ा उनसे सीखें। कमाल का अन्तर्विरोध है कि ग़ालिब लाल क़िला के वजीफ़ाख़्वार थे, पुरानी नस्ल से तअल्लुक़ रखते थे और नये ज़माने की बात कर रहे थे जबकि सैयद अहमद ख़ाँ अंग्रेजों की मुलाज़िमत करते थे, ख़ुद को मुसलमानों की नयी नस्ल का नुमाइन्दा समझते थे 1857 में अंग्रेज़ ख़ानदानों को बचाने के सिलसिले में 'सर' का ख़िताब पाया। दुनिया भर में सर सैयद कहलाये, तौर तरीक़ा एकदम अंग्रेज़ों का अपनाया लेकिन उनके अन्दर एक कट्टर पुरातनपंथी और अतीत से चिपका हुआ इंसान रहता था जो स्त्री-शिक्षा के मामले में अपनी सोच व परम्पराओं के घेरे से बाहर न आ सका।

उन्नीसवीं सदी के उत्तरार्द्ध में हिन्दुस्तानी समाज जिस तेज़ी से केंचुल बदल रहा था और तब्दीली को यहाँ के बाशिन्दों की एक बड़ी संख्या जिस तरह स्वीकार कर रही थी, उस पृष्ठभूमि में हिन्दुस्तानी औरत की कारुणिक अवस्था पर निगाह डाली जाये तो मीर का यह शेर, बेसाख़्ता याद आता है–

कैसा चमन कि हम से असीरों को मना है
चाकेकफ़स से बाग़ की दीवार देखना।

यह ब्रितानवी राज का ख़ंजर था जो पुरानी सोच वालों की छातियों पर चल रहा था और भारतीय स्त्री के लिए 'चाकेक़फस' को चाक कर रहा था। सामाजिक परम्पराओं की गुलाम ये औरतें अब केवल बाग़ की दीवार देखने तक सीमित नहीं थीं, आधुनिक शिक्षा उन्हें रिवायत के क़फ़स यानी परम्पराओं के पिंजरे से उड़ जाने की हिम्मत अता कर रही थी। इसी माहौल ने रशुन्दरी, रशीदा और रुक़य्या को जन्म दिया और उनके अन्दर क़लम उठाने का साहस पैदा किया, इस तरह वो बंगला और उर्दू की ऐसी अग्रणी साहित्यकार महिलाएँ बन सकीं, जिन्होंने साहिला के माध्यम

से स्त्री-शिक्षा और स्त्री-अधिकार के प्रश्नों व समस्याओं को स्वर दिया।

उन्नीसवीं सदी में स्त्री-शिक्षा के क्षेत्र में वैयक्तिक तथा सरकारी कोशिशों का एक सरसरी जायज़ा हमें रुशन्दरी देवी से ज़्यादा रशीदुन्निसा और रुक़य्या सख़ावत हुसैन के जेहनी रुज्हानात को समझने में मदद देता है।

उपनिवेशिक दौर के शोषण व दमन की बात करते हुए हमें यह भी याद रखना चाहिए कि धार्मिक उत्साह तथा धर्म-प्रचार की ज़रूरतों के तहत ही सही वो बर्तानिया, कनाडा, आस्ट्रेलिया और अमरीका से आयी हुई मिशनरी महिलाएँ थीं, जिन्होंने भारतीय स्त्री के लिए सेक्युलर शिक्षा की फ़िज़ा बनाई और स्कूल खोले। चर्च आफ़ इंग्लैण्ड फीमेल मिशनरी सोसाइटी और फीमेल बाइबिल सोसाइटी के नाम से धर्म-प्रचार का काम करने वाली संस्थाओं से जुड़ी इन महिलाओं ने अठारहवीं, उन्नीसवीं तथा बीसवीं सदी में स्त्री शिक्षा के प्रसार में हरसम्भव प्रयास किये।

झाँसी की रानी लक्ष्मीबाई की भतीजी महारानी तपस्विनी ने 1857 में आज़ादी की लड़ाई में हिस्सा लिया। उसकी सज़ा में क़ैद काटी लेकिन रिहाई के बाद उन्होंने बंगाल में स्त्री-शिक्षा के क्षेत्र में बड़ा बुनियादी काम किया। इसी तरह मुर्शिदाबाद के राजा कृष्णनाथ कुमार की विधवा रानी शिरोमणि ने लड़कियों की शिक्षा के लिए आर्थिक सहायता की और 1886 में कलकत्ता के मेडिकल कॉलेज में लड़कियों के लिए एक हास्टल बनवाया।

ब्रिटेन निवासी मेरी कारपेन्टर ने स्त्री-शिक्षा के प्रसार के लिए 1867 से 1877 के दौरान चार बार हिन्दुस्तान की यात्रा की। लड़कियों के लिए स्कूल क़ायम किये और स्त्री-शिक्षा की एक स्कीम हुकूमत के सामने पेश की। जिसके लिए ब्रिटिश हुकूमत की तरफ़ से मुनासिब रक़म मंज़ूर न किये जाने की वजह से इस स्कीम पर अमल नहीं हो सका। 1873 में मानिक जी क्रिस्ट जी ने बम्बई में पारसी लड़कियों के लिए एक स्कूल खोला, जिसमें हिन्दू व मुसलमान लड़कियाँ भी शिक्षा प्राप्त करती थीं। अनीति एकराइड ANNETTE AKROYD ने 1873 में कुछ हिन्दुस्तानियों की सहायता से हिन्दू लड़कियों के लिए स्कूल खोला। शादी के बाद वह ANNETE BEVERIDGE के नाम से प्रसिद्ध हुईं। वह फ्रांसीसी और जर्मन की ज्ञाता थीं, बंगाल में रहकर उसने बंगाली, फ़ारसी और तुर्की सीखी।

1882 में हण्टर कमीशन ने अपनी तालीमी रिपोर्ट पेश की। उसमें लड़कियों की शिक्षा पर बल दिया गया था और सरकारी संरक्षण में चलने वाले स्कूलों की ख़राबियों का उल्लेख किया गया था। इस कमीशन की रिपोर्ट को ध्यान में रखते हुए 1889 में लड़कियों के स्कूल की ग्राण्ट में बढ़ोतरी की गयी।

1884 में अंजुमने हयातुलजुम इस्लाम लाहौर ने लड़कियों के लिए दो

प्राइमरी स्कूल क़ायम किये। ज़माना बदल रहा था, आँख की किरकिरी होने के बावजूद लड़कियों की तालीम का रिवाज़ बढ़ रहा था। इसका अन्दाज़ा इससे लगाया जा सकता है कि सिर्फ़ दो साल में अंजुमन आठ और स्कूल खोलने पड़े और 1886 में यह संख्या दस हो गयी। पंजाब में लड़कियों के इन स्कूलों की बुनियाद के पीछे यह ख़ौफ़ भी सक्रिय था कि बच्चियाँ मिशनरी स्कूलों के चक्कर में कहीं ईसाई न बन जाएँ। इसलिए आधुनिक शिक्षा के लिए अपने स्कूल खोलना ज़रूरी हो गया। 1890 के दशक में ढूँढूकेशूकारू ने लड़कियों के लिए कई स्कूल क़ायम किये। महाराजा दरभंगा स्त्री शिक्षा के प्रबल समर्थक थे और 1893 में वह महारानी तपस्विनी द्वारा स्थापित स्कूल की 23 शाखाओं के बोर्ड आफ़ ट्रस्टीज़ के संरक्षक बने। इनके अलावा शेख़ अब्दुल्लाह बेगम शेख़ अब्दुल्लाह, बेगम भोपाल, मिसेज़ ऐनी बेसेण्ट, नवाब मोहसिनुलमुल्क, गोपाल सिंह और दूसरी कई हिन्दू-मुस्लिम विभूतियों ने स्त्री-शिक्षा के अभियान को आगे बढ़ाया। इन व्यक्तिगत प्रयासों और सरकारी अग्रसरता के अलावा ब्रह्मसमाज, प्रार्थना समाज, आर्यसमाज और थ्योसोफ़िकल सोसाइटी के क़ायम किये हुए बालिका विद्यालयों ने स्त्री-शिक्षा के प्रचार-प्रसार में महत्त्वपूर्ण भूमिका निभाई।

ऊपर की पंक्तियों में स्त्री-शिक्षा के आरम्भ के बारे में विस्तार से बताया गया है। यह बात भी ढकी-छिपी नहीं कि सर सैयद को अंग्रेजों से ख़ास लगाव था, इसके बावजूद लड़कियों की शिक्षा के बारे में लॉर्ड डलहौज़ी, सर विलियम मयूर, डेविड हियर, लेडी एम्बरहस्ट और लेडी फ्रेज़र के रवैयों और आदेशों की भी उन्होंने चिन्ता नहीं की। स्त्री-शिक्षा का वह अभियान जो प्रभावशाली अंग्रेज़ों ने 1824 से आरम्भ किया था, जिसे 1850 में लॉर्ड डलहौज़ी का संरक्षण प्राप्त हुआ और 1854 में ईस्ट इण्डिया कम्पनी के बोर्ड आफ़ डायरेक्टर्स ने जिस स्त्री-शिक्षा के प्रसार के लिए एजूकेशनल डिस्पैच जारी किया, उससे सर सैयद का इस हद तक मतभेद था कि उन्होंने 1884 में स्त्री-शिक्षा के हवाले से अपने दृष्टिकोण पर बल देते हुए कहा–

'(हिन्दुस्तान में) औरतों को जिस क़िस्म के विषय पढ़ाये जाने का ख़्याल पैदा हुआ है, उसको भी मैं पसन्द नहीं करता, क्योंकि वो न हमारी हालत के मुनासिब हैं और न सैकड़ों बरस तक हमारी औरतों को इनकी ज़रूरत है।'

सर सैयद के समर्थक और साथी यह कहते नहीं थकते कि वे लड़कियों की तालीम के हर्गिज़ मुख़ालिफ़ न थे। 'इन लोगों का कहना है कि सर सैयद दरअसल मुस्लिम नौजवानों की तालीम के हामी थे और समझते थे कि जब घर के मर्द तालीम याफ़्ता होंगे तो उनके घर की लड़कियों की पढ़ने-पढ़ाने की राह अपने आप हमवार हो जायेगी।'

सर सैयद के इन हामियों में से एक मौलवी मुश्ताक़ हुसैन अमरोहवी थे, जो नवाव वक़ारुल मुल्क के नाम से मशहूर हुए। अंग्रेज़ों द्वारा स्थापित गर्ल्स स्कूलों के बारे में उनका कहना था 'कि मेरी राय इन स्कूलों के बारे में यह है कि शरीफ़ ख़ानदानों की लड़कियों का अपनी मौजूदा हालते जहालत में रहना इन स्कूलों में तालीम हासिल करने से लाखों दर्जा बेहतर हैं।'

सर सैयद के इन भारी-भरकम साथियों के इस विचार और उनकी दलीलों को सामने रखिये तो रशीदुन्निसा जिनकी तालीम घरेलू थी और जिन्हें अपनी सलहियतों को इस्तेमाल करने का मौक़ा ही न मिल सका, वह उपमहाद्वीप की इन महान विभूतियों से कहीं आगे नज़र आती हैं, वह अपने उपन्यास में एक जगह अशरफ़ुन्निसा (एक पात्र) की ज़बानी कहलवाती हैं–

'अब्बाजान कहते थे कि अंग्रेजों की औरतें पढ़ी-लिखी तालीमयाफ़्ता होती हैं। इसी वजह से उनके लड़के-लड़कियाँ सब तालीमयाफ़्ता होते हैं। बेतालीम लोग अपनी ज़िन्दगी के दिन बड़ी मुसीबत से पूरे करते हैं।'

सर सैयद का मानना था कि जब मर्द शिक्षित हो जाएँगे तो वह अपनी लड़कियों और औरतों को भी शिक्षा देंगे। जबकि रशीदुन्निसा उनसे एकदम विपरीत दृष्टिकोण व्यक्त करती हैं–

'जब लड़कियाँ शाइस्ता और तालीमयाफ़्ता हो जाएँगी तो लड़कों का तालीम पाना कुछ मुश्किल न होगा।' आगे चलकर लिखती हैं–

'मर्द की तालीम तो औरतों के इख़्तियार में है। जब लड़के पैदा होते हैं तो माँ ही से तालीम पाते हैं और बाद इसके मौलवी-मास्टर के सिपुर्द होते हैं, इसलिए मादरी तालीम का असर दिल से नहीं जाता।'

लड़कियों के साक्षर होने पर ही वह आग्रह नहीं करतीं, वह चाहती हैं लड़कियाँ लिखना भी सीखें–

'अगर कोई शख़्स चार सतर नक़ल किया करे और इसी क़दर अपने दिल से बनाकर लिखे तो चन्द महीनों में लिखना सीख जायेगा। ख़ुशख़ती (सुलेख) से मतलब नहीं, लिखना एक हुनर है, जो ज़रूरत के वक़्त काम आता है, अगर ग़लत हो या हुरूफ़ (अक्षर) बदसूरत या नादुरुस्त लिखे जाएँ तो बेदिल होकर मश्क़ को मौक़ूफ़ मत करो। कोई काम हो इब्तिदा में अच्छा नहीं हुआ करता। अगर किसी बड़े आलिम को एक टोपी सीने और कतरने को दो, जिसको कभी ऐसा इत्तिफ़ाक़ न हुआ हो, ज़रूर वह टोपी को ख़राब करेगा।'

एक जगह वह उपन्यास में लिखती हैं–

'अभी ऐसा ज़माना नहीं आया कि सब औरतें तालीमयाफ़्ता हों। और रस्मो

रसूमात को बुरा समझें, ऐसा ज़माना होने में तीस-चालीस बरस का ज़माना बाक़ी है।'

यह जुमला 1881 में लिखा गया, इसके आठ वर्ष बाद 1889 में बिलायत पलट और दुनिया देखे हुए सर सैयद ने इस मुद्दत को 'सैकड़ों बरस' पर फैला दिया और मोहम्डन एजूकेशनल कांग्रेस के इजलास में 'तालीम निस्वाँ (स्त्री-शिक्षा) के हक़ में पेश की जाने वाली क़रारदाद (प्रस्ताव) की खुलकर मुखालफ़त करते हुए कहा–

'जो जदीद इंतिज़ाम औरतों की तालीम का इस ज़माने में किया जाता है, ख़्वाह वह इंतिज़ाम गवर्नमेन्ट का हो, ख़्वाह उसी तर्ज़ का इंतिजाम कोई मुसलमान या कोई अंजुमने इस्लामी इख़्तियार करे, उसको मैं पसन्द नहीं कर सकता। औरतों की तालीम के लिए मदरसों को क़ायम करना और यूरोप के ज़नाना मदरसों(स्कूलों) की तक़्लीद (अनुकरण) करना, हिन्दुस्तान की मौजूदा हालत के लिए किसी तरह मुनासिब नहीं है और मैं इसका सख़्त मुखालिफ़ हूँ'

उधर पर्दानशीन और ज़नानख़ाने में ज़िन्दगी गुज़ारने वाली रशीदुन्निसा लड़कियों के लिए खुलने वाले स्कूलों और अंग्रेज़ी तालीम की हिमायत करती नज़र आती हैं कि लाडली जब तंज़ में कहती है–

'अब वहाँ स्कूल भी लड़कियों का बनेगा। लड़कियाँ अंग्रेज़ी भी पढ़ेंगी।'

तो अशरफुन्निसा फौरन जवाब देती है–

'कोई इल्म हो उसको हासिल करने में कोई बुराई नहीं।' लड़कियों का पढ़ने-लिखने की ग़रज़ से घर से निकलकर मकतब या स्कूल जाने के फ़ायदे यों बयान करती हैं–

'दो रुपये महीने की आतू से घर पर तालीम नहीं हो सकती है क्योंकि आतू को ख़ुद कुछ पढ़ना तो आता नहीं है, सिवाय क़ुरआन शरीफ़ के और वह भी ग़लत।' जहालत कैसे-कैसे अज़ाब लाती है, उसका नक़्शा रशीदुन्निसा ने यों खींचा है कि बिस्मिल्लाह और उसकी माँ चूँकि पढ़ी-लिखी नहीं, इसलिए ज़ाती ख़त पढ़वाने के लिए भी किसी की मुहताज रहती हैं और चार पैसे देकर किसी तालिबइल्म से ख़त पढ़वाकर सुनती हैं और फिर पैसे देकर ही ख़त का जवाब लिखवाती हैं। कानूनी उमूर (मामलात) से नावाक़िफ़ हैं, सरकारी काग़ज़ात पढ़ नहीं सकतीं, अपनी जायदाद और ज़मीनों का इंतिज़ाम व इन्सिरूम (बन्दोबस्त) भी उनके बस का नहीं, चुनांचे एक शख़्स के नाम 'जमीअ उमूरात' का मुख़्तारनामा लिख देती हैं। नतीजा यह निकलता है कि मुख़्तार उनकी जायदाद पर क़र्ज लेता जाता है, खुद साहिबे जायदाद हो जाता है और इन माँ बेटियों की लाखों की जायदाद ख़ाक हो जाती है।'

'इस्लाहुन्निसा' में एक ऐसी लड़की का तज़किया भी मिलता है जो

पढ़ी-लिखी थी उसकी शादी मीर नादिर नाम के एक लड़के से हुई, जिसे पढ़ने का शौक़ न था। बीवी ने तिब (मेडिकल) की किताबें पढ़ना शुरू कीं तो मीर नादिर को भी शौक़ हुआ फिर उसने बाक़ायदा तिब पढ़ी और हकीम हुआ। औरत और मर्द की समानता और समान अवसर की फ़िलासफ़ी 1881 में यूँ बयान करती हैं–

शहज़ादी–यह औरत ज़ात होकर तिबाबत की किताबें क्यों पढ़ें?

अशरफ़ुन्निसा–यह क्यों? क्या औरत तिब नहीं पढ़ सकती? कौन-सा काम है जो औरत नहीं कर सकती? आँख, कान, समझ-बूझ तो अल्लाह ने औरत को भी दी है मगर यहाँ तो लड़कियों को छोड़ देते हैं कि न पढ़े-लिखें, न हुनर सीखें, गुड़िया खेलने में अपने दिन गँवाएँ। मर्दों की तालीम होती है तो उनका जौहर खुलता है, यह हुए, वह हुए। औरत की तालीम ही नहीं होती है जिससे घर की सब तरह की दुरुस्तगी और दीन दुनिया की भलाई हो।

एक जगह बेगम मुहम्मद से कहलवाती हैं–

'इल्म बड़ी दौलत है। रुपया-पैसा उसके सामने कुछ नहीं है।'

तालीम का रिश्ता वह सत्ता और अधिकार से जोड़ती हैं–

'पढ़ने-लिखने में मेहनत करोगे तो हाकिम बन जाओगे।'

उन्नीसवीं सदी में लिखी जाने वाली 'इस्लाहुन्निसा को अव्वल से आख़िर तक पढ़ जाइये, यूँ महसूस होता है जैसे इस तम्सीली क़िस्से या नाविल का लिखने को वाहिद सबब यह था कि रशीदुन्निसा लड़कियों और औरतों की शिक्षा के लिए बेक़रार थीं। उनकी यह बेक़रारी हर पृष्ठ पर झलकती है। स्त्री-शिक्षा को समाज के तमाम मामलों से जोड़ कर देखती हैं। जबकि बीसवीं सदी में भी स्त्री-शिक्षा का मुद्दा उपमहाद्वीप के कई अहम बुद्धिजीवियों के लिए किस क़दर 'ग़ैर अहम मामला' था, इसका अन्दाज़ा अब्दुल्लाह यूसुफ़ अली की किताब 'अंग्रेज़ी अहद में हिन्दुस्तान के तमद्दुन की तारीख़' से लगाया जा सकता है। यह किताब जो 398 पृष्ठों पर फैली हुई है, उसमें हिन्दू-मुस्लिम महिलाओं की शिक्षा की समस्या ने किस हद तक महत्त्व प्राप्त किया, उसका अनुमान अब्दुल्लाह यूसुफ़ अली के इन दो जुमलों से लगाया जा सकता है–

'प्रेज़ीडेंसी शहरों में भी लड़कों के मुक़ाबले में लड़कियों की तादाद इस क़दर ग़ैर मुनासिब थी कि एजूकेशन कमीशन ने तालीमे निस्वाँ के मुआमले में ख़ास तवज्जो की और ख़ास सिफ़ारिशात कीं।'

औरतों की शिक्षा और उनके अधिकार के लिए इससे भी कहीं ज़्याद बेक़रारी रुकय्या सख़ावत हुसैन (1880-1931) में यहाँ नज़र आती है। वह 'इस्लाहुन्निसा' के लिखे जाने से पहले 1880 में पूर्वी बंगाल की बस्ती रंगपुर में पैदा हुई। बाप ज़मींदार थे, उन्होंने बेटे को बहुभाषी बनाया लेकिन बेटियों की तालीम 'इज़्ज़तोनामूस'

(मान-सम्मान) का मसअला था। रुकय्या अपनी शाइरा बहन करीमुन्निसा से कहीं ख़ुशनसीब रहीं। करीमुन्निसा कम उम्री में एक बांग्ला नज़्म (कविता) पढ़ते हुए 'रंगे हाथों' पकड़ी गयी थीं, जिसकी सज़ा में उन्हें कई साल तक एक क़ैदी की-सी ज़िन्दगी गुज़ारनी पड़ी! ढाका से प्रकाशित होने वाली 'नारी ग्रन्थ पर बरतना' में करीमुन्निसा की एक कविता दी गयी है—

वो अमीर हों, ग़रीब हों या मध्यवर्ग के
मर्द क़ाबिले एतबार नहीं हैं
यह मत भुलाना मेरी बहन, मत भुलाना
इनके बोल औरतों को तबाह कर देते हैं

कल्पना की आँख से उस बड़े भाई को देखिये जो करीमुन्निसा के अंजाम से दुखी है, नाराज़ है, लेकिन समाज के उसूलों के ख़िलाफ़ आवाज़ नहीं उठा सकता, उधर रुक़य्या को देखता है जो पढ़ने के लिए दुनिया को अपनी आँखों से देखने और अपने ज़ेहन से सोचने के लिए बेताब है। रात गये जब सब सो जाते हैं, कभी अपने कमरे में, कभी कोठे पर वह रुक़य्या को लालटेन की रौशनी में बंगला और अंग्रेज़ी पढ़ना-लिखना सिखाता है। लालटेन की लौ ऊँची नहीं की जाती कि कहीं किसी की आँख खुल जाये और दोनों भाई-बहन पढ़ने-पढ़ाने का काम करते हुए पकड़े जाएँ।

रुक़य्या ख़ुशनसीब थीं कि उनकी शादी बिहार के एक ऐसे उर्दूभाषी, विलायत पलट और रौशन ख़्याल शख़्स से हुई जो औरतों की तालीम को लाज़िमी समझता था, जिसे जाहिल औरतों से घबराहट होती थी; सैयद सख़ावत हुसैन की एक बीवी का इंतिक़ाल हो चुका था, वह किसी ऐसी स्त्री की तलाश में थे, जो उनकी जीवनसंगिनी बन सके। उन्हें जब रुक़य्या के बारे में मालूम हुआ तो हालाँकि वह रुक़य्या से काफ़ी बड़े थे लेकिन उन्होंने इस शादी में देर नहीं लगायी, रुक़य्या के लिए यह शादी एक ऐसी नेअमत साबित हुई, जिसकी कल्पना उन्होंने कभी स्वप्न में भी नहीं की थी, सैयद सख़ावत हुसैन ने अपनी कम उम्र बीवी की नाज़बरदारियाँ की तो इस तरह कि उसे अंग्रेज़ी भाषा में दीक्षित किया और अंग्रेज़ी में निबन्ध आदि लिखने हेतु प्रेरित किया, इसी का यह नतीजा था कि रुक़य्या बेगम शादी के मात्र तीन वर्ष बाद एक लेखिका और स्त्री-शिक्षा की ज़बरदस्त हामी के रूप में उभरीं। उन्होंने अनेक लेख, कहानियाँ और उपन्यास लिखे। 1905 में उनकी अंग्रेज़ी कहानी 'The Sultana's Dream' छपी तो उसने मुल्क भर में तहलका मचा दिया। इस कहानी में उन्होंने औरत और मर्द का लैंगिक चरित्र बिल्कुल उलट कर रख दिया

था। रुक़य्या सख़ावत हुसैन की यह कहानी इतनी दिलचस्प है कि उसे पूरा ही पढ़ना चाहिए, यहाँ उसके चन्दे पैराग्राफ़ दिये जा रहे हैं—

'मुझे यह जानने की शदीद बेचैनी हो रही थी कि आख़िर तमाम मर्द कहाँ चले गये। यहाँ तक आते हुए सौ से भी ज़्यादा औरतों से मेरा सामना हो चुका था लेकिन किसी एक मर्द पर निगाह नहीं पड़ी थी।

'सब मर्द कहाँ हैं?' मैंने पूछा।

'अपने सही मक़ाम पर, जहाँ उन्हें होना चाहिए।'

'सही मक़ाम से तुम्हारी क्या मुराद है भला?'

'ओह समझी, तुम यहाँ पहले कभी नहीं आयी हो न इसीलिए हमारे रस्मोरिवाज से वाक़िफ़ नहीं। हम अपने मर्दों को अन्दर बन्द रखते हैं।'

'जैसे हमें ज़नाने में रखा जाता है?'

'क्या बात है,' मैं खिलखिला उठी। सायरा आपा भी हँसने लगीं!

'लेकिन सुल्ताना जान, कितनी ग़लत बात है कि बेचारी औरतों को तो अन्दर बन्द रखा जाये और मर्दों को खुला छोड़ दिया जाये।'

'क्यों हम फ़ितरतन सिन्फ़े नाज़ुक जो ठहरीं। इसलिए ज़नाने से बाहर आना हमारे लिए महफ़ूज़ नहीं।',

'हाँ उसी वक़्त तक महफ़ूज़ नहीं, जब तम मर्द सड़कों पर हों या जब कोई जंगली जानवर बाज़ार में घुस आये।'

'बेशक।'

'फ़र्ज करो, पागलख़ाने से कुछ पागल भाग निकलें और आदमियों, घोड़ों और दूसरे जानवरों के साथ शरारतें करने लगें, उस हालत में तुम्हारे हमवतन क्या करेंगे?'

'वह उन्हें पकड़कर दुबारा पागलख़ाने में बन्द करे देंगे।'

'कहीं तुम यह तो नहीं सोचतीं कि सियाने लोगों को पागलख़ाने में बन्द कर दिया जाये और पागलों को ख़ुलेआम छोड़ दिया जाये?'

'कतअन नहीं।' मैंने हँसते हुए कहा।

'सच तो यही है कि तुम्हारे मुल्क का यही दस्तूर है। वो मर्द जो ग़लत हरकतें करते हैं या कर सकते हैं, ख़ुले छोड़ दिये जाते हैं और बेगुनाह ख़्वातीन को ज़नान-ख़ाने में बन्द रखा जाता है, तुम ख़ुले घूमते इन मर्दों पर कैसे यक़ीन कर सकती हो?'

'हमारे मुआशरिती मुआमलात की देख-रेख में हमारी कोई सुनवाई नहीं है, हिन्दुस्तान में मर्द ही नाऊज़बिल्लाह ख़ुदा और मालिक हैं। उसने तमाम इख़्तियारात और इक़्तिदार ख़ुद हासिल कर लिया है और औरतों को ज़नानख़ाने में मुक़ीद कर

दिया है।'

'तुम बन्द होने के लिए क्यों तैयार होती हो?'

'कोई और चारा भी तो नहीं है, वो औरतों से ज़्यादा ताक़तवर हैं।'

'एक शेर भी आदमी से ज़्यादा ताक़तवर होता है, लेकिन इसके बावजूद वह आदमी पर हावी तो नहीं हो जाता। तुम्हारे जो फ़रायज़ हैं, उन्हें तुमने नज़रअन्दाज़ कर दिया है और अपनी ही भलाई से आँख मूँद लेने की वजह से तुमने अपने पैदाइशी हुकूक़ भी खो दिये हैं।'

बंगलादेश की प्रसिद्ध लेखिका रौशन जहाँ लिखती हैं कि–

'सुल्ताना का ख़्वाब' एक ख़्याली कहानी है, इसीलिए 'ख़्वाब के तौर पर बयान की गयी है, लेकिन उसमें एक मन्तक़ी (तार्किक) अतल्लुक़ मौजूद है। ग़ैर मामूली चीज़ों का होना मुमकिन है। मगर जादू था अलौकिक तरीकों से नहीं। इन सबको तरक़्क़ी याफ़्ता टेक्नोलॉजी की शब्दावली में बयान किया गया है, टेक्नोलॉज़ी इंसान की ज़रूरतों को पूरा करती है। यहाँ फिर हिन्दुस्तानी मिज़ाज साफ़ नज़र आता है, औरतों की हुकूमत में वो तमाम सहूलियतें हैं जो रुक़य्या की सरज़मीं में नहीं। इस कहानी के अफ़लातूनी तत्त्वों की प्रशंसा और लेखिका का यह एतबार कि साइंस और टेक्नोलॉजी से ये समस्याएँ हल हो सकती हैं, ग़ौर के क़ाबिल बातें हैं। हम जो आज न्यूक्लर तबाही की धमकी तले जीते हैं, उन्हें साइंस और टेक्नोलॉजी का यह सकारात्मक पक्ष, जिसका ज़िक्र रुक़य्या और GILLMAN जैसे लेखकों ने किया है, शायद एक भावनात्मक और सरल हृदयता का मामला मालूम हो? लेकिन पहले महायुद्ध से पहले की दुनिया में यह तस्वीर इस तरह नज़र नहीं आती होगी, जिस तरह हमारी आँख के सामने है।

'औरतों की सल्तनत में रुक़य्या ने साइंस और टेक्नोलॉज़ी पर जो इस क़दर ज़ोर दिया है, उसे इस बहस की पृष्ठभूमि में भी देखना चाहिए जो उस वक़्त औरतों की तालीम को लेकर जारी थी। उनके समकालीनों में प्रगतिशील ब्रह्म समाजी जो स्त्री-शिक्षा के बड़े हिमायती थे, वो भी विज्ञान और ग़णित को लड़कियों की शिक्षा के पाठ्यक्रम के लिए ज़रूरी नहीं समझते थे। इस हवाले से रुक़य्या सिर्फ़ औरतों की तालीम की सादा-सी बात नहीं कर रही थीं बल्कि ऐसी शिक्षा की बात कर रही थीं जो औरतों को साइंस के मैदान में आगे बढ़ाये।'

'सुल्ताना का ख़्वाब' उस वक़्त के हिन्दुस्तान में पायी जाने वाली दोहरी औपनिवेशिकता का बिम्ब हैं। जिस ज़माने में यह कहानी लिखी गयी, उस वक़्त हिन्दुस्तान के मर्द अगर भारतीय भूगोल के अन्दर राजनीतिक गुलामी का शिकार थे तो औरत घर की चहारदीवारी के अन्दर क़ैद थी। यह चाहरदीवारी स्त्री को दोहरी

महकूमियत में मुब्तिला करती थी। 'सुल्ताना का ख़्वाब' में औरतों ने अपनी बुद्धिमानी के ज़रिये जिन मर्दों की गुलामी से निजात हासिल की है, वो मर्द पेशे के ऐतबार से फ़ौजी थे, रुक़य्या लिखती हैं, कि जब इस मुल्क के मर्द अपनी फ़ौजी ताक़त बढ़ाने में व्यस्त थे उस वक़्त औरतें वैज्ञानिक शोध में जुटी हुई थीं। रुक़य्या का यह जुमला उस बड़े राजनीतिक यथार्थ की अभिव्यक्ति है, जिससे गुलाम हिन्दुस्तान उस वक़्त दो-चार था। हिन्दुओं और मुसलमानों के बीच साम्प्रदायिक तनाव व संघर्ष ने बंगाल के अमनचैन को बर्बाद कर रखा था। 1905 में जब 'सुल्ताना का ख़्वाब' लिखी गयी, उस वक़्त साम्प्रदायिक आधार पर बंगाल का विभाजन साफ़ नज़र आ रहा था। स्वाधीनता संघर्ष को कुचलने के लिए ब्रितानिवी शासक फौज़ी ताक़त बढ़ाने की बात कर रहे थे। इन परिस्थितियों में 'सुल्ताना का ख़्वाब' ज़्यादा अर्थपूर्ण हो जाती है। यह कहानी केवल मर्दाना गुलामी से ही आज़ादी की बात नहीं करती बल्कि ब्रितानिवी उपनिवेशी दासता और उसकी सैनिक शक्ति से मुक्ति की आकांक्षा भी प्रकट करती है। भले ये सब कुछ किसी ख़्वाब में ही क्यों न हो रहा हो!

इस कहानी के छपते ही उस पर प्रशंसा व आलोचना का एक सैलाव सा उमड़ आया लेकिन आहिस्ता-आहिस्ता रुक़य्या की यह कहानी पृष्ठभूमि में चली गयी और इसकी वजह यह थी कि वह बुनियादी तौर पर एक सामाजिक कार्यकर्त्ता थीं। लड़कियों की शिक्षा और स्त्री की सामाजिक अवस्था में सुधार उनके जीवन का एक मात्र उद्देश्य था। यही वजह थी कि लेखन की तरफ़ उन्होंने कम ध्यान दिया। 1908 में उन्होंने अपना पहला और आख़िरी उपन्यास 'पद्मराग' लिखा, जो 1925 में प्रकाशित हुआ!

यह उपन्यास जो हमें कई स्त्रियों की ज़िन्दगी के रंग दिखाता है। ये रंग हमें एक आश्रम या संरक्षण गृह में नज़र आते हैं, जिसे त्रेनी भवन का नाम दिया गया है। यह दरअसल एक ऐसी पनाहगाह है जहाँ हर रंग, नस्ल, मज़हब और ज़बान को बोलने वाली औरतें रहती हैं। यहाँ पुरुषों की उपस्थिति न के बराबर है। यहाँ रहने वाली औरतें विधवा हैं या वो विवाहित स्त्रियाँ जो शादी के बावजूद तन्हा ज़िन्दगी बसर कर रही हैं। त्रेनी भवन को एक विधवा त्रेनी सेन चलाती हैं। उसमें संरक्षण गृह है। कहने को तो यह स्थल कलकत्ता शहर में है लेकिन इस बड़े शहर के इस आश्रम पर कम ही नज़र आते हैं। 'सुलताना का ख़्वाब' शुरू से आख़िर तक ख़्वाब है जबकि उपन्यास पद्मराग कुछ ख़्वाब, कुछ हक़ीक़त है। इस कहानी की नायिका रहस्य की धुन्ध में लिपटी हुई है, वह त्रेनी भवन में रहने वालियों के लिए पदम राग हैं, पढ़ने वाले उसे आईशा सिद्दीक़ा के नाम से जानते हैं और रिश्तेदार

उसे 'ज़ैनब' के नाम से पुकारते हैं। एक ही समय में इन तीनों नामों से केवल उसका पति बैरिस्टर लतीफ़ अलमास परिचित है। वह नये बंगाल का प्रतिनिधि है। अंग्रेज़ी शिक्षा और वेशभूषा उसके वजूद का हिस्सा है। उसका निकाह सिद्दीक़ा से हुआ था लेकिन रुख़्सती (विदाई) से पहले ही लतीफ़ अलमास के रिश्तेदारों की तरफ़ से ऐसी बदगुमानियाँ पैदा की गयीं कि उसे दूसरी शादी करनी पड़ी। सिद्दीक़ा के लिए यह इतनी बड़ी घटना थी, जिसने उसकी ज़िन्दगी बदल दी। उसने फैसला किया कि वह एक आज़ाद और आत्मनिर्भर ज़िन्दगी गुज़ारेगी। उसके भाई ने अपनी चहेती बहन की मदद की और यूँ सिद्दीक़ा एक तालीमयाफ़्ता, रोशन ख़्याल, सद्चरित्र और आत्म निर्भर स्त्री के रूप में हमारे सामने आती है। वह अंग्रेज़ी में शाइरी करती है, उसकी कविताओं को पुरस्कार मिलते हैं, वह अपने भाई की लम्बी-चौड़ी ज़ायदाद का प्रबन्ध सँभालती है, जिस काम में हाथ डालती है, उसे यूँ अंजाम तक पहुँचाती है कि लोग वाह-वाह कर उठते हैं। उसे बैरिस्टर लतीफ़ अलमास से मुहब्बत है। लेकिन जब वक़्त इन दोनों को रू-ब-रू करता है और लतीफ़ उससे वापस आने का आग्रह करता है तो वह उसके आग्रह को रद्द कर देती है, वह उसकी पेशकश यह कह कर ठुकरा देती है कि 'मैं अपनी ज़िन्दगी का रास्ता बहुत पहले तय कर चुकी हूँ, गृहस्थी की ज़िन्दगी गुज़ारना ख़ुदा ने मेरे नसीब में नहीं लिखा...तुम अपने रास्ते जाओ, मैं अपनी राह जाऊँगी।'

पद्म राग का यह अप्रत्याशित अन्त उपन्यास पढ़ने वालों के लिए अवश्य ही विस्मयकारी रहा होगा। रुक़य्या सख़ावत हुसैन ने उपन्यास के अन्तिम पृष्ठों पर इस विस्मय के संतोष का प्रयास किया है। सिद्दीक़ा की ज़बानी यह बताया गया है कि उस जैसी गिनी-चुनी औरतों के मुश्किल फैसले इस तथ्य की अभिव्यक्ति हैं कि सभी स्त्रियाँ कठपुतलियों की तरह दूसरों के इशारों पर ज़िन्दगी नहीं गुज़ार सकतीं। 'पद्मराग' जैसा अन्त तो अब ज़रा कम-कम ही लिखा जाता है। इस उपन्यास को पढ़कर अन्दाज़ा होता है कि रुक़य्या अपने समय से किस क़दर आगे की सोचने वाली लेखिका थीं। उनकी स्त्री स्वातन्त्र्य की चेतना पर हम जितना भी गर्व करें, कम है।

रुक़य्या बंगाल में पैदा हुईं, अपनी जवानी के दिन उन्होंने बिहार में गुज़ारे। बंगाल और बिहार के हिन्दू-मुस्लिम सम्भ्रान्त वर्ग की महिलाओं पर लगायी जाने वाली पाबन्दियों से वह भली प्रकार परिचित थीं। और यह अनभिज्ञता होती ही क्योंकि उन्होंने ख़ुद को और अपनी नानी, दादी, माँ और बहनों, दूसरी तमाम रिश्तेदार लड़कियों, औरतों को दम घोंट देने वाले पर्दे में साँस लेते देखा था। उन्होंने हिन्दू बंगाली घरानों की लड़कियों और औरतों को भी पर्दे की इस अँधेरी कोठरी में

ज़िन्दगी गुज़ारते देखा था।

उनसे ज़्यादा कौन जान सकता था कि लड़कियों और औरतों को तालीम न दिये जाने और उन्हें सख़्त पर्दे में रखने की परम्पराओं क़ो एक दूसरे से गहरा रिश्ता है। वो लड़कियाँ जो अपने बाप-भाइयों और हद तो यह है कि घर में आने वाली ग़ैर औरतों से भी पर्दा करती थीं, उनके स्कूल में जाकर पढ़ने का सवाल ही कैसे उठ सकता था।

अपनी बहन करीमुन्निसा को रुक़य्या ने पढ़ना और लिखना सीखने के 'जुर्म' में घर से निकालकर किसी बुज़ुर्ग रिश्तेदार की क़ैद में भेजे जाते देखा था, करीमुन्निसा रुक़य्या से कुछ ही बड़ी थीं। दोनों ने साथ गुड़ियाँ खेली थीं, झूले पर झूली थीं, आँखमिचौली खेलते हुए एक-दूसरे को ढूँढ़ा था, बारह बरस की करीमुन्निसा का यूँ रुक़य्या से जुदा हो जाना और एक तरह की क़ैद तन्हाई में भेज दिया जाना, रुक़य्या के लिए एक बड़ा भावनात्मक आघात था। उनके घर की दूसरी लड़कियाँ करीमुन्निसा को रो-पीटकर चुप बैठ गयी थीं लेकिन रुक़य्या ने इस क़ैद से आज़ादी हासिल करने का फैसला किया।

वह समझ गयी थीं कि यह पर्दे की प्रथा है जो औरतों के तमाम अधिकार उनसे छीन लेती है और उन्हें जन्म से मौत तक ज़नानख़ाने के कारागार में क़ैद रखती है केवल मृत्यु ही उन्हें इस उम्र क़ैद से रिहाई दिलाती है। यहाँ यह निवेदन करती चलूँ कि आज इक्कीसवीं सदी के आग़ाज पर भी सिन्ध के कई नामी-गिरामी सैयद घराने ऐसे हैं, जहाँ की औरतें ग़ैर-सैयद औरतों से पर्दा करती हैं। सिन्ध के एक प्रसिद्ध राजनीतिक नेता शाह मुहम्मद शाह के घराने की औरतों ने मुझको बताया कि मख़्दूमों (मज़हबी बुजुर्गों, मालिकों) के ख़ानदान की ख़्वातीन को वो सिर्फ़ इसलिए देख सकती हैं कि उनका तअल्लुक़ भी सैयदों के घराने से है। शाह मुहम्मदशाह की बहनों और भतीजियों का कहना था कि इस ख़ानदान की लड़कियाँ जान से गुज़र जाएँ तो उनके जनाज़े रात के अँधेरे में सिर्फ़ महरम मर्द ही उठा सकते हैं। गैस बत्ती की रौशनी में उठाये जाने वाले इन जनाज़ों (शवों) का ग़ैर-मर्दों से पर्दा कराया जाता है। बस्ती के किसी मर्द की मजाल नहीं कि वह सय्यदानी का जनाज़ा गुज़रता हुआ देख ले। यह उस घराने के मर्दों की तौहीन और इन सय्यदीनियों की बेहुरमती के समान है।

इब्तिदा में बंगाली हिन्दू औरतों की पर्दानशीनी का ज़िक्र आया है। कुछ लोगों को शायद यह अतिरंजना पूर्ण या इस लेख में दिलचस्पी पैदा करने की ग़रज़ से कही गयी बात लगे लेकिन तथ्य यह है कि उन्नीसवीं सदी और बीसवीं सदी के शुरूआती सालों में हिन्दू स्त्री भी उसी पर्दा प्रथा की चपेट में थी, जो मुसलमान औरत का मुक़द्दर

बनी हुई थी।

तनिका सरकार, भारत की एक जानी-मानी बुद्धिजीवी शिक्षिका हैं। उनकी कई पुस्तकें प्रकाशित हो चुकी हैं। एक जगह तनिका ने लिखा है कि उन्नीसवीं सदी और उसके बाद भी (बंगाली हिन्दू) घर के बड़े-बूढ़े तो दूर की बात है, पति भी अपनी पत्नी का घूँघट में छिपा हुआ चेहरा नहीं देख सकता था।

रवीन्द्रनाथ टैगोर और शरत चन्द के उपन्यासों में इस बंगाली हिन्दू औरत की छवियाँ नज़र आती हैं। इन छवियों से अधिक महत्त्वपूर्ण और प्रामाणिक रुशन्दरी देवी की आत्मकथा 'आमार जीवन' है, जिसमें वह रसोई में भी लम्बा घूँघट काढ़े दिखाई पड़ती हैं और नौकरानियों से इतनी धीमी आवाज़ में बात करती हैं कि किसी और को सुनाई न दे और आवाज़ का भी पर्दा रहे। पर्दा बंगाली हिन्दू औरत के ख़ून में जिस तरह रचा हुआ था और उसकी रगों व अंगों में जिस तरह समाया हुआ था, उसका अनुमान 'आमार जीवन' से लगाया जा सकता है। रशुन्दरी देवी पचीस वर्ष की हो चुकी हैं, उनका बेटा घुड़सवारी सीख रहा है, उस वक़्त की एक घटना उन्हीं शब्दों में सुनिये–

'हमारे घर में एक घोड़ा था, जिसका नाम जयहरि था। एक रोज़ उसे ज़नान-ख़ाने के आँगन में लाया गया ताकि मैं अपने बड़े बेटे को घुड़सवारी करते हुए देख सकूँ। मैंने लोगों को यह कहते हुए सुना था कि यह करतार (मालिक) का घोड़ा है, मुझे ख़्याल आया कि मैं उसके सामने कैसे जा सकती हूँ। यह वास्तव में बड़ी लज्जा और निम्नता की बात थी कि मेरे स्वामी का घोड़ा मुझे देख ले, सो मैं अन्दर छिप गयी। घर वाले मुझे आँगन में खड़े पुकारते रहे लेकिन मैं उसके सामने नहीं गयी...हमारे ज़नानख़ाने के आँगन में धान की ढेरियाँ लगी हुई थीं। जयहरि अब लगभग रोज़ ही अन्दर आ जाता और धान की ढेरियों पर मुँह मारने लगता, उसे देखकर मैं तुरन्त छिप जाती।'

वो स्त्रियाँ जो अपने स्वामी, अपने करतार के घोड़े से पर्दा अपना धर्म समझती हों, वो इंसानों से कैसा गझिन पर्दा करती होंगी, अन्दाज़ा लगाया जा सकता है। 'पर्दा' औरतों के मनोविज्ञान में किस गहराई तक उतरा हुआ था और यह भी कि मुसलमान औरतें तो एक तरफ़ रहीं, बंगाल के उच्च व मध्यवर्गों की स्त्रियाँ भी पर्दे की परिधि में थीं। राजस्थान में सामान्य हिन्दू औरत का पर्दा मैं ख़ुद अपनी आँखों से देखकर आयी हूँ। यह क़ैद उसे ज्ञान और शिक्षा से जिस तरह दूर रखती थी, उसके चित्र रुशुन्दरी देवी की रुदाद 'आमार जीवन' में दिखाई देते हैं।

रुक़य्या अपनी बहन करीमुन्निसा के साथ किये जाने वाले सुलूक को ज़िन्दगी भर नहीं भूल सकी। उन्होंने घर की दूसरी औरतों को सख़्त पर्दे में घुट-घुट कर जीते

हुए देखा था, तालीम से उनकी महरूमी देखी थी, शुरूआती सालों में ही वह समझ गयी थीं कि पर्दा और इल्म से दूरी यानी अज्ञानता औरतों की पैदाइशी सलाहइयतों को किस तरह बर्बाद कर देती है। अपने चहेते भाई से उन्होंने उर्दू, बंगला और अंग्रेज़ी की शुद-बुद हासिल की, अपने मेहरबान शौहर की मदद से वह अंग्रेज़ी पढ़ने और लिखने में महारत जुटा सकीं। रुक़य्या की क़रीबी मित्र और उनकी पहली जीवनी लेखक शमसुन्निसा महमूद की तहरीर के हवाले से यह बात सामने आती है कि शादी के बाद जब वह अपने शौहर सैयद सख़ावत हुसैन के साथ बिहार के शहर भागलपुर गयीं तो वहाँ उन्हें हिन्दू उच्च वर्ग की शिक्षित महिलाओं और कुछ ईसाई औरतों से मिलने और उनमें उठने-बैठने का मौक़ा मिला। भागलपुर में ही उन्होंने अंग्रेजी साहित्य का अध्ययन किया, इस अध्ययन ने उन पर एक नये लोक के द्वार खोल दिये। इस दुनिया में स्त्री अँधेरी कोठरी में बन्द रहने वाली जानवर नहीं थी। यह वह दुनिया थी जिसमें महिलाएँ अपनी ज़िन्दगी के फैसले ख़ुद कर सकती थीं, अपनी मर्ज़ी से जहाँ चाहे जा सकती थीं। उन्होंने उन स्त्रियों के संस्मरण पढ़े जो हज़ारों मील का समुद्री सफ़र कर के इंग्लिस्तान, फ्राँस और अमरीका से हिन्दुस्तान आ पहुँची थीं।

रुक़य्या का कहना था कि पर्दा फ़ितरी नहीं एक अख़लाक़ी अमल है। फ़ितरी होता तो जानवर भी पर्दा करते। वह पर्दे की मुनासिब हद तक ख़ुद भी पाबन्दी करती थीं। उनके कहने के मुताबिक़ 'पर्दे से मेरी मुराद यह है कि अच्छी तरह बदन ढक जाये न कि क़ैद होकर रह जाये।' पर्दे के ख़िलाफ़ अपनी एक रचना 'उज़ल नशीन' में वह लिखती हैं–

पूरे भारत में औरतों को अलग करके रखने का रिवाज है। केवल मर्दों से नहीं बल्कि उन औरतों से भी जो ख़ानदान और बिरादरी की नहीं होतीं। क़रीबी रिश्तेदार स्त्रियाँ और एतबार वाली सेविकाओं के अलावा कुँवारी लड़कियों पर किसी की भी नज़र नहीं पड़ सकती थी। विवाहिता स्त्रियाँ बंजारिन औरतों, मीरासिनों, डोमनियों और नाच-तमाशे वाली टोली की नचनियों से भी पर्दा करती हैं। इन औरतों में जो सबसे ज़्यादा अँधेरे कोनों खदरों में उल्लू की तरह छिपती फिरती हैं, उन्हीं की तरबीयत ज़्यादा रईसाना तरीक़े की समझी जाती है। शहर की खाती-पीती महिलाएँ भी अंग्रेज़ मिशनरी औरतों को देखकर दुबक जाती हैं। ये अंग्रेज़ औरतें तो एक तरफ़ रहीं, अपनी हिन्दू या ईसाई औरतों पर भी नज़र पड़ जाये तो भी दौड़ कर कमरे में जा छिपती हैं। हालाँकि इन स्त्रियों का लिबास वही अपनी साड़ी होता है।

बहुत पहले की बात है कि ज़ला रंगपुर के गाँव पीराबन्द के ज़मींदार की बेटियाँ ज़ुहर की नमाज़ के लिए वज़ू कर रही थीं, बाक़ी सबने तो वज़ू पूरा कर लिया

लेकिन बीवी 'अलिफ़' अभी आधा ही वज़ू कर पायी थीं। उनकी निजी ख़ादिमा पीतल के लोटे से उनकी हथेलियों पर पानी डाल रही थीं, अचानक एक काबुली औरत पिछले दरवाज़े से ज़नाने सेहन में दाख़िल हुई। ख़ादिमा के हाथों से लोटा गिर पड़ा और उसने चीख़-चीख़ कर आसमान सर पर उठा लिया—'यह मर्दुआ कहाँ से घुस आया।' औरत हँस दी और शिकायतन बोली। 'मर्दुआ, कौन-सा मर्दुआ? आरे मैं तो औरत हूँ, बीवी अलिफ़ जैसे अपनी जान बचाकर भागीं और अपनी फूफी के कमरे में जाकर दम लिया। डर के मारे थुरथुरी छूटी हुई थी, बस इतना ही कह पायीं, 'बुआ शलवार पहने एक औरत अन्दर घुस आयी है' घर की बड़ी-बूढ़ियों का तो रंग ही उड़ गया, 'तुम्हें देख तो नहीं लिया कहीं उसने?'

बीवी अलिफ़, जिनके आँसू रोके नहीं रुक रहे थे सर हिलाकर हाँ का इशारा किया। घर की दूसरी औरतें नमाज़ छोड़-छाड़ दरवाज़े बन्द करने को दौड़ीं कि कहीं काबुली औरत की नज़र दूसरी लड़कियों पर न पड़ जाये। जिस तेज़ी व घबराहट में वो ये सब कुछ करती फिर रही थीं, उससे लगता था कि जैसे जंगल से कोई चीता छूटकर घर के आँगन में आन घुसा हो।

रशीदुन्निसा ने पर्दे के ख़िलाफ़ कहीं भी आवाज़ नहीं उठाई लेकिन कुछ मामलों में उनके और रुक़य्या सख़ावत हुसैन के विचारों की समानता देखिये कि रशीदुन्निसा सर सैयद की इस दलील को रद करती हैं कि जब मर्द तालीमयाफ़्ता हो जायेंगे तो वे अपने घर की औरतों को भी तालीम देंगे। रशीदुन्निसा की तरह रुक़य्या भी ज़ोर देकर यह कहती हैं—

'माँ होने के लिए तालीम पहली शर्त है, क्योंकि बच्चे की पहली और इंतिहाई अहमद उस्ताद और तरबीयत देने वाली ज़ात माँ की होती है।'

औरतों की आर्थिक आत्मनिर्भरता के मामले में रुक़य्या सख़ावत हुसैन के विचार बहुत स्पष्ट और आधुनिक थे। इसे वह औरत की आज़ादी की पहली शर्त करार देती हैं। अपने एक लेख में उन्होंने इशारा किया है कि—

'कुछ लोग यह कहते हैं और दुरुस्त कहते हैं कि स्त्रियाँ पुरुषों के हाथों ज़ुल्म और ज़्यादती इसलिए बर्दाश्त करती हैं क्योंकि वो आर्थिक रूप से उनकी मुहताज़ होती हैं...चुनांचे अगर पुरुषों के दमन से मुक्ति का दारोमदार इस बात पर है कि हम ख़ुद रोज़गार पैदा कर सकें तो फिर हमें काम करना शुरू कर देना चाहिए। हमें वकील, मैजिस्ट्रेट और जज बनना चाहिए, क्लर्क भी। जिस तरह का काम हम अपने घरों में करते हैं अगर यही काम बाहर करने लगें तो उससे मेहनताना भी मिल सकता है। इन नौकरियों के साथ-साथ हमें उन अवसरों के लिए भी सोचना चाहिए, जिनका सम्बन्ध खेती-बाड़ी से है।'

रुक़य्या के विचार कितने साफ़ और प्रखर थे, इसका अन्दाज़ा इससे भी होता है कि वह पर्दे के बन्धन के ख़त्म होने को 'आज़ादी मिलने की शर्त' नहीं समझती थीं। उनका कहना था कि दुनिया के मामलों के बारे में स्वतन्त्रतापूर्वक सोचने और फैसला करने की आत्मनिर्भरता के लिए औरतें जब तक संघर्ष नहीं करेंगी वह वास्तविक अर्थों में आज़ाद नहीं होंगी।'

सैयद सख़ावत हुसैन उस वक़्त की अफ़सरशाही से सम्बन्ध रखते थे। फलस्वरूप रुक़य्या का मिलना-जुलना और उठना-बैठना उन ग्रुपों में होता था, जहाँ पारसी महिलाएँ भी मौजूद होती थीं और बीसवीं सदी के पहले दशक में उनकी आज़ादी की मिसालें दी जाती थीं लेकिन रुक़य्या सख़ावत हुसैन में इन पारसी ख़्वातीन की आज़ादी को किसी और नज़रिये से देखा और लिखा–

'हाल ही में पारसी औरतों ने बग़ैर पर्दे के बाहर निकलना शुरू किया है, मगर क्या वो सचमुच मानसिक गुलामी से आज़ाद हैं? बिल्कुल नहीं! उनका बेपर्दा होना भी उनके अपने किसी फैसले का नतीजा नहीं है। पारसी पुरुष पश्चिम के अन्धे अनुकरण में अपनी औरतों को बाहर खींच लाये हैं। इससे इनकी औरतों की सहमति और इरादा ज़ाहिर नहीं होता, वे उसी तरह अधिकार विहीन हैं, जिस तरह पहले थीं। जब तक उनके मर्दों ने उन्हें पर्दे का पाबन्द रखा, वो रहीं। जब मर्द उन्हें नथ से खींच कर बाहर ले आये, वे बाहर आ गयीं। इसे हम औरतों की जीत किसी तरह नहीं कह सकते।'

रुक़य्या को मुसलमान औरतों की शिक्षा और स्वतन्त्रता से गहरी दिलचस्पी थी लेकिन इसके साथ ही वह स्थानीय और अन्तर्राष्ट्रीय स्तर पर भी औरतों की स्थिति से अच्छी तरह परिचित थीं। इस बारे में बांग्लादेश की प्रसिद्ध लेखिका रौशन जहाँ लिखती हैं–

'उज़लतनशीन' में अपनी रिपोर्ट में उन्होंने हिन्दू औरतों में भी पर्दे का ज़िक्र किया, अपनी दूसरी हिन्दुस्तानी बहनों के विपरीत उन्हें इस बात का भी इल्म था, अपनी प्रकट आज़ादी के बावजूद पश्चिमी देशों की महिलाएँ भी पुरुष के ज़ुल्म का शिकार हैं। जिसका समर्थन उनके अपने बनाये हुए कानून करते हैं। विक्टोरियन काल की मैरीकोरिली का एक कहानी 'डैलिशिया का क़ाल' के अनुवाद में उन्होंने पश्चिमी जीवन पद्धति के पक्षों पर रौशनी डाली।

'अफ़सोस क़ानून भी उनके हाथ मज़बूत करता है जिनके पास साधन और सम्पत्ति है। यह हम जैसी कमज़ोर औरतों की मदद नहीं करता। अपने उपन्यास 'पदम राग' में उन्होंने कुछ सच्चे क़िस्से भी लिखे हैं, जो उन्होंने 'सख़ावत हुसैन मेमोरियल गर्ल्स स्कूल' की हिन्दू व ईसाई अध्यापिकाओं से सुने थे। इन क़िस्सों से

पता चलता है कि इन वर्गों की स्त्रियाँ भी अपने संरक्षकों के दमन की चपेट में थीं।

औरतों की शिक्षा उनकी ख़राब हालत और पर्दे के बारे में उन्होंने 1903 और 1904 के दौरान जो लेख लिखे, वो 1908 में 'मोती चूर' शीर्षक से पुस्तक रूप में प्रकाशित हुए। इसके बाद उनके लेखों का संग्रह 'उज़लतनशीन' नाम से आया, जिसमें हिन्दू और मुसलमान औरतों पर होने वाले सामाजिक परम्परा और धर्म के नाम पर होने वाले अन्याय व दमन के बारे में रिपोर्ट संकलित की गयी थीं।

उनकी कहानियाँ 'बुर्क़ा, आधी औरत और मिसाली बीवी' छपीं तो एक बहुत छोटा-सा हल्क़ा उनकी सराहना व प्रशंसा कर रहा था लेकिन ज़्यादा संख्या उन लोगों की थी जो उन्हें बुरा-भला कह रहे थे। ये वो लोग थे जिनके विचार में रुक़य्या बंगाल और बिहार की मुसलमान औरतों को बहका रही थीं, उन्हें क्रिस्तान (ईसाई), बनने की तरफ़ ढकेल रही थीं। यह वक़्त का कमाल है कि आज उनकी रचनाएँ बाँग्लादेश के स्कूलों के पाठ्यक्रम में शामिल हैं।

विवाह के केवल तेरह वर्ष बाद सैयद सख़ावत हुसैन का इंतकाल हुआ तो रुक़य्या बिहार के शहर भागलपुर अपनी ससुराल में थीं। सैयद सख़ावत हुसैन ने अपनी वसीयत में उनके लिए बहुत बड़ी रक़म छोड़ी थी और यह आशा प्रकट की थी कि वह लड़कियों की शिक्षा के अभियान को आगे बढ़ाएँगी। रुक़य्या सख़ावत हुसैन ने अपने महबूब शौहर की वसीयत और अपनी कामना के अनुसार अपने घर में मुसलमान लड़कियों के लिए स्कूल खोल लिया। यह इतनी बड़ी घटना थी, जिस पर न उन्हें समाज क्षमा कर सका और न उनकी ससुराल। सौतेली बेटी और दामाद ने स्कूल को बहाना बनाकर रुक़य्या को ख़ुद उनके घर से धक्के देकर निकाल दिया, उन्होंने अपने चन्द जोड़े कपड़े और किताबें समेटीं और कलकत्ता का रुख़ किया। कलकत्ता गुलाम भारत में आधुनिक विचारों और जीवन का सबसे बड़ा केन्द्र था। वहाँ सब ही को पनाह मिलती थी। रुक़य्या को भी वहीं ठिकाना मिला। एक साल बाद उन्होंने वहाँ 1911 में सख़ावत हुसैन मेमोरियल गर्ल्स स्कूल खोला। यह स्कूल बाद में कलकत्ता के महत्त्वपूर्ण शिक्षा संस्थान के रूप में प्रतिष्ठित हुआ।

आज उपमहाद्वीप में औरतों की एक नहीं हज़ारों ग़ैर सरकारी संगठन-संस्थाएँ काम कर रही हैं। जो आमतौर पर एन. जी. ओ. कहलाते हैं। ये एन. जी. ओ के कच्ची आबादी में काम करने की दाद (सराहना) वसूल करती हैं और पश्चिमी देशों से हज़ारों-लाखों डॉलर की सहायता भी पाती हैं। मुल्कों-मुल्कों का सफ़र और वहाँ मुफ़्त ठहरने-खाने की सुविधा अलग। रुक़य्या सख़ावत हुसैन ने 1916 में एक ऐसी संस्था बनायी जो उस ज़माने में 'अंजुमन' कहलाती थी। रौशन जहाँ लिखती हैं–

'घर-घर जाकर उन्होंने महिलाओं को संस्था का सदस्य बनने पर आमादा

किया। इस काम में उन्हें बहुत से ताने-तिश्ने सुनने पड़े। लेकिन उनके इरादों की मज़बूती और उद्देश्य से गहरे लगाव की वजह वह फिर बाज़ी मात ले गयीं। अंजुमन की प्रमुख कर्णाधार की हैसियत से उन्होंने जिस तरह के काम अपने ज़िम्मे लिये, उसके नतीजे से ग़रीब तबक़े की औरतों से उनका सीधा सम्पर्क हुआ। उनका स्कूल और उनकी रचनाओं का कार्य क्षेत्र उच्च व मध्यवर्ग तक सीमित था। आरम्भिक दौर के उनके इस तरीक़े पर उनकी काफ़ी आलोचना हुई लेकिन अंजुमन की गतिविधियाँ ग़रीब और दबी-कुचली औरतों से सीधे जुड़ी हुई थीं। अंजुमन निर्धन विधवाओं को आर्थिक सहायता देती, पेशान हाल-मज़लूम पत्नियों को सुरक्षा व शरण प्रदान करती, ग़रीब घरों की बच्चियों के शादी-ब्याह का इंतिज़ाम करती और सबसे बढ़कर ग़रीब औरतों को पढ़ने का मौक़ा देती। रुक़य्या को अपने वक़्त के बंगाल में औपचारिक शिक्षा की सम्माननीय हैसियत का पूरी तरह एहसास था। वह इस तथ्य से परिचित थीं कि ग़रीब औरतों-बच्चियों की मुफ़लिसी उन्हें तालीम हासिल करने से दूर रखती है। इस परिस्थिति का सामना करने के लिए उनकी अंजुमन ने कलकत्ता की कच्ची बस्तियों और झोंपड़ियों में रहने वाली हिन्दू-मुसलमान औरतों के लिए साक्षरता का एक विधिवत कार्यक्रम संगठित किया। कलकत्ता में फैली हुई इन कच्ची आबादियों तक पहुँच के लिए अंजुमन की सदस्याओं ने टोलियाँ बनायीं ताकि इन आबादियों में घर-घर जाकर औरतों को मामूली लिखना-पढ़ना, स्वास्थ्य की सावधानियाँ और बच्चों की देखभाल करना सिखा सकें। पढ़ाने-सिखाने का माध्यम ज़रूरतों के अनुसार बंगाली या उर्दू होती। इस नेक काम में सख़ावत स्कूल से शिक्षा प्राप्त कर चुकी बहुत-सी पूर्व छात्राओं ने अपनी सेवाएँ प्रस्तुत कीं।'

मैं जब कुछ महिला कार्यकर्त्ताओं को कच्ची आबादी में काम करते हुए देखती हूँ, जब उनकी बैठकों में जाती हूँ या उनके काम के बारे में पढ़ती हूँ तो मेरी दृष्टि में उन अनेकानेक प्रसिद्ध और अप्रसिद्ध महिलाओं के चेहरे उभरते हैं, जिन्होंने अपने-अपने ज़माने में अपनी तहरीर व तक़रीर से शैक्षिक संस्थाओं और सामाजिक सुधार का काम करने वाली अंजुमनों की स्थापना से उपमहाद्वीप की स्त्री का भाग्य बदलने की अपनी सी कोशिश की :

रशुन्दरी देवी, रशीदुन्निसा और रुक़य्या सख़ावत हुसैन अब सदी-सवा सदी पहले का किस्सा हैं लेकिन बांग्ला और उर्दू साहित्य की ये वो तीन स्त्रियाँ हैं जिनकी मेहनत, हिम्मत और इरादों की पुख़्तगी ने अपने बाद आने वालियों के लिए राह निकाली। ये सब लिखकर मुझे और शिद्दत से एहसास हो रहा है कि अगर ये तीनों और इन ऐसी दूसरी बहुत-सी औरतें, उनके हमदर्द और सहयोगी बहुत से ख़ुली सोच वाले पुरुष न होते तो क्या मेरे लिए और दूसरी बहुत-सी औरतों के लिए ज़िन्दगी

क्या आज भी वीरान और अन्धकारपूर्ण न होती?

सन्दर्भ सूची

1. इस्लाहुन्निसा — रशीदुन्निसा
2. सुलताना का ख़्वाब — अनुवादक-हैदरजाफ़री सैयद
3. सुल्ताना का ख़्वाब — सं.–डॉ. आरिफ़ा सय्यदा ज़हरा
4. तारीख़े तालीमे हिन्द (1800-1905) सै. नुरुल्लाह और जे. पी. नायक, अनु.--मसूदुल हक़
5. अंग्रेज़ी अहद मैं हिन्दुस्तान के तमद्दुन की तारीफ़ अब्दुल्लाह-यूसुफ़ अली
6. हिन्दुस्तानी मुस्लिम ख़्वातीन की जदीद तालीमी तरक्की में उर्दू के इब्तिदाई नाविलों का हिस्सा–डॉ. सीमीं फ़ज़ल
7. उर्दू अदब की अहम ख़्वातीन नाविल निगार–नीलम फ़रज़ाना
8. बिहार में उर्दू नाविल निगारी–डॉ. आसिफ़ वासेअ
9. मसनवियाते ग़ालिब (फ़ारसी) उर्दू तर्जुमा–ज़ोय अंसारी
10. मुस्लिम ख़्वातीन की तालीम–मु. अमीन ज़ुबैरी
11. 'दास्ताँ मेरी'–डॉ. इक़बाल हुसैन
12. ख़्यालाते कुबरा–निसार कुबरा अज़ीमाबादी
13. 'Words to Win' by Tanika Sarkar
14. Diary 2000-'Women of Pakistan looking towards the new millenium' by Tansem Ahmar
15. 'Women of the Raj' by Margaret Mac Millan
16. 'The new cambridge history of India : Women in India' by Geraldine Forbes
17. 'The History of Doing' by Radha Kumar
18. The First Indian war of Independence' 1857-1858 by Karlmarks & Fredric Engels
19. Infinite variety, women in society and literatured by Firdous Azim, Niaz Zaman
20. 'Subaltern's Word View : A Reading of Sultana's Dream' by S. Manzoorul Islam
21. 'The New Women Inlitrature and the Novels of Najibur Rehman and Rokeya Sakhawat Husain' by Soniya Nishat Amin

तीन उर्दू दास्तानों के स्त्री पात्र

उपमहाद्वीप में उपनिवेशवादी प्रभुत्व उन्नीसवीं सदी में अपने उरूज पर पहुँचा और यही उर्दू दास्तान के दामन के फैलाव का भी समय है। इस संक्षिप्त आलेख में उन तमाम अहम दास्तानों की समीक्षा नहीं की जा सकती जो उन्नीसवीं सदी में लिखी गयीं, मैं यहाँ इनमें से केवल तीन दास्तानों पर बात करूँगी। इन तीन दास्तानों में पहली मीर अम्मन की 'बाग़ो बहार' है जो 1801 ई. में लिखी गयी, दूसरी रजब अली बेग 'सुरूर' की 'फ़सना-ए-अजायब' सन् 1824 ई. में प्रकाशित हुई!उर्दू की ये दो अहम तरीन दास्तानें 1857 में मुग़ल सल्तनत के अवसान से पहले लिखी गयीं। जबकि तीसरी 'दास्ताने अमीर हमज़ा, है जो मुग़ल सल्तनत के ख़ात्मे के बाद लिखी गयी और हिन्दुस्तान की हिन्दू-मुस्लिम गंगा-जमुनी सभ्यता व संस्कृति का एक शाहकार है। 46 खण्डों की यह दास्तान पचास हज़ार से ज़्यादा पृष्ठों पर फैली हुई है। इसके लिखवाने और छपवाने का सेहरा मुंशी नवल किशोर और उनके बेटे पराग नारायण के सर है। अवध की तहज़ीब और उर्दू साहित्य का इतिहास इन दोनों पिता-पुत्र का हमेशा एहसानमन्द रहेगा जिन्होंने विश्व की सबसे लम्बी और विराट दास्तान को लिखवाया और निहायत एहतिमाम से छपवाया। 'दास्ताने अमीर हमज़ा' 1883 ई. से 1917 ई. के दरम्यान लिखी गयी और प्रकाशित हुई! यह वह दौर है जब हिन्दुस्तान पर यूनियन जैक लहराता था। लखनऊ से लाहौर और दिल्ली से दार्जलिंग तक मलिका विक्टोरिया का सिक्का चलता था और हिन्दुस्तान मुकम्मल तौर पर इंग्लैण्ड का उपनिवेश था।

यूँ कह लीजिये कि उर्दू दास्तान का वह नया अन्दाज़ जो 1801 में बाग़ो बहार से शुरू हुआ था, वह विभिन्न चरणों से गुज़रता हुआ 'दास्ताने अमीर हमज़ा' और उसकी उप दास्तान 'तिलिस्मे होशरुबा' के रूप में सन् 1901 में सम्पन्न हुआ। यह वही ज़माना है जब हिन्दुस्तान में ब्रितानिया का उपनिवेशवादी प्रभुत्व मुकम्मल हुआ और अपने शिखर पर पहुँचा। उर्दू दास्तानों ने 19वीं सदी में जो रंग इख़्तियार किया

उसे उपमहाद्वीप पर उपनिवेशवादी प्रभुत्व, मुग़लवंश के पतन और हिन्दुस्तान की सांस्कृतिक व सामाजिक पराजय से अलग करके नहीं देखा जा सकता।

उपमहाद्वीप पर इस प्रभुत्व की दास्तान 31 दिसम्बर 1599 ई. की उस रात से शुरू होती है जब इंग्लैण्ड की मलिका एलिज़ाबेथ ने लन्दन के चन्द ताजिरों के नाम, हिन्दुस्तान-जन्नत निशान से व्यापार के फ़रमान पर दस्तख़्त किये थे। उस वक़्त मलिका एलिज़ाबेथ को किंचित यह अनुमान नहीं था कि उसके ये दस्तख़्त सिर्फ़ दो सदी बाद ब्रतानिया को दुनिया की सबसे बड़ी उपनिवेशवादी शक्ति बना देंगे।

इसी तरह सत्रहरवीं सदी के शुरू में महान अकबर के बेटे नूरुद्दीन जहाँगीर ने सात समन्दर पार से आने वाले एक फ़िरंगी व्यापारी सर तामस रो के नाम हिन्दुस्तान में तिजारती कोठी क़ायम करने के फ़रमान पर जब शाही मुहर लगाई थी उस पल वह भला कैसे सोच सकता था कि उसने आज़ाद हिन्दुस्तान की तक़दीर पर गुलामी की मुहर लगाई है।

वह क्या, हिन्दुस्तान का कोई साधारण-असाधारणजन यही नहीं सोच सकता था कि एक दिन वह भी आयेगा जब व्यापार की इजाज़त के लिए गिड़गिड़ाने वाली ईस्ट इण्डिया कम्पनी 1805 में दिल्ली फ़तह कर लेगी और नवाब गवर्नर जनरल बहादुर लॉर्ड वेलेज़ली की तरफ़ से मुग़ल बादशाह शाह आलम के नाम ख़त जायेगा कि 'गवर्नर जनरल उन मुसीबतों को नहीं देख सके जो शहंशाह और तैमूर वंश पर पड़ गयी हैं। वह मुफ़्लिसी, परेशानियों और नाउम्मीदी से घिरे हुए हैं। विशेष रूप से बुज़ुर्ग शहंशाह की यह ख़राब हालत, उनका बीमारियों से घिरा होना इन्सानी आँख से देखी नहीं जा सकती, चुनांचे गवर्नर जनरल, शहंशाह को अपनी हिफ़ाज़त में लेकर उनकी बाक़ी ज़िन्दगी शान्ति व सुख में गुज़रवाना चाहती हैं। इस सबब से शहंशाह फ़लक पनाह बारगाहे शाह आलम के लिए आइन्दा गुज़ारे के लिए साठ हज़ार रुपये माहाना और ख़ानदाने शाही की परवरिश और शहंशाह मौसूफ़ के दूसरे ख़र्चों के लिए दस हज़ार रुपये माहाना का वज़ीफ़ा मुक़र्रर किया जा रहा है।'

बादशाह शाह आलम के लिए कम्पनी बहादुर की इस वज़ीफ़ा ख्वारी का ज़माना जुलाई 1805 से अक्तूबर 1806 तक रहा, इसके बाद शाह आलम ने इस दुनिया से रुख़सत ली। यह वही वज़ीफ़ा ख़्वार शाह आलम है जिसके लिए उसकी प्रजा ने तंज़न यह कहावत बना दी थी कि 'हुकूमते शाह आलम अज़ दिल्ली ता पालम।' वो लोग जो हिन्दुस्तान आते-जाते रहते हैं, वही इस जुमले की काट महसूस कर सकते हैं। इसलिए कि वो जानते हैं कि दिल्ली के लाल क़िले से पालम तक का फ़ासला चन्द किलोमीटर का है।

ईस्ट इण्डिया कम्पनी ने हिन्दुस्तान के तटीय क्षेत्रों में जब अपनी व्यापारिक कोठियाँ क़ायम कीं उस वक़्त किसी ने सोचा भी नहीं था कि सोने की चिड़िया के सारे सुनहरे पर नोच लिये जाएँगे और करोड़ों पौंड की हिन्दुस्तानी दौलत लन्दन का रुख़ करेगी। यही दौलत औद्योगिक क्रान्ति यानी Industrial Revolution को जन्म देने का एक कारण बनी।

बकौल सर विलियम डगबी 'इंग्लैण्ड को औद्योगिक प्रभुत्व सिर्फ़ इस कारण प्राप्त हुआ कि बंगाल और कर्नाटक के ख़जाने इस्तेमाल करने का उसे मौक़ा मिल गया। वरना इससे पहले हमारे मुल्क का उद्योग बुरी हालत में था। लंकाशायर में कातने और बुनने का काम शून्य के बराबर था...हिन्दुस्तान की दौलत का इंगलिस्तान में आना और उसका एक औद्योगिक देश बन जाना कोई इत्तिफ़ाक़ नहीं बल्कि उन दोनों के बीच अभिन्न सम्बन्ध है।'

लंकाशायर की टेक्सटाइल मिलों की बुनियादों में ढाका और मुर्शिदाबाद के बुनकरों व जुलाहों के अँगूठे बलिदान हुए, जिसके परिणामस्वरूप इंग्लैण्ड में ख़ुशहाल मध्यवर्ग उभरा। यह वही सूरते हाल है जिसके बारे में ऐडमन्ड बर्क ने लिखा कि—1750 में समूचे इंगलिस्तान में महाजनों की बारह कोठियाँ भी नहीं थीं परन्तु पलासी युद्ध के उपरान्त हालात इस हद तक बदल गये कि 1790 में वहाँ के हर बड़े बाज़ार में बैंक क़ायम हो गये थे और लेन-देन का बाज़ार गर्म था! गोया बंगाल की चाँदी ने न सिर्फ़ पूँजी में वृद्धि की बल्कि तिजारत की रफ़्तार में भी असाधारण तेज़ी पैदा कर दी।'

हम जब हिन्दुस्तान के उपनिवेश बनने की बात करते हैं तो यह कैसे भूल सकते हैं कि सन् 1757 में बंगाल के सिराजुद्दौला और 1799 में मैसूर के टीपू की पराजय ने मुल्क को मुकम्मल तौर पर ब्रिटेन की अधीनता में जाने की राह आसान कर दी। 4 मई, 1799 के दिन टीपू की शिकस्त ब्रितानवी साम्राज्य के लिए कितना महत्त्वपूर्ण थी, इसका अन्दाज़ा इस बात से लगाया जा सकता है कि फ़ोर्ट विलियम कालेज जो असल में 10 जुलाई, 1802 को क़ायम हुआ, इसके क़ायम होने की सरकारी तारीख़ गवर्नर जनरल लॉर्ड वेलेज़ली के 'हुक्मे ख़ास' की बिना पर 4 मई, 1800 लिखी गयी। यूँ इस कॉलेज के क़ायम को टीपू सुल्तान पर ब्रितानवी सेना की विजय की पहली वर्षगाँठ की यादगार क़रार दिया गया।

लॉर्ड वेलेज़ली का ख़्याल था कि सादा तथा सरल हिन्दुस्तानी ज़बान ही ईस्ट इण्डिया कम्पनी के अधिकारियों को हिन्दुस्तान के रस्मोरिवाज से इस तरह परिचित करा सकती है कि वह हिन्दुस्तान में कम्पनी की हुकूमत को बेहतर तौर पर चला सकते हैं। इस उद्देश्य के तहत ही फ़ोर्ट विलियम कॉलेज की स्थापना हुई। याद रहे

कि यह वही फ़ोर्ट विलियम कालेज है जिसकी स्थापना के केवल एक वर्ष बाद सन् 1801 में दिल्ली के मीर अम्मन ने आला अंग्रेज़ अधिकारियों के आदेश पर आधुनिक उर्दू गद्य की पहली किताब 'बाग़ो बहार' लिखी। इस बारे में स्वयं मीर अम्मन ने लिखा है–

'ख़ुदाबन्दे नेमत' साहिब मुरव्वत, नजीबों (सज्जनों) के क़दरदाँ, जॉन गिलक्रिस्ट साहेब ने (कि हमेशा इक़बाल उनका बुलन्द रहे, जब तलक गंगा जमुना बहे) लुत्फ़ से फ़रमाया कि इस क़िस्से को ठेठ हिन्दुस्तानी गुफ़्तगू में जो उर्दू के लोग हिन्दू, मुसलमान, औरत-मर्द, लड़के, बाले, ख़ासो आम आपस में बोलते हैं, तर्जुमा करो। मुआफ़िक़ हुक्मे हुज़ूर के, मैंने भी इसी मुहावरे से लिखना शुरू किया, जैसे कोई बातें करता है।' दूसरे शब्दों में यह कह लीजिये कि यह ब्रितानिवी साम्राज्यवाद था जिसने उर्दू ज़बानओ अदब को आधुनिक अपेक्षाओं और साहित्यिक धारा से परिचित कराने में प्रमुख भूमिका अदा की।

उर्दू दास्तान पर जब हम नज़र डालते हैं तो विश्व की दूसरी दास्तानों के समान स्त्री का सौन्दर्य उसका प्रेम, उसकी चाह, उसका सान्निध्य, उसकी जुदाई हर दास्तान के शरीर में लहू बनकर दौड़ रहा है। इन दास्तानों की सभी स्त्रियाँ, पुरुषों ने तराशी हैं। 'बाग़ो बहार' को लीजिये तो क़िस्सा बादशाह आज़ाद बख़्त के ख़्वाजा सग परस्त के सिवा सभी पुरुष पात्र अपनी जीवटता-अभियान ग्रस्तता के बावजूद कमज़ोर और प्रभावहीन नज़र आते हैं। जबकि इस दास्तान के स्त्री पात्रों में जीवन्तता मिलती है। उनमें पहलक़दमी की हिम्मत और बदलते हुए हालात के साथ समझौता करने का सलीक़ा नज़र आता है। इस दास्तान की शहज़ादियाँ अपने महलों में आज़ाद ज़िन्दगी बसर करती हैं। शराब उनकी कमज़ोरी है, इसीलिए जिस भी रूपवान से मिलती हैं, उसके साथ खुलकर खेलती हैं।

यह बादशाहज़ादियाँ मर्दाना लिबास में पाँचों हथियार बाँधे, घोड़ों पर दूरदराज़ के मुल्कों में जाती हैं। किसी चमत्कार के बजाय अपनी बुद्धिमानी और प्लानिंग की बिना पर हर मुश्किल से निकल आती हैं। ज़रूरत पड़ने पर 'टुकड़ा काग़ज़ का और दावात क़लम मँगवा कर, अपने खज़ांची को रुक्का लिखती हैं और अशरफ़ियों के तोड़े (थैलियाँ) और ज़र व जवाहर के थाल भेज मँगवाती हैं। किसी दुश्मन से बदला लेना हो तो घर बैठकर उसे कोसने नहीं देतीं, न आसमानी आग का इन्तिज़ार करती हैं, जो उसे मज़ा चखा सके। उसे उसकी औक़ात बताने के लिए वो अपनी बुद्धि इस्तेमाल करती हैं, और कामयाबी का मोती हाथ लाती हैं। महबूब से मिलना मुश्किल हो जाये तो सुरंगें ख़ुदवाती हैं। किसी अभियान पर निकलतीं तो सालों अपने घरों से ग़ैर हाज़िर रहती हैं और जब वतन वापस पहुँचती हैं तो किराये के

महल या हवेली में जा उतरती हैं। कभी किसी वफ़ादार गुलाम या ख़्वाजासरा (हिजड़े) को माँ के पास भेजकर रत्न-आभूषण के थाल मँगवा लेती हैं। कभी खुद माँ की खिदमत में हाज़िर होकर सारा हाल कह सुनाती हैं। माँ जो ख़ुद बादशाह बेगम है, ऐसी दूर अन्देश और गरिमापूर्ण कि सालों बेटी के ग़ायब रहने को किसी न किसी हीले-बहाने से छिपा कर रखती हैं।

ये वो बादशाहज़ादियाँ हैं जो अपने बेवफ़ा आशिक़ को सज़ा देने की न सिर्फ़ तदबीर करती हैं बल्कि उसमें माँ यानी बादशाह बेगम से हर तरह की मदद भी हासिल करती हैं।

ऐसे जीवन्त और सक्रिय मिसाली चरित्रों की तुलना में पहली दास्तान के दरवेश को देखिये तो किसी मामूल की तरह पहले बहन फिर महबूबा के हर हुक्म की तामील करता नज़र आता है। जब किसी बड़ी मुश्किल में गिरफ़्तार होता है तो सोचने और कुछ कर गुज़रने के बजाय किसी सब्ज़ पोश (पीर-फ़क़ीर) के हुक्म पर सर झुकाकर जंगल की राह लेता है और इस बात के इन्तज़ार में रहता है कि कोई चमत्कार हो और उसके दिल की मुराद बर आये। उसके लिए बहन का घर, महबूबा का महल, मस्जिद का हुजरा (कोठरी) या फ़कीरों के अड्डे पनाह की पसन्दीदा जगह है। इन जगहों से निकलता है तो गिरता-पड़ता किसी वीराने में जा पहुँचता है। ख़ुद कुछ कर गुज़रना उसके ध्यान में नहीं आता। वह तो सब्ज़ पोश (दास्तान का एक धर्मभीरु पात्र) के कहने के मुताबिक़ बैठा, उस घड़ी का इन्तज़ार करता है जब कोई चमत्कार होगा और वह मनचाही मुराद के पूरा होने के मज़े लेगा।

'बाग़ो बहार' का पहला दरवेश जब बाप से मिलने वाली तमाम दौलत व सरवत को भोग-विलास में उड़ा देता है और भुखमरी से दो-चार होता है तो उस बहन के घर की राह लेता है, जिसको उसने बाप की दौलत से एक धेला नहीं दिया था और न पलटकर कभी उसकी कोई ख़बर ली थी, बहन उसको हाथोंहाथ लेती हैं, उसको ऐशोआराम से रखती हैं, कुछ दिनों बाद यह नसीहत करती हैं–

'मर्दों को ख़ुदा ने कमाने के लिए बनाया है, घर में बैठे रहना उन्हें नहीं देता। जो मर्द निखट्टू होकर घर में पड़ा रहता है उसको दुनिया के लोग ताना महना देते हैं।'

पहले दरवेश की बहन उसे सिर्फ़ नसीहत ही नहीं करती बल्कि उसे अशरफ़ियों की थैलियाँ देती है, उससे व्यापार का सामान ख़रीदने के लिए आमादा करती है। यहाँ तक कि पहला दरवेश बहन की दी हुई दौलत और तिजारत का सामान लेकर निकल पड़ता है। होना तो यह चाहिए था कि यह दरवेश दास्तान में हमें व्यापार करता नज़र आता लेकिन पहली मंज़िल पर पहुँचते ही एक ज़ख़्मी हसीना

के इश्क़ में गिरफ़्तार होता है। और उस पर सारी दौलत तथा सामान लुटा देता है! इसके बाद अपनी महबूबा के करम से वह एक बार फिर दौलतमन्द होता है।

लेकिन यह सारा ठाठ-बाट धन-दौलत महबूबा के दम से है। महबूबा अचानक ग़ायब हो जाती है तो उसके साथ ही सारा ठाठ-बाट-भाप बनकर हवा में उड़ जाता है। वह अपनी महबूबा, बादशाहज़ादी की तलाश में कभी जंगल, कभी सहरा का रुख़ करता है, हद तो यह है कि जान देने पर आमादा रहता है लेकिन उसकी यह मुसीबतें चन्द पंक्तियों में समाप्त हो जाती हैं और पढ़ने वाला उसकी मुसीबतों और इन पर पार पाने की मुहिम से अपरिचित रहता है। हालाँकि जब वह बादशाहज़ादी के साथ सफ़र करता है। या उसका साथ देते हुए जो सुख व दुख उठाता है, उन्हें मीर अम्मन ने तफ़सील से बयान किया। इस तफ़्सील को पढ़ जाइये तो यही महसूस होता है कि पहला दरवेश कभी बादशाहज़ादी, कभी बहन के पहलू से लगा बैठा है। दुनिया के तमाम मामलात से बहन और महबूबा निपट रही हैं।

दूसरे दरवेश की दास्तान में बसरे की वह शहज़ादी है, जिसके लिए मीर अम्मन की क़लम से बेसाख़्ता यह जुमला निकला है जिसका यह अर्थ निकलता है कि 'दानशीलता को ख़ुदा ने इस औरत पर सम्पूर्ण किया। इस दास्तान में वह बूढ़ी औरत है, जो बसरे की बादशाहज़ादी की मामा (सेविका) है, योग्य है, जिसकी सेवा में ख़ाजे-ख़िदमतगार खड़े हैं और जो बादशाहज़ादी की केयर टेकर है। यह वह बादशाहज़ादी है कि जिसकी सरकार में हज़ारों गुलाम हैं कि सौदागरी के काम पर लगे हुए हैं...हर एक मुल्क की तरफ़ लाखों रुपये का असबाब और जिन्स देकर रुख़सत फ़रमाती हैं।'

एक तरफ़ कारोबार का यह फैला हुआ उद्योग है, दूसरी तरफ़ जानने की इच्छा इस हद तक है कि वापस आने वाले अपने चाकरों से हर मुल्क का हाल-हुलिया अपने हुज़ूर में पूछती हैं और सुनती हैं।'

'बाग़ोबहार' की इस दूसरी दास्तान की बादशाहज़ादी है जो अपनी अक़्ल अपना दिमाग़ रखती है। ख़ुशामद से उसे नफ़रत है, ख़्वाह वह बाप की ख़ुशामद ही क्यों न हो। बाप की ग़लत प्रशंसा और चापलूसी न करने की सज़ा में एक कौर रोटी और एक घूँट पानी के बिना जंगल-बियाबान में फेंक दी जाती है। एक फ़क़ीर की कृपा से जान बच जाती है और फिर उसी फ़क़ीर के लाये हुए भीख के टुकड़ों पर गुज़र करती है। बाल बनाने के लिए चोटी खोलती है तो मूबाफ़ (हेयर बैण्ड) में टँका हुआ एक मोती उसके हाथ आता है। मोती वह फ़क़ीर के हवाले करती है कि इसे बेच लाओ और जब उससे रक़म आती है तो महीनों की फ़ाक़ाज़दा वह बादशाहज़ादी लज़ीज़ पकवानों के थाल मँगवाने के बजाये गुज़ारे लायक़ एक मकान

बनवाना चाहती है, आज की ज़बान में कहिये तो Real Estate में Invest कर देती है।

इस दौरान फ़क़ीर की सलाह पर दीवार की बुनियाद खोदना शुरू करती है कि मकान का आग़ाज़ हो। इस ख़ुदाई के दौरान एक ख़ज़ाना हाथ लगता है जिससे वह सराय, बाग़ और क़िला बनवाती है लेकिन निर्माण से पहले वह इनका नक़्शा बनवाती है, उसमें रद्दोबदल करती है, तब ही काम शुरू होता है। यह रवैया उसके दानिशमन्द होने और दुनियावी मामलात में उसके जानकार होने की तरफ़ इशारा करता है। उसकी यही ज़हानत है, जिसके सबब वह बाप, जिसने उसे जंगल में फिंकवा दिया था, मरते-मरते उसे अपना उत्तराधिकारी बना जाता है।

बादशाह आज़ाद बख़्त के क़िस्से में चौदह बरस की वज़ीरज़ादी नज़र आती है कि जब उसका बाप क़ैद होता है तो माँ उसे मारते हुए ताना देती है कि 'काश तेरे बदले ख़ुदा ने अन्धा बेटा दिया होता तो कलेजा ठण्डा होता और बाप का मददगार होता?'

इस जुमले (वाक्य) पर वज़ीरज़ादी तुनक कर माँ से कहती है कि 'अन्धा बेटा तुम्हारे किस काम आता? जो कुछ बेटा करता मैं भी कर सकती हूँ' यह कहकर रात के अँधेरे में वह अपने एक बूढ़े ख़िदमतगार को साथ लेकर मर्दाना लिबास में घर से निकल पड़ती है और मंज़िलें मारती, मुहिम पर मुहिम सर करती, उस वक़्त वापस आती है, जब बाप की रिहाई के लिए सुबूत के तौर पर ख़्वाजा सग परस्त और उसका चहेता कुत्ता उसके साथ है।

मीर अम्मन उस समाज के मर्द थे जहाँ अशराफ़ (कुलीनवर्ग) की औरतें ज़नान-खानों में पैदा होती और उन्हीं में मर जाती थीं। ये वो ज़नानख़ाने थे जहाँ परिन्दा पर नहीं मारता था, नौ साल के लड़कों से पर्दा होता था और जहाँ इन औरतों के महरम (रू-ब-रू हो सकने वाले) मर्द भी घण्टा-घड़ी को ही जाते थे। मक़सद दस्तर ख़्वान की ज़ीनत बढ़ाना होता था या नस्ल की बढ़ोतरी। इन मर्दों की दूसरी तमाम इलमी, अदबी, ज़ेहनी, तहज़ीबी, जिन्सी, जिस्मानी और रूपगत ज़रूरतें बाहरी बैठकों, दरबारों, विद्वानों की सभाओं या वेश्याओं के कोठों पर पूरी होती थीं। यह श्रेष्ठ जनों का मामला था, शासक वर्ग के लोग अपने ज़नानख़ानों के लिए इतना वक़्त भी नहीं निकाल पाते थे। जाफ़र हुसैन के मुताबिक़।

'बीवी के रूप में औरत को शौहर की ख़ुशनूदी का हर तरह से ख़्याल रखना पड़ता था, यहाँ तक कि अपने शौहर की वफ़ादारी में अपनी ज़िन्दगी तज देने पर आमादा रहती थी। आमतौर पर बाहर नवाब साहेब के भोजन कर लेने से पहले अन्दर बेगमों के दस्तरख़्वान नहीं बिछते थे...इसी तरह जब तक नवाब अपनी

ख़्वाबगाह (शयन कक्ष) में आराम फ़रमाने न चले जाएँ, तब तक बेगम भी आराम करने नहीं जाती थीं।'

इस सामाजिक पृष्ठभूमि को ज़ेहन में रखते हुए उन्नीसवीं सदी के शुरुआती साल में लिखी गयी 'बाग़ो बहार' के स्त्री पात्रों पर ध्यान कीजिये तो मालूम पड़ता है कि 'बाग़ो बहार' के स्त्री पात्र उस दौर के हिन्दू-मुस्लिम समाजों से अनुरूपता नहीं रखते थे। बाग़ो बहार की औरतें मर्दों के मुक़ाबले ज़्यादा रौशन ख़्याल, ज़्यादा दिलकश, ज़्यादा सक्रिय और जीवन्त हैं। शहज़ादियाँ शहज़ादों की अपेक्षा बावफ़ा, साहसी, हिम्मत वाली, निडर हौसलामन्द और होशियार हैं। दमिश्क़ (सीरिया) की शहज़ादी का चरित्र सबसे ज़्यादा आकर्षक है। राजसी गरिमा, गम्भीरता, ख़ास तरह के दर्प और अपने में डूबे होने, उच्च मानव मूल्यों के सम्मान के बावजूद इश्क़ के मामलात में तमाम हदें फलाँग जाती है। इश्क़ टूटकर करती है और अगर बदला लेने पर आ जाये तो जान लेकर ही टलती है। दूसरी तरफ़ बसरे (इराक़ का एक शहर) की शहज़ादी है जो ख़ूबसूरत और रूपवान है, शालीन और बासलीक़ा है, नेक और फ़रिश्तों जैसी है। अपनी आवाज़ भी वह ग़ैर मर्दों को नहीं सुनाती। अपनी अन्ना के ज़रिये ग़ैर मर्दों से बात करती है।

बाग़ो बहार को पढ़ते हुए एहसास होता है कि मीर अम्मन बेश्तर शहज़ादियों, वज़ीरज़ादियों, परियों और जादूगरनियों के रूप में इन औरतों का नक़्शा खींच रहे हैं जो आम मुस्लिम घरानों के नैतिक सिद्धान्तों की पाबन्द नहीं थीं। ये बेधड़क व बेपर्दा औरतें इतिहास की किताबों में गहरे दफ़न की गयीं। हमें उनका नामोनिशान नहीं मिलता लेकिन मीर अम्मन और उनके बाद आने वाले दास्तान नवीसों का नाम सदा ज़िन्दा रहे कि उन्होंने हमें उन औरतों के चेहरे भी दिखाये जो आम मुसलमान परिवारों के लिए लज्जा का कारण थीं, लेकिन जिनकी ज़ेहानत, हिम्मत और बेबाकी की इक्कीसवीं सदी की योरोपीय स्त्री की ज़िन्दगी को भी कहीं-कहीं पीछे छोड़ जाती है।

मीर अम्मन, रजब अली बेग सुरूर और तिलिस्मे होशरूबा के लेखक क़ाजी या मुन्सिफ़ नहीं अदीब थे, इसीलिए उनके क़लम ने उनके पात्रों के रूप में इन औरतों को उर्दू दास्तान के पृष्ठों पर हमेशा के लिए ज़िन्दा कर दिया। इन स्त्री पात्रों के बारे में कहा जा सकता है कि ये आधा फ़साना और आधी हक़ीक़त थीं। जिनमें से कुछ के सिर्फ़ नाम मिलते हैं। इनमें लाल कुँवर, उद बेगम और बेगम शमरू का अपने अहद (युग) या ऐसी ही दूसरी लीक से हटी हुई अधिकार सम्पन्न स्त्रियों को उस दौर के मुसलमान या हिन्दू सम्भ्रान्त अनचाहे कितना ही नापसन्द करते हों लेकिन उन्हें ईर्ष्या व आश्चर्य से देखती होगी। शासक वर्ग से तो ये औरतें स्वयं

सम्बन्ध रखती थीं, किसी राजा (बादशाह) को कभी दुश्मनों के घेरे से छुड़ाती थीं, कभी किसी नवाब की आर्थिक सहायता करती थीं।

मेरा ख़्याल है कि मीर अम्मन, रजब अली बेग सुरूर, तसद्दुक़ हुसैन, मुहम्मदमीर हुसैन जाह या मुंशी अहमद हुसैन क़मर ने अपनी दास्तानों की जो बादशाहज़ादियाँ, वज़ीरज़ादियों परियाँ और जादूगरनियाँ तराशी हैं, वो उनकी कल्पना नहीं, उस युग में साँस लेने वाली ऐसी ही औरतों की छवियाँ हैं जो हमें कुछ अतिशयोक्ति, कुछ रिक्तता के साथ इनकी दास्तानों में नज़र आती हैं।

रजब अली बेग सुरूर ने 1824 ई. में 'फ़साना-ए-अजायब' लिखी तो बाग़ोबहार की शोहरत उन तक पहुँच चुकी थी लेकिन सुरूर आधुनिक उर्दू गद्य के इस शाहकार को हिक़ारत की नज़र से देखते थे और 'मीर अम्मन' को क़लम का मज़दूर समझते थे और क्यों न समझते कि मीर अम्मन फ़ोर्टविलियम कॉलेज में मुंशी मुक़र्रर हुए थे। हर माह ब्रिटिश सरकार से पगार लेते थे जबकि रजब अली बेग सुरूर और लखनऊ के दूसरे दास्तानगो ब्रितानिवी उपनिवेश से शिकस्त खाती सामन्ती व्यवस्था से सम्बद्ध थे। हिन्दी शाइरी और हिन्दू समाज दोनों में प्रेम की अभिव्यक्ति स्त्री की तरफ़ से होती है। राधा व कृष्ण का प्रेम हो या शिव व पार्वती के मामलात, सबका विकास इसी भारतीय परम्परा से हुआ है। सुरूर ने अगर अपनी दास्तान में इस रिवायत को निभाया तो क्या ग़लत किया। 'फ़साने अजायब' का जाने आलम अगर बार-बार धोखा खाता है और आमतौर पर मलिका मेहर निगार की ज़ेहानत का पल्लू थामकर चलता नज़र आता है तो यह इसलिए कि रजब अली बेग सुरूर अवध के समाज की तर्जुमानी कर रहे हैं। अवध में नवाब शुजाउद्दौला की बेगम उम्मतुल ज़हरा जैसी कई बेगमात गुज़री हैं, जिनकी शादी पर दो करोड़ रूपये ख़र्च हुए थे और जिन्हें दहेज़ में नौ लाख रुपये सालाना की आमदनी की जागीर मिली थी। इसी तरह सल्तनते अवध के बानी नवाब सआदत ख़ाँ की बेटी सदर जहाँ बेगम जो नवाब आलिया बेगम कहलाती थीं, जिनकी शादी नवाब सफ़दर जंग से हुई थी, उन्हें एक युद्ध में अफ़ग़ानों के हाथों शिकस्त हुई तो सदर जहाँ बेगम ने अपने निजी ख़जाने से पति को ग्यारह लाख रुपये नक़द और चार हज़ार अशरफ़ियाँ दी थीं ताकि वह अफ़ग़ानों की पराज के लिए असलहे ख़रीद सकें और फ़ौज इकट्ठा कर सकें।

ये वो लखपति और करोड़पति बेगमात थीं जिनके इशारों पर नवाब व वज़ीर सर झुकाते थे। 'रजब अली बेग का तहज़ीबी शऊर' में इस ओर संकेत करते हुए लिखा गया है कि 'जाने आलम पर अगर औरतों के हुस्न का जादू हुकूमत करता है और वह रही-सही अक़्ल भी उनके सिपुर्द करके ख़ुशी से उनके हाथों में कठपुतली बन जाता है तो दरअसल यह अवध के समाज का वह पिसा मर्द है जो दौलतमन्द

होने के बावजूद कई तरफ़ से दबाया जा रहा है। अवध का शहज़ादा होने के बावजूद ईस्ट इण्डिया से अपने रेज़ीडेन्ट के ज़रिये एहमात का पाबन्द रखती है। उसके अपने दरबार में साज़िशों के जाल फैले हुए हैं, इस जाल को फैलाने और बिछाने में शाही महल की चालाक औरतें भी शामिल हैं।'

'फ़साने अजायब' के दो बहुत अहम स्त्री चरित्र मेहर निगार और अंजुमन आरा हैं। मेहर निगार को एक ऐसी औरत के रूप में पेश किया गया है। जिसका बाप सल्तन्त को त्याग कर फ़क़ीरी इख़्तियार कर लेता है। इस घटना का मेहरनिगार पर यह मनोवैज्ञानिक प्रभाव होता है कि वह संसार की किसी घटना और किसी बात को सतही तौर पर नहीं देखती। मेहरनिगार के आत्मविश्वास ने उसके चरित्र में एक चमक पैदा की है। वह शहज़ादा जाने आलम को कम अक़्ल तो मानती है। लेकिन हक़ीर नहीं समझती बल्कि शहज़ादे से उसकी मोहब्बत में कुछ और इज़ाफ़ा हो जाता है। वह अपनी समूची आत्ममुग्धता के बावजूद पितृसत्तात्मक समाज में रहने वाली किसी आज्ञाकारी स्त्री की तरह भी नज़र आती है। जहाज़ पर बैठने से पहले ही उसे आने वाले ख़तरों का अन्दाज़ा हो जाता है लेकिन जाने आलम क्योंकि उसका पति है और वह उससे बेपनाह मोहब्बत करती है चुनांचे न चाहते हुए भी जहाज़ पर बैठ जाती है और एक बड़ी त्रासदी से दो-चार होती है। दूसरी तरफ़ अंजुमन आरा है, वह हसीन भी है और अपने हुस्न पर नाज़ाँ भी बुद्धिमानी से दूर, मेहरनिगार के इशारों पर ही वह चलती है।

मलिका मेहर निगार जाने आलम पर हज़ार जान से फ़िदा है, जानती है कि शहज़ादा जाने आलम अंजुमन आरा के इश्क़ में गिरफ़्तार है इसके बावजूद मेहर निगार का दिल उससे नहीं फिरता और वह इस इश्क़ में फ़िरदौसी (प्रसिद्ध फ़ारसी शायर) के शाहनाम की मुनीज़ा की मानिन्द दर-ब-दर ख़ाक छानती है। उसने शादी इस कारण नहीं की थी कि बाप से जुदा हो जायेगी लेकिन जाने आलम के लिए वह बाप की मोहब्बत-सलतन्त सब कुछ तज देती है। वह हर जगह और हर स्थिति में उसके साथ है।

जाने आलम अपनी कम अक़्ली और नादानी से रोज़ एक नयी मुसीबत खड़ी करता है। मलिका अपनी बुद्धिमानी से उसे सुलझाती है। जिस जहाज़ में वह जाने आलम और अंजुमन आरा सफ़र कर रहे थे, तबाह हुआ, यह सबसे बिछड़कर एक बादशाह की कोशिशों से बच जाती है। वह बादशाह उससे शादी रचाना चाहता है। इसके लिए दुनिया की तमाम नियामतें फ़राहम करता है। लेकिन उसे जाने आलम के साथ के सिवा कुछ मंज़ूर नहीं। वह जिस बुद्धिमत्ता से जाने आलम को उसके असली रूप में लाती है और वज़ीरज़ादे के षड्यन्त्रों से निजात दिलाती है, ये तमाम

स्थितियाँ उसे जाने आलम से कहीं बुलन्दी पर ले जाती हैं। एक आलोचक के अनुसार, 'जाने आलम उसके सामने एक नादान बच्चा है जो मेहर निगार की उँगली थामे उसके साथ-साथ चला जा रहा है और वह उसे रास्ते की ऊँच-नीच से बचाती लिये जा रही है।' 'फ़साने अजायब' हो या 'बाग़ो बहार' साहित्य के अधिकांश आलोचकों का यही कहना है कि इन दास्तानों के स्त्री पात्र, पुरुष पात्रों से कहीं बढ़े हुए हैं। सैयद बक़ार अज़ीम के अनुसार रूखे फीके बेजान और एक ही साँचे में ढले हुए पुरुष चरित्रों के मुक़ाबले में...निस्वानी यानी स्त्री पात्रों में ज़िन्दगी का रंग ज़्यादा गहरा और कलात्मक है।'

यहाँ यह बयान करने में कुछ हर्ज़ नहीं कि 'फ़साना-ए-अजायब' की मलिका मेहर निगार के किरदार में रजब अली बेग सुरूर की बड़ी बेगम का बिम्ब झलकता है। वह एक बड़े और धनी परिवार से सम्बन्ध रखती थीं। उन्होंने सुरूर की हर तरह से सेवा की। अपनी दौलत को न सिर्फ़ सुरूर बल्कि उनके परिजनों पर भी उदारता से ख़र्च किया। इस सूरते हाल को डॉ. नैयर मसूद ने यों तहरीर किया है कि फ़साने अजायब की एक हीरोइन मलिका मेहर निगार की दो ख़ास ख़ुसूसियतें यह हैं कि वह हीरो जाने आलम की वफ़ादार आशिक़ है और उसकी सहायक व सहयोगी। ये दोनों विशेषताएँ हम मेहर निगार और सुरूर की पत्नी में समान रूप से पाते हैं। सुरूर ने हालाँकि दूसरी शादी भी की लेकिन पहली पत्नी से उन्हें जो आराम ओ सुकून मिला, वह दूसरी से न मिल सका। बल्कि पहली बीवी ने दूसरी की परवरिश भी की।'

सुरूर अवध के जिस समाज को लिख रहे थे उसमें महज़ शरीफ़ज़ादियाँ और उच्च वर्ग की ही स्त्रियाँ नहीं थीं। ज़नानख़ानों का, सरायों और बाज़ारों की व्यवस्था निम्न वर्ग की स्त्री से क़ायम थी। उनकी प्रशंसा होनी चाहिए कि उन्होंने निम्न वर्ग की स्त्रियों का चरित्र-चित्रण भी बड़ी कुशलता से किया है। इनमें चिड़ीमार की पत्नी और भटियारन ख़ासतौर पर उल्लेखनीय हैं। इसी तरह अंजुमन आरा की माँ और सहेलियाँ, उस्तानियाँ, मुग़लानियाँ, दूसरी बड़ी बूढ़ियाँ फ़साना-ए-अजायब' के पृष्ठों पर जीवित और सक्रिय नज़र आती हैं।

सुरूर अवध के पितृसत्तातमक समाज के उच्च वर्ग से सम्बन्धित थे, उन्होंने अपने दौर की परम्पराओं का भरपूर चित्रण अपनी दास्तानों में किया है। यही कारण है कि उनकी शहज़ादियाँ और आम औरतें चाहे जितनी ज़हीन व समझदार हों और हर क़दम पर अपने मर्दों को सीधा रास्ता दिखाती हों, उन्हें मुसीबतों से रिहाई दिलाती हों लेकिन वे अपने व्यवहार और मानसिक बुनावट में पूरब की ही स्त्री की याद दिलाती हैं। पुरुषों की प्रभुता को स्वीकार करती हुई, प्रिय पति का दिल किसी दूसरी स्त्री पर आ जाये तो उसे धूमधाम से ब्याह कर घर लाती हुई, सौतन के लिए अपने

हाथों सेज सजाती हुई। आज ये स्त्री पात्र हमें अजीब लगते हैं, हमें सुरूर पर तैश आता है, जिन्होंने ऐसे चरित्र सृजित किये लेकिन उनके चरित्रों को उनके युग में देखिये। जिस अवध में वाहिद मियाँ हर नौचन्दी (माह का पहला बृहस्पतिवार) बृहस्पतिवार को एक नया निकाह करते हों और हर हसीन औरत को अपनी बेगम बनाने का ख़्वाब देखते हों, वहाँ के रजब अली बेग सुरूर की हीरोइन मेहरनिगार, अगर अपने हाथों से अंजुमन आरा को शहज़ादा जाने आलम की दुल्हन बनाकर ले आती है तो हमें हैरान नहीं होना चाहिए। हमें यह बात तस्लीम करनी चाहिए कि उस दौर की औरत, भले शहज़ादी हो या फ़क़ीरज़ादी, दोनों का यही मुक़द्दर था। यह वही मुस्लिम पितृसत्तात्मक समाज है जो गुलाम वंश के हर बादशाह को सर आँखों पर बिठाता है लेकिन जब इसी ख़ानदान की मलिका रज़िया अपनी पसन्द का पति चुनना चाहती है तो उसे तख़्तोताज से ही महरूम नहीं किया जाता, बल्कि वह ज़िन्दगी से भी हाथ धो बैठती है। शहज़ादी ज़ैबुन्निसा अली कुली ख़ाँ से गहरे प्रेम के बावजूद उम्र भर कुँवारी रहती है और औरंगज़ेब जो दीन और शरीयत का बड़ा पाबन्द था, उसके वो हाथ नहीं काँपते जो इतिहासकारों के कथनानुसार सुबह-ओ-शाम क़ुरआन लिखते थे।

शायद इसी क़ुरआन ने यह भी कहा है कि कुँवारी बेटियों का निकाह उनके बाप पर लाज़िम और वाजिब है।

अभी तक उन्नीसवीं सदी की वो दो दास्तानों और उनके स्त्री चरित्रों पर बहस हुई, जब हिन्दुस्तान पर नाम को ही सही मुग़लों की हुक्मरानी थी और अवध में नवाबों का सिक्का चलता था।

'बाग़ोबहार' जब लिखी गयी उस वक़्त तक बादशाह आलम, ईस्ट इण्डिया कम्पनी का पेंशनभोगी नहीं हुआ था और अवध अंग्रेज़ों के हाथों तबाह व बर्बाद नहीं हुआ था। हम जब उर्दू की तीसरी दास्तान पर नज़र डालते हैं तो यह उस वक़्त लिखी गयी जब दिल्ली और लखनऊ दोनों का पतन हो चुका था। पचास हज़ार पृष्ठों पर फैली हुई इस बेमिसाल दास्तान का एक हिस्सा 'तिलिस्मे होशरुबा' है जो दस हज़ार पृष्ठों पर फैली हुई है। यह दास्तान 1883 ई. से 1917 ई. के दौरान उस वक़्त वजूद में आयी जब हिन्दुस्तान इंगलिस्तान का उपनिवेश बन चुका था। ईस्ट इण्डिया कम्पनी का ख़ात्मा हो चुका था और क्या हिन्दू क्या मुसलमान, क्या बूढ़े और क्या जवान सभी मलिका विक्टोरिया की प्रजा थे। सारा हिन्दुस्तान इंगलिस्तान के सामने हार चुका था। झाँसी की रानी लक्ष्मी बाई का शहादत क़िस्सा कहानी हो चुकी थी। हज़रत महल अपने मुट्ठी भर जाँ निसारों के साथ अंग्रेज़ों के ज़र ख़रीद हिन्दुस्तानी सिपाहियों से लड़ते हुए तराई के जंगलों में खो चुकी थी। बिहार के राजा कुँवर सिंह,

अमर सिंह और निशान सिंह अपनी इस शानदार छापा मार जंग के बावजूद मौत का निवाला बन चुके थे। जिसकी दाद उन्हें कार्ल मार्क्स और एंगेल्स ने 'न्यूयार्क ट्रिब्यून' के अपने डिस्पैचेज़ में दी थी। बहादुर शाह ज़फ़र आख़िरी हिचकी ले चुके थे और इतिहास ने अपना फैसला ब्रिटिश राज के पक्ष में सुना दिया था।

इस महान हिन्द ईरानी संस्कृति की मौत कोई साधारण घटना नहीं थी! उत्तरी हिन्दुस्तान, बतौरे ख़ास अवध के मुसलमानों के अन्दर एक ऐसी थकन और नाक़ाबिले बयान बेबसी जन्म ले चुकी थी, जिससे बचाव की राह 'पिदरम सुलतान बूद' के लक़लक़ों में ढूँढी जाती है या जागती आँखों से ख़्वाब देखे जाते हैं। एक शानदार अतीत रखने वाला समाज़ ब्रितानिया की औपनिवेशिक शक्ति के हाथों पराजित होने के बाद अगर ख़ुद को 'दास्ताने अमीर हमज़ा' और 'तिलिस्मे होशरुबा' से न बहलाता तो क्या करता। वो लोग जिन्होंने अपने बादशाह को मुजरिमों की तरह कठघरे में खड़े देखा, जिनका आक़ा बे सरो-सामान जलावतन किया गया, उस प्रजा को 'अफ़स असियाब' जैसे जादूगर तो ईजाद ही करने थे। जिसका अहवाल 'तिलिस्मे होशरुबा' में यों बयान हुआ है कि 'अब हाल अफ़र असियाब जादू, मलिके तिलिस्म सुनिये कि उसकी अमलदारी में साठ हज़ार मुल्क जादूगर और जादूगरनियों से आबाद हैं और उनके बादशाह सब उसके अधीन और ताबेदार हैं।'

'दास्ताने अमीर हमज़ा' की उप दास्तान 'तिलिस्मे होशरुबा' हारे हुए हिन्दुस्तान का वह ख़्वाब है। जो उसने जागती आँखों से देखा। डॉ. ज्ञान चन्द जैन का कहना है कि 'यूनान में क़िस्से उस वक़्त लिखे गये जब वह रोम के अधीन हो गया।' रोम का कथा साहित्य उस समय अस्तित्व में आया जब तानाशाह शासकों ने व्यक्ति की आज़ादी छीन ली। सोलहवीं सदी में अरबों से युद्ध और संग्राम ख़त्म हुआ और स्पेन के बाशिन्दों को सुकून नसीब हुआ तो वो शौर्य पूर्ण रुमान लिखने लगे...दास्तानें उर्दू की शौर्यपूर्ण रुमान हैं। उनका कथ्य समकालीन समाज की रुचियों के अनुरूप थे? दास्तानों में सचमुच अफ़ीम की तरंग छिपी हुई थी। राजनीतिक सत्ता निकल जाने से सोसाइटी को जैसे लकवा मार गया था लेकिन अभी हुकूमत का नशा बाक़ी था। अतीत का वैभव सुबह के स्वप्न की तरह स्मृति से ग़ायब नहीं हुआ था। पूर्वजों की विजय का गर्व अपनी बेअमली की पूर्ति कर रहा था। 'पिदरम सुलतान बूद' का तनतना मौजूदा निस्वरता पर परदा किये हुए था! यह जज़्बा दास्तानों में भरपूर तरीक़े पर ज़ाहिर हुआ है। इनमें ऐसी बादशाहतों और ऐसी शान-ओ-शौकत का बयान था जो उन बेकसों के पूर्वजों बल्कि इतिहास के बड़े-बड़े सम्राटों को भी नसीब नहीं थीं।

'दास्तानों के उदय में एक पलायनवादी प्रवृत्ति सक्रिय थी। उनकी दुनिया स्वप्नों का संसार था जो तल्ख़ियों से पनाह देता था। यहाँ पहुँचकर बेबसी और

बेकसी से छुटकारा मिल जाता था। यहाँ कोई बला मौजूद नहीं थी, जो बलाएँ थीं उन्हें ज़ेर कर लिया गया था। हीरो और उसके साथियों की विजय दास्तान के पाठकों की जीत है। हाथ-पैर को तक़लीफ़ देने की ज़रूरत नहीं थी। ज़ेहन सारे मुश्किल रास्ते तय करके रख देता था। कल्पना को हर तरह की आज़ादी दे दी गयी थी। दास्तान के हीरो में तमाम ख़ूबियाँ जमा करके रख दी जाती थीं। सुनने वालों के मुँह में पानी भर आता था। ज़िन्दगी में जो उनकी चाहत थी, हसरत थी वो सब दास्तानों में था। परियों जैसा हुस्न, रुस्तम जैसा शौर्य, इश्क़ के मरहले और फिर मिलन का मादक बयान, एक हसीन व दिलकश ख़्वाब था जिसमें सब खो जाते थे। शेख़ चिल्ली के मन्सूबों की तरह ख़्याल ही ख़्याल में तमाम दौलतो इशरत हासिल हो जाती थी।' ज्ञानचन्द जैन अपनी बात को कुछ और आगे बढ़ाते हुए कहते हैं कि 'हम ज़िन्दगी में जिन ताक़तों से हार जाते हैं उन्हें ख़्वाब में या क़िस्सों में हराने की आरज़ू करते हैं। हम जिन चीज़ों की आरज़ू में मरते हैं, उनको पाने का ख़्वाब इन्हीं कहानियों में देखते हैं।'

इस परिप्रेक्ष में देखें तो इस बात पर यक़ीन किया जा सकता है कि हारे हुए हिन्दुस्तान के दिल ज़दा हिस्से अवध ने अपने वाजिद पिया की जलावतनी और अपनी बेगम हज़रत महल की त्रासद पराजय का ग़म भुलाने और बहलाने के लिए दास्तान का सहारा लिया। दुनिया की इस सबसे लम्बी दास्तान को पढ़िये तो हर तरफ़ ख़्वाब का-सा आलम है। रुपहले और सुनहरे गुबार में लिपटी हुई एक दुनिया है, जिसमें हर नामुम्किन मुमकिन हो जाता है। जिसमें हीरो कोई जंग नहीं हारता, जिसमें काफ़िरों के मुक़ाबले इस्लामी लश्कर बहरहाल हर क़ीमत पर जीतता है। पराजित क़ौमें अपने आप को समेटने और सँभालने के दौर में नित नये रंग ईजाद करती हैं। वाजिद अलीशाह अंग्रेज़ों के हाथ गिरफ़्तार होकर कलकत्ता जलावतन हुए तो क्या हुआ तिलिस्मे होशरुबा के पृष्ठों पर दास्तान गो मुर्दा दिलों को साहिबे क़ुरआन अमीर हमज़ा की जीतों के किस्सों से गरमाता है। दास्ताने अमीर हमज़ा लिखने वालों और छापने वालों में यह हिम्मत न थी कि वे अंग्रेज़ों से लड़ाई के हालात लिखते या गोरी सेना को हारते हुए दिखाते और ब्रिटिश राज के हाथों औरतों और बच्चों को लहू पिलवाते या मोहम्मद हुसैन आज़ाद के बाप की तरह फाँसी पर चढ़ते। इन बारीकियों को ज़ेहन में रखते हुए साहित्यिक रूपकों को इस्तेमाल करते हुए इस्लामी फ़ौज और काफ़िर फ़ौज के नामों से हिन्दुस्तान व इंगलिस्तान के बीच वह संघर्ष व युद्ध दिखाया गया जो कुछ दिनों पहले तक साहिबे क़ुरआन कहलाते थे, उनकी फ़ौजें हर लड़ाई में जीत हासिल करती हैं।

बहादुर शाह ज़फ़र की बादशाही अभी चन्द बरस पहले का क़िस्सा थी,

इसलिए मुंशी नवल किशोर को काफ़िरों के लश्कर (अंग्रेज़ी सेना) पर इस्लामी लश्कर के सरदार साहिबे क़ुरआन अमीर हमज़ा की फ़तह नागवार गुज़रना तो दूर की बात है, घर का मामला लगती है, वह इस दास्तान को निहायत एहतिमाम से छापते हैं और यह दास्तान उत्तरी हिन्दुस्तान के पढ़े-लिखे और अदबी शौक़ रखने वाले मुसलमान और हिन्दू घराने की एक ज़रूरत बन जाती है।

उन्नीसवीं सदी में हिन्दुस्तान के हर इलाक़े ने अपनी सम्माननीय महिलाओं के साथ ईस्ट इण्डिया कम्पनी के उच्च व निम्न अहलकारों का अवमाननापूर्ण व्यवहार देखा था। पंजाब की छाती पर महाराजा रंजीत सिंह की बीवी रानी जिन्दा का अपमान और निरादर, बनारस जलावतन का घाव था। नागपुर के राजा रघु जी भोंसले तृतीय की मौत के बाद राज्य पर केवल कम्पनी ने क़ब्ज़ा ही नहीं किया, राजा की विधवा रानियों से उनके आभूषण छीने और उनके निजी इस्तेमाल की कीमती वस्तुएँ नीलाम हुईं। झाँसी के राजा की मौत के बाद उसकी रानियों के साथ भी कुछ ऐसा ही सुलूक हुआ।

सिन्ध विजित हुआ तो बेगमात के आभूषण तो उतरवा ही लिये गये, उनके क़ीमती लिबास हासिल करने के लोभ में उन्हें नंगा तक कर दिया गया। अवध पर क़ब्ज़े के बाद अवध की बेगमों से बहुत बुरा व्यवहार हुआ। दिल्ली लुटी और मुग़ल शहज़ादियाँ, शरीफ़ज़ादियाँ अगर गूजरों के हाथ लगीं, गोरी फ़ौज के सिपाहियों ने बेहुरमत किया, अगर वो कोठों पर बैठीं तो हिन्दुस्तानियों की सामूहिक स्मृति इतनी बड़ी त्रासदी को क्यों याद रखे? उसे भुला क्यों न दे? इस विस्मृति के बावजूद एक ऐसे दुख भरे दौर में, उन लोगों ने क्या कुछ महसूस नहीं किया होगा, जिनकी स्त्रियों पर ये सब गुज़री थी और जिन्होंने सब कुछ अपनी आँखों से देखा था।

गहरे आघात वाले इस सदमे से सामान्य व विशिष्ट हिन्दू घराने भी गुज़रे थे लेकिन असल मुसीबत तो मुसलमानों पर पड़ी थी शायद यही वजह है कि 'दास्ताने अमीर हमज़ा' मुस्लिम सरदारों की विजय गाथा है और 'तिलिस्मे होशरुबा' के पृष्ठों पर काफ़िर फ़ौज की इस्लाम की छाँव में आ जाने वाली शहज़ादियाँ जब मुसलमान सरदारों के उपभोग में आती हैं तो उस टूटे दिल मुसलमान का कलेजा ठण्डा होता है जो अपनी शहज़ादियों की इस्मत और अपने घर की इज़्ज़त लुटने से नहीं बचा सका था।

'तिलिस्मे होशरुबा' अवध में ही लिखी जा सकती थी, जिसकी स्मृति में राही मासूम रज़ा के मुताबिक सीता से लेकर हज़रत महल तक की कहानियाँ सुरक्षित हैं। ये लड़ने-मरने वाली शहज़ादियाँ 'शाहनामा' की बहनें हैं। शाहनामे में तो सिर्फ़ दो औरतें ऐसी मिलती हैं, जिन्हें हथियारों की पहचान है, गर्द आफ़रीद और गिरदिया

और उनकी भी कोई ख़ास अहमियत नहीं है। गर्द आफ़रीद एक बार सोहराब से लड़कर लापता हो जाती है। गिरदिया भी शाहनामा के आख़िर में अपनी झलक दिखलाती है। फ़िरदौसी का 'शाहनामा' लड़ने-मरने वाले मर्दों की वीरगाथा है और 'तिलिस्मे होशरुबा' लड़ने-मरने वालों की दास्तान।

'दास्ताने अमीर हमज़ा' की दास्तान 'तिलिस्मे होशरुबा' ईस्ट इण्डिया कम्पनी की मुकम्मल जीत के बाद लिखी गयी। इससे पहले की किसी दास्तान में जादूगरनियों और शहज़ादियों की वो तिकड़में मोर्चाबन्दियाँ, बहादुरी और भव्यता नज़र नहीं आती जिससे तिलिस्मे होशरुबा के पृष्ठ भरे हुए हैं। यों कह लीजिये कि जब तक उर्दू दास्तान, मुग़ल हिन्दुस्तान में लिखी जा रही थी, उस वक़्त तक उसके स्त्री पात्र लाशों के ढेर नहीं लगाते थे, लेकिन जैसे ही हिन्दुस्तान ब्रितानिवी अमलदारी में आया, उसी के बाद वह दास्तान वजूद में आयी जिसके पृष्ठों पर घोड़ों पर सवार तलवार बाज़ी करती हुई स्त्रियों के काफ़िले नज़र आते हैं।

'बाग़ोबहार' और 'फ़सानाए अजायब' ऐसे जंगजू स्त्री पात्रों से हमारी मुलाक़ात नहीं होती लेकिन 'तिलिस्मे होशरुबा' में ऐसे पात्र हर पृष्ठ पर नज़र आते हैं :

'सुबह होते ही मलिका महरूख़ को लेकर वह दोनों जादूगरनियाँ दर्राए कोहे मसदूद और सहरा-ए-मसहूर से निकल गयी थीं और ठहरीं कि लश्कर भी सब आकर जमा हुआ। मलिका लश्कर में दाख़िल होकर विजयी मुद्रा में ढलकर सेनपतियों व सेना से पुर उम्मीद हुईं। बर्रान ने जादूगरनियों को रूख़सत कर दिया। मलिका-ए-बर्रान सेहर (भोर) के क़रीब अपने कोठे पर पहुँचकर आराम पज़ीर हुईं। उधर महरूख अपनी फ़ौज लेकर रवाना हुई लेकिन अफ़रा सियाब बाग़बान के वज़ीर की रुख़सत के बाद कड़ुवाहट से भरा बैठा था कि नौबत न नक्क़ारा बजते सुनाई दिये और तीन लाख जादूगर बरूए हवा हंसों के पंखों पर सवार नज़र आये। आगे-आगे जादू के एक तख़्त पर एक जादूगर और दो जाूदगरनियाँ सवार थीं; सब की सरदार थीं। लश्कर में डमरू बजता था, शंख और घंटों की आवाज़ से दिल व दुनिया दहलती थी। बड़ी शान-ओ-शौकत से सेब के बाग़ के दरवाज़े पर वह लश्कर उतरा और बाग़ के मैदान के सामने सबने अपनी जगहें धारण की।'

(तिलिस्मे होशरुबा, खण्ड-3, पृष्ठ 181)

'मलिका-ए-हैरत' हज़ारों कनीज़ों-सहेलियों के साथ कुछ इन्तज़ाम करके मेहमानों के आने की मुन्तज़िर हुईं कि यकायक सूरज का चेहरा दिखाई पड़ा। नौबत व नक्क़ारे रूए हवा पर बजते सुनाई दिये। सारी दुनिया दरहम बरहम नज़र आयी हर सिम्तबाजों, नफ़ीरों और बूक़ों (तुरुही) का शोर ऐसा था गोया हज़ारों सूर (बिगुल)

फूँका, सुबह के परिन्दों और अज़दहों से दुनिया भर गयी, जिधर निगाह जाती थी जादूगर ही जादूगर नज़र आते थे, किसी सिम्त सुर्ख पोशों का ग़ोल था तो लगता था वहाँ आग लगी हुई है। कहीं पीताम्बरों की भीड़ थी तो महसूस होता था कि ख़ौफ़ से दुनिया पीली पड़ गयी है। किसी जगह हरे वेषधारी जमा थे तो उससे साफ़ झलकता था कि संसार के शरीर में ज़हर फैल गया है, दुनिया का तमाम बदन सब्ज़ हुआ है। किसी जानिब स्याहपोश जादूगरनियाँ जिनसे अन्धेर जहाँ में पैदा हुआ, शेरों की चिंघाड़ से सारा जंगल भर गया, हाथियों की यलग़ार से सारा ज़माना काले जंगल जैसा हो गया। अज़दहों ने बुरे लोगों की आबादी को घेर लिया अब आफ़ताबाद उसका नाम कर दिया।

हैरत यह तमाशा देख रही थी कि बन्द मकानों के मालिकों का आना शुरू हुआ। आवाज़ लगाने वालों की सदा आयी, नक्क़ारों की आवाज़ से ज़मीनो आसमान गर्म हुआ। जिनकी रंग-बिरंगी पताकाओं के निशान हवा में उड़ते नज़र आये, उन पर सामरी, जमशेद और गाय के बछड़े की तारीफ़ लिखी हुई थी, अज़दहों पर सवार जादूगर जिन्हें हाथों में लिये हुए थे, इनके बाद अठारह-उन्नीस हज़ार घुड़सवार परिन्दे दिखाई दिये, फिर हज़ारों हाथी जिन पर रत्नों आभूषणों से सज्जित हौदे रखे हुए थे झालरों की झूलों में मोतियों की टकी पेशानी हर हाथी के सजी हुई थी, उनके आते ही सजी-धजी पालकियाँ-नालकियाँ ज़ाहिर हुईं इसके बाद जलवा बिखेरती छम-छम करती हुई हज़ारों साँडनियाँ निकलीं और रूएहवा पर कड़का होने लगा।'

(तिलिस्मे होशरुबा, खण्ड-3, पृष्ठ 572)

'महरुख़ ने दुश्मनों का नारा सुनकर अपने जादुई तख़्त को आगे बढ़ाया। हर एक अहले लश्कर फतह की दुआ माँगने लगा। यह सामने शहबाज़ के पहुँची, उसने एक तीर सहर (जादू) का मारा। महरुख़ ने जादुईमन्त्र पढ़कर दस्तक दी कि तीर उलटा फिर गया। शहबाज़ ने फ़ौलाद का गोला जादू पढ़कर मारा, महरुख़ ने तख़्त से परवाज़ की, गोला तख़्त पर पड़ा कि उसे तोड़ गया लेकिन महरुख़ बुलन्दी से तलवार बनकर जो गिरी शहबाज़ मा अज़दहे के दो टुकड़े हुआ, पत्थर और आग बरसने लगी, सदा-ए-हौलनाक आयी'

(तिलिस्मे होशरुबा, खण्ड-1, पृष्ठ 110)

एक जानिब से सवारी मलिका हैरत की पैदा हुई। सब ने देखा कि हज़ारहा बँगले मीना निगार बरूए हवा उड़ते चले आते हैं और चौंसठ हज़ार नक्क़ारे तिलिस्मी बजते हैं, गिर्दोपेश जादूगरनियाँ और साहिर लिबास (जादुई कपड़े), व जेवर से दुरुस्त हाथों में सिमरनें मरजानओ-गौहर की बाँधे कानों में कुण्डल, दराज और बोले व झाले, साडियाँ जवाहर दोज़ लाखों रुपये का इस प्रकार जवाहर किया बाँधे ताऊसियाँ (मोर

पंख) ज़री वाल पर सवार वारदे दश्ते मसाफ़ हुईं। उस वक़्त मलिकाए हैरत के ओज मरातिब के रू-ब-रू महजबीं के सामने एहतिशाम की कुछ हक़ीक़त न थी, जहाँ मलिका बैठी थी, उन बँगालों में फ़र्श ज़रे बफ़्ती (कमख़्वाब) बिछा था, नाच हो रहा था, पुश्त पर लाखों जादूगरों का मजमा था, डमरू और शंख बजता था।

(तिलिस्मे होशरुबा, खण्ड-1 पृष्ठ, 232)

यह शान व शिकोह, यह जाहो जलाल जिससे तैमूरी बादशाह और शहज़ादे सल्तनत के ख़ात्मे से बहुत पहले महरूम हो चुके थे, तिलिस्मे होशरुबा के पृष्ठों पर हमें जादूगरनियों और शहज़ादियों का नज़र आता है। यह क़लम उन मज़दूर मुंशियों का कमाल है। जिन्होंने हिन्दुस्तान के दूसरे इलाक़ों के लेखकों की तरह सरकारे इंगलिशिया की फ़रमाइश पर कुछ न लिखा। वो हारे हुए हिन्दुस्तान के क़लम बरदार थे, उन्होंने अपने जादू-निगार क़लम से, एक ऐसी अज़ीमुन्निशान (महान) दुनिया आबाद की, जो किसी ने देखी न सुनी थी। जादू का एक साम्राज्य था जिसके जादूगर भी इंसान थे और इंसान भी जादूगर समान थे। अफ़रासियाब जादू के मुक़ाबिल लश्करे साहिबे क़ुरआन है, जिसके शहज़ादे हर साहिरा का हाथ थामकर उसके साथ अकेले में जाने के लिए बेक़रार रहते हैं। ख़ुद महल सराओं में और शाही ख़ेमों में शराब पीते हैं, कबाब खाते हैं और शबाब से अपनी रातें सजाते हैं। उनकी सारी कामयाबियों का सेहरा उनके अय्यारों के सर है। लश्करे इस्लाम का सबसे बड़ा अय्यार उमरो है, सबसे बड़ा चोर भी है और सबसे बड़ा जासूस भी। लश्करे इस्लाम के पाँच बड़े अय्यारों में हर ऐब मौजूद है लेकिन उनके मुक़ाबले पर अफ़रसियाब की पाँच अय्यारनियाँ सर सरे शमशीर ज़न सबा रफ़्तार, शमीमा नक़बज़न, सुनूबर कमन्द अन्दाज़ और तीर निगाह ख़ंजर ज़न किसी बुरी आदत में गिरफ़्तार नहीं। लश्करे इस्लाम के उमरो अय्यार का यह आलम है कि वह खुले बन्दों बुर्दा फ़रोशी (देह-व्यापार) करता है, उस पर अमीर हमज़ा को भी एतराज़ नहीं। उमरू का पोता भी इस धन्धे में माहिर है। एहतियात करता है तो सिर्फ़ इतनी कि अहले इस्लाम की लड़कियों और औरतों का धन्धा नहीं करता। लश्करे इस्लाम के इन तमाम अय्यारों (ठगों) की नज़र में औरत की और बतौर ख़ास ऐसी औरत की जो किसी जंग में हाथ आयी हो, कोई इंसानी हैसियत नहीं। वह महज़ ख़रीद-ओ-फ़रोख़्त का माल है। इस औरत के न कोई जज़्बात न कोई हुक़ूक़। यह सिर्फ़ दास्तान का मामला नहीं, तारीख़ी (ऐतिहासिक) हक़ीक़त है। हमने लश्करे इस्लाम को कैसी-कैसी शहज़ादियाँ माले ग़नीमत के तौर पर साथ लाते नहीं देखी। मुँह न खुलवाये कि शर्ते अदब है।

अज़ीज़ अहमद उर्दू के बड़े अदीब और आलोचक हैं लेकिन जब वह

तिलिस्मे होशरुबा पर क़लम उठाते हैं तो इंसाफ़ का दामन हाथ से छोड़ देते हैं। वह लिखते हैं–

'तिलिस्मे होशरुबा की औरतें ज़्यादातर जादूगरनियाँ हैं, शरीफ़ जादूगरनियाँ और ज़जील जादूगरनियाँ, अल्हड़ जादूगरनियाँ और चालाक जादूगरनियाँ, कुटनियाँ और बलाएँ लेकिन क़िस्से की तह के नीचे ये सब उस ज़माने के लखनऊ की औरतें हैं जिनकी झलक हमें जराअत की ग़ज़ल, शौक़ की मसनवियों (प्रबन्ध काव्य) और सरशार के फ़सानाए आज़ाद में भी नज़र आती है। इनमें सभी तरह की औरतें हैं, बेगमात जो 'ज़हरे इश्क' और दूसरी मसनवियों की औरतों की तरह छिप-छिप कर आशिक़ी करती हैं। रुसवाई से डरती हैं लेकिन इश्क़, भरपूर बदमस्त जवानी के इश्क़ से बाज़ नहीं आतीं।'

अज़ीज़ अहमद तिलिस्मे होशरुबा को औरतों की दास्तान क़रार देते हुए लिखते हैं 'ये औरतें जादूगरनियाँ हैं और मर्दों को उँगलियों पर नचाती हैं। अपने बनाव-सिंगार से हीरो, जादूगर, अय्यार व दूसरों का दिल छीनती हैं। मर्दों में सिर्फ़ अय्यार उभरते हैं। लेकिन उनकी अय्यारी का सबसे बड़ा कारनामा औरतों का भेस बदलना है। औरतों का भेस बदलकर शहज़ादियाँ, ख़्वासें (कनीज़) मुग़लानियाँ, कहारियाँ, मेहतरानियाँ बन के, औरतों के ही नख़रे दिखाकर त्रिया चरित्र के ज़ोर पर ही अय्यार जादूगरों और जादूगरनियों को ज़ेर करते हैं। वह चीज़ जो दास्ताने अमीर हमज़ा में, उमरू अय्यार का बड़ा सा थैला था तिलिस्मे होशरुबा में त्रिया चरित्तर है।

इसमें हज़ारों नाज़ोअन्दाज़, हज़ार उठानें, हज़ार जोबन, दस हज़ार अशवे (नाज़-नख़रे) और मक्कारियाँ हैं। बेचारे लश्करे कुफ़्फ़ार, लश्करे जादूगरों की सबसे बड़ी कमज़ोरी औरत है! अय्यार एक लाख मरतबा औरत का भेस बदल के जादूगरों को चकमा देते हैं, बेहोशी का इत्र सुँघाते हैं और जादूगर उनकी यह चालाकी समझ नहीं पाते। यही अय्यार औरतों का भेस फिर बदलें तो ये जादूगर फिर एक लाख मरतबा चकमा खाने को तैयार हैं। लश्करे कुफ़्फ़ार यानी काफ़िरों की फ़ौज़ की तमाम हसीन-नाज़नीन औरतें लश्करे इस्लाम के हीरोउओं और अय्यारों के इश्क़ में मुब्तला होती हैं। एक लाख मरतबा बहुत ही धुँधले नुक़्श पर मंसूर मोहना, हुस्ने एंजिलीना, मलिक अज़ीज़ वरजिना और फ़िल्पाना के नक़्श तैयार होते हैं लेकिन लश्करे इस्लाम की कोई औरत किसी साहिर के हत्थे नहीं चढ़ती। ये औरतें यानी अमीरहमज़ा साहिबे क़राँ के लश्कर की माँएँ, बहनें-बेटियाँ, ग़ालिबन सात-सात नक़ाबें डाले दूरदराज़ मुल्कों में महफ़ूज़ बैठी हैं।'

तिलिस्मे होशरुबा में एक, दो, पाँच, दस, पचास या साठ नहीं सैकड़ों स्त्री

चरित्र हैं। एक से बढ़कर एक, यहाँ उनके नाम गिनवाना भी मुमकिन नहीं। मलिका-ए-हैरत, मख़मूर, सौगंद, लाला अज़ार, मलिका-ए-बर्रा, मलिकाए बिल्लोर जादू, बर्क़ेमहशर, मलिका ए सहरे अफ़गन...दिल लूट कर ले जाने वालियों के नामों की क़तार है। बक़ौल डॉ. ज्ञानचन्द जैन 'दास्ताने अमीर हमज़ा में इश्क़ के तत्त्व कम नहीं। अमीर और उनकी औलाद सबके यहाँ कई-कई हरम हैं जो इश्क़ की कमाई हैं। जब किसी बड़ी मुहिम पर किसी तिलिस्म की शिकस्त पर जाना होता है, वहाँ एक माशक़ा होना ज़रूरी है। दास्ताने अमीर हमज़ा में जब कोई मुसलमान शहज़ादा जब किसी साहिर के पंजे में क़ैद हो जाता है या किसी मोर्चे में ज़ख़्म खाता है, तब लाज़िम हो जाता है कि उस साहिर या दुश्मन की बेटी पर आशिक़ होकर उसकी मदद करे। ऐसी मिसालें लातादाद हैं। हमज़ा के मुखालिफ़ों में सबसे अज़ीम शख़्सियतें नौशेरवाँ, लका और अफर आसियाब की हैं। तीनों की बेटियाँ बाप की मर्ज़ी के ख़िलाफ़ मुसलमान शहज़ादों के साथ निकल जाती हैं। शहज़ादा तौसन और ख़ुदाबन्द की लड़कियाँ अपने बाप के ख़िलाफ़ तिलिस्मे कुशा को मदद देती हैं, इस तरह दास्तानगो न सिर्फ़ रंगीन बयानी का सामान फ़राहम करता है बल्कि पढ़ने वालों की मज़हबी श्रेष्ठता के एहसास को भी आसूदगी देता है। कभी-कभी शहज़ादी तो शहज़ादे के हाथ आती है और वज़ीर ज़ादी या सहेली शहज़ादे के अय्यार का माल क़रार पाती है। इस दास्तान में तीन प्रेम कथाएँ बहुत ज़बरदस्त हैं। ये होशरुबा के सातों खण्डों में फैली हुई हैं, इनकी तफ़सील यह है। मलिका-ए-बहार बादशाह इस्लाम साद एरिज पर जान छिड़कती है क्योंकि ये तीनों ज़बरदस्त साहिर हैं और अपने शहज़ादों से कहीं ज़्यादा दक्ष हैं, इसलिए जहाँ कहीं उनसे मिलती हैं, उनकी हिफ़ाज़त करती हैं।'

ये जादूगरनियाँ जब लश्करे इस्लाम के शहज़ादों को देखती हैं तो उन पर हज़ार जान से सिर्फ़ आशिक़ ही नहीं होतीं फ़ौरन सामरी और जमशेद के तौर-तरीक़ों को छोड़कर फौरन इस्लाम की छाँव में आ जाने के लिए बेक़रार हो उठती हैं। लश्करे साहिबे क़ुरआन के शहज़ादे, वज़ीरज़ादे उन्हें उस वक़्त तक मुसलमान नहीं करते जब तक ये शहज़ादियाँ अपने ही साहिरों के किसी लश्कर को बर्बाद न कर दें और जब वो यह कारनामा अंजाम दे लेती हैं तो उनके हाथ से फ़तह का जाम पीकर शहज़ादे उनसे निकाह पढ़वाते हैं और उन्हें अपनी महल सरा में भेज देते हैं। यों उन जानबाज़ और बहादुर औरतों की आज़ादी के दिन ख़त्म होते हैं और फिर वह कभी तिलिस्मे होशरुबा के पृष्ठों पर नज़र नहीं आतीं। इस्लाम क़बूल कर लेने के बाद इन शेर दिल और शहसवार शहज़ादियों और साहिराओं की आज़ादी का एकदम छिन जाना, एक निहायत अहम हक़ीक़त की तरफ़ इशारा है। वह हक़ीक़त यह है कि इस्लाम के दायरे में मौजूद या दाख़िल हो जाने वाली औरत के लिए लाज़िम है

कि वह मुस्लिम समाज में साये की मानिन्द ज़िन्दगी गुज़ारे और अपनी आज़ादी को फ़रामोश कर दे।

तिलिस्मे होशरुबा के पृष्ठों पर लाशों पर लाशों के ढेर लगाने वाली साहिराओं के मुसलमान हो जाने के बाद परदानशीन होने का यह मतलब बिल्कुल नहीं कि अरबी शहज़ादों की रातें वीरान हो जाती हैं, जी नहीं, वह सुहागरात गुज़ारने के बाद आगे रवाना होते हैं, जहाँ कोई और हसीन मलिका, शहज़ादी या साहिरा उनकी राह देख रही है।

इन शहज़ादियों और हसीनाओं के हुस्न का नक़्शा शायद एक हज़ार एक रंग से खींचा गया है और ये हसीनाएँ जब मैदाने जंग में उतरती हैं तो बड़े-बड़े शूरमा उनके सामने माथा टेकते हैं। दर्प और आत्ममुग्धता से वे भरी हुई हैं। अफ़रसियाब जब एक गिरफ़्तार साहिरा को देखे बग़ैर अपनी मलिका बनाने का ऐलान करता है तो उसकी असल मलिका, जिसका नाम मलिका-ए-हैरत है, हंगामा मचा देती है।...चीख़ कर कहती है–

'ये मेरी जूतियों का सदक़ा है जो तुम बादशाह बने।'

अफ़रा असियाब यह बात सुनकर तेवर बदलता है और कहता है 'कोई और होता तो नाक काट लेता, भला कहो, औरत को इस मामले में दख़ल देने से क्या मतलब? मर्द सौ-सौ रंडियाँ करते हैं, बादशाहों के सैकड़ों महल होते हैं तो क्या उनकी बीवियाँ घर छोड़कर निकल जाती हैं?'

ये शब्द एक मर्द दास्तान गो के लिखे हुए हैं लेकिन उनसे उस औरत के जले हुए दिल की आँच आती है जो अपने पुरुष में किसी दूसरी औरत की हिस्सेदारी बर्दाश्त नहीं करती और इसके साथ ही वाजिद अली शाह का परीख़ाना निगाहों में घूम जाता है, जिसमें सैकड़ों बीवियाँ मौजूद थीं और कुछ ऐसी भी थीं, जिन्हें बादशाह के साथ एक रात भी गुज़ारना नसीब नहीं हुआ।

इस दास्तान के स्त्री पात्र इस हद तक जीवन्त हैं कि महसूस होता है कि निगाहों के सामने चल-फिर रहे हैं, हँस-बोल रहे हैं। हसद कर रहे हैं, इश्क़ कर रहे हैं। ये औरतें गतिशील और इनके स्वभाव में ठहराव भी नहीं। इश्क़ उनका पेशा है और हवस उन्हें कहीं का नहीं रखती। इसके बावजूद स्त्री सम्मान के उनके प्रतिमान वही हैं, जो कल भी समाज में रायज थे और आज भी मौजूद हैं। इसी तरह हम आज जिस घरेलू हिंसा का ज़िक्र करते हैं वो भी होशरुबा के पृष्ठों पर नज़र आती है। अपने शौहर के हाथों पिटने वाली एक हसीना यूँ फ़रियाद करती है कि–

'आप आज की मार को क्या कहते हैं, जब से मैं इस क़साई के पाले पड़ी, हड्डी मेरी चूर-चूर है।'

वो बाँदियाँ और लौंडियाँ हैं जो फर्राटे से मर्दाना गालियाँ देती हैं, वो शहज़ादियाँ हैं जो हिज्र की रातें बेक़रारी से गुज़ारती हैं। इनमें वो यतीम व कमज़ोर लड़कियाँ हैं जिन्हें अपनी आबरू से प्यार है और जो मेहनत करके अपनी रोटी कमाती हैं। तिलंगनें हैं, हथियारबन्द पहरेदार हैं जो मलिका के ख़ेमे की हिफ़ाज़त कर रही हैं। किसी के क़दमों की आहट सुनाई पड़ती है तो यों चीख़ती हैं–

'Who comes there...' उर्दू में रायज हो जाने वाले बहुत से अंग्रेज़ लफ़्ज़ इन औरतों की ज़बान पर अपनी बहार दिखाते हैं। वो सामाने फ़िरंग ख़रीदती नज़र आती हैं और अगर कोई क़ैद हो जाये तो उसे क़ैदेफ़िरंग क़रार देती हैं।

तिलिस्मे होशरुबा के बयान करने वालों के लिए ब्रिटिश राज की प्रजा बन जाना गहरा घाव था, जगह-जगह जहाँ भी किसी मलिका, किसी शहज़ादी के लश्कर को शिकस्त हुई है, कोई शहज़ादा या साहिर मारा गया है तो इस घटना का नक्शा यूँ खींचा है जैसे लखनऊ फ़िरंगियों के हाथों लुट रहा हो।

'एक हंगामा-ए-अज़ीम बरपा था, जवान औरतें लड़कर ज़ख़्मी हो जातीं...एक तरफ़ बेगमों का ज़ेवर लुट रहा था, एक सिम्त जख़्मी औरतें कराह रही थीं। महल में लाशें नाज़नीनाने गुल अंदाम की पड़ी थीं, बाज़ औरतें ख़ौफ़ से कुएँ में गिरी थीं, कुछ कोठों पर से फाँदी थीं, बाज़ तहख़ानों में छिपी थीं। सुलतान ताज बख़्श की मलिका अलमास की अँगूठी कुचलकर फेंकना चाहती थीं लेकिन दाया और सिलाई (अन्ना) हाथ पकड़ती थीं, कहती थीं कि ये शहज़ादी देखो तो क्या होता है, दुनिया में कभी कुछ है, कभी कुछ है। एक-सा ज़माना नहीं रहता? वह अज़ीम सानेहा जो तुम पर गुज़र गया, ख़्वाहिशे तक़दीर और मरज़ी ख़ुदा की थी। क्या इंसान इससे बच सकता है?

ऐसे टुकड़े तिलिस्मे होशरुबा के पृष्ठों पर जगह-जगह बिखरे पड़े हैं जो किसी ग़दर, किसी शिकस्त को ख़ुदा की मरज़ी क़रार देते हैं और यूँ दास्तान को सुनाने वाले, उसे छापने वाले, उसे पढ़ने वाले सभी आज़ादी से गुलामी में जाने की तक़दीर का लिखा समझकर सन्तुष्ट रहते हैं और वह ज़िन्दगी जो बहुत तलख़ हो गयी थी उसे गुज़ारने का जतन करते हैं!

हम जो आज Colonial Roots की बात करने यहाँ जमा हुए हैं तो यक़ीन करें कि दास्ताने अमीर हमज़ा और दास्ताने तिलिस्मे होशरुबा में ये Roots वृन्दावन के जंगलों जितनी घनी और अँधेरी हैं। यह एक हारे हुए समाज का बनाया हुआ जादू का कारख़ाना है, जिसमें सब ओपची-तोपची बने घूमते हैं और उस दिन का इन्तज़ार करते हैं, जब ईश्वर या अल्लाह राम या रहीम उनके दिन फेरेगा और एक बार फिर वेह आज़ाद फ़िज़ा में साँस लेंगे।

तिलिस्मे होशरुबा में अनगिनत गुमनाम औरतों की झलकियाँ हैं जो 1757

से 1857 तक पूरी एक सदी के दौरान फ़िरंगी फ़ौजों के हाथों बरबाद हुईं, जिनके घर लुटे, जिनके घर वाले मारे गये, जो दर-ब-दर हुईं, जिनके सर पर ख़ाक उड़ी, जिनमें से कुछ तलवार लेकर निकलीं और मारी गयीं, कुछ ने कुओं के तह में पनाह ली, कुछ बेआबरू होकर कोठों पर बैठीं। ये औरतें इस दास्तान में कभी किसी शहज़ादी, किसी हसीना, किसी साहिरा, किसी काफ़िरा, किसी सौदागर बच्ची के रूप में आती हैं।

कोई समाज जब किसी विदेशी सेना या सियासी ताक़त का उपनिवेश बनता है तो उसकी सबसे बड़ी मार उस समाज की औरत सहती है। उपमहाद्वीप जब अंग्रेज़ों का उपनिवेश बना तो सिन्ध के मीरों की बेगमों से लेकर पंजाब की मुसलमान और हिन्दू शरीफ़ ज़ादियाँ, सिख़ रानियाँ और राजकुमारियाँ, बंगाल, बिहार, अवध और दिल्ली की मुसलमान व हिन्दू स्त्रियाँ सब ही बरबाद हुईं, सब ही ख़ून में नहाईं। यह हमारे पितृसत्तात्मक समाज की एक कमाल अदा है कि तिलिस्मे होशरुबा के लिखने वालों ने इस्लामी लश्कर को काफ़िरों की इन शहज़ादियों, परिस्तान की परियों और तिलिस्मे होशरुबा की जादूगरनियों के साथ ऐश करते, उन्हें इस्लाम क़बूल करके इन अरब वीरों के निकाह में आते हुए ये दिखाया है लेकिन जीत के परचम लहराते हुए ये लश्कर जब किसी शहर जब किसी तिलिस्म में दाख़िल हुए हैं तो कोई शहज़ादी, कोई मलिका, कोई साहिरा अपने घोड़े पर सवार उनके बराबर नहीं चल रही थी। ये साहिराएँ और शहज़ादियाँ इन अरबी पुरुषों के इश्क़ में गिरफ़्तार होकर अपने लोगों के ख़िलाफ़ लड़ीं, बार-बार लश्करे इस्लाम की फ़तह का सबब बनी। लेकिन इस जीत के बाद इन जीतों के फल उनके हिस्से में नहीं आये। हक़ीक़ी दुनिया तो दूर की बात है जब दास्तान के पृष्ठों पर काल्पनिक लड़ाइयों की जीत औरतों के हिस्से में आयी तो उस वक़्त भी लड़ने वाली और फ़तह दिलाने वाली औरत को चादर उढ़ा कर चाहरदीवारी के अन्दर ही पहुँचाया गया। हर युद्ध में मर्द का साथ देने वाली स्त्री की शायद यही तक़दीर है।

हमारी दास्तानों के मर्द किरदारों ने अपने साथ क़दम ब क़दम लड़ने और उन्हें फ़तहमन्द कराने वाले स्त्री पात्रों को चादर उढ़ा कर अगर चाहरदीवारी के अन्दर पहुँचा दिया तो इस पर न हैरान होने की ज़रूरत है और न सदमा करने की। ये दास्तानें जिस वक़्त लिखी गयीं, उस वक़्त का हिन्दुस्तान समय के अनुरूप यक़ीनी तौर पर उन्नीसवीं सदी में ज़िन्दा था लेकिन वह यूरोप और अमरीका में साँस लेने वाले उस युग के राजनीतिक, सामाजिक और आर्थिक आन्दोलनों से बेख़बर था। सत्रहवीं और अठारहवीं सदी में पुर्तगालियों और फ्रांसीसी शक्तियों के सामने घुटने टेक देने के बाद अपना सब कुछ ब्रतीनी राज की व्यापारिक कम्पनी के सामने हार

चुका था। ऐसे हालात में इस बात की क्या शिकायत की जाये कि उर्दू के दास्तान नवीसों ने तिलिस्मे होशरुबा के पृष्ठों पर होश उड़ा देने वाले कारनामे अंजाम देने वाली औरतों को जीत की उपलब्धियों में उनका हक़ नहीं दिया।

अठारहवीं सदी के इंक़िलाबे फ्रांस के दौरान पेरिस के बाज़ारों और गलियों में इंक़िलाबियों के कन्धे से कन्धा मिलाकर लड़ने वाली औरतों को भी उस वक़्त इस क्रान्ति की प्राप्ति से कोई हिस्सा नहीं मिला था, जिसने विश्व राजनीति को एकदम बदलकर रख दिया। इस फ्रेंच स्त्री को उसके साथी पुरुष क्रान्तिकारी यह हिदायत दे रहे थे कि वे पहले की तरह एक बार फिर घरेलू काम-काज और ख़ानदान की परवरिश में मसरूफ़ हो जाये। इस पक्षपातपूर्ण सुलूक के ख़िलाफ़ प्रतिरोध करते हुए फ्रेंच क्रान्ति में सक्रिय रहने वाली एक फ्रांसीसी ख़ातून ने कहा था–

'जब हम इंक़िलाब के लिए अपने सर कटवा सकते हैं तो हम पार्लियामेण्ट में क्यों नहीं जा सकते? इसी अठारहवीं सदी में अमरीकी क्रान्ति की सफ़लता के बाद एक अमरीकी राष्ट्रपति की पत्नी और दूसरे अमरीकी राष्ट्रपति की माँ अबी गेल ऐडम्ज़ ने इस युग में क्रान्ति के नायकों की तीखी आलोचना की थी, उसने अपने सदर (राष्ट्रपति) पति के नाम एक ख़त में लिखा था–

'तुम आज़ादी के प्रेमी कैसे हो सकते हो जबकि तुम औरतों को उनके अधिकारों से वंचित रखते हो।' अबी गैल ने अपने पति जान ऐडम्ज़, को जो कि उस समय अमरीका का राष्ट्रपति था, एक दूसरे ख़त में लिखा था कि 'अगर हम औरतों के अधिकार नहीं दिये गये तो हम एक बग़ावत बरपा कर देंगे। हम ऐसे किसी क़ानून की पाबन्दी नहीं करेंगे, जिसके ज़रिये न हमारे हुक़ूक़ की हिफ़ाज़त होती है और न क़ानून बनाने वाली संस्थाओं में हमारा प्रतिनिधित्व होता है।'

बात कहीं से कहीं निकल गयी, ज़िक्र था तिलिस्मे होशरुबा का जिसे लड़ने और मरने वाली औरतों की दास्तान भी कहा गया है। ये लड़ने-मरने वाली औरतें चाहे वह जादू का कमाल हों या जीते-जागते समाज में साँस लेती हों, कहानी और ज़िन्दगी में ग़ैर मामूली हालात ख़त्म होते ही उनसे यह अपेक्षा शुरू हो जाती है कि वे अपनी पुरानी हालत में लौट जायें। पहली और दूसरी जंगे अज़ीम (महायुद्ध) के बाद योरप की औरतें भी इन्हीं हालात से दो-चार हुई थीं।

उर्दू दास्तानों के स्त्री पात्र अपने समय की विशिष्ट परिस्थितियों और ऐतिहासिक दमन का उसी तरह शिकार थे, जिस तरह उस अहद में ज़िन्दगी करने वाली औरतें। वो दास्तानों में बड़े-बड़े कारनामे अंजाम दे सकती थीं लेकिन लखनऊ-दिल्ली और पटना की हवेलियों में जीती-जागती हाड़-मांस की स्त्री, ज़ुल्म, शोषण और पक्षपात का शिकार थीं। उर्दू-दास्तान के स्त्री पात्र अगर क़बूले इस्लाम

के बाद ज़नानख़ानों में पहुँचा दिये गये तो दरअसल वो इसी हक़ीक़त का ही बिम्ब उभार रहे थे। उन्नीसवीं सदी के उत्तरार्द्ध और बीसवीं सदी के पूर्वार्द्ध का वो मर्द जो शायरी और अदब का रसिया था, इन दास्तानों के स्त्री पात्रों की कल्पना से अपना एकांत आबाद करता था, उनकी चंचल अदाओं और जानलेवा नाज़-नख़रों की झलक देखने के लिए किसी चाँद-सी हसीना और उमरावजान अदा के बाला ख़ाने (कोठे) का रुख़ करता था लेकिन ख़ुद उसके ज़नानख़ानों में ज़िन्दगी की तोहमत पूरी करती हुई इन औरतों के हाल जुदा थे, उन पर आज़ादी के तमाम दरवाज़े बन्द थे, इल्म के हुसूल की ख़्वाहिश जिन्हें शरीफ़ज़ादी होने की श्रेणी से ख़ारिज कर देती थी और जिनका वजूद पितृ-सत्तात्मक समाज के लिए नस्ल बढ़ाने, ज़िन्दगी की सहूलियत और सामाजिक हैसियत ज़ाहिर करने के लिए थी।

इतिहास के परिप्रेक्ष में देखिये तो बीसवीं सदी क़ौमों की आज़ादी और इंक़िलाबों की सदी थी। इक्कीसवीं सदी के बारे में यह कहा जाये तो बजा होगा कि वह लोकतन्त्र, मानवाधिकार, मानवता के सम्मान और वैयक्तिक आज़ादी की उच्चता की सदी होगी। हज़ारों सालों पर फैली लैंगिक असमानता तथा लैंगिक पक्षपात के व्यावहारिक ख़ात्मे में वक़्त ज़रूर लगेगा लेकिन यह इक्कीसवीं सदी होगी जब औरत अपने वो हुक़ूक़ हासिल करेगी जिनकी चन्द दशकों पहले तक कल्पना भी नहीं की जा सकती थी। औरत की गुलामी अगर इतिहास का दमनचक्र था तो उसकी आज़ादी भी इतिहास का ही चक्र होगी। उसी वक़्त एक ऐसी तिलिस्मे होशरुबा लिखी जा सकेगी जिसमें लैंगिक असमानता बिल्कुल न हो।

(यह लेख सीमरग़ लाहौर के सेमिनार Colonail Roots and Post Colonial Identities 21 दिसम्बर 2001 में पढ़ा गया।)

सन्दर्भ सूची

1. बाग़ोबहार - मीर अम्मन
2. मुक़दमा-बाग़ोबहार - मुम्ताज़ हुसैन
3. फ़साना-ए-अजायब - रजब अली बेगसुरूर
4. कम्पनी की हुकूमत - वारी अलीग
5. मुरक्का-ए-देहली - नवाब ज़ौलक़दर दरगाह क़ुली ख़ाँ
6. रजब अली बेग का तहज़ीबी शुअर - कुलसूम नवाज़
7. दास्तान से अफ़साने तक - वक़ार अज़ीम
8. शुमाली हिन्द की उर्दू नस्री दास्तानें - डॉ. ज्ञानचन्द जैन
9. वाक़िआत दारुल हुकूमत देहली, खण्ड-1 - बशीरउद्दीन अहमद
10. परीख़ाना - वाजिद अली शाह अनुवाद–तहसीन सरवरी

11. सैरुल मुताख़िरीन - मिर्ज़ा गुलाम हुसैन तबातबाई
12. साहिरी, शाही, साहिब कुरानी - शम्सुर्रहमान फारूक़ी
13. मुक़दमा-तिलिस्मे होशरुबा - मुरत्तबा-आबिदरज़ाबेदार
14. तिलिस्मे होशरुबा - खण्ड 1.2.3
15. तरीख़े अदब उर्दू - खण्ड-1-2, - डॉ. जमील जालबी
16. The Oxford History of India - V.A. Smith
17. Twilight of the Mughals - T.G.P. Spear
18. Rambles and Recollections of Indian officer - Sir W.H. Wilsor Jr
19. बेगमाते अवध - शेख़ तसद्दुक़ हुसैन
20. उर्दू ज़नान और फ़ने दास्तान गोई - कलीम अहमद
21. Time lines of American Women's History - Sue Heinemann.
22. रजब अली बेगसुरूर - नय्यर मसूद रिज़वी
23. लखनऊ की तहज़ीबी बहार - मिर्ज़ा जाफ़र हुसैन
24. हमारी दास्तानें - वक़ार अज़ीम

ज़बान के ज़ख़्म

दस लाख साल या शायद उससे भी पहले जब हम गिरोह-दर-गिरोह जंगलों में रहते थे, हमने बोलना शुरू किया था। पहले हम भी दूसरे जानवरों की तरह सिर्फ़ आवाज़ें निकालते होंगे लेकिन जैसे-जैसे हमारी ज़रूरतें पेचीदा होती गयीं, हम इन आवाज़ों को एक तरतीब और एक मानी देते गये और अब दुनिया के मुख़्तलिफ़ इलाक़ों में हज़ारों बोलियाँ बोली जाती हैं। हज़ारों वर्षों से प्रकृत्ति हमारे वजूद में आते ही ज़बान का बीज हमारे उपजाऊ ज़ेहन में बो देती है। यह बीज दो से तीन बरस की उम्र के दौरान पहला फूल ले आता है और फिर उम्र, माहौल तज्रिबे और तालीम के साथ-साथ हमारे ज़ेहन में ज़बान की फुलवारी हरी-भरी होती जाती है। प्रौढ़ता के बाद जब हम सामाजिक अन्तर्विरोधों और उनसे पैदा होने वाली पेचीदगियों को अभिव्यक्त करते हैं तो ज़बान आपस में सिर्फ़ बोलचाल या विचार-विमर्श का ही ज़रिया नहीं रहती, यह एक साधन और हथियार के तौर पर भी इस्तेमाल की जाती है।

इतिहास में इन्सान ने ज़बान को दिल की बात कहने के अलावा सामूहिक, लैंगिक, क्षेत्रीय या धार्मिक प्रभुत्व और निहित स्वार्थों के लिए भी इस्तेमाल किया है। युद्ध-गाथाएँ और शौर्य-गीत अपनी एक ख़ास ज़बान रखते हैं, यही वजह है कि युद्ध गीत लोगों को हथियार उठाने और दुश्मन को मारने की प्रेरणा देती है। किसी ख़ास मज़हब के फैलाव या वतन की आज़ादी के लक्ष्य को पाने के लिए भी गद्य और कविता को एक प्रभावशाली हथियार के तौर पर इस्तेमाल किया गया। इंक़िलाबी गीत आज भी हमारे दिलों को गरमाते हैं। इसी तरह समाज में वर्चस्ववादी वर्ग की अपनी भाषा होती है। उनके मुहावरे और प्रतीक अधीन वर्गों के मुहावरे से भिन्न होते हैं। प्रभुत्वशाली और सत्ताधारी वर्ग अपने को श्रेष्ठ और महकूम तबकों को कमतर समझते हैं। इस श्रेष्ठता बोध की अभिव्यक्ति भी ज़बान के ज़रिये ही होती है।

ज़बान या भाषा को दुनिया भर में औरत के ख़िलाफ़ एक कारगर हथियार के तौर पर इस्तेमाल किया गया है। शाइरी, अदब, गालियों, मुहावरों के ज़रिये और

कहावतों के ज़रिये भी उसके मन्द बुद्धि होने तथा उसकी अय्यारी व मक्कारी के क़िस्से नस्ल-दर-नस्ल दोहराये गये। यहाँ तक कि वो सिर्फ़ मर्दों ही के नहीं औरतों के ज़ेहन में भी जड़ पकड़ गये और इंतिहा यह कि ख़ुद उन्होंने भी अपने आपको मर्दों के मुक़ाबले कम अक़्ल, बुज़दिल और कमतर समझना शुरू कर दिया।

हम जब उपमहाद्वीप के समाज का जायज़ा लेते हैं तो यहाँ भी औरत की हैसियत बँधुआ मज़दूर और दैहिक गुलाम से ज़्यादा नज़र नहीं आती। उसे बच्चे पैदा करने, मर्द को यौन-आनन्द देने और हर तरह का सुख फ़राहम करने का एक साधन समझा जाता रहा है। यह स्थिति अभी जारी है और आगे भी लम्बे अर्से तक औरतों के साथ पक्षपातपूर्ण रवैया जारी रहेगा।

यह एक त्रासद अध्ययन है कि उर्दू के क्लासिक साहित्य में औरत को नैतिक गिरावट तथा अश्लीलता का केन्द्र बनाकर सरेबाज़ार रुस्वा किया गया। उसका आदर और सम्मान समाप्त हुआ, उसकी सामाजिक तथा सांस्कृतिक प्रगति में रुकावटें पड़ीं? घर में वह पाँव की जूती और घर से बाहर मताए कूचो-ओ-बाज़ार बनाकर रख दी गयी।

उसकी सामाजिक प्रतिष्ठा बहाल करने की कोशिशों में सदियाँ सर्फ़ हो चुकी हैं। लेकिन सच यह है कि अब तक वह अपने इंसानी मनसब पर बहाल नहीं हो सकी। ज़बान के ज़ख़्म से वह आज भी आहत है।

हक़ीक़त यह है कि उपमहाद्वीप के राजनीतिक अवसान का ज़माना, उच्च शिखरों तक उर्दू के प्रस्थान की कहानी है। यह वह दौर है जब शहंशाही का सूरज डूब रहा था और सत्ता की किरणें क़िलों और महलों पर अपनी आख़िरी छबि दिखा रही थीं। ऊँची क़दो कामत वाले पूर्वजों की नस्लें बौनों और बौनिलनों में बदल चुकी थीं। बाबर, अकबर और जहाँगीर का दौर ख़्वाबाख़्याल हो चुका था, इसके साथ ही तहज़ीबो अदब और इल्मोफ़न में दक्ष उच्च वर्ग की स्त्रियों के तज़किरे गुज़रे ज़माने के किस्से हो चुके थे। पन्द्रहवीं, सोलहवीं और सत्रहवीं सदी के उच्च वर्ग से सम्बन्ध रखने वाली ये वो औरतें थीं, जो तहज़ीब शालीनता, आत्मनियंत्रण और इल्म ओ अदब के लिए अपने प्रेम की मिसाल आप थीं। मध्य और निम्न वर्ग की स्त्री जो ज़िन्दगी गुज़राती थी, उसका क्या ज़िक्र किया जाये कि वह तो बस ज़िन्दगी को एक अभिशाप की तरह जी रही थीं।

दौरे मुग़लिया में बाबर की माँ तुग़लक़ निगार ख़ानम, हुमायूँ की माँ माहम बेगम, अकबर की माँ हमीदा बेगम और उसकी दूध शरीक माँ माहम जहाँगीर की माँ मरियम ज़मानी, शाहजहाँ की माँ जोधाबाई, आलमगीर की माँ मुमताज़ महल, वो औरतें थीं जो सल्तनत के कारोबार में अहम मशविरे देतीं और मौक़ा पड़ने पर दख़ल

भी देती थीं। उस काल के बादशाह और शहंशाह नंगे सर उनकी अगुवाई को आते, उनके हुक्म पर अपना सर झुकाते, इल्मी, अदबी और मज़हबी मामलों में उनसे मशविरे लेते और उनमें से कुछ ऐसे भी थे जो लश्कर और दरबार की निगाहों के सामने अपनी माँओं या बड़ी बहनों का घोड़ों पर सवार कराते हुए उनके क़दम चूमते थे। उस दौर के बादशाहों की बीवियाँ और बेटियाँ नूरजहाँ बानो बेगम, गुलबदन बानो बेगम, जहाँआरा बेगम, रौशनआरा बेगम और ज़ैबुभिसा के नाम लिये जा सकते हैं। ये वो नाम हैं जो उपमहाद्वीप की सामाजिक व राजनीतिक उच्चता के ज़माने में हमें पुरुषों के कन्धे से कन्धा मिलाकर तलवारें चलाते, शेर कहते, दरबार को रोज़नामचा लिखते और राज्य के कामों में अपने शासक सम्बन्धों का लिहाज़ रखते हुए उसमें मदद करते नज़र आती हैं। ये वो औरतें हैं जो जंग में हिस्सा लेने या सैर-ओ तफ़रीह के लिए हिन्दुस्तान के सुदूर अंचलों में सफ़र करतीं; ये औरतें अफ़ग़ानिस्तान, ईरान और सरज़मीनो अरब के दूरदराज़ इलाक़ों में सियासत हज और ज़ियारत के लिए जाती दिखाई पड़ती हैं? हिन्द ईरानी उच्च वर्ग से सम्बन्ध रखने वाली ये स्त्रियाँ बादशाह और शहज़ादों के साथ इल्मी बहसें करतीं, अदबी मामलों में उन्हें नीचा दिखातीं, नृत्य संगीत और शराबोशबाब की महफ़िलों में पूरी संजीदगी से शरीक होती दिखाई देती हैं। शिकार पर साथ जाती हैं, नूरजहाँबानो बेगम के शिकार व निशाने की दाद जहाँगीर अपने रोज़नामचे में देता है और इस बात पर अश-अश करता है कि किस तरह हाथी पर बैठकर उसने एक हल्ले में चार शेर शिकार किये, दो शेरों को एक गोली और दो को दो-दो गोलियों से मारा। ये वो औरतें हैं जो अपनी निगरानी में महल तामीर कराती हैं, बाग़ लगवाती हैं, नहरें निकलवाती हैं, मस्जिदें और मदरसे, मुसाफ़िर-ख़ाने और कुतुब खाने (पुस्तकालय) बनवाती हैं। इनमें से कुछ की लिखी हुई किताबें आज भी उस दौर काल वृत्तान्त का बेहतरीन सन्दर्भ हैं। नूरजहाँ बानो बेगम के नाम का सिक्का टकसाल में ढलता था और जहाँगीर के पर्दे में वह सालहसाल हुक्मरानी करती हैं। यही वह ज़माना है जिसके बारे में हेरल्ड लैम्ब ने लिखा है कि 'यह औरतें अपने मर्दों के साथ लड़ाइयों पर जाती और फ़तह व शिकस्त दोनों में बराबर की शरीक होतीं।'

उस दौर के बादशाह और शहंशाह किसी वीराने में नहीं, नाज़नीनों-हसीनों के हुजूम में हैं। उनके महलों में समरक़न्द व बुख़ारा और चीन व माचीन की कनीज़ों के परे हैं, यौनिकता उस दौर के उच्च वर्ग के लहू में भी बिजली के करेण्ट की तरह दौड़ रही है। लेकिन इस जिन्स और जिन्सियत की अभिव्यक्ति अपनी प्रतिष्ठा व गरिमा से नीचे नहीं गिरती।

प्रेम का अतिरेक कामुकता का रंग इख़्तियार नहीं करता। उस अहद के शाहों,

शहज़ादों, शहज़ादियों, मलिकाओं, राजाओं, रानियों और उनकी कनीज़ों के कई फ़िकरे (वाक्य) इतिहास में सुरक्षित हैं। जिनसे तीखापन और तन्नाज़ी (व्यंग्यात्मकता) दोनों ही झलकते हैं? लेकिन बेलागपन कहीं बाज़ारी भंगिमा इख़्तियार नहीं करती।

ये सब कृषि युग और सामन्तवाद की उठान के दौर के क़िस्से हैं। ह्रास आया तो कनीज़ों और गुलामों से क्या शिकायत कि बादशाह, रईस और परहेज़गार शायरों की ज़बान और चुटकुले बाज़ारू हो गये। वह यौनिकता, जो सभ्यता के तन-बदन में बिजली के करेण्ट की तरह दौड़ती थी, एक विकृति में बदल गयी। जिसमें क्या अमीर क्या ग़रीब, क्या शेख़ और क्या शोहदे सब ही डूब-डूब गये। तब ही यह मुमकिन हुआ कि सत्ताधारी लोग उनकी चितवन के इशारों पर चलने लगे, जिन्हें एक-दो नस्ल पहले तक इज़्ज़त की निगाह से नहीं देखा जाता था। अठारहवीं सदी के उत्तरार्द्ध में वह व्यक्ति सुसंस्कृत समझा जाता था जो नाच-गाने से गहरी दिलचस्पी रखता हो, इश्क़ फ़रमाता हो, शायर, हाज़िर जवाब और लतीफ़ बाज़ हो। चुस्त फ़िक़रों से महफ़िल को गरमाये और जिसकी तलवार के बजाय ज़बान सान चढ़ी हो।

उस दौर के एक अमीर और दरबार से निकटता रखने वाले नवाब उम्दतुल मुल्क अमीर ख़ाँ अंजाम का एक प्रसंग 'तबक़ातुरशोअरा' में यों बयान हुआ है कि नूरबाई डोमिनी अमीर ख़ाँ अंजाम की नूरे नज़र थी और फ़िक़राबाज़ी में मशहूर थी। एक दिन नूरबाई आयी तो नवाब कमख़्वाब (एक क़ीमती वस्त्र) का पाजमा पहने हुए थे, उसने नवाब साहब को देखकर बेसाख़्ता कहा, 'नवाब साहेब' आज क्या काफ़िर पाजामा पहना है' अंजाम ने फौरन जुमला चुस्त किया कि 'लेकिन इसके अन्दर थोड़ी सी मुसलमानी भी है' यह वही नवाब उम्दतुल मुल्क अमीर ख़ाँ अंजाम है जिसने 'रेख़्ता' के वज़न पर 'रेख़्ती' ईजाद की, वही रेख़्ती जिसे जान साहेब, चिरकीं, सआदत यार ख़ाँ रंगीन और बाज़ दूसरे शायरों ने अपने चरम पर पहुँचाया और जिसमें औरत अश्लीलता व यौनिकता की अभिव्यक्ति का केन्द्र थी।

आलमगीर (औरंगजेब) ने तख़्तनशीनी की एक ख़ून भरी जंग लड़ी थी और कोई भाई जीता नहीं छोड़ा था। उसकी मौत के वक़्त उसका ख़ज़ाना दक्खिन की रियासतों से सालहासाल की जंगों की वजह से ख़ाली हो चुका था। इक्यावन बरस की हुक्मरानी के बाद जब आलमगीर की आँखें बन्द हुईं तो सल्तनत और प्रशासन को ख़ाली ख़ज़ाने के साथ-साथ मराठी आक्रामकता, नयी योरोपीय ताक़तों का उभार और राज सत्ता पर क़ब्ज़े की जंग झेलनी पड़ी। नतीजा यह निकला कि इस पतनशीलता ने आन की आन में समाज के हर वर्ग और हर संस्था को चपेट में ले लिया। एक अज़ीम सल्तनत अड़ाम-धड़ाम हुई तो बड़े-बड़ों के हवास उड़ गये, सारे

कस-बल निकल गये, कहाँ उत्कर्ष दरे दौलत पर मुजरा कर रहा था, कहाँ पतन मरहटों और नादिर शाह के रूप में दिल्ली के दरवाज़े पर दस्तक दे रहा था। शरीफ़ औरतें दरबदर थीं और अवाम घास खाने से भी महरूम हो चुके थे। ऐसे में बाबर व अकबर के जाँनशीनों (उत्तराधिकारियों) ने एक के बाद दूसरे ने शराबोशबाब और भंग व अफ़्यून में ऐसी पनाह ढूँढी कि तमाम नैतिक प्रतिमानों का जनाज़ा उठ गया।

इसी ज़वाल के ज़माने में मोहम्मद शाह रंगीले के दरबार का ज़िक्र करते हुए 'मुरक्काए देहली' का लेखक हमें उद्द बेगम की कहानी यों सुनाता है—

'देहली की मशहूर बेगम हैं जो पाजामा नहीं पहनतीं बल्कि अपने बदन के निचले हिस्से में पाजामे की तरह गुलबूटे बना लेती हैं। ऐसे गुलबूटे बनाती हैं जो रूमी कमख़्वाब के थान में होते हैं। इसी तरह वह अमीरों-रईसों की महफ़िलों में जाती हैं और कमाल यह है कि पाजामा और उसकी नक़्क़ाशी में कोई भेद नहीं कर पाता। जब तक इस राज़ से पर्दा न उठे कोई उनकी कारीगरी को नहीं भाँप सकता।'

मोहम्मद शाह रंगीला के अहद के अहद की उद्द बेगम पर हैरान नहीं होना चाहिए कि इससे पहले मोहम्मद शाह रंगीला के प्रिय पिता ऐश्वर्य व विलासिता की नयी दास्तानें लिख चुके थे। मेरी मुराद औरंगज़ेब आलमगीर के पौत्र मोअज़्ज़ुद्दीन से है जो तख़्तनशीनी की जंग में अपने भाइयों को शिकस्त देकर और उनके सर कटवाकर लाहौर में तख़्तनशीन हुआ तो उसने जहाँदारशाह को लक़ब इख़्तियार किया और तानसेन के ख़ानदान की लालकँवर को 'इम्तियाज़ महल' का ख़िताब मिला। उसे शाही छत्र और शाही नौबत के साथ कूच करने की इजाज़त अता हुई। दो करोड़ सालाना का वज़ीफ़ा बाँधा गया। लालकँवर के नाम के सिक्के जारी हुए जो अब नायाब हैं। यह वही लाल कँवर है जो शहंशाहे-हिन्द जहाँदार शाह को साथ लिये साक़ी ख़ानों में फिरती थी और शहंशाह अपने होशोहवास से बेगाना उन दरबारियों की संगत में रहता था जिनकी ज़िन्दगी का मक़सद शराबोशबाब में डूबे रहना और मेयार से गिरे हुए सब काम करना था।'

सामने की बात है कि बादशाह जब इस रंग में रँगा हुआ हो तो फिर उसके हुज़ूर कसीदे पढ़ने वाले शायर किस तरह न खुले खेले होंगे। जहाँदारशाह के क़त्ल के बाद उसका बेटा रौशन अख़्तर मोहम्मद शाह के लक़ब से 1719 ई. में तख़्त पर बैठा और इतिहास में मोहम्म्द शाह रंगीला के नाम से मशहूर हुआ। यह पतन और विनाश औरंगज़ेब आलमगीर की मौत के सिर्फ़ बारह वर्ष के अन्दर अपनी इन्तिहाओं को छून लगा था। अठारहवीं सदी के हिन्दुस्तान में राजनीतिक अराजकता और बादशाहत की गरिमा गिरते जाने का अन्दाज़ा इस बात से लगाया जा सकता है कि औरंगज़ेब की आँखें सन् 1707 में बन्द हुईं, इसके बाद बारह बरस के अर्से

में दिल्ली के तख़्त पर आठ बादशाह जलवा अफ़रोज़ हुए, उनमें चार बादशाह ऐसे भी थे जिनकी बादशाही का कुल अर्सा 18 फ़रवरी, 1719 से 27 अगस्त है। यानी छै महीने की मुद्दत में तख़्तेताऊस ने चार बादशाहों का उदय और पतन देखा। इनमें से सात तख़्तनशीनी की जंग में मारे गये। उनके बेटे, भाई, भतीजे तख़्त की आरज़ू रखने वालों के हाथों क़त्ल या क़ैद हुए, आँखों में सलाइयाँ फिरीं। इन बारह सालों में तख़्तेताऊस और लाल क़िले का जो दावेदार सर पर सत्ता की सोन चिरैया बिठाये दिल्ली में दाख़िल हुआ, उसके जुलूस के आगे-आगे मार दिये गये बादशाह का सर नैज़े पर अलम होकर यह पुकारता चलता था कि—

'देखो मुझे जो दीदाए इबरत निगाह हो' यानी देखो मुझे यदि तुम्हारी आँखों में (सत्ता संघर्ष) का अंजाम देखने की सामर्थ्य हो।'

एक ऐसे पतनशील दौर और संकटपूर्ण दौर में इल्मो अदब फ़न ओ हुनर पर जो गुज़री उसे ख़ुर्शीदुल इस्लाम ने एक जुमले में यों बयान किया है 'जों-जों ज़माने का ख़मीर बिगड़ता जाता है, शाइरी पस्ततर होती जाती है।'

वो शायर जिनकी दरबार में पहुँच थी और जिनमें से बेश्तर का रोज़गार ही शहंशाहों, नवाबों और रईसों पर निर्भर था उन्होंने समलैंगिकता, रंडीबाज़ी और यौनोन्मुखता के प्रसंगों को खुले ज़बान बयान करना अपना हुनर जाना, नतीजे के तौर पर ज़बान के ख़ंजर से हर उच्च और शालीन मूल्य की हत्या हुई और यौनलिप्सा को इश्क़ का नाम दिया गया। ऐसे समय में किसे फुर्सत थी कि वह ज़नानख़ाने में घुटती औरत पर इस गिरावट के प्रभाव जानने की कोशिश करता। वह जिन्हें तख़्ते ताऊस के छिनने और राजनीतिक सत्ता के चले जाने का सदमा नहीं था, उन्हें मध्य वर्ग की औरतों की महरूमियों और ज़िल्लतों का भला क्या ग़म होता, सो हुआ यूँ कि शेरोअदब के शहर के बेश्तर प्रमुख शाइरों ने औरत के बदन से क़साइयों का-सा सुलूक किया।

उर्दू साहित्य के कुछ आलोचकों का ख़्याल है कि शायरी में गिरावट व अश्लीलता (शृंगारिकता) लखनऊ स्कूल से सम्बन्ध रखने वालों की विशिष्टता है। लेकिन यह दृष्टिकोण इसलिए ग़लत है कि 'उर्दू में इसके बीज रोपने वाले 'आबरू' और 'नाजी' जैसे देहलवी शायर थे। उनके कलाम में गिरावट की मिसालें जा बजा मिलती हैं।'

उर्दू के जिन क्लासकी शायरों पर इस वक़्त बहस हो रही है, वो अमल से महरूम मुसीबतों व ठहराव के शिकार समाज में साँस लेते थे। ऐसे समाज के बेश्तर शायरों से दार्शनिक मुद्दों पर बहस, इतिहास पर गहरी दृष्टि और मनुष्य का समय व सृष्टि से सम्बन्ध निश्चित करने की अपेक्षा क्यों की जाये। इस अश्लीलता व

शृंगारिकता को अपनाते हुए बड़े-बड़े दीनदार और इबादत गुज़ार क़ाज़ी व मुफ़्ती शायरों की पेशानी पर लज्जा का पसीना नहीं आता था। लाल क़िला जो हिन्दुस्तान की सत्ता का केन्द्र था, वहाँ से भी इन बीमार प्रवृत्तियों की सरपरस्ती की जाती थी। यह इसी सरपरस्ती का एक लक्षण है कि दरबारे शाही से शोहरत देहलवी मसख़रूतुद्दौला, क़रम साक़ ख़ाँ बहादुर और फकराजंग की उपाधियाँ प्रदान की गयीं।'

इश्क़ एक ऐसा पुरशोर और पुरमानी जज़्बा है जिसने शेरो अदब, भवन निर्माण और ललित कलाओं के मैदान में इंसान से कैसे कमालात नहीं करवाये। यह मुमकिन नहीं कि इश्क़ का दामन सेक्स के झाले से नम न हो लेकिन हवस के तन्दूर से यौनिकता नूह के तूफ़ान (पैग़म्बर नूह के समय आया भीषण तूफ़ान) की तरह उबल पड़े तो इश्क़ के उच्च मूल्यों को तो डूबना ही था। यही वह सूरतेहाल है कि मीर तक़ी मीर जो ख़ुद भी कई मरतबा इस गढ़े में गिरे हैं, 'जुरअत' की शायरी को 'चूमा चाटी' का नाम देते हैं।

जमे-जमाये हिन्दुस्तानी समाज के पतन से उस दौर के कुलीन वर्ग के लोग समय के हाथों ज़लील हुए। बादशाहों ने तवायफ़ों की शलवार में सल्तनत गिरवी रख दी। वह सन्तुलन बिगड़ गया जो किसी ज़िन्दा समाज में संघर्ष और उत्सव में तथा शान्ति व संकट के बीच क़ायम रहता है। ह्रास के साथ उच्छृंखलता तथा ग़रीबी के साथ गिरावट बँधी चली आती है सो यहाँ भी यही हुआ और इसका अफ़सोसनाक अक्स हमें जाफ़र ज़टल्ली के कलाम में नज़र आता है। यह वही जाफ़र ज़टल्ली है जिसकी अश्लील शायरी से न किसी मर्द को पनाह मिली और न किसी औरत को। जाफ़र के बेश्तर कलाम (रचनाएँ) फ़ारसी में और उर्दू व फ़ारसी मिश्रण है। 'इख़्तिलाले तहज़ीब' की इन्तिहा देखनी हो तो 'कूवतेबाहनामा' 'दो फड़की नामा' 'गाफ़नामा' 'भनामा' 'क़सीदा इश्क़िया दरबाबे शहवत' वो काव्य रचनाएँ हैं जिसमें हर मूल्य के बख़िये उधेड़े गये हैं और हर रिश्ते की अवमानना की गयी है। जाफ़र के फ़ालनामे नैतिक गिरावट और अश्लील चित्रण का कमाल हैं? जिनमें प्याज़, धनिया, जीरा, लौंग, हींग, मिर्च, हल्दी, खाण्ड को भी नहीं बख़्शा गया है। 'दर शरहे निस्बते कद ख़ुदाई ख़ुद' के कुछ शेर देखिये–

चार-पाँच दिन ब्याह कूँ बीते
बीवी ने नक तोड़े कीते
झगड़ा रगड़ा लागी आन पसारा
होने लागी मारक मारा

दई धमाधम, इधर-उधर
अब मैं मौला जाऊँ किधर
धक्कम धुक्का, थुक्कम थुक्का
धामस धूमस, घूसम घासा
सुन रे भाई, मेरे मीता
जूई कहूँ या जंगली चीता
अंजर पंजर टूटन लागे
मुर्दे ज़िन्दे सोते जागे

मीर जाफ़र ज़टल्ली ने इन शेरों में अपने निकाह और उसके बाद की रातों का अहवाल इस तफ़सील से बयान किया है, जिसे पढ़ने के बाद पहला ख़्याल यही आता है कि अगर जायज़ रिश्तों के बखान का यह आलम है तो माशूक़ा का उपहास उड़ाने में बात कहाँ तक नहीं गयी होगी; जाफ़र ज़टल्ली ने औरतों के वो नाम ईजाद किये कि जिन्हें पढ़िये और कानों को हाथ लगाइये। इनमें ख़सिया ख़ानम, उच्छल बानो, फुलकुन्निसा सामने के चन्द नाम हैं। घरेलू औरतों का नक़्शा कुछ यूँ खींचा है–

खसम को जोरू उठ मारे, गरीबाँ बाप का फाड़े
ज़नों से मर्द भी हारे, अजब यह दौर आया है

इंशा अल्लाह ख़ाँ 'इंशा' यह कहते सुनाई देते हैं–

रात भर अपना तरसता ही रहा जी, बाजी
अब तो नौबत बजी, उठो अजी, बाजी, बाजी
ऐ लो इस कोठरी में मेरे डराने के लिए
इक अबा ओढ़ के बन बैठी हैं हाजी, बाजी

'इंशा' का ही एक और शेर देखिये–

बड़ी दाढ़ियों पे न जावला
ये सब आहूओं के हैं मुब्तिला
ये शिकार खेले हैं बरमिला
इन्हीं टट्टियों की तो आड़ में

'मुसहफ़ी' भी कुछ कम नहीं–

पानी भरे हैं यारों या क़िरमिज़ी (सुर्ख़) दोशाला
लुंगी का सज दिखा कर सक़नी ने मार डाला
दरिया-ए-खूँ में क्यों कर हम नीम क़द न डूबें
लुंगी के रंग से जब वाँ तक कमलहो लाला

'सआदत यार ख़ाँ' रंगीन ने औरत को कामुकता की मारी साबित करने में क्या ज़ोर नहीं मारा—

रात बातों में यहाँ तूने गुज़ारी अन्ना
सदके तेरे, किसी ढब से उसे लारी अन्ना
सोच उसका न हो गर मुझको, तो फिर किसका हो
जानती तू नहीं क्या, पाँव है भारी अन्ना
होनी जो होवे, सोहो, बन्दी मिलेगी शरती
वस्ल की उससे ज़बान अब तो मैं हारी अन्ना

पीर ख़ाँ 'कमतरीन' कहते हैं—

नौ ख़सम गिनकर मसलचिन ने किये
तू भी नहीं रहती, दो शाख़ा बिन दिये
देखो पकवान वाली की मज़ाख़ें
ख़सम के रू-ब-रू देती है शाख़ें

शाकिर नाजी यौनिकता का यह रूप उभारते हैं—

अगर वह बुते काफ़िर कभी अश्नान को नंगा
भँवर में देख कर जमुना, उसे ग़ोते में जा गंगा

रेख़्ती के एक प्रसिद्ध शायर अमजद अली ख़ाँ 'असमत' गुज़रे हैं। उनकी गुल अफ़शानियाँ भी देख लीजिये—

नतीजा ऐ बुआ अच्छा नहीं मर्दों की सोहबत का
खिलेगा नौ महीने बाद गुल इस ऐशो इशरत का

फ़क़ीर कहने को फ़क़ीर हैं, मस्जिद के फेरे भी लगाते हैं लेकिन मज़हब का कितना एहतिराम और औरत की कितनी इज़्ज़त उनके दिल में है, इसका अन्दाज़ा उनके इन शेर से लगाया जा सकता है—

मुझको शहवत हुई तम्मीम से
थी यह बेशक किसी छिनाल की ख़ाक

हाफ़िज़ जलील हसन जलील मानिकपुरी का कहना है—

मुद्दत हुई विसाल को अब तक यह ख़्याल है
बैठा है कोई गोद में नाज़ ओ अदा के साथ
ग़ज़ब था चूसना लब का शबे वस्ल
ज़बाँ से वह ज़बाँ घड़ियों लड़ी है

तस्वीरों में रियाज़ ख़ैराबादी की लम्बी दाढ़ी देखिये और उनके अश्आर पढ़िये–

क़ाबू का तुम्हारे भी नहीं जोशे जवानी
बे छेड़े हुए टूटते हैं बन्दे क़बा आप
यह गवारा कि मेरा दस्ते तमन्ना बाँधे
अपने मरहम को न कस कर कोई इधना बाँधे

सैयद मोहम्मद ख़ाँ रिन्द हैं तो वह यूँ खुल खेलते हैं–

वस्ल की शब दे के दम उरियाँ करेंगे उसको रिन्द
एक दिन वा अक़्दा-ए-नाफ़ व कमर हो जायेगा

'बहारे इश्क़' में मिर्ज़ा शौक़ ने दिल की तमाम हसरतें निकाली हैं, बकौल एक नक्काद यह उनकी मसनवियों में सबसे बदनाम है–

सीने पर दोनों छातियाँ अनमोल
ऊँची चिकनी कड़ी करारी गोल
आस्तीनों में वह फँसी कुर्ती
जिस्म में वह शबाब की फुर्ती
आड़ी हैकल गले में डाले हुए
प्यारी-प्यारी कचें निकाले हुए

सआदत यार ख़ाँ का दीवाने रेख़्ती हो या दीवाने आमेख़्ता व दीवाने अंगीख़्ता किसी कोकशास्त्र का हिस्सा मालूम होता है। इनमें आपको कई बड़े लोगों के लिए कही हुई हजू (उपहासात्मक काव्य-रचना) मिलती है। इसके इलावा क़तआत (एक काव्य विधा) हैं, जिनमें 139 विभिन्न तवायफ़ों और कस्बियों के नाम और उनके कारनामे उल्लेख़ किये हैं'। 'दावाने अंगीख़्ता' के दीबाचे (भूमिका) में रंगीन लिखते हैं–'मैं अक्सर शैतानों का उर्स किया करता था, जिसकी मुराद ख़ानगियों (तवायफ़ की एक श्रेणी) का तमाशा देखने की है, मैं इस क़ौम की हर अदा, हर तक़रीर पर ध्यान देता था, कुछ दिन इसी तरह गुज़ारे तब इन ख़ानगियों के बातचीत करने के तरीक़ों और मुहावरों का इल्म हुआ। उनकी ज़बान में चौथा दीवान जो अंगीख़्ता के नास से मशहूर है, तरतीब दिया लेकिन इस दीवान (काव्य संकलन) में इन ख़ानगियों की शब्द सम्पदा, मुहावरे और रूपक इस तरह कविता में आये थे कि दोस्त उनको समझ नहीं पाये, इसलिए मैंने दक़ीक़ अल्फ़ाज़ यानी मुहावरे वग़ैरा इस दीबाचे में व्याख्या के साथ अक्षरानुरूप लिख दिया है।

जिस पतनशील समाज ने एक बरतर ग़ैर मुल्की ताक़त से फ़ौजी शिकस्त खाई हो, जिसकी अर्थव्यवस्था ध्वस्त हो गयी हो, जिसे एक नयी उभरती हुई आर्थिक

शक्ति का सामना हो जहाँ गोरे नवाब 'डेरादार तवायफ़ों' को मुलाज़िम रखते हों, जिसका नक्शा हमें दो सौ बरस पुराने उपन्यास 'नश्तर' में नज़र आता है। इनमें कुछ गोरे अफ़सर तवायफ़ों से निकाह पढ़वाते हैं। और उनके बच्चे पहले ईस्ट इण्डिया कम्पनी और बाद में ब्रिटिश राज के सरकारी महकमों में मुलाज़िमत पाते हों, वह समाज अपने ज़नानख़ानों को लेकर कितना संवेदनशील होगा, इसका अन्दाज़ा लगाना मुश्किल नहीं है। मज़ेदार बात यह है कि शेरी व अदबी रुचि का केन्द्र ही तवायफ़ें और उनके संजोग व वियोग के प्रसंगों का बयान था।

इस समाजी गिरावट की मार समाज के सबसे पिसे हुए कमज़ोर वर्ग यानी मुसलमान औरत को सहनी पड़ी! उस पर ज़माने के बदलते हुए तौर-तरीक़ों के दरवाज़े यों बन्द किये गये कि उन्हें खोलने में सदी डेढ़ सदी की शुअरी कोशिशें सर्फ़ हुईं। वह नयी रौशनी और आधुनिक शिक्षा जिसे मुस्लिम उच्च वर्ग के हर घर के मर्दों तक पहुँचाने के लिए सर सैयद अहमद ख़ाँ बेताब थे, उस रौशनी से अपनी लड़कियों व औरतों को दूर रखने पर वह अड़े हुए थे।

उर्दू की सबसे प्रसिद्ध व लोकप्रिय मस्नवी मिर्ज़ा शौक़ की 'ज़हरे इश्क़' में मिलन व क़ुरबत के मामले दूसरी मस्नवियों की अपेक्षा संक्षेप और सलीक़े से बयान किये गये हैं। इसकी नायिका सितारा का जो नक्शा ख़ींचा गया है, उसकी जो ख़ूबियाँ बयान की गयी हैं, वो कुछ यूँ हैं–

थी ज़माने में बे अदील व नज़ीर
ख़ुश गुलू,ख़ुश जमाल, ख़ुश तक़रीर
शेर गोई से ज़ौक़ रहता था
लिखने पढ़ने का शौक़ रहता था।

उस ज़माने में हिन्दुस्तान के मुस्लिम घरानों के जो हालात थे, उसमें किसी लड़की का 'ख़ुश तक़रीर' होना या 'शेर गोई का ज़ौक़' और 'लिखने-पढ़ने का शौक़' जिस क़दर बुरा था, उसका अन्दाज़ा अबूलैस सिद्दीक़ी के इन शब्दों से लगा सकते हैं–

'ज़हरे इश्क़ एक तरह से अपने ज़माने की सामाजिक व्यवस्था का सच्चा नक़्शा पेश करती है। उस ज़माने में बल्कि अब भी हिन्दुस्तानी मुसलमानों के एक परम्परावादी तबके में लड़कियों का पढ़ना-लिखना किसी जुर्म की तरह समझा जाता है और शायरी तो उनके लिए पक्के तरीक़े से शर्म व रुस्वाई की वजह कही जाती है। ख़्याल यह है कि लिखने-पढ़ने से जो ख़्याल की आज़ादी लड़कियों में पैदा हो जाती है, वह उनके लिए चरित्र पर बुरा असर साबित होती है।'

अगर बीसवीं सदी के चौथे दशक में 'लड़कियों का पढ़ना-लिखना बुरा समझा

जाता हो तो ग़ौर करने की बात है कि अठारहवीं और उन्नीसवीं सदी में क्या आलम रहा होगा। यही वजह है कि उस ज़माने में हमें जिन चन्द पढ़ी-लिखी और शेरो शाइरी का ज़ौक़ रखने वाली औरतों का नाम नज़र आता है उनमें से गिनी-चुनी का सम्बन्ध उच्च वर्ग से है, वरना बेश्तर 'बाज़ारे हुस्न' की रहने वालियाँ हैं। एक ऐसे दौर में जबकि न सिर्फ़ शिक्षा बल्कि अंग्रेज़ी शिक्षा उपमहाद्वीप के हिन्दू घरानों में रायज हो रही थी, तालीमे निस्वाँ (स्त्री-शिक्षा) की तरफ़ मुसलमानों के इस रवैये की बहुत बड़ी ज़िम्मेदारी हमारे इस क्लासकी अदब पर आयद होती है, जिसकी लिजालिजी श्रृंगारिकता से घबराकर मध्यवर्ग के मुसलमानों ने इल्मो अदब के सीखने को अश्लीलता में मुब्तिला होने का सबब समझ लिया था। चुनांचे शरीफ़ व घरेलू औरत पर तालीम हराम कर दी गयी। जबकि तवायफ़ जो कि मजलिसी ज़िन्दगी की आवश्यक ज़रूरत थी, उसका पढ़ा-लिखा होना, इल्मी व अदबी मामलों में होशियार, कविता का मर्म समझने वाली, हाज़िर जवाब और संगीत के सुर-ताल से आगाह होना उसकी क़ीमत में इज़ाफ़ा करता था। उस समाज के अन्तर्विरोध पर ध्यान दीजिये पुरुषों का वह वर्ग जो तवायफ़ के ज्ञान और कला प्रेम पर जान देते थे, उन्होंने अपने ज़नानख़ाने पर इल्मो अदब के तमाम दरवाज़े बन्द कर रखे थे। यह मान लिया गया था कि आबाद करने और नस्ल के अनुरूप औलाद पैदा करने की ज़िम्मेदारी निबाहती औरत अगर पढ़-लिख जायेगी तो इश्क़ व आशिक़ी से और बदचलनी व नाफ़रमानी से किसी तरह दामन नहीं बचा पायेगी। यही वजह थी कि महलक़ा चन्दाबाई, ममूला जान शोख़, मलिका जान मलिका, या मुन्नी बाई हिजाब हों, किसी को उनकी शायरी और उनके ज्ञान पर एतराज़ न था लेकिन ज़नानख़ाने में ज़िन्दगी गुज़ारने वाली औरत पर तालीम या शिक्षा इस तरह हराम थी कि उसे परदेस से आने वाले बाप, भाई या शौहर का ख़त पढ़वाने के लिए भी दूसरों से चिरौरी करनी पड़ती थी और इसी को शराफ़त का ऊँचा मेयार समझा जाता था।

उस वक़्त भी शाही परिवार की शहज़ादियों का शैक्षिक स्तर अवश्य बुलन्द था लेकिन सम्भ्रान्त घरों की औरतें आमतौर पर कम ही साक्षर होती थीं। ज्ञान और उनके बीच हज़ार रुकावटें थीं अंदलीब शादानी 'तज़किरा-ए-शायराते उर्दू' की भूमिका में लिखते हैं, उनका इशारा मीर तक़ी मीर द्वारा लिखे गये शायरों के वृत्तांत की ओर है–

'मीर साहिब ने शायरों का तज़किरा लिखा लेकिन किसी शायरा (कवयित्री) का ज़िक्र करना या उसका कोई शेर नक़ल (उद्धृत) करना एक ज़बरदस्त अख़लाक़ी गुनाह समझा, हालाँकि ख़ुद उनकी साहिबज़ादी शेर कहती थीं और अच्छा कहती थीं।'

यह मीर की बेटी बेगम की तरफ़ इशारा है जिसके मुश्किल से चार या पाँ

शेर मुख़्तलिफ़ तज़किरों में मिलते हैं। वह समाज जिसमें मीर की बेटी अपनी शायरी पर नाज़ न कर सकती हो, औरतों के बारे में उसके गहरे भेदभाव तथा तंगदिली का अन्दाज़ा लगाना मुश्किल नहीं। 'तज़किरा-ए-शायराते उर्दू' में 'तज़किरातुल ख़्वातीन' के हवाले से सोनीपत की एक शायरा अहमदी बेगम का ज़िक्र मिलता है, जिन्होंने अपना पूरा दीवान मुरत्तब कर लिया था लेकिन शौहर को चूँकि शायरी में दिलचस्पी न थी और उस ज़माने में शरीफ़ औरतों की शाइरियाँ भी अच्छी नज़र से नहीं देखी जाती थीं, इसलिए अहमदी बेगम का 'दीवान' (काव्य संकलन) ग़ायब कर दिया गया'। इसी ग़म में अहमदी बेगम ने घुल-घुल कर जान दे दी। इस सितम का शिकार होने वाली अहमदी बेगम के सिर्फ़ दो शेर बाक़ी रह गये हैं। मौलाना फ़ज़लुल हक़ ख़ैराबादी जैसे बड़े विद्वान और इंक़िलाबी की बेटी शायरा थी, 'हरमां' तख़ल्लुस (उपनाम) था। उसका भी सिर्फ़ एक शेर ही सुरक्षित है।

वह समाज जिसमें मीर, मुसहफ़ी, सौदा और इंशा ऐसे शायरों ने अपनी शायरी में गिरावट की इंतिहाओं (किसी ने कम किसी ने ज़्यादा) छू लिया था और जिसने ज़बान के खंजर से औरत की बख़िया उधेड़ने में कोई शर्म महसूस नहीं की थी। वह बेगम यानी मीर की बेटी का ये शेर बर्दाश्त नहीं कर सका—

बरसों ख़मे गेसू में गिरफ़्तार तो रखा
अब कहते हो क्या, तुमने मुझे मार तो रखा
कुछ बे अदबी और शबे वस्ल नहीं की
हाँ यार के रुख़्सार पे रुख़्सार तो रखा
वह ज़िबह करे या न करे, ग़म नहीं इसका
सर हमने तहे ख़ंजर ख़ूँख़्वार तो रखा!

शेर कहना तो दूर की बात है शरीफ़ घरानों की इन पढ़ी-लिखी औरतों के लिए यह तक ममुकिन न था कि वह मर्दों या तवायफ़ों के अध्ययन में रहने वाली हर किताब पढ़ सकें। 'ख़ुश मारका-ए-ज़ेबा' में नासिर ख़ाँ मसनवी सहरुल बयान' के बारे में यह अजीब दावा करते हैं कि मीर हसन की मसनवी से हज़ारहा औरतें फ़ाहिशा (आवारा) हो गयीं।'

किस क़दर दिलचस्प बात है कि नासिर ख़ाँ अपनी किताब में मीर हसन पर तंक़ीद नहीं करते जिनके क़लम से एक ऐसी मसनवी निकली, न वह मर्दों को इस क़िस्म की शायरी पढ़ने से टोकते हैं, लेकिन ज़नानख़ाने में रहने वाली औरतों के बारे में एक अफ़सोसनाक आरोप गढ़ने से नहीं चूकते।

वह समाज, जिसमें शरीफ़ माने जाने वाले शायर खुल खेल रहे हों, जहाँ

तवायफ़ों, कस्बियों, ख़ानगियों का दौरा हो, वहाँ घर में ज़िन्दगी करने वाली औरत पर क्या नहीं गुज़री होगी। अली जव्वाद ज़ैदी ने इस तरफ़ इशारा करते हुए लिखा है कि 'उस ज़माने की सोसाइटी में ग़ैर औरतों से (बाहरी औरतों) से मेलजोल इतना बढ़ गया था कि उसका असर घरेलू ज़िन्दगी पर भी पड़ रहा था' यह लिखते हुए उन्होंने मिर्ज़ा अली बेग नाज़नीन के रेख़्ती के दो शेर भी उद्धृत किये हैं–

सोहबत अब मर्दों को है उन शोख़ दीदों से बुआ
छोड़ना घरवालियों को, क्या ही आसान हो गया
क्या जानिये क्या कस्बियों (रंडियों) में शहद घुला है
घरवालियों से ख़ुश कोई शौहर नहीं होता

अली जव्वाद ज़ैदी ने उस अहद का नक़्शा यूँ खींचा है–

'उस ज़माने में घरवालियाँ बेज़बान थीं और चूंकि तवायफ़परस्ती को उच्च वर्ग के लोग बुरा नहीं समझते थे और समाज से भी कोई ज़ोरदार आवाज़ नहीं उठ रही थी, इसलिए यह वबा बढ़ रही थी और घरेलू औरतों की ज़िन्दगी अजीरन होती जा रही थी। वे क़तई बेज़बान थीं और समाज में उनकी तकलीफ़ समझने वाले कम थे।'

उस दौर में प्रभुत्वशाली लोगों या मनसबदारों से तफ़रीह करने या बदला लेने के लिए हजू लिखने का रिवाज था और इसमें हमें जाफ़र ज़टल्ली, ज़ाहिक और सौदा पेश-पेश नज़र आते हैं। इन लोगों ने अपने मुख़ालिफ़ों को ज़लील व रुस्वा करने के मक़सद से उनकी पेशीदा ज़िन्दगी को शेर का विषय बनाने में किसी क़िस्म की उलझन महसूस नहीं की। इसकी बेहतरीन मिसाल जाफ़र ज़टल्ली की है जिसने 'हजोए रहमत बानो' और 'हजो दुख़्तर मिर्ज़ा ज़ुल्फ़िकार बेग कोतवाल देहली' लिखी।

इसी तरह सौदा की 'हजो अहलिया ज़ाहिक' और 'हज़ो दुख़्तर नुदरत कशमीरी' ख़ासतौर पर क़ाबिले ज़िक्र हैं। मिर्ज़ा सौदा 'हज अहलिया मीर ज़ाहिक' का आग़ाज़ धूम-धड़क्के से करते हैं–

ज़ाहिक की अहलिया ने जब ढोल घर धराया
बे वजह रात सारी हमसायों को जगाया
बैठक में बैठ बूढ़े चूँडे को जब हिलाया
तब शेख़ सहू उन पर इमसाक खा के आया
बोला कि क्यों बे ज़ाहिक बकरा कोई मँगाया?

यह मुखम्मस (एक काव्य विधा) जिसमें सौदा ने मीर ज़ाहिक से अपना झगड़ा उनकी बीवी को निशाना बनाकर चुकाया है–

इसे पढ़ जाइये तो यही अन्दाज़ा होता है कि नैतिक गिरावट उस हद को पहुँच चुकी थी, जहाँ मर्द अपने झगड़े ज़नानख़ाने में बैठी हुई बेज़बान औरतों से चुकाते थे और इसमें किसी क़िस्म की झिझक महसूस नहीं की जाती थी।

डॉ. जमील जालबी ने सौदा की इन हजूयात को निहायत अश्लील बताते हुए लिखा है, कि इन्हें पढ़कर महसूस होता है कि 'सौदा' ने गुस्से में अपना ज़ेहनी तवाज़ुन खो दिया है।

'आबे हयात' में मौलाना मुहम्मद हुसैन आज़ाद मुसहफ़ी, जराअत और मिर्ज़ा क़तील का ज़िक्र करते हुए लिखते हैं कि 'जी चाहता था कि इन बातों से गुलज़ार खिला दूँ मगर अक्सर फूल ऐसे फुहश काँटों में उलझे हुए हैं कि काग़ज़ के पुर्ज़े हुए जाते हैं, इसलिए सफ़ा फैलाते हुए डर लगता है।'

इसी तरह इंशा अल्लाह ख़ाँ इंशा की हजोयात (हजो का बहुवचन) और फुहश गोई पर मुसहफ़ी एतिराज़ करते हैं तो ख़ुद उसी प्रवृत्ति का शिकार हो जाते हैं और यह कहने में बुराई नहीं समझते।

'वल्लाह कि शायर नहीं तू, भाँड है, भड़वे' सौदा नुदरत लखनवी से इंतक़ाम लेने के लिए उसकी बेटी की हजू लिखने में कोई ऐब महसूस नहीं करते हैं। इस मुसद्दस (एक काव्य विधा) 'दुख़्तरे मौलवी नुदरत कश्मीरी' की हजू लिखते हुए वह तंजुन उसे 'अल्लामा-ए-वक़्त' शेर फ़हम, फुने तबाबत और फ़ने शायरी में क़ाबिल बताते हैं (ये वो ख़ूबियाँ हैं, जिनमें उस दौर की नामी-गिरामी तवायफ़ें ताक़ होती थीं। इन क्षेत्रों में महारत के सबब ही वो बादशाह के दरबार और रईसों की सरकार में जगह पाती थीं। यही वजह है कि हमें उर्दू साहित्य के इतिहास के पृष्ठों पर रमजू नज़ाकत, ज़ीनतमाह उमत्तुल फ़ातिमा, साहब जी, फ़रह बख़्श फ़रह जैसे कई नाम मिलते हैं। जिनके दम से दरबार और सरकार की रौनक़ थी और जो शायरी भी करती थीं। यह धारणा आम है कि लोग इन कस्बियों से ज़बान सीखते थे। इसी बारे में इंशा अल्लाह ख़ाँ इंशा' 'दरिया-ए-लताफ़त' में लिखते हैं, 'जो लफ़्ज़ उसने इस्तेमाल कर लिया उर्दू हो गया' उनके इस वाक्य से उन बाज़ारू औरतों की इल्मी व अदबी सलाहियतों का अन्दाज़ा लगाया जा सकता है।

इस प्रकाश में सौदा की मौलवी नुदरत कश्मीरी की बेटी की हजू पढ़िये तो अन्दाज़ा हो जाता है कि वह मौलवी की बेटी को तवायफ़ों जैसे गुणों से सम्पन्न बताते हैं। दूसरे लफ़्ज़ों में यह कह लीजिये कि अल्लामा-ए-वक़्त और शेर फ़हम कहकर दरअसल वह उसे तवायफ़ साबित कर रहे हैं। गोया इल्म-ओ हुनर और कलाओं के बारे में उनका जानकार होना जो उस काल में कोठे वालियों की ख़ूबियाँ मानी जाती थीं, वही ख़ूबियाँ ज़नानख़ाने की औरतों के लिए बाअसे शर्म थीं। ऊपर

दी जाने वाली मिसालों से यह बात साबित होती है कि जबान का हथियार सिर्फ़ तवायफ़ों, ख़ानगियों और कसबियों के ख़िलाफ़ ही इस्तेमाल नहीं हो रहा था बल्कि उसकी धार से घरों में बैठी औरतें भी महफ़ूज़ नहीं थीं।

सम्भ्रान्त परिवारों की स्त्रियों का इल्मो फ़न का जानकार होना बाअसे शर्म था कि मीर तक़ी मीर अपनी बेटी के शायर होने की बात को छिपाते हैं, वह अपने ज़नान-ख़ाने की औरतों के लिए जो मेयार क़ायम करते हैं उसे राम बिलास राय की हजू लिखते वक़्त तोड़ने में झिझक महसूस नहीं करते। चन्द बन्द के बाद उसकी बीवी तक जा पहुँचते हैं और हिन्दी की चिन्दी निकालते हैं। मुखम्मस के तीन बन्द देखिये–

ने हया है, न कुछ मुरव्वत है
ने कुछ उस ख़र में आदमीयत है
क्या ख़ुदा जाने भड़ुवे की मत है
गाली है, धूल है, न इज़्ज़त है
नहीं ग़ैरत का सर में कुछ है ख़्याल

× × ×

जोरू घर में रखे है इक शताह
कहीं चश्मक करे कहीं वह निगाह
आते-जाते हर एक उस से राह
वाह रे, राय जी की ग़ैरत वाह
तुरफ़ा देवत, ज़नजलब, चंडाल

× × ×

यह कमर बाँध कर गये दरबार
वह हुई गर्मे जुस्तुजू-ए-यार
आने दरवाज़े पर लगी सौ बार
सर पर रखा बाँकी पगड़ी खिड़की दार
फिर हुई चीरा बन्द बूढ़ी छिनाल

सियासी-समाजी और तहज़ीबी गिरावट के साथ उर्दू की क्लासकी शायरी में शृंगारिकता बहुत तेज़ी से आयी। मश्रिक़ व मग़रिब यानी पूरब और पश्चिम, उत्तर और दक्खिन उसकी गूँज सुनी गयी। ज़बान ओ अदब के इस घटिया इस्तेमाल ने औरतों पर दो अतियों के प्रभाव छोड़े।

एक असर तो यह हुआ कि अवाम व ख़्वास ने अपनी औरतों की इज़्ज़त व इस्मत को महफ़ूज़ रखने की ख़ातिर उन्हें ज़नानख़ानों की कोठरियों में बन्द कर दिया,

उन पर तालीम और सफ़र के सभी दरवाज़े बन्द कर दिये गये। उन्हें यह ख़ौफ़ था कि नये समाज़ का उभार और पुराने समाज में उठने वाली असहमतियों व बेचैनियों की लहर कहीं उन्हें अपनी चपेट में न ले ले। यह ठीक वही समय है जब ईस्ट इण्डिया कम्पनी और बाद में ब्रितानिवी राज के प्रभाव से समाज में लड़कियों की शिक्षा की चर्चा हो रही थी लेकिन मुसलमान लड़कियों की बहुत संख्या इस इंकिलाब से यकसर महरूम रखी गयी। उसका जीवन अच्छी बेटी, अच्छी बीवी और अच्छी माँ तक ही महदूद रहा, बच्चे पैदा करने और उसे परवान चढ़ाने में उसकी सारी सामर्थ्य सीमित रह गयी। दूसरी तरफ़ शायरी में औरत महज़ सज़ावट की वस्तु बनकर रह गयी। उसे कामुकता की पुड़िया और डाल-डाल उड़ती चिड़िया बनाकर पेश किया गया। इस हवाले से मीर की मसनवियाँ हों या ख़्वाजा मीर असर की, मिर्ज़ा शौक़ के घोड़े की रफ़्तार जैसी क़लम का कमाल हो या मीर हसन की काव्यात्मक उर्वरता, औरत हो या परी हो, सब ही इश्क़ के नाम पर हवस, अनैतिक सम्बन्धों और चूमा चाटी के दायरे में क़ैद हैं।

मीर हसन मसनवी सहरूल बयान में यह रंग हमें इस तरह दिखाते हैं—

कभी मुँह के तईं फेर लेना उधर
कभी चोरी-चोरी से करना नज़र
कभी दिल को पाँव से मसल डालना
नज़र से कभी देखना भालना
दिखाना कभी अपनी छब मुस्कुरा
कभी अपनी अंगिया को लेना छिपा

मिर्ज़ा शौक़ की मसनवी 'बहारे इश्क़' में हवस की यह बहार कुछ इस रंग में नज़र आती है—

कभी बातों में होश खो देना
कभी खिसियानी होके रो देना
कभी मुँह से दिया चबा कर पान
कभी मिल कर लड़ी ज़बान से ज़बान
ज़ोर से की रान में चुटकी
पड़े इस इख़्तलात पर पुटकी

मसनवी 'फरेबे इश्क़' में मिर्ज़ा शौक़ दिल की हसरतें यों निकालते हैं—

दो पहर रात जब गुज़रती थी
डोली पर डोली फिर उतरती थी

सोहबते इश्क़ गर्म रहती थी
कुछ न आपस में शर्म रहती थी
रात हंस बोल कर गुज़ारते थे
सुब्ह को अपने घर सिधारते थे

बहारे इश्क़ का भी यही आलम है। हर तरफ़ ऐश कोशी और हुस्नपरस्ती है। कभी इस बहाने कभी उस बहाने महलक़ा को घेर कर एकान्त में लाते हैं और फिर वही—

शर्म से सब बदन चुराये हुए
आप ही आप को छिपाये हुए

वाला आलम है। हाथापाई के दृश्य हैं। मक़सद सिर्फ़ बदन की आग को सर्द करना है। यह वह दौर है जब अवध की सल्तनत ख़्वाबो ख़्याल हो चुकी थी और अंग्रेज़ी गुलामी उसका भाग्य बन चुका था। एक ऐसे राजनीतिक पतन का शिकार और उद्देश्य विहीन समाज में ग़म ग़लत करने और अपने निकम्मेपन को भुलाने के लिए औरत को सिर्फ़ इस्तेमाल की शय के तौर पर बरता गया और रेख़्ती (औरतों की बोली में की जाने वाली शायरी) के हर शेर, मसनवी के हर बन्द ने उसे इंसान के बजाय 'वस्तु' बना दिया, उसकी आज़ादाना उड़ान के पर काट दिये, यह उपमहाद्वीप की स्त्री का पूरा न हो सकने वाला नुक़सान था :

यहाँ मैं ख़्वाजा मीर 'असर' की मसनवीख़्वाबो ख़्याल का बतौर ख़ास ज़िक्र करूँगी। मीर असर, मीर दर्द के छोटे भाई थे और उन्हीं की तरह 'साधु स्वभाव' की शुहरत रखते थे। इन संत, पीर-फक़ीर पुरुषों ने स्त्री को लक्ष्य करके अश्लील चित्रांकन किये हैं। इससे अनुमान किया जा सकता है कि उन्नीसवीं सदी में सामाजिक गिरावट किस हद तक पहुँच चुकी थी और औरत या स्त्री की गरिमा किस तरह अपना मक़ाम खो चुकी थी। मीर असर ने जिस माशूक़ का बयान किया है वह मसनवी में बयान होने वाले अहवाल के मुताबिक़ ख़ुदमीर असर की आशिक़ी का दम भरती थी, वक़्त के वक़्त डरती थी और कभी हाथापाई पर आमादा हो जाती थी। मसनवी के शेरों में वह हमें रूठकर बात न करती, छाती पर लात मारती, ठुनकती बिलकती, प्रलाप करती, सुलह की मिन्नतें करती, पाँव पड़ती, रानों (जाँघों) पर हाथ रखकर चोट बचाती, ढीले हाथों से मारती, हौले-हौले पुकारती, लड़ती-भिड़ती और किसी को पुकार बैठने की धमकी देती नज़र आती है। बड़ी उम्र वाले बुज़ुर्ग मीर असर ने इस मसनवी में नाभी और नाभी के नीचे के बयान पर 28 शेर कहे हैं। सोचने की बात है कि जब स्त्री देह की बयान करने में एक परहेज़गार और इबादत करने वाले का यह हाल है तो जाफ़र ज़टल्ली रंगीन, जान साहिब या मिर्ज़ा शौक़ से क्या शिकायत?

उर्दू के क्लासकी शायरों ने औरत को महज़ एक बाज़ारू शय साबित करने के लिए ज़बान को किन-किन कोणों से इस्तेमाल नहीं किया। औरत के लिबास को एक वस्त्र को किस-किस तौर बरता गया, इससे यौनोन्मुखता और कामुकता का बख़ूबी अन्दाज़ा होता है—

'बहर' कहते हैं—

अपनी अंगिया की कटोरी न दिखाओ मुझको
कहीं ठर्रे की हवस में न यह मय ख़्वार बँधे

'अमानत' यों फ़रमाते हैं—

घाट अंगिया का कमोबेश जो पाया उसने
हंस के ख़य्यात (दर्ज़ी) को चिड़िया का बनाया उसने

'रिन्द' का अन्दाज़ यह है—

खोलिये शौक़ से बन्द अंगिया के
लेट कर साथ न शरमाइये आप

'सहर' इस तरह ध्यान खींचते हैं—

बोसा लिया है यार के अंगिया के पान का
खाया है पान, आज नये ख़ासदान का

और नासिर जैसा उस्ताद शायर यह कहते नहीं चूकता—

मार डाला है तेरी अंगिया की चिड़िया ने सनम
मुर्ग़े दिल को कम नहीं कुंजशक(चिड़िया) भी शहबाज़ से

यहाँ सिर्फ पाँच शेर नक़ल किये गये हैं जबकि इस विषय पर पचास से ज़्यादा शेर आसानी से मिल जाएँगे। इससे अन्दाज़ा लगाया जा सकता है कि उस दौर के पुरुष की रुग्ण यौनिकता ने औरत को सान पर रख लिया था और उसे तौहीनो तज़लील के अन्धे कुएँ में धकेल दिया था। उसके लिए एक इंसान के तौर पर सोचने, जीने और रहने-सहने की कोई राह नहीं छोड़ी गयी थी। ऐशपरस्त समाज में वह मिर्ज़ा हादी रुस्वा की उमराव जान अदा थी और जब डिप्टी नज़ीर अहमद ने ज़नानख़ाने की कोठरी से निकालकर उसे बाहरी दालान में लाने की कोशिश की तो 'मिरातुउरूस' (नज़ीर अहमद का उपन्यास) की तमीज़दार बहू बन जाना ही उसका शिखर मान लिया गया।

क्लासकी शायर ही क्यों औरत को उसके मनसब से गिराने के काम में दास्तान गो हज़्रात भी पीछे नहीं रहे, मीर अम्मन की बाग़ोबहार हो या सुरूर की

'फ़साना-ए-अजायब', तक़ी ख्याल की 'बास्ताने ख़्याल' हो या 'तिलिस्मे होशरुबा' और 'दास्ताने अमीर हमज़ा' का बयान करने वाले अहमद हुसैन 'क़मर', मुहम्मद हुसैन जाह, शेख़ तसद्दुक़ हुसैन, इस्माईल असर या प्यारे मिर्ज़ा हों, औरत इनके क़लम के जादू से पैदा हुई नकारात्मकता से सुरक्षित नहीं रही! 'बोस्ताने ख़्याल' में औरत के हवाले से अश्लीलता जिस अति तक पहुँची हुई है, उस तक तिलिस्मे होशरुबा की गर्द तक नहीं पहुँचती। इस दास्तान के हर तिलिस्म में काफ़िर शहज़ादियाँ हैं जो कामुकता की मारी और हवस के हाथों चोट खाये हुए हैं। ये वो औरतें हैं जिनके दिन-रात के हालात पढ़िये तो ख़्याल होता है कि उन्हें इस काम के सिवा कभी कोई और काम भी दरपेश होता था या नहीं? जी यही चाहता है कि उनकी तरफ़ निगाह भर कर भी न देखिये कि यह औरत नहीं औरत का नकार है। मनुष्य नहीं उसकी मात्र छवि है। सच पूछिये तो इन शायरों और दास्ताननवीसों ने ज़बान के हथियार से उपमहाद्वीप की स्त्री की गरिमा और उसके स्त्रीत्व को जो ज़ख़्म लगाये हैं, वो आज भी धुँधले नहीं हुए हैं।

शेरो अदब की दुनिया से उठ कर रोज़मर्रा की ज़िन्दगी में आइये तो निन्यानबे प्रतिशत गालियों का सम्बन्ध स्त्री से है। हर गाली उसकी छाती में मेख़ की तरह उतरती है। माँ, बहन, बेटी के रिश्ते इन गालियों के ज़रिये अपमानित हुए हैं, अब भी होते हैं। आज भी बाज़ार में फिरता आठ साल का बच्चा और अस्सी बरस का बूढ़ा, दूसरे के अति आदरणीय रिश्तों के साथ तअल्लुक़ क़ायम करने का ऐलान करके अपना ग़ुस्सा ज़ाहिर करता है और दूसरे से भी जवाब में रिश्तों को अपमानित करने वाली यही शब्दावली सुनता है। गालियों के ज़रिये औरत को ज़लील करना हमारे कुछ नवाबों को इतना प्रिय रहा है कि ग़ैर विभाजित हिन्दुस्तान में एक रियासत के नवाब साहिब ने नयी-नयी गालियों के सृजन के लिए एक पूरा विभाग क़ायम किया था। नवाब साहब को वही गालियाँ पसन्द आती थीं जिनमें औरत के हवाले से अश्लील शब्दों का नया प्रयोग हो, उर्दू की अक्षर माला में सबसे ज़्यादा नज़ला, चे, पे, गाफ़, भ और लाम पर गिरा, इन अक्षरों से बतौरेखास वो गालियाँ ईजाद हुईं, जिन्हें सुनने वाले उन्हें दोहराते शर्म महसूस करें।

बात फैलती ही चली जायेगी वरना शादी-ब्याह के गीत, मुहावरे, कहावतें, बारह मासे, कह मुकरनियाँ और ऐसी दूसरी बहुत-सी चीज़ें हैं, जिनकी तफ़सील में जाइये तो हैरत होती है कि ज़बान की छुरी औरत की हुरमत व इस्मत के गले पर किस-किस तरह चली है और वह छुरी बदअक़्ल व बदतमीज़ लोगों के हाथों में ही नहीं बड़े-बड़े मौलवीनुमा, परहेज़गार और इबादत गुज़ार बुज़ुर्गों के हाथ में रही है।

इस रौशनी में देखिये तो सैयद इस्माईल हुसैन मुनीर शिकोहाबादी (सन्

1813-1881) अपने समकालीन शायरों से भिन्न नज़र आते हैं। उन्होंने 'हिजाबे ज़नाँ' के नाम से एक मसनवी लिखी, जिसमें एक शरीफ़, सलीक़ामन्द और हुनर मन्द लड़की का बयान है जो घरेलू कामों में माहिर और ज़रूरत भर शिक्षित ख़्याल की जाती है। उसकी शादी एक अनपढ़ और अफ़ीम के नशे में डूबे रहने वाले नौजवान से हो जाती है जो धेला तक नहीं कमाता। इस मस्नवी में मुनीर शिकोहाबादी अपने ज़माने से कहीं आगे की बात करते हैं और ज़रूरत भर शिक्षित लड़की को नवाब फ़क़ीरुद्दीन हैदर के महल में स्टोर की दारोग़ा होते और इज़्ज़त की रोटी कमाते हुए दिखाते हैं। 'हिजाबे ज़नाँ' में मुनीर ने 'बक़दरे ज़रूरत तालीमयाफ़्ता' की तशरीह यों की है–

शरअ की हद से कब वह बढ़ती हैं
मसअलों की किताबें वह पढ़ती हैं
नहीं क़िस्से कहानियों से काम
नौज पढ़ कर वह उनको हों बदनाम

मुनीर अपनी इस मसनवी में लड़कियों और औरतों की तालीम की बात करते हुए यह कहना नहीं भूलते कि–

रहे इक बात और तुमको याद
लिखने पढ़ने से यह नहीं है मुराद
पढ़ के क़िस्से कहानियों का हाल
सीखिये यार बाज़ियों की चाल
ख़ूब घर ख़ोज खो चुकी है यहाँ
इस तरह की निगोड़ी मसनवियाँ
नज़्म ही में नहीं हैं, यह क़िस्से
नस्र में हर कहीं हैं, यह क़िस्से
नहीं यह नेक बख़्तों की बातें
सीखीं, बदकारियों की यह घातें
लिखें छुप-छुप के रुक्क़ा यारों को
करें बदनाम रिश्तादारों को
फ़ेअले मुख़्तारी पे हो ख़ुदा की मार
कि धुतकारियाँ हों ख़ुद मुख़्तार
नाक चोटी का भी अगर हो डर
लिखने पढ़ने में, फिर नहीं है ज़रर।

यह मसनवी जिसमें लड़कियों और औरतों की तालीम की बात की गयी है, उसमें भी 'क़िस्से कहानियाँ' और निगोड़ी मसनवियाँ पढ़ने पर पाबन्दी है और 'शरअ' की हद से न बढ़ने और नाक चोटी का डर रखते हुए लिखने-पढ़ने की बात कही गयी है।

औरत के मनसब में तालीम के बग़ैर इज़ाफ़ा नहीं हो सकता था, यह बात शायरों में हाली (1837-1914) ने समझी और उन्होंने तालीमे निस्वाँ (स्त्री-शिक्षा) का मुक़दमा ज़ोर शोर से लड़ा, वह सर सैयद के मुरीद और मानने वाले थे लेकिन इस बारे में उनके विचार सर सैयद से अलग थे। उनकी नज़्म 'चुप की दाद' ने क़ौम की औरतों का एक दर्दनाक चित्र पेश किया है। यह भी कहा जाता है कि 'तालीमे निस्वाँ' के हामियों को हाली की इस नज़्म से बहुत मदद मिली। 'चुप की दाद' का एक बन्द पेश है—

गो नेक मर्द अक्सर तुम्हारे नाम के आशिक़ रहे
पर नेक हों या बद, रहे सब मुत्तफ़िक़ इस राय पर
जब जियो तुम इल्मो दानिश से रहो महरूम याँ
आईं थी जैसी बेख़बर, वैसी ही जाओ बेख़बर
तुम इस तरह मजहूल और गुमनाम दुनिया में रहो
हो तुमको दुनिया की, न दुनिया को तुम्हारी हो ख़बर
जो इल्म मर्दों के लिए समझा गया आबेहयात
ठहरा तुम्हारे हक़ में वह ज़हरे हलाहल सर बसर

इल्म को मर्दों के लिए आबेहयात और औरतों के लिए 'सर ब सर ज़हरे हलाहल' समझने वाले मुस्लिम समाज ने यह राय इसलिए क़ायम की कि उसकी सियासी यानी राजनीतिक, सांस्कृतिक और ऐतिहासिक हवा उखड़ चुकी थी। ज़नानख़ाने से बाहर की दुनिया शहर आशूब दर शहर आशूब (शहर के दुखों-मुसीबतों का बयान) के मंज़र पेश करती थी।

ज़बान जो किसी समाज के विकास तथा उसके सांस्कृतिक निर्माण में बुनियादी भूमिका अदा करती है, वह विध्वंस और अवमानना के साधन के तौर पर दरबार व बाज़ार में बेधड़क इस्तेमाल हो रही थी। मरदाना महफ़िलों, बालाखानों और दूसरे जमावड़ों में जाफ़र ज़टल्ली, ज़ाहिक और सौदा की हजूयात की जैसे लू (गर्म हवा) चलती थी।

मसनवी सहरुल बयान, मसनवी ख़्वाबोख़्याल, फरेबे इश्क़ और बहारे इश्क़ की धूल उड़ती थी। शायरों के कलाम और दास्तानों में समलैंगिकता, शराब नौशी

व ऐशपरस्ती के ज़िक्र दर ज़िक्र की धूम थी। हमारे विद्वान शायर, अदीब और आलिम मलिका विक्टोरिया के अधीनस्थों को नज़रें गुज़ारते थे, कुत्ते का नाम टीपू रख कर उसकी शान में शेर कहते थे, अंग्रेज़ अफ़सरान से दाद पाते थे। सितम बालाये सितम यह कि हिन्दू जो हज़ार बरस गुलाम रहे थे वो नये विजेताओं से रब्त-ज़ब्त बढ़ा रहे थे और अंग्रेज़ की सरकार में अपने साबिक़ आक़ाओं की निस्बत कुछ ज़्यादा छूट पा रहे थे।

ऐसे में यह समझ लिया गया कि सिर्फ़ ज़नानख़ाना ही मुसलमानों का वह आख़िरी क़िला है जिसे ताज़ा हवाओं के झोंकों और नये उलूम (इल्म) की रौशनी से बचाकर ही मुस्लिम समाज की सर बुलन्दी क़ायम रह सकती है। यह मान लिया गया कि धार्मिक व नैतिक मूल्यों की हिफ़ाज़त सिर्फ़ उसी वक़्त ममुकिन है जब औरतों को विद्या के विष से दूर रखा जा सके। इसी रणनीति के तहत सर सैयद, वक़ारुलमुल्क, अकबर इलाहाबादी, मौलाना अशरफ़ अली थानवी और दूसरे बहुत से लोगों ने कमर कस ली।

सर सैयद (1817-1898) ने 1858 में जब अपनी मशहूर किताब 'असबाबे बग़ावते हिन्द' लिखी तो 1857 की जंगे आज़ादी जिसे वह 'बग़ावत' क़रार देते हैं के असबाब (कारणों) में से एक स्त्री शिक्षा में ईस्ट इण्डिया कम्पनी की दिलचस्पी को भी क़रार दिया और लिखा—

'कुछ ज़िलों में इसका नमूना क़ायम हो गया था। परगना विज़िटर और डिप्टी इंस्पेक्टर यह समझते थे कि अगर हम कोशिश करके लड़कियों के लिए स्कूल क़ायम कर देंगे तो सरकार में हमारी बड़ी नेकनामी होगी। यही वजह है कि वो हर तरह पर तरीक़े जायज़ व नाजायज़ लोगों को लड़कियों के मकतब क़ायम करने के लिए प्रेरित करते थे और इसी सबब से ज़्यादातर लोगों को नाराज़ी और ग़लत ख़्याल का उनको यक़ीन हो जाता है।'

सर सैयद इसी पर नहीं रुकते बल्कि एक सबब औरतों की फेअले मुख़्तारी को भी क़रार देते हैं और इस बारे में लिखते हैं—

'ज़ाब्ता औरतों की फेअले मुख़्तारी (अपनी मर्ज़ी से काम करने का अधिकार) का जो फौजदारी से अदालतों में जारी था, किस क़दर हिन्दुस्तानियों की इज़्ज़त और आबरू और रस्म-ओ-रिवाज में नुकसान पहुँचाता था। शादीशुदा औरतें तक फ़ौजदारी से फ़ेअले मुख़्तार हो गयीं। वलियों की विलायत औरतों पर से उठ गयीं और ये बातें मरीहे (प्रचार) में नुक़सान पहुँचाती थीं।'

यह वही फेअले मुख़्तारी है जिसके बारे में मुनीर शिकोहाबादी कहते हैं—

फ़ेअले मुख़्तारी पे हो ख़ुदा की मार

इस बारे में ज़्यादा विस्तार से 'उमा चक्रवर्ती' और प्रीति गिल द्वारा सम्पादित पुस्तक 'Shadow lives' में पढ़ी जा सकती हैं।

औरतों की तालीम को लेकर सर सैयद किस हद तक संवेदनशील थे, इसका अन्दाज़ा इसी बात से लगाइये कि 'असबाबे बग़ावते हिन्द' लिखने के 26 बरस बाद भी उनकी राय में कोई ख़ास फ़र्क़ नहीं आया। 1884 में वह लिखते हैं–

'मेरी यह ख़्वाहिश नहीं कि तुम उन मुक़द्दस (पवित्र) किताबों के बदले जो तुम्हारी दादियाँ और नानियाँ पढ़ती आयी हैं, इस ज़माने की मुरव्विजा (प्रचलित) नामुबारक किताबों का पढ़ना इख़्तियार करो जो इस ज़माने में फैलती जाती हैं। मर्दों को जो तुम्हारे लिए रोटी कमाकर लाने वाले हैं, ज़माने की ज़रूरत के मुनासिब कुछ ही इल्म या कोई सी ज़बान सीखने और कैसी ही नयी चाल चलने की ज़रूरत पेश आयी हो, मगर इन तब्दीलियों से जो ज़रूरत तालीम से मुतअल्लिक़ तुमको पहले थी, उसमें कुछ तब्दीली न होगी...मुमकिन है कि (योरप में) औरतें पोस्टमास्टर या पार्लियामेन्ट की मेम्बर हो सकें लेकिन हिन्दुस्तान में न अब वह ज़माना है और न सैकड़ों बरस में आने वाला है।'

लड़कियों और औरतों की तालीम के बारे में उनकी यह तहरीर उस ज़माने की है, जब वह इंगलिस्तान का सफ़र कर चुके थे और वहाँ के स्त्री शिक्षा के संस्थनों से बहुत प्रभावित थे और अलीगढ़ में मुसलमान लड़कों की आधुनिक शिक्षा के लिए पक्के निश्चय और परिश्रम से एक शानदार संस्था क़ायम कर चुके थे, उसके बारे में हम सब जानते हैं। इन सबके बावजूद जब कि लड़कियों की तालीम का सवाल आता तो वह उनके लिए महज़ मज़हबी तालीम को काफ़ी समझते हैं। वह ब्रिटिश राज को हिन्दुस्तान के लिए एक नेअमत ख़्याल करते हैं लेकिन 1819 से तालीमे निस्वाँ (स्त्री-शिक्षा) के लिए ब्रितानिवी कोशिशों की तरफ़ नज़र भी नहीं करते बल्कि उसे 1857 की बग़ावत के असबाब में से एक सबब ठराहते हैं।

सत्रहवीं सदी के आख़ीर और फिर अठारहवीं और उन्नीसवीं सदी के दौरान ज़बान का जिस क़दर ग़लत और नाजायज़ इस्तेमाल हुआ है, उसने औरतों की तरक्क़ी की राहें रोकीं। सारे मुल्क में नयी रौशनी फैल रही थी, उससे क्या अशराफ़ और क्या अजलाफ़ सब ही फ़ायदा उठा रहे थे लेकिन मुसलमान औरत पर तालीम हराम समझी जा रही थी।

1868 में 'मद्रास टाईम्स' में एक लेख छपा जिसमें यह कहा गया कि 'अगर औरतों को पश्चिमी तर्ज़ की शिक्षा दी गयी तो उसका लाज़िमी नतीजा यह होगा कि हिन्दुस्तानी लोगों की ख़ानदानी ज़िन्दगी का ख़ात्मा हो जायेगा।'

1889 में लाहौर के एक जलसे में स्त्री शिक्षा के मुद्दे पर अपने ख़्यालात ज़ाहिर

करते हुए सर सैयद ने कहा–

'जो जदीद इन्तेज़ाम औरतों की तालीम का इस ज़माने में किया जाता है, ख्वाह वह इन्तेज़ाम गवर्नमेण्ट का हो, .ख्वाह इसी तर्ज़ का इन्तेज़ाम कोई मुसलमान या कोई अंजुमने इस्लामी इख़्तियार करे, उसकों मैं पसन्द नहीं कर सकता। औरतों की तालीम के लिए मदरसों का क़ायम करना और यूरोप के ज़नाना मदरसों की तक़लीद (अनुकरण) करना हिन्दुस्तान की मौजूदा हालत के लिए किसी तरह मुनासिब नहीं है और मैं इसका सख़्त मुख़ालिफ़ हूँ।'

इस तक़रीर में वह आगे चलकर कहते हैं–'औरतों को जिस क़िस्म के उलूम पढ़ाये जाने का ख़्याल पैदा हुआ है, उसको भी मैं पसन्द नहीं करता, क्योंकि न वह उलूम हमारी हालत के मुनासिब है और न सैकड़ों बरस तक हमारी औरतों को इनकी ज़रूरत है। बग़ैर मानी समझाये .कुरआन मजीद पढ़ाना जिसको एक हिक़ारत से देखा जाता है, मेरी दानिस्त में कोई ज़रिया इससे ज़्यादा रूहानी तरबीयत, रूहानी नेकी और तवज्जोह ज़ाते बारी के लिए नहीं हो सकता।'

सर सैयद को जाने कभी अपने उन शायरों और गद्यकारों की 'रूहानी तरबीयत' और रूहानी नेकी को इख़्तियार करने की सीख देने का .ख्याल आया या नहीं, जिन्होंने उनकी ज़िन्दगी में ज़बानों बयान के ज़रिये औरतों की अवमानना में कोई कसर उठा न रखी थी। हमें यह भी नहीं मालूम कि जिन किताबों और विषयों को वह औरतों के लिए जानलेवा ज़हर समझते थे उन्हें उन्होंने अलीगढ़ के पाठ्यक्रम में क्यों शामिल कर रखा था। लेकिन हम यह ज़रूर जानते हैं कि 1891 में भी तालीमे निस्वाँ के लिए उनका दृष्टिकोण तब्दील नहीं हुआ था।

अकबर इलाहाबादी (1846-1921) एक अच्छे शायर और कट्टर अतीतवादी थे। उन्हें तो मुसलमान मर्दों की आधुनिक शिक्षा पर भी एतराज़ था। लेकिन आहिस्ता-आहिस्ता वह इसके फ़ायदे के क़ायल हो गये थे लकिन तालीमे निस्वाँ और पर्दे के बारे में उन्होंने आख़िरी उम्र तक अपनी राय नहीं बदली और हिन्दुस्तानी औरत की राह में ज़बान की कुदाल से .ख़न्दकें खोदते रहे। उनके ये शेर मिसाल के तौर पर देखे जा सकते हैं–

बे पर्दा जो कल आईं नज़र चन्द बीबियाँ
अकबर ज़मीन में ग़ैरते क़ौमी से गया
पूछा जो उनसे आपका पर्दा वह क्या हुआ
कहने लगीं कि अक़्ल पे मर्दों की पड़ गया

याद रहे कि उनके ये शेर उस वक़्त की यादगार हैं जब दस लाख में से शायद

एक हिन्दुस्तानी औरत ने पर्दा छोड़ा था।

तालीमे निस्वाँ (स्त्री शिक्षा) के बारे में कहते हैं–

हमारे मुल्क में होता है क्या तालीमे निस्वाँ से
ब जुज़ इसके कि बावा और भी घबराये अम्माँ से

एक और शेर में बयान करते हैं कि पर्दा छोड़ने वाली लड़की का घर से फ़रार लाज़िमी है–

हसरत बहुत तरक़्क़ी-ए-दुख़्तर की थी उन्हें
पर्दा जो उठ गया तो वह आख़िर निकल गयी

एक दूसरे शेर में तालीमे निस्वाँ के नतायज यूँ बयान करते हैं–

तालीमे दुख़्तराँ से यह उम्मीद है ज़रूर
नाचे दुल्हन ख़ुशी से ख़ुद अपनी बरात में

अकबर इलाहाबादी का ख़्याल था कि तालीमे निस्वाँ का एक नतीजा यह निकलेगा कि बावर्चीखाने में ताला पड़ जायेगा और औरतों को खाना पकाने से कोई दिलचस्पी नहीं रहेगी, चुनांचे तालीमे निस्वाँ पर शेर की छुरी यों चलाते हैं–

उनसे बीवी ने फ़क़त स्कूली ही की बात की
यह न बतलाया कहाँ रखी है रोटी रात की

सर सैयद से गहरे मतभेद के बावजूद औरतों की तालीम के बारे में उनके और सर सैयद के दरम्यान कोई बुनियादी मतभेद नहीं था–

तालीम लड़कियों की ज़रूरी तो है मगर
ख़ातूनेख़ाना हों वह सभा की परी न हों

यही बात एक जगह इस तौर कहते हैं–

दो उसे शौहर व अतफ़ाल (बच्चों) की ख़ातिर तालीम
क़ौम के वास्ते तालीम न दो औरत को

अकबर ब्रिटिश राज के मुलाज़िम रहे, जज हुए सरकार से ख़ान बहादुर का ख़िताब पाया, बेटे को विलायत भेजकर पढ़वाया, वह डिप्टी कलेक्टर हुआ। निजी ज़िन्दगी में पश्चिमी प्रभाव को क़बूल करने के बावजूद उन्होंने उन्नीसवीं सदी की आख़िरी दहाइयों और बीसवीं सदी की पहली दहाई में भी उस क़ैदख़ाने में नयी रौशनी का उजाला पसन्द नहीं किया, जिसमें उनकी हमक़ौम औरत सदियों से रहती आयी थी। उन्होंने औरत को अश्लीलता से नहीं तंज़ के ख़ंजर से ज़िबह किया।

अपने ज़माने की अत्यन्त महत्त्वपूर्ण इस्लामी धार्मिक पुस्तक 'बहिश्ती ज़ेवर'

के दसवें हिस्से में औरतों की तालीम के बारे में मौलाना अशरफ़ अली थानवी (1863-1943) लिखते हैं कि–

'बाज़ किताबों का असर दिल में अच्छा नहीं पैदा होता और जो किताबें दीन ही की नहीं हैं वो हर तरह से नुक़सान पहुँचाती हैं लेकिन लड़कियाँ और औरतें इस बात को बिल्कुल नहीं देखतीं; जिस किताब को दिल चाहा पढ़ने लगीं फिर उनसे बजाय नफ़ा के नुक़सान होता है, आदतें बिगड़ जाती हैं, ख़्याल गन्दे हो जाते हैं, बे तमीज़ी, बेशर्मी शैतानी क़िस्से से पैदा होते हैं, नाहक को इल्म बदनाम होता है कि साहिब औरतों को पढ़ाना अच्छा नहीं। असल यह है कि दीन का इल्म तो हर तरह अचछी चीज़ है लेकिन जो दीन ही का इल्म न हो या तरीक़े से हासिल न किया जाये या उस पर अमल न हो तो इसमें इल्मे दीन पर क्या इल्ज़ाम हो सकता है।

इस बेएहतियाती से बचने की तरकीब यह है कि जो किताब मोल लेना या देखना हो अव्वल किसी आलिम को दिखला लो और अगर वह फ़ायदे की बतलाये तो देखो अगर नुक़सान बतलाए तो मत देखो बल्कि घर में भी मत रखो।'

आगे चलकर एक फुट नोट लगाते हैं–

'कुछ किताबों के नाम, जिनके देखने से नुक़सान है, नीचे लिखे जा रहे हैं–

'दीवान (शायरों के संकलन) ग़ज़लों की किताबें इन्द्र सभा, क़िस्सा बद्रे मुनीर, शाह यमन, दास्ताने अमीर हम्ज़ा, गुल बकाअली, अल्फ़ लैला, नक़्शे सुलेमानी, फ़ालनामा, क़िस्सा माहे रमज़ान मोअजज़ा आले नबी, चहल रिसाला, जिसमें बाज़ किताबें महज़ झूठी हैं। बफ़ात नामा, जिसमें बाज़ रिवायतें बिल्कुल बे असल हैं। आराईशे महफ़िल जंगनामा हज़रत अली, जंगनामा मोहम्मद हनीफ़ तफ़सीर सूरा-ए-यूसुफ़ इसमें एक तो बाज़ी (कुछ) रिवायतें कच्ची हैं। दूसरे इश्क़ व माशूक़ की बातें औरतों को सुनना-पढ़ना बहुत नुक़सान की बात है...मिरातुल उरूस, बिनातुल नअश, मुहसिनात, अय्यामी ये चारों किताबें ऐसी हैं कि इनमें बाज़ जगह तमीज़ और सलीक़े की बातें हैं और बाज़ जगह कुछ ऐसी बातें हैं कि उससे दीन कमज़ोर होता है। नाविल की किताबें तरह-तरह की इन सबका ऐसा बुरा असर होता कि ज़हर से बदतर, अख़बार शहर-शहर के उनमें भी बहुत वक़्त बेफ़ायदा ख़राब हो जाता है और बाज़े मज़मून भी नुक़सान के होते हैं।'

इस लम्बे पैराग्राफ़ से अन्दाज़ा लगाया जा सकता है कि मौलाना अशरफ़ अली किन किताबों को औरतों के लिए नुक़सानदे समझते थे। वह औरतों के अख़बार पढ़ने के हक़ में भी न थे।

यहाँ मैंने उन मज़हबी किताबों की लम्बी सूची निकाल दी है, जिन्हें पढ़ने से उन्होंने मना किया है, वैसे यह दिलचस्प बात है कि बहुत से लोग 'बहिश्ती ज़ेवर'

के कई अध्यायों को चरित्र के लिए हानिकारक मानते हैं।

एक सर सैयद, मोहसिनुलमुल्क और उनके दूसरे हमख़्यालों का हिन्दुस्तान था जो 1891 तक लड़कियों को सिर्फ़ मज़हबी और नैतिक शिक्षा को ही वक़्त की ज़रूरत समझता था। जिसके ख़्याल में गणित, भूगोल, विज्ञान या दूसरे सामाजिक विषय मुसलमान लड़कियों की ज़रूरत नहीं थे। ये हिन्दुस्तान के मुस्लिम कुलीन वर्ग के वे प्रमुख लोग थे जो तालीमे निस्वाँ के हिमायती जस्टिस अमीर अली, वकारुलमुल्क सैयद करामत अली, मौलवी मुमताज़ अली और ऐसे दूसरे बहुत से माहिरीने तालीम (शिक्षाविदों) और बुद्धिजीवियों की आलोचना में पेश-पेश थे।

एक दूसरा हिन्दुस्तान राधाकान्त देव और पण्डिता रमाबाई का था, इनसे भी बहुत पहले दकनी हिन्दुस्तान के शहर तीरो निलवेली में लड़कियों का स्कूल क़ायम हो चुका था। 1840 में इस्काटिश चर्च सोसाइटी का स्कूल खोल चुकी थी। जिसमें 200 हिन्दू लड़कियाँ हिन्दू धर्म के साथ-साथ आधुनिक शिक्षा प्राप्त कर रही थीं।

इस दूसरे हिन्दुस्तान में पण्डिता रमाबाई 16 साल की उम्र में स्त्री-शिक्षा के समर्थन में किताब लिख रही थीं। शहर-शहर घूम कर हिन्दुस्तानी लड़कियों को नयी शिक्षा की तरफ़ प्रेरित कर रही थीं। कम उम्री में बेवा होकर अपनी बच्ची के साथ उच्च शिक्षा हासिल करने के लिए 1883 में इगंलिस्तान का रुख़ कर रही थीं। और 1886 में अमरीका जा पहुँची थीं ताकि रिश्ते की एक बहन आनन्दी बाई जोशी की ग्रेजुएशन समारोह में शरीक हो सकें। 1883 में ही कलकत्ता के बिथोवन कॉलेज से कदम बेनी बासु और चन्द्रमुखी बासु प्रथम भारतीय स्त्री ग्रेजुएट होने का सम्मान प्राप्त कर रही थीं।

वह हिन्दुस्तान जहाँ 1857 की जंगे आज़ादी के बेमिसाल रहनुमा मौलाना फ़ज़लुलहक़ ख़ैराबादी की शायर बेटी हुरमाँ का इतिहास में सिर्फ़ एक शेर महफ़ूज़ रह सका, जहाँ विलायत पलट मशहूरे ज़माना कानून दाँ सर अली इमाम और हसन इमाम की सगी फूफी नवाब इमदाद इमाम असर की बहन और हिन्दुस्तान की पहली ख़ातून नाविल निगार रशीदुन्निसा का नावेल 'इस्लाहुन्निसा' 1881 से 1894 तक इसलिए नहीं छप सका कि कुलीन वर्ग की स्त्रियों का नाम और काम पर्दे में रहना ज़रूरी था।

इसी हिन्दुस्तान में 1850 से 1914 के दरम्यान बंगाली ख़्वातीन के चार सौ से ज़्यादा नाविल, काव्य संकलन, आत्म-कथाएँ और दूसरी साहित्यिक विधाओं की किताबें छप चुकी थीं और वो इक्कीस से ज़्यादा पत्रिकाएँ निकाल रही थीं। इन बंगाली महिलाओं में हमें टैगोर परिवार की स्त्रियाँ आगे-आगे नज़र आती हैं। इस तरह की आधुनिक शिक्षा मुसलमानों में सुहरावर्दी और तैयब जी के ख़ानदानों की

लड़कियों ने दूसरी मुसलमान औरतों से पहले हासिल की।

अट्ठारहवीं और उन्नीसवीं सदी की हिन्दू औरत भी धर्म और रस्मोरिवाज की कठिन जकड़बन्दियों में थी। उसके यहाँ भी पर्दे की सख़्तियाँ थीं।

सती का ख़ौफ़ उसके ज़ेहन पर ताबूत की तरह सवार रहता था, वो जो सती होने से बच जाती थीं, उन्हें बेवा (विधवा) के तौर पर अछूतों की ज़िन्दगी गुज़ारनी पड़ती थी। ब्रहमन और क्षत्रिय औरतों में से कुछ को धार्मिक पुस्तकें पढ़ाई जाती थीं। शूद्र स्त्रियों को इसकी भी इजाज़त नहीं थी, यों समझ लीजिये कि साक्षरता और शिक्षा के मैदान में हिन्दू और मुसलमान औरतें एक-दूसरे से कुछ ज़्यादा भिन्न नहीं थीं। यह सोचने की बात है कि जब लॉर्ड डलहौज़ी और ईस्ट इण्डिया कम्पनी के दूसरे अधिकारियों ने औरतों में तालीम फैलाने का बीड़ा उठाया तो हिन्दू समाज ने उस अभियान का विरोध क्यों नहीं किया, जिसका कि सामना उनकी मुसलमान बहनों को करना पड़ा।

इस मसअले पर ग़ौर कीजिये तो महसूस होता है कि उनके कवियों-लेखकों ने औरत की देह को ज़बान के हथियार से उस तरह ज़िबह नहीं किया था, जैसा कि हमारे यहाँ एक मामूल बना हुआ था, उनके यहाँ कामशास्त्र, अनंग रंग और खजुराहो या भुवनेश्वर के मूर्ति शिल्प अतीत की बात हो चुकी थी। बंगाली, मद्रासी, मराठी और हिन्दी साहित्यकारों में आधुनिक शिक्षा के प्रति उन्मुखता बहुत जल्द हो गयी थी और उन्होंने आधुनिक ज्ञान तथा कलाओं के बारे में ध्यान देना शुरू कर दिया था। उन्हें यह ख़ौफ़ नहीं सता रहा था कि उनके घर की लड़कियाँ और औरतें यदि आधुनिक शिक्षा से लैस हो गयीं तो उनका धार्मिक व नैतिक दुर्ग मिट्टी में मिल जायेगा। वो एक हज़ार साल की शाहाना गुलामी झेल चुके थे, वो ब्रितानिवी लोकतंत्र के बारे में किताबों-अख़बारों में पढ़ रहे थे, अंग्रेज़ी समाचार पत्रों में वहाँ की संसद में होने वाली बहसें उनकी नज़रों से गुज़र रही थीं। वो उन्हें नये भविष्य का स्वप्न दिखा रही थीं। आज़ादी, भले वह होमरूल की शक्ल में मिले, उसे हासिल करने के लिए 'वोट' सबसे बड़ा हथियार साबित होने वाला था और यह तो सामने की बात थी कि हिन्दुस्तान में वो बहुमत में थे।

ऐसे और भी कई कारण थे जिनकी बिना पर हिन्दुस्तान की हिन्दू औरतें अपनी मुसलमान बहनों से बहुत पहले आज़ाद हुईं और शिक्षा के अलावा अपनी ज़िन्दगी को नयी राहों पर ले चलने के मामले में उनसे बहुत आगे निकल गयीं। उन्होंने शिक्षा प्राप्त की और ज़बान के हथियार को अपनी आज़ादी के लिए बहुत महारत से इस्तेमाल किया।

उपमहाद्वीप की मुसलमान औरत जिसकी बहुसंख्या उन्नीसवीं सदी के अन्त

तक अशिक्षित, बौद्धिक विकलांग, कोख मज़दूर तथा यौन दासी बना कर रखी गयी थी, ज़बान की ताक़त से नाआशना थी।

यहाँ पहुँच कर मुंशी सैयद अहमद देहलवी, आसफ़िया कोष के लेखक के सामने हमारे सर झुक जाते हैं जिन्होंने मध्य वर्ग की स्त्री को यह सिखाया कि ज़बान को हथियार के तौर पर किस तरह इस्तेमाल किया जाता है। इस मक़्सद के लिए उन्होंने 'हादीउन्निसा' लिखी, जिसका पहला एडीशन 1875 और छठा एडीशन 1910 में प्रकाशित हुआ। यह किताब उन साक्षर लड़कियों और औरतों के लिए थी जो उर्दू पढ़ना जानती थीं लेकिन मुहावरेदार ज़बान लिखना उनके लिए मुश्किल काम था। मुंशी सैयद अहमद ने इस किताब में औरतों को उनके मुहावरे और उनकी ज़बान में ख़त लिखने के गुर सिखाये। 'तहज़ीबे निस्वाँ' के मालिक सैयद मुमताज़ अली के मुताबिक़—

'यह किताब ज़ाहिर में सिर्फ़ इंशा (लेखन) या ख़त लिखने के फ़न की किताब है लेकिन दरहक़ीक़त वह बड़ी क़दर व क़ीमत की चीज़ है। इस किताब से औरतों के घरेलू मामलात, मिलने-जुलने, रस्मोरिवाज और बच्चों के खिलाने के ढंग, कहावतें पहेलियाँ, ग़रज़ हिन्दुस्तानी ज़नाना ज़िन्दगी का हर पहलू बख़ूबी ज़ाहिर होता है।'

मौलवी सैयद अहमद ने उस दौर की औरतों को ज़बान के औज़ार के ज़रिये यह सिखाया कि वो किस तरह बड़ी-बूढ़ियों, हमजोलियों, बाप-भाई और शौहर को किसी दूसरे की मदद के बग़ैर ख़त लिख सकती हैं! उन्होंने उस समय की परम्पराओं की परवाह न करते हुए औरतों को यह भी बताया कि मुहल्ले के किसी मौलवी या मुंशी को पैसे दो। पैसे देकर अफ़सरों या हाक़िमों के नाम अर्ज़ी लिखवाने के बजाय वो ख़ुद भी यह काम कर सकती हैं। उन्होंने कारोबारी ख़त लिखने की तरबीयत भी दी और और यह सिखाया कि किसी दलाल के ज़रिये ज़मीन बेचनी हो तो किस तरह ख़त लिखा जाये और अगर किसी पंसारी, हकीम या जौहरी से काम हो तो उससे किस तरह मामला किय. जाये। 1877 में उन्होंने 'तहरीरुन्निसा' लिखी जिसमें सारे ख़त मर्दों के नाम हैं। वह समाज जिसके आम घरानों में औरत के ख़त लिखने का मतलब 'रुक्क़ाबाज़ी' और इश्क़बाज़ी थी, उसमें सैयद अहमद देहलवी की ये दोनों किताबें कितनी बड़ी घटना थीं, इसका अन्दाज़ा सवा सदी बाद हम नहीं लगा सकते! ये किताबें अपने समय में कितनी लोकप्रिय हुईं इसका अन्दाज़ा इनके कई-कई संस्करणों से लगता है। सैयद अहमद देहलवी ने 1 अगस्त 1884 को दिल्ली से औरतों के लिए एक 'दस रोज़ा अख़बार' अख़बारुन्निसा' जारी किया। लाहौर से मौलवी मुमताज़ अली ने 1898 में एक साप्ताहिक 'तहज़ीबे निस्वाँ' का प्रकाशन आरम्भ किया। दिल्ली ही से 1908 में अल्लामाराशिदुलख़ैरी ने 'इस्मत' मासिक का

आग़ाज़ किया जो हिन्दुस्तान के एक सिरे से दूसरे सिरे तक हर शिक्षित और शरीफ़ घराने की ज़रूरत बन गया और जिसने सैकड़ों नहीं, हज़ारों लिखनेवालियों की फ़ौज खड़ी की। 'ज़बान' जो मौलवी सैयद अहमद देहलवी के ज़माने तक औरतों के लिए एक औज़ार की हैसियत रखती थी 'इस्मत' तक आते-आते उनके हाथों में वह हथियार बन गयी, जिससे वो एक ख़ास दायरे में ही सही लेकिन अपने हुक़ूक़ की जंग लड़ती रहीं।

आज हम मिशनरी पादरियों और ननों, ब्रिटिश राज में स्त्री शिक्षा में दिलचस्पी, रौशन ख़्याल और तरक़्क़ी पसन्द ख़्यालात रखने वाले जस्टिस सैयद अमीर अली, नवाब मोहसिनुल मुल्क, मौलवी सैयद करामत हुसैन, मुंशी सैयद अहमद देहलवी, मौलवी मुमताज़ अली, मौलाना अल्ताफ़ हुसैन हाली, मौलाना शिब्ली नुमानी, अल्लमा राशिदुल ख़ैरी, नियाज़ फ़तेहपुरी, सज्जाद हैदर यलद्रम, मुंशी प्रेमचंद, सुदर्शन, मिर्ज़ा अज़ीम बेग चुग़ताई और इन ऐसे दूसरे शिक्षाविदों, साहित्यकारों और बुद्धिजीवियों के एहसानमन्द हैं, जिन्होंने मुसलमान औरत को ज़िल्लत के अन्धे कुएँ से बाहर निकालने का संघर्ष किया। ये वो थे जिन्होंने अपनी औरतों के नीमजाँ वजूद पर अपनी तहरीरों का मरहम रख उसे ज़बान को पहले औज़ार और फिर हथियार के तौर पर इस्तेमाल करना सिखाया। ये ऐसे ही इंसानपरस्त और इंसाफ़पसन्द लेखकों और माहिरीने तालीम की इनायतें हैं कि हम यहाँ बैठे हुए इन विषयों पर बहस कर रहे हैं। जिनकी आवाज़ भी हमारी नानियों-दादियों के कानों में पड़ जाती तो वह ज़िल्लत के भारी एहसास से घर के कुएँ में कूदकर जान दे देतीं।

ज़िल्लत और गुलामी की अन्धी सुरंग से रेंगकर बाहर निकालने की कोशिशों का नतीजा है कि औरत अश्लीलता के आँकड़े में लटकी हुई बकरी नहीं रही कि नाभी और नाभी के नीचे के क़िस्से मसनवियों की ज़ेब ओ ज़ीनत बनें और जिसके बदन की धारियों, कोणों और भंगिमाओं पर रेख़्ती के फ़न के माहिर शायर अपने फ़न का कमाल दिखाएँ।

वह ज़बान जो औरत को 'हीन वस्तु' साबित करने के लिए इस्तेमाल हुई, अब एक हथियार के तौर पर उसके हाथ आ चुकी है। देखना यह है कि औरत ज़बान को महज़ अपने गुस्से और प्रतिक्रिया की अभिव्यक्ति का जरिया बनाती है या वह उसे अपने इंसानी हुक़ूक़ को पाने के संघर्ष में एक असरदार हथियार के तौर पर इस्तेमाल करती है?

('सी मुर्ग़', 'लाहौर के सेमिनार ज़बान, की सियासत' में 16 जनवरी, 2003 को पढ़ा गया)।

नोट—पाकिस्तान, हिन्दुस्तान और बंगला देश के अलावा तीसरी दुनिया के

कई दूसरे मुल्कों में औरत बच्चा पैदा करने की जीती-जागती मशीन समझी जाती है। इन मुल्कों के मध्य व निम्न मध्य वर्ग औरतों की सेहत का हाल क़ाबिले रहम है, इसी वजह से गर्भवती औरतों की मृत्यु-दर बहुत अधिक है, जिसकी निशानदेही 'यूनीसेफ़' और उसके जैसी दूसरी संस्थाओं की रिपोर्टों में होती है। इसी सूरतेहाल को सामने रखते हुए मैंने औरत या स्त्री के लिए 'कोख मज़दूर' का रूपक आविष्कार किया है।

सन्दर्भ सूची

1. दो अदबी स्कूल - अली जव्वाद ज़ैदी
2. आबेहयात - मुहम्मद हुसैन आज़ाद
3. लखनऊ का दबिस्ताने शाइरी - डॉ. सिद्दीक़ी
4. ख़ुश मारका-ए-ज़ेबा - नासिर ख़ाँ
5. रूहे बेदिल - डॉ. अब्दुल मुग़नी
6. तारीख़े अदब उर्दू (हिस्सा अव्वल) - जमील जालबी
7. तारीख़े अदब उर्दू (हिस्सा दूम) - जमील जालबी
8. मुरक़्क़ा-ए-देहली - नवाब ज़ुलक़दर दरगाह क़ुली ख़ाँ
9. Oxford History of India
10. कुल्लियाते सौदा - मीर्ज़ा रफ़ी सौदा
11. कुल्लियाते मीर - मीर तक़ी मीर
12. कुल्लियाते जाफ़र ज़टल्ली - जाफ़र ज़टल्ली
13. फ़रहंगे आसफ़िया - सैयद अहमद देहलवी
14. नुरुल्लुग़ात - नूरुल हसन नैयर
15. मसनवी बहारे इश्क़ - नवाब मिर्ज़ा शौक़
16. मसनवी सहरुल बयान - मीर हसन
17. मसनवी .ख्वाबोख़्याल - ख़्वाजा मीर असर
18. मुस्लिम औरतों की तालीम - मौलवी अमीन ज़ुबैरी
19. Cambridge History of India
20. असबाबे बग़ावते हिन्द - सर सैयद अहमद ख़ाँ
21. इंशा-ए-हादीउन्निसा - मौलवी सैयद अहमद देहलवी
22. Shadow Lives - Uma Chakervarti & Pritee Gill
23. तूज़के जहाँगीरी - मुहम्मद नुरुद्दीन जहाँगीर
24. कुल्लियाते अकबर - अकबर इलाहाबादी

□□□